Jochen Pamer
Die Mehrwertsteuer beim Fahrzeugschaden, -kauf, -leasing

Verkehrsrecht

Die Mehrwertsteuer beim Fahrzeugschaden, -kauf, -leasing

3. Auflage 2018

von

Rechtsanwalt und Fachanwalt für Verkehrsrecht
Jochen Pamer,
Roth

Zitiervorschlag:
Pamer, Mwst Fahrzeugschaden, -kauf, -leasing, Rn

Hinweis
Die Ausführungen in diesem Werk wurden mit Sorgfalt und nach bestem Wissen erstellt. Sie stellen jedoch lediglich Arbeitshilfen und Anregungen für die Lösung typischer Fallgestaltungen dar. Die Eigenverantwortung für die Formulierung von Verträgen, Verfügungen und Schriftsätzen trägt der Benutzer. Herausgeber, Autoren und Verlag übernehmen keinerlei Haftung für die Richtigkeit und Vollständigkeit der in diesem Buch enthaltenen Ausführungen.

Anregungen und Kritik zu diesem Werk senden Sie bitte an
kontakt@zap-verlag.de
Autor und Verlag freuen sich auf Ihre Rückmeldung.

www.zap-verlag.de
Alle Rechte vorbehalten.
© 2018 ZAP Verlag GmbH, Rochusstraße 2–4, 53123 Bonn

Satz: Reemers Publishing Services GmbH, Krefeld
Druck: Druckhaus Nomos, Sinzheim
Umschlaggestaltung: gentura, Holger Neumann, Bochum
ISBN 978-3-89655-875-6

Das Werk einschließlich aller seiner Teile ist urheberrechtlich geschützt. Jede Verwertung außerhalb der engen Grenzen des Urheberrechtsgesetzes ist ohne Zustimmung des Verlages unzulässig und strafbar. Das gilt insbesondere für Vervielfältigungen, Übersetzungen, Mikroverfilmungen und die Einspeicherung und Verarbeitung in elektronische Systeme.

Bibliografische Information der Deutschen Nationalbibliothek
Die Deutsche Nationalbibliothek verzeichnet diese Publikation in der Deutschen Nationalbibliografie; detaillierte bibliografische Daten sind im Internet abrufbar über http://dnb.d-nb.de.

Vorwort zur 3. erweiterten Auflage

Zuletzt machte die vom Gesetzgeber beschlossene Umsatzsteuererhöhung zum 1.1.2007 im Haushaltsbegleitgesetz 2006 (HBeglG, BR-Drucks 332/06), wonach aufgrund Art. 4, 14 III dieses Gesetzes unter anderem der allgemeine Umsatzsteuersatz um 3 % Punkte auf 19 % erhöht wurde, eine 2. Auflage dieses Bandes notwendig. Insoweit mussten die für die Praxis angewandten und von der Praxis angenommenen und übernommenen Berechnungsbeispiele entsprechend abgeändert werden. Darüber hinaus waren seit der 1. Auflage mehrere für die Umsatzsteuer bzw. Mehrwertsteuer relevante schadensersatzrechtliche Urteile des BGH sowie zahlreiche Urteile der Instanzgerichte ergangen.

In den letzten zehn Jahren seit Erscheinen der 2. Auflage im Jahre 2007 entschied der BGH in zahlreichen Urteilen zu vielen noch offenen Fragen zum Anfall von Mehrwertsteuer bei der Fahrzeugschadenabrechnung, dies auch unter Wiederholung und Bekräftigung der bisherigen Rechtsprechung.

Hiervon war nicht nur die Berechnung der Mehrwertsteuer bzw. des Mehrwertsteueranteils, sondern auch die Frage fiktiver und konkreter Abrechnung mehrfach betroffen. So ergingen zahlreiche Entscheidungen zu den Möglichkeiten und Grenzen einer fiktiven Abrechnung, insbesondere auch zu der für den Geschädigten bedeutsamen 130 %-Grenze. Des Weiteren ergingen Entscheidungen zur konkreten und fiktiven Reparaturkostenabrechnung, teilweise verbunden mit einer Ersatzbeschaffungsmaßnahme des Geschädigten. Insoweit entschied die höchstrichterliche Rechtsprechung zwar nicht sämtliche sich bereits aus der 1. und 2. Auflage dieses Bandes ergebenden sachlichen und rechtlichen Probleme im Zusammenhang mit der Mehrwertsteuerabrechnung beim Fahrzeugschaden; aufgrund der enormen Bedeutung für die Praxis müssen diese nunmehr dennoch zahlreichen Entscheidungen des BGH in den Berechnungsbeispielen und auch in den Musterschreiben (Musterschreiben, Musterklagen und Formulierungsvorschlägen) ihren Niederschlag finden.

Auch im Bereich der Kaskoversicherung (Fahrzeugversicherung) liegen nunmehr verschiedene Urteile, auch des BGH, zu Mehrwertsteuerklauseln in den Versicherungsbedingungen sowie zur Fahrzeugschadenabrechnung unter Berücksichtigung von Regelbzw. Differenzumsatzsteuer zum Totalschaden vor.

Gerade die Abrechnungsprobleme von Werkstätten, Autohäusern und vor allem der Geschädigten selbst und auch die mitunter nicht immer nachvollziehbare Abrechnungspraxis der Versicherungen hat mich neben dem nicht sachgerechten Inhalt vieler Sachverständigengutachten zu Umstellungen und Neuerstellungen bei meinen Berechnungsbeispielen wiederum erst animiert bzw. den Anstoß hierzu gegeben.

In dieser Neuauflage werden zudem Umsatzsteuerprobleme und -fragen beim Fahrzeugkauf, dort zum Beispiel zur Frage der Umsatzsteuer auf Nutzungsvergütung bei der Rück-

Vorwort zur 3. erweiterten Auflage

abwicklung von Fahrzeugkaufverträgen, beim Fahrzeugleasing, dort zu Umsatzsteuerfragen bei Beendigung des Leasingvertrages und bei der Fahrzeugfinanzierung, neu aufgenommen. Zahlreiche Entscheidungen, auch von Finanzgerichten, und zahlreiche Anfragen zu diesen Problembereichen haben mich dazu veranlasst, diese 3. Auflage um derartige Problemstellungen und Problemfragen zu erweitern.

Insgesamt gilt mein Dank auch wiederum Herrn Rechtsanwalt Elmar Fuchs aus Potsdam, der nach wie vor für die Erstellung der Musterschreiben, Musterklagen und Formulierungsvorschlägen mit verantwortlich zeichnet.

Roth, Oktober 2017 *Jochen Pamer*

Inhaltsverzeichnis

Vorwort zur 3. erweiterten Auflage	5
Abkürzungsverzeichnis	19
Literaturverzeichnis	25
Einleitung	27

Teil 1: Die Mehrwertsteuer beim Fahrzeugschaden ... 29

§ 1 Grundlagen und Grundsätze der Fahrzeugschadensberechnung 29
  A. Allgemeines ... 29
  B. Der Haftpflichtschaden ... 29
    I. Rechtsgrundlagen und Rechtsfolgen ... 29
    II. Abrechnungsmöglichkeiten ... 30
      1. Konkrete Abrechnung ... 30
      2. Fiktive Abrechnung/Abrechnung nach Gutachten bzw. Kostenvoranschlag ... 30
      3. Grenzen der fiktiven Abrechnung ... 33
        a) Die so genannte 70 %-Grenze ... 34
        b) Die 100 %-Grenze ... 41
        c) Die 130 %-Grenze ... 48
          aa) Fiktive Abrechnung und 130 %-Grenze ... 48
          bb) Reparatur mit Gebrauchtteilen und 130 %-Grenze ... 55
          cc) Alternativgutachten und Nachweisfragen ... 56
        d) Zusammenfassung ... 56
  C. Der Kaskoschaden ... 57
    I. Rechtsgrundlagen und Rechtsfolgen ... 57
      1. Rechtsgrundlagen ... 57
      2. Rechtsfolgen ... 57
        a) Reparaturschaden ... 57
        b) Totalschaden bzw. Verlust des Fahrzeugs ... 58
    II. Abrechnungsmöglichkeiten ... 58
      1. Konkrete Abrechnung ... 58
        a) Reparaturschaden ... 58
          aa) Beim Nichtvorsteuerabzugsberechtigten ... 58
          bb) Beim Vorsteuerabzugsberechtigten ... 58
        b) Totalschaden (Zerstörung)/Verlust ... 58
          aa) Beim Nichtvorsteuerabzugsberechtigten ... 58
          bb) Beim Vorsteuerabzugsberechtigten ... 59

2. Fiktive Abrechnung/Abrechnung nach Gutachten bzw.
   Kostenvoranschlag 59
   a) Beim Reparaturschaden..................... 59
      aa) Beim Nichtvorsteuerabzugsberechtigten 59
      bb) Beim Vorsteuerabzugsberechtigten 60
   b) Totalschaden (Zerstörung)/Verlust............... 60
      aa) Beim Nichtvorsteuerabzugsberechtigten 60
      bb) Beim Vorsteuerabzugsberechtigten 60
3. Sonderproblem: Leasingfahrzeuge................. 60
   a) Leasinggeber vorsteuerabzugsberechtigt und Leasingnehmer vorsteuerabzugsberechtigt............... 60
   b) Leasinggeber vorsteuerabzugsberechtigt und Leasingnehmer nichtvorsteuerabzugsberechtigt 61
      aa) Beim Reparaturschaden................... 61
      bb) Beim Totalschaden (Zerstörung)/Verlust des Fahrzeugs................................ 62
D. Sonderproblem: Vorsteuerabzugsberechtigung und Anrechnung von Privatanteilen..................................... 62
   I. Der verbleibende private Mehrwertsteueranteil als Schadensersatzposition......................... 63
   II. Konsequenz für die Anwendung des § 249 Abs. 2 S. 2 BGB... 64
   III. Beweislastfragen............................ 65

§ 2 Änderungstendenzen, Rechtsprechung und Gesetzgebung .. 67

A. Allgemeines..................................... 67
B. Rechtsprechung zum Ersatz fiktiver Mehrwertsteuer........... 68
C. Änderungstendenzen und Kritik an der Rechtsprechung zum Ersatz fiktiver Mehrwertsteuer.............................. 68
D. Die gesetzliche Regelung des § 249 Abs. 2 S. 2 BGB 71
   I. Inhalt und Bedeutung......................... 71
   II. Kritik an der Regelung des § 249 Abs. 2 S. 2 BGB.......... 72
   III. Abgrenzung der gesetzlichen Regelung des § 249 Abs. 2 S. 2 BGB zu § 251 BGB....................... 74

§ 3 Die Mehrwertsteuer als Schadensposition 77

A. Grundsatz 77
   I. Mehrwertsteuer beim Haftpflichtschaden 77
   II. Mehrwertsteuer beim Kaskoschaden 77

B. Ausnahmen 87
   I. (Neu)Regelung des § 249 Abs. 2 S. 2 BGB 87
   II. Vollständige Vorsteuerabzugsberechtigung 88
   III. Teilweise Vorsteuerabzugsberechtigung 88
C. Die BGH-Rechtsprechung zu § 249 Abs. 2 S. 2 BGB seit dem 1.8.2002   90
   I. Vorbemerkung 90
   II. Die einzelnen BGH-Urteile mit Veranschaulichungsbeispielen . . 92
      1. Urteil vom 20.4.2004 92
         a) Leitsatz 92
         b) Sachverhalt 92
         c) Beispiel zur Veranschaulichung 92
         d) Praxishinweis 93
      2. Urteil vom 18.5.2004 94
         a) Leitsatz 94
         b) Sachverhalt 94
         c) Beispiel zur Veranschaulichung 94
         d) Praxishinweis 95
      3. Urteil vom 15.2.2005 95
         a) Leitsatz 95
         b) Sachverhalt 95
         c) Beispiel zur Veranschaulichung 96
         d) Praxishinweis 97
      4. Urteil vom 1.3.2005 98
         a) Leitsatz 98
         b) Sachverhalt 98
         c) Beispiel zur Veranschaulichung 98
         d) Praxishinweis 99
      5. Urteil vom 7.6.2005 102
         a) Leitsatz 102
         b) Sachverhalt 102
         c) Beispiel zur Veranschaulichung 103
         d) Praxishinweis 103
      6. Urteil vom 15.11.2005 104
         a) Leitsatz 104
         b) Sachverhalt 104
         c) Beispiel zur Veranschaulichung 104
         d) Praxishinweis 105
      7. Urteil vom 9.5.2006 105
         a) Leitsatz 105
         b) Sachverhalt 105

    c) Beispiel zur Veranschaulichung 106
    d) Praxishinweis 106
8. Beschluss vom 25.11.2008 107
    a) Leitsatz 107
    b) Sachverhalt............................ 107
    c) Beispiel zur Veranschaulichung 108
    d) Praxishinweis 108
9. Urteil vom 3.3.2009 109
    a) Leitsatz 109
    b) Sachverhalt............................ 109
    c) Beispiel zur Veranschaulichung 109
    d) Praxishinweis 109
10. Urteil vom 22.9.2009......................... 110
    a) Leitsatz 110
    b) Sachverhalt............................ 110
    c) Beispiel zur Veranschaulichung 110
    d) Praxishinweis 110
11. Urteil vom 5.2.2013 111
    a) Leitsatz 111
    b) Sachverhalt............................ 111
    c) Beispiel zur Veranschaulichung 112
    d) Praxishinweis 112
12. Urteil vom 2.7.2013 113
    a) Leitsatz 113
    b) Sachverhalt............................ 114
    c) Beispiel zur Veranschaulichung 114
    d) Praxishinweis 114
13. Urteil vom 3.12.2013......................... 114
    a) Leitsatz 114
    b) Sachverhalt............................ 115
    c) Beispiel zur Veranschaulichung 115
    d) Praxishinweis 115
14. Urteil vom 18.3.2014......................... 116
    a) Leitsatz 116
    b) Sachverhalt............................ 116
    c) Praxishinweis 117
15. Urteil vom 13.9.2016......................... 117
    a) Leitsatz 117
    b) Sachverhalt............................ 117

       c) Beispiel zur Veranschaulichung 117
       d) Praxishinweis. 118
D. Sonderproblem: Abtretung von Schadensersatzansprüchen und Mehrwertsteuer 119
E. Mehrwertsteuerbehandlung vor bzw. ab dem 1.1.2007 122
F. Exkurs: Mehrwertsteuer auf Rechtsanwaltskosten in Verkehrshaftpflichtverfahren 122
   I. Außergerichtliche Rechtsanwaltskosten und Mehrwertsteuer . . . 122
     1. Höhe der Rechtsanwaltskosten und der Mehrwertsteuer 122
     2. Vertretung des Geschädigten (Fahrer bzw. Halter) 123
     3. Vertretung der Haftpflichtversicherung. 123
   II. Gerichtliche Kosten und Mehrwertsteuer 124
     1. Höhe der Rechtsanwaltskosten und der Mehrwertsteuer 124
     2. Vertretung des Geschädigten (Fahrer bzw. Halter) 124
     3. Vertretung der Haftpflichtversicherung. 124
       a) Aktivprozess 124
       b) Passivprozess. 124
          aa) Isolierte Klage 124
          bb) Streitgenossenschaft 124
   III. Privathaftpflichtfälle 126
   IV. Die Anwaltsgebührenrechnung ab dem 1.1.2007 127
     1. Maßgeblicher Zeitpunkt für den Mehrwertsteuerausweis in der Anwaltsgebührenrechnung 127
     2. Vorschusszahlung vor dem 1.1.2007 und Mehrwertsteuer . . . 127

§ 4 Praxisfälle und Berechnungsbeispiele 129

A. Allgemeines 129
B. Der Reparaturschaden 129
   I. Reparaturschaden und fiktive Abrechnung 130
     1. Eindeutiger Reparaturschaden 130
     2. Reparaturschaden und 70 %-Grenze 132
     3. Reparaturschaden und 130 %-Grenze 135
   II. Reparaturschaden und konkrete Abrechnung 137
     1. Konkrete Abrechnung und vollständige Reparatur 137
       a) Reparaturrechnung identisch mit kalkulierten Reparaturkosten. 137
       b) Reparaturrechnung niedriger als kalkulierte Reparaturkosten. 138
          aa) Reparatur gemäß den Vorgaben im Sachverständigengutachten bzw. Kostenvoranschlag 138

Inhaltsverzeichnis

bb) Reparatur nicht gemäß den Vorgaben im Sachverständigengutachten oder Kostenvoranschlag 141
    (1) Ohne überobligatorische Anstrengungen 141
    (2) Mit überobligatorischen Anstrengungen 142
c) Reparaturrechnung höher als kalkulierte Reparaturkosten 143
2. Konkrete Abrechnung und teilweise Reparatur/Teilreparatur 144
3. Konkrete Abrechnung und Billigreparatur/Gebrauchtteilereparatur 145
4. Konkrete Abrechnung und Eigenreparatur/Anschaffung von Ersatzteilen 146
5. Konkrete Abrechnung und 70 %-Grenze 148
6. Konkrete Abrechnung und 130 %-Grenze 150
7. Konkrete Abrechnung und 130 %-Grenze sowie Reparatur mit Gebrauchtteilen......................... 152
  III. Exkurs: Kaskoschaden 154
C. Der Totalschaden/Ersatzbeschaffung eines Fahrzeugs 155
  I. Abrechnung nach Gutachten/fiktive (normative) Abrechnung .. 155
    1. Beim Totalschaden 155
      a) Wiederbeschaffungswert regelbesteuert 156
      b) Wiederbeschaffungswert differenzbesteuert......... 156
      c) Wiederbeschaffungswert Privatmarkt............. 157
    2. Beim Reparaturschaden 158
      a) Anschaffung eines regelbesteuerten Fahrzeugs....... 158
        aa) Angeschafftes Ersatzfahrzeug ist günstiger als die ermittelten Reparaturkosten 158
        bb) Angeschafftes Ersatzfahrzeug ist gleich teuer wie die ermittelten Reparaturkosten 159
        cc) Angeschafftes Ersatzfahrzeug ist teurer als die ermittelten Reparaturkosten................... 159
      b) Anschaffung eines differenzbesteuerten Fahrzeugs 160
        aa) Angeschafftes Ersatzfahrzeug ist günstiger als die ermittelten Reparaturkosten 160
        bb) Angeschafftes Ersatzfahrzeug ist gleich teuer wie die ermittelten Reparaturkosten 160
        cc) Angeschafftes Ersatzfahrzeug ist teurer als die ermittelten Reparaturkosten................... 161
      c) Anschaffung eines Fahrzeugs vom Privatmarkt 164
        aa) Angeschafftes Ersatzfahrzeug ist günstiger als die ermittelten Reparaturkosten 164

bb) Angeschafftes Ersatzfahrzeug ist gleich teuer wie die
    ermittelten Reparaturkosten.................. 165
cc) Angeschafftes Ersatzfahrzeug ist teurer als die ermittelten Reparaturkosten.................... 165
II. Konkrete Abrechnung/nachweisbare Anschaffung eines
    Ersatzfahrzeugs beim Totalschaden................... 167
    1. Wiederbeschaffungswert regelbesteuert.............. 168
       a) Anschaffung eines regelbesteuerten Fahrzeugs....... 168
          aa) Angeschafftes Ersatzfahrzeug ist günstiger als der
              ermittelte Wiederbeschaffungswert............ 168
          bb) Angeschafftes Ersatzfahrzeug ist gleich teuer wie der
              ermittelte Wiederbeschaffungswert............ 168
          cc) Angeschafftes Ersatzfahrzeug ist teurer als der ermittelte Wiederbeschaffungswert................ 169
       b) Anschaffung eines differenzbesteuerten Fahrzeugs..... 169
          aa) Angeschafftes Ersatzfahrzeug ist günstiger als der
              ermittelte Wiederbeschaffungswert............ 170
          bb) Angeschafftes Ersatzfahrzeug ist gleich teuer wie der
              ermittelte Wiederbeschaffungswert............ 171
          cc) Angeschafftes Ersatzfahrzeug ist teurer als der ermittelte Wiederbeschaffungswert................ 171
       c) Anschaffung eines Fahrzeugs vom Privatmarkt....... 173
          aa) Angeschafftes Ersatzfahrzeug ist günstiger als der
              ermittelte Wiederbeschaffungswert............ 173
          bb) Angeschafftes Ersatzfahrzeug ist gleich teuer wie der
              ermittelte Wiederbeschaffungswert............ 173
          cc) Angeschafftes Ersatzfahrzeug ist teurer als der ermittelte Wiederbeschaffungswert................ 174
    2. Wiederbeschaffungswert mit Differenzumsatzsteuer...... 176
       a) Anschaffung eines regelbesteuerten Fahrzeugs....... 176
          aa) Angeschafftes Ersatzfahrzeug ist günstiger als der
              ermittelte Wiederbeschaffungswert............ 176
          bb) Angeschafftes Ersatzfahrzeug ist gleich teuer wie der
              ermittelte Wiederbeschaffungswert............ 177
          cc) Angeschafftes Ersatzfahrzeug ist teurer als der ermittelte Wiederbeschaffungswert................ 178
       b) Anschaffung eines differenzbesteuerten Fahrzeugs..... 178
          aa) Angeschafftes Ersatzfahrzeug ist günstiger als der
              ermittelte Wiederbeschaffungswert............ 179

Inhaltsverzeichnis

bb) Angeschafftes Ersatzfahrzeug ist gleich teuer wie der ermittelte Wiederbeschaffungswert	179
cc) Angeschafftes Ersatzfahrzeug ist teurer als der ermittelte Wiederbeschaffungswert	180
c) Anschaffung eines Fahrzeugs vom Privatmarkt	181
aa) Angeschafftes Ersatzfahrzeug ist günstiger als der ermittelte Wiederbeschaffungswert	181
bb) Angeschafftes Ersatzfahrzeug ist gleich teuer wie der ermittelte Wiederbeschaffungswert	182
cc) Angeschafftes Ersatzfahrzeug ist teurer als der ermittelte Wiederbeschaffungswert	182
3. Wiederbeschaffungswert – Privatmarkt	184
a) Anschaffung eines regelbesteuerten Fahrzeugs	185
aa) Angeschafftes Ersatzfahrzeug ist günstiger als der ermittelte Wiederbeschaffungswert	185
bb) Angeschafftes Ersatzfahrzeug ist gleich teuer wie der ermittelte Wiederbeschaffungswert	186
cc) Angeschafftes Ersatzfahrzeug ist teurer als der ermittelte Wiederbeschaffungswert	186
b) Anschaffung eines differenzbesteuerten Fahrzeugs	187
aa) Angeschafftes Ersatzfahrzeug ist günstiger als der ermittelte Wiederbeschaffungswert	187
bb) Angeschafftes Ersatzfahrzeug ist gleich teuer wie der ermittelte Wiederbeschaffungswert	187
cc) Angeschafftes Ersatzfahrzeug ist teurer als der ermittelte Wiederbeschaffungswert	188
c) Anschaffung eines Fahrzeugs vom Privatmarkt	189
aa) Angeschafftes Ersatzfahrzeug ist günstiger als der ermittelte Wiederbeschaffungswert	189
bb) Angeschafftes Ersatzfahrzeug ist gleich teuer wie der ermittelte Wiederbeschaffungswert	189
cc) Angeschafftes Ersatzfahrzeug ist teurer als der ermittelte Wiederbeschaffungswert	190
III. Exkurs: Kaskoschaden	190
D. Sonderfälle.	192
I. Anschaffung eines Leasingfahrzeugs beim Reparatur- bzw. Totalschaden	192
1. Beim Totalschaden	192
a) Die Leasingzahlungen sind niedriger als der ermittelte Wiederbeschaffungswert	192

aa) Wiederbeschaffungswert ist regelbesteuert mit 19 % Mehrwertsteuer........................ 192
bb) Wiederbeschaffungswert enthält Differenzumsatzsteuer............................... 193
cc) Wiederbeschaffungswert – Privatmarkt......... 193
b) Die Leasingzahlungen sind ebenso hoch wie der ermittelte Wiederbeschaffungswert.................... 194
c) Die Leasingzahlungen sind höher als der Wiederbeschaffungswert gegebenenfalls inkl. Mehrwertsteuer....... 194
2. Beim Reparaturschaden....................... 195
   a) Die Leasingzahlungen liegen niedriger als die ermittelten Reparaturkosten inkl. 19 % Mehrwertsteuer......... 195
   b) Die Leasingzahlungen sind ebenso hoch wie die ermittelten Reparaturkosten inkl. 19 % Mehrwertsteuer......... 196
   c) Die Leasingzahlungen sind höher als die ermittelten Reparaturkosten inkl. 19 % Mehrwertsteuer............ 196
II. Abtretung der Schadensersatzansprüche................ 197
  1. Ein vorsteuerabzugsberechtigter Geschädigter tritt seine Schadensersatzansprüche an einen nicht vorsteuerabzugsberechtigten Geschädigten ab..................... 197
  2. Ein nicht vorsteuerabzugsberechtigter Geschädigter tritt seine Schadensersatzansprüche an einen vorsteuerabzugsberechtigten Geschädigten ab......................... 198
III. Eigentumsvorbehalt............................ 198
IV. Agenturgeschäft............................... 199
  1. Vermittlung eines regelbesteuerten Fahrzeugs........... 199
  2. Vermittlung eines differenzbesteuerten Fahrzeugs........ 200
  3. Vermittlung eines Privatmarktfahrzeugs.............. 201
  4. Sonderfall: Unternehmer auf Verkäufer- sowie auf Käuferseite 201
V. Unberechtigt ausgewiesene Mehrwertsteuer.............. 202
VI. EU-Fahrzeuge................................ 203
VII. Fahrzeugschaden beim vorsteuerabzugsberechtigten Fahrzeughändler............................... 204
  1. Reparaturschaden............................ 204
  2. Totalschaden............................... 205
   a) Totalschaden am regelbesteuerten Händlerfahrzeug.... 205
   b) Händlerfahrzeug differenzbesteuert............... 205
      aa) bei Ankauf von Privat..................... 205
      bb) bei Ankauf von anderem Händler differenzbesteuert. 206
   c) Praxishinweis............................. 207

Inhaltsverzeichnis

Teil 2: Die Mehrwertsteuer bei Fahrzeugleasing, -finanzierung und -kauf 209

§ 5 Einleitung 209

§ 6 Umsatzsteuerprobleme bei Kfz-Leasingverträgen und im Kfz-Kaufrecht 211
- A. Vertragsgerechte Beendigung von Leasingverträgen 211
  - I. Minderwertausgleich wegen Schäden am Leasingfahrzeug 211
  - II. Mehr- oder Minderkilometerzahlungen 215
  - III. Restwert bzw. Restwertausgleich beim Restwertleasingvertrag . 217
  - IV. Ausgleichszahlung/Schadensersatz bei nichtvertragsgemäßer Nutzung des Leasingfahrzeugs 221
  - V. Reparaturaufwand 222
- B. Vorzeitige Vertragsbeendigung von Leasingverträgen 222
  - I. Minderwertausgleich 222
  - II. Rückständige Leasingraten 226
    1. Für den tatsächlichen Nutzungszeitraum, d.h. bereits durchgeführte Nutzung 226
    2. Für künftige Leasingraten 226
  - III. Vorzeitige Rückgabe und Mehrerlös 227
  - IV. Totalschaden bzw. Diebstahl des Leasingfahrzeugs, endgültiger Untergang des Leasingfahrzeuges 227
- C. Nicht vertragsgerechte Beendigung des Leasingvertrages 228
  - I. Vertragsüberschreitung 228
  - II. Ausgleichszahlungen bei Vertragsaufhebung 229
- D. Umsatzsteuer beim beschädigten Leasingfahrzeug 229
  - I. Umsatzsteuer und Schadensersatz beim Haftpflichtschadenfall . 230
    1. Im Reparaturfall 230
       a) Bei fiktiver Abrechnung 230
       b) Bei konkreter Abrechnung mit Reparaturrechnung bzw. Teilerechnung 230
    2. Im Totalschadenfall 230
       a) Bei fiktiver Abrechnung 230
       b) Bei konkreter Abrechnung 230
          aa) Alternative 1: Ersatzbeschaffung durch den Leasingnehmer mit ausgewiesener Umsatzsteuer ohne den Abschluss eines neuen Leasingvertrages 230
          bb) Alternative 2: Ersatzbeschaffung durch Abschluss eines neuen Leasingvertrages mit ausgewiesener Umsatzsteuer 231

Inhaltsverzeichnis

c) Offener Problembereich: Vorteilsausgleich.	231
II. Umsatzsteuer beim Kaskoschadenfall	232
1. Beim Reparaturfall.	232
a) Bei fiktiver Abrechnung	232
b) Bei konkreter Abrechnung	233
2. Beim Totalschadenfall	233
a) Bei fiktiver Abrechnung.	233
b) Bei konkreter Abrechnung	233
aa) Alternative 1: Ersatzbeschaffung mit ausgewiesener Umsatzsteuer ohne den Abschluss eines neuen Leasingvertrages	233
bb) Alternative 2: Ersatzbeschaffung mit ausgewiesener Umsatzsteuer und Abschluss eines neuen Leasingvertrages über Ersatzfahrzeug	233
c) Offener Problembereich: Vorteilsausgleich.	234
E. Umsatzsteuerprobleme im Kfz-Kaufrecht	234
I. Nutzungsentschädigungsberechnung beim rückabgewickelten Kaufvertrag.	234
II. Kaufvertragsrechtlicher Schadensersatzanspruch.	238
F. Abwicklung bei der Fahrzeugfinanzierung	240
G. Exkurs: Umsatzsteuerprobleme beim Werkvertrag – Voraussichtliche Mängelbeseitigungskosten beim Anspruch auf Schadensersatz statt der Leistung	241
H. Fazit	243
Anhang zu Teil 1	**245**
A. Vorschriften des BGB	245
I. § 249 BGB alte Fassung.	245
II. § 249 BGB neue Fassung	245
III. § 251 BGB	245
B. Vorschriften des UStG.	246
I. § 10 UStG Bemessungsgrundlage für Lieferungen, sonstige Leistungen und innergemeinschaftliche Erwerbe	246
II. § 15 UStG Vorsteuerabzug.	247
III. § 25a UStG Differenzbesteuerung	248
C. Die Gesetzesbegründung zum neuen § 249 Abs. 2 S. 2 BGB	248
D. Musterschreiben und Musterklagen.	257
I. Rechtsanwalt an Sachverständigenbüro	257
II. Rechtsanwalt an Versicherung.	258
III. Musterklagen zum § 249 Absatz 2 S. 2 BGB	263

1. Klage auf Zahlung der Mehrwertsteuerdifferenz bei Totalschaden und Abrechnung auf Gutachtenbasis, wenn der Geschädigte kein oder aber ein differenzbesteuertes Ersatzfahrzeug erworben hat 263
   a) Für den Fall, dass der Fahrzeugpreis des als Ersatz angeschafften Fahrzeugs den (Brutto-)Wiederbeschaffungswert laut Gutachten nicht erreicht bzw. übersteigt 263
   b) Für den Fall, dass der Fahrzeugpreis des als Ersatz angeschafften Fahrzeugs den (Brutto-)Wiederbeschaffungswert laut Gutachten erreicht bzw. übersteigt 267
2. Klage auf Zahlung der Mehrwertsteuerdifferenz (bei Abzug von 19 % Mehrwertsteuer), wenn es sich bei dem total beschädigten Fahrzeug um ein älteres, im Handel nicht mehr erhältliches Fahrzeug handelt und der vom Sachverständigen im Gutachten angesetzte Wiederbeschaffungswert sich entsprechend auf den Erwerb von Privat bezieht 268
E. Sachgerechte Formulierungen im Sachverständigengutachten zur Angabe des Mehrwertsteueranteils beim Wiederbeschaffungswert .. 271
   I. Differenzbesteuerung 271
   II. Regelbesteuerung 272
   III. Wiederbeschaffungswert bei Fahrzeugen, die aufgrund des Fahrzeugalters oder aufgrund des Fahrzeugzustandes im Kfz-Handel nicht mehr zu erwerben sind/Privatmarktfahrzeuge. 273

Anhang zu Teil 2 275
   A. Beispielhafte obergerichtliche Entscheidung des Bundesfinanzhofs: BFH, Urteil vom 20.3.2013, AZ: XI R 6/11 275
   B. Beispielhafte obergerichtliche Entscheidung des Bundesgerichtshofs: BGH vom 28.5.2014, AZ: VIII ZR 241/13 283
   C. Beispielhafte obergerichtliche Entscheidung des Bundesgerichtshofs: BGH vom 9.4.2014, AZ: VIII ZR 215/13 296
Stichwortverzeichnis 301

Abkürzungsverzeichnis

A

a.a.O.	am angegebenen Ort
abgedr.	abgedruckt
Abs.	Absatz
abzgl.	abzüglich
a.f.	alte Fassung
AG	Amtsgericht
AGBG	AGB-Gesetz
AKB	Allgemeine Bedingungen und Tarifbestimmungen für die Kraftfahrtversicherung
Alt.	Alternative
Anm.	Anmerkung
AnwBl	Anwaltsblatt (Zs.)
Art.	Artikel
Aufl.	Auflage
AZ	Aktenzeichen

B

BGB	Bürgerliches Gesetzbuch
BGH	Bundesgerichtshof
BGHZ	Entscheidungen des Bundesgerichtshofes in Zivilsachen
BR-Drucks	Bundesrats-Drucksache
Beschl. v.	Beschluss vom
bspw.	beispielsweise
BT-Drucks	Bundestags-Drucksache
bzw.	beziehungsweise

C

ca. circa

D

DAR	Deutsches Autorecht (ZS.)
DAT	Deutsche Automobil-Treuhand GmbH
DAV	Deutscher Anwaltverein
d.h.	das heißt
DStR	Deutsches Steuerrecht (Zs.)

E

EGBGB	Einführungsgesetz zum BGB
einschl.	einschließlich
etc.	et cetera
EUR	Euro
evtl.	eventuell

F

f.	folgende
ff.	fort folgende

G

GDV	Gesamtverband der Deutschen Versicherungswirtschaft
gem.	gemäß
ggf.	gegebenenfalls
grds.	grundsätzlich

H

HBeglG	Haushaltsbegleitgesetz
h.M.	herrschende Meinung

I

i.d.R.	in der Regel
i.H.d.	in Höhe der/des
i.H.v.	in Höhe von
inkl.	inklusive
insb.	insbesondere
i.R.d.	im Rahmen der/des/dieser
i.S.d.	im Sinne der/des/dieser
i.S.e.	im Sinne einer/eines
i.S.v.	im Sinne von
i.Ü.	im Übrigen
i.V.m.	in Verbindung mit

K

Kap.	Kapitel
Kfz	Kraftfahrzeug
Kl.	Kläger
km	Kilometer

L

LG	Landgericht
lt.	laut

M

max.	maximal
MDR	Monatsschrift für Deutsches Recht (Zs.)
m.E.	meines Erachtens
MittBl.	Mitteilungsblatt
m.w.N.	mit weiteren Nachweisen
MwSt	Mehrwertsteuer
MWStR	MehrwertSteuerrecht (Zs.)

N

n.F.	neue Fassung
NJW	Neue Juristische Wochenschrift (Zs.)
NJW-RR	NJW-Rechtsprechungsreport Zivilrecht
Nr.	Nummer
NVersZ	Neue Zeitschrift für Versicherung und Recht (Zs.)
NZV	Neue Zeitschrift für Verkehrsrecht

O

o.Ä.	oder Ähnliches
o.g.	oben genannt/e/er/es
OLG	Oberlandesgericht
OLGR	OLG-Report (Zs.)

P

Pkw	Personenkraftwagen

R

Rdn	interne Randnummer

Rn	externe Randnummer
Rpfleger	Der Deutsche Rechtspfleger (Zs.)
r+s	recht und schaden (Zs.)
Rspr.	Rechtsprechung
RVG	Rechtsanwaltsvergütungsgesetz

S

S.	Satz/Seite
s.	siehe
s.a.	siehe auch
s.o.	siehe oben
sog.	sogenannte/er/es
SP	Schadenpraxis (Zs.)
st. Rspr.	ständige Rechtsprechung
s.u.	siehe unten

U

u.a.	unter anderem
u.Ä.	und Ähnliches
Urt. v.	Urteil vom
USt	Umsatzsteuer
UStG	Umsatzsteuergesetz
usw.	und so weiter
u.U.	unter Umständen

V

v.	vom
v.a.	vor allem
VA	Verwaltungsarchiv (Zs.)

VersR	Versicherungsrecht (Zs.)
vgl.	vergleiche
VRR	VerkehrsRechtsReport (Zs.)
VVG	Versicherungsvertragsgesetz
VV RVG	Vergütungsverzeichnis zum Rechtsanwaltsvergütungsgesetz

Z

ZAP	Zeitschrift für die Anwaltspraxis
z.B.	zum Beispiel
zfs	Zeitschrift für Schadensrecht
ZGS	Zeitschrift für das gesamte Schuldrecht
ZPO	Zivilprozessordnung
z.T.	zum Teil
zzgl.	zuzüglich

Literaturverzeichnis

Böhme/Biela, Kraftverkehrs-Haftpflicht-Schäden, 25. Auflage 2013

Dauner-Lieb/Heidel/Ring, Bürgerliches Gesetzbuch – BGB, Band 1 (§§ 1–240), 3. Auflage 2016

Engel, Handbuch Kraftfahrzeug-Leasing, 3. Auflage 2015

Gerold/Schmidt, Rechtsanwaltsvergütungsgesetz: RVG, 22. Auflage

Hillmann/Schneider, Das verkehrsrechtliche Mandat, Band 2 Verkehrszivilrecht, 7. Auflage 2016

Himmelreich/Andreae/Teigelack, AutoKaufRecht, 6. Auflage 2017

Himmelreich/Halm, Handbuch des Fachanwalts Verkehrsrecht, 6. Auflage 2017

Huber, Das neue Schadensersatzrecht, 2003

Jaeger/Luckey, Das neue Schadensersatzrecht, 2002

Ludovisy/Eggert/Burhoff, Praxis des Straßenverkehrsrechts, 6. Auflage 2015

Palandt, Bürgerliches Gesetzbuch: BGB, 76. Auflage 2017

Reinking/Eggert, Der Autokauf – Rechtsfragen beim Kauf neuer und gebrauchter Kraftfahrzeuge sowie beim Leasing, 13. Auflage 2017

Tietgens/Nugel, AnwaltFormulare Verkehrsrecht, 7. Auflage 2016

van Bühren, Unfallregulierung, 8. Auflage 2016

van Bühren, Das verkehrsrechtliche Mandat, Band 4 Versicherungsrecht, 3. Auflage 2016

van Bühren, Handbuch Versicherungsrecht, 7. Auflage 2017

Einleitung

Mehrwertsteuer (MwSt), Umsatzsteuer, Vorsteuer bzw. Vorsteuerabzugsberechtigung – Begriffe, mit denen Richter, Rechtsanwälte und Versicherungssachbearbeiter nur insoweit etwas anzufangen wussten, als etwa ein vorsteuerabzugsberechtigter Unternehmer die Mehrwertsteuer bei der Abrechnung eines Schadensersatzanspruches nicht erstattet erhielt. Ein vorsteuerabzugsberechtigter Geschädigter ist nämlich grundsätzlich verpflichtet, den Schädiger derart zu entlasten, dass er im Haftpflichtschadenfall nur die jeweiligen Nettobeträge der Schadensersatzpositionen verlangen kann.[1] Nach der Rechtsprechung des BGH hat sich ein vorsteuerabzugsberechtigter Geschädigter nach den Grundsätzen des Vorteilsausgleichs den Einwand der Vorsteuerabzugsmöglichkeit entgegenhalten zu lassen.[2]

Zur Frage der Vorsteuerabzugsberechtigung hat im Übrigen der Bundesfinanzhof mit Urteil vom 11.11.2015[3] entschieden, dass der Gesellschafter einer erst noch zu gründenden GmbH im Hinblick auf eine beabsichtigte Unternehmenstätigkeit der GmbH grundsätzlich nicht zum Vorsteuerabzug berechtigt ist.

Die seit 1.8.2002 geltende Vorschrift des § 249 Abs. 2 S. 2 BGB zwingt seitdem und auch zukünftig sämtliche bei bzw. im Rahmen einer Fahrzeugschadenregulierung tätigen Personenkreise, nämlich Richter, Rechtsanwälte, Versicherungssachbearbeiter, aber auch Autohäuser und Reparaturwerkstätten sowie Sachverständige, sich eingehend mit der Mehrwertsteuerproblematik zu befassen.

Es genügt demnach nicht mehr, die Frage lediglich nach einer Vorsteuerabzugsberechtigung zu stellen und demzufolge die derzeitige Mehrwertsteuer gedanklich oder auch in der Praxis vom Schadensersatzanspruch des Geschädigten in Abzug zu bringen. Vielmehr müssen sich sämtliche mit der Fahrzeugschadenregulierung befasste Kreise mit den Begriffen Mehrwertsteuer (Umsatzsteuer), Regelbesteuerung, Differenzumsatzsteueranteil, Handelsspanne des gewerblichen Fahrzeugverkäufers, Händler- und Privatmarktfahrzeuge, oder aber mit der Frage, ob ein Geschädigter nur fiktiv oder konkret oder fiktiv/konkret kombiniert abrechnet, ob er eine Teil- oder Vollreparatur gegebenenfalls mit Ersatzbeschaffung eines Fahrzeugs vornimmt etc. befassen und auseinandersetzen, um eine sachgerechte Schadensregulierung vornehmen zu können.

Die Haftpflichtversicherer (und auch die Kaskoversicherungen unter Berufung auf entsprechende Versicherungsbedingungen) machen es sich, jedenfalls zumindest in den Fällen, in denen ein Sachverständigengutachten beim Totalschaden die Höhe des Mehrwertsteueranfalles nicht ausweist, nach wie vor einfach und ziehen grundsätzlich bei dem ent-

---

1 BGH NJW 1985, 1222; 1972, 1460.
2 Ständige Rechtsprechung, u.a. BGH-Urt. v. 18.3.2014, AZ: VI ZR 10/13 in NJW 2014, 2874.
3 AZ: V R8/15.

Einleitung

sprechenden ermittelten Fahrzeugschaden die derzeit gültige Mehrwertsteuer von 19 % ab, dies jedenfalls so lange, bis der Geschädigte eine Form der Wiederherstellung (Reparatur des Fahrzeugs oder Ersatzbeschaffung) belegt bzw. nachweist. Nachdem auch nach Vorlage entsprechender Belege und Nachweise zum Anfall von Umsatzsteuer die Versicherungswirtschaft gleichwohl teilweise keine oder auch keine der Sachlage entsprechende Umsatzsteuer nacherstattet bzw. deren Höhe bezweifelt, besteht nach wie vor das dringende praktische Bedürfnis, für alle derzeit denkbaren Varianten des Mehrwertsteueranfalles eine Abhandlung mit praxisgerechten Fällen und Berechnungsbeispielen anzubieten, dies basierend auf nunmehr doch zahlreich vorliegenden BGH-Entscheidungen zu vielen Problembereichen.

Auch wenn die höchstrichterliche Rechtsprechung verschiedene Problembereiche, wie etwa die Anwendbarkeit des § 249 Abs. 2 S. 2 BGB auch auf die Totalschadenfälle, die Höhe des Differenzumsatzsteueranteils im Wege einer Schätzung oder auch verschiedene Abrechnungsalternativen geklärt hat, verbleiben viele ungeklärte Fragen, für die dieser erweiterte Band wiederum versucht, Lösungsansätze zu bieten.

Neben einer kurzen historischen Einführung in die Entwicklung der Gesetzesänderung bzw. -ergänzung werden die rechtlichen Grundsätze, Arten und Auswirkungen der einzelnen Mehrwertsteuerarten ausgeführt. Neben dem Schwerpunkt des Bandes, nämlich der Ermittlung und Berechnung der Mehrwertsteuer beim Haftpflichtschaden werden auch die Mehrwertsteuerprobleme beim Kaskoschaden sowie beim Vorsteuerabzugsberechtigten bzw. nur teilweise Vorsteuerabzugsberechtigten behandelt.

Neu behandelt werden Mehrwertsteuerfragen und -probleme beim Fahrzeugkaufrecht, zum Beispiel bei der Rückabwicklung und der Frage der Nutzungsvergütung, beim Fahrzeugleasingrecht, zum Beispiel bei der vertragsgerechten oder auch vorzeitigen Vertragsbeendigung und auch beim Fahrzeugfinanzierungsrecht.

Insgesamt soll der Benutzer dieser praktischen Anleitung durch die zahlreichen Praxisfälle und Berechnungsbeispiele in die Lage versetzt werden, den jeweils berechtigten bzw. sachgerechten Mehrwertsteueranteil beim Fahrzeugschaden zu berechnen und in die tägliche Praxis der Fahrzeugschadenregulierung einfließen zu lassen, weiterhin Probleme zu Mehrwertsteuerfragen im Bereich des Fahrzeugkaufes, des Fahrzeugleasings und der Fahrzeugfinanzierung zu erkennen und zutreffend einzuordnen.

Ergänzend für diese Praxis enthält dieser Band in seinem Anhang die einschlägigen Vorschriften des Umsatzsteuergesetzes, die Gesetzesbegründung zu § 249 Abs. 2 S. 2 BGB, darüber hinaus Musterschreiben und -klagen zur Mehrwertsteuerproblematik und letztendlich auch Formulierungsvorschläge zur sachgerechten Angabe der Mehrwertsteuer im Sachverständigengutachten.

§ 1

Teil 1: Die Mehrwertsteuer beim Fahrzeugschaden

§ 1 Grundlagen und Grundsätze der Fahrzeugschadensberechnung

A. Allgemeines

Erleidet der Halter und Eigentümer eines Fahrzeugs mit diesem einen Verkehrsunfall, 1
bei dem das Fahrzeug beschädigt wird, bestehen die verschiedenen Möglichkeiten, dass dieser Geschädigte das Verkehrsunfallgeschehen bzw. den Schaden an seinem Fahrzeug allein, nur zum Teil oder nicht verschuldet hat. Je nachdem kann er seine eigene Fahrzeugversicherung (Teilversicherung bzw. Teilkaskoversicherung oder Vollversicherung bzw. Vollkaskoversicherung), sowohl seine Fahrzeugversicherung als auch die Kraftfahrzeug-Haftpflichtversicherung des Unfallgegners bei einem Mitverschulden oder letztlich ausschließlich die Kraftfahrzeug-Haftpflichtversicherung des Unfallgegners bei dessen Alleinverschulden in Anspruch nehmen. Daneben kommen bei entsprechenden Fahrzeugbeschädigungen etwa durch Kinder oder andere Personen oder auch zum Beispiel durch Verkehrssicherungspflichtverletzungen und einer hierdurch verursachten Fahrzeugbeschädigung als Anspruchsgrundlagen private Haftpflichtversicherungen, betriebliche, kommunale oder sonstige Haftpflichtversicherungen in Betracht. Da diese allerdings derselben Systematik und Schadensberechnung folgen, können deren Anspruchsgrundlagen den am häufigsten auftretenden Anspruchsgrundlagen aus der Kraftfahrzeug-Haftpflichtversicherung gleichgestellt werden.

Insoweit müssen nur der Haftpflichtschaden sowie der Kaskoschaden unterschieden und 2
gesondert dargestellt werden.

B. Der Haftpflichtschaden

I. Rechtsgrundlagen und Rechtsfolgen

Die wohl bedeutsamsten gesetzlichen Haftungsvorschriften für einen Fahrzeugschaden 3
sind die §§ 823 ff. BGB und hier insbesondere § 823 Abs. 1 BGB. Danach haftet der Schädiger dem Geschädigten für dessen Fahrzeugschaden, soweit er ihn schuldhaft herbeigeführt hat.

Die Rechtsfolge hieraus ist die Verpflichtung des Schädigers zum Schadensersatz. Der 4
Umfang des Schadensersatzes richtet sich grundsätzlich nach den §§ 249 ff. BGB, wobei hier die praktisch wichtigsten Vorschriften die §§ 249, 251 und 254 BGB (Mitverschulden) sind.

II. Abrechnungsmöglichkeiten

5   Gemäß § 249 BGB besteht für den Geschädigten auch nach der Gesetzesänderung weiterhin die Möglichkeit, seinen Schaden entweder konkret, also etwa durch Vorlage einer Reparaturrechnung bei einem Reparaturschaden bzw. einer Rechnung über eine Ersatzanschaffung eines Fahrzeuges bei einem Totalschaden abzurechnen. Der Geschädigte kann aber auch eine fiktive (normative oder Abrechnung nach Gutachten) Abrechnung vornehmen, indem er etwa bei einem Reparaturschaden einen Kostenvoranschlag oder ein Sachverständigengutachten oder aber bei einem Totalschaden ein Sachverständigengutachten mit ausgewiesenem Wiederbeschaffungswert eines Ersatzfahrzeugs vorlegt und lediglich den entsprechenden sich hieraus ergebenden Geldbetrag verlangt.

1. Konkrete Abrechnung

6   Den Grundsatz der konkreten Abrechnung normiert hierbei § 249 Abs. 1 BGB, der vom Schadenersatzpflichtigen, also vom Schädiger verlangt, den Zustand wieder herzustellen, der bestehen würde, wenn der zum Ersatz verpflichtende Umstand nicht eingetreten wäre (so genannte Naturalrestitution).

7   Lässt der Geschädigte einen Schaden an seinem Fahrzeug also reparieren und legt die entsprechende Reparaturkostenrechnung vor, erhält er grundsätzlich den sich hieraus ergebenden Reparaturkostenbetrag.

8   Lässt der Geschädigte in einem Fall des Totalschadens an seinem Fahrzeug den Schaden nicht reparieren, schafft sich vielmehr ein Ersatzfahrzeug zum Wiederbeschaffungswert an und legt die Rechnung über das Ersatzfahrzeug vor, erhält er grundsätzlich den sich aus der Ersatzfahrzeugrechnung ergebenden Betrag bis zur Höhe des tatsächlich ermittelten Schadens.

2. Fiktive Abrechnung/Abrechnung nach Gutachten bzw. Kostenvoranschlag

9   § 249 Abs. 2 S. 1 BGB gibt dem Geschädigten allerdings auch die Möglichkeit, statt der Herstellung, also statt die Reparatur durchzuführen bzw. ein Ersatzfahrzeug anzuschaffen, den hierzu erforderlichen Geldbetrag vom Schädiger zu verlangen.

10 Hiermit wird dem Geschädigten die Möglichkeit eröffnet, seinen Schaden lediglich fiktiv, das heißt je nachdem, ob ein Reparaturschaden oder Totalschaden vorliegt nach Gutachten bzw. Kostenvoranschlag abzurechnen, ohne eine konkrete Schadensbehebungsmaßnahme zu treffen.

B. Der Haftpflichtschaden § 1

Lediglich diese alternative Möglichkeit einer fiktiven Abrechnung für den Geschädigten 11
wird durch den durch die Gesetzesänderung neu eingefügten § 249 Abs. 2 S. 2 BGB eingeschränkt, wonach der bei einem Fahrzeugschaden erforderliche Geldbetrag die Mehrwertsteuer nur noch mit einschließen soll, „wenn und soweit sie tatsächlich angefallen ist."

Dies bedeutet allerdings auch, dass die Ersetzungsbefugnis des Geschädigten gemäß 12
§ 249 Abs. 2 S. 1 BGB nach wie vor erhalten bleibt, der Geschädigte also weiterhin nicht verpflichtet ist, das beschädigte Fahrzeug dem Schädiger zur Naturalrestitution anzuvertrauen. Nach wie vor stehen dem Geschädigten sämtliche gesetzlich vorgesehenen und von der Rechtsprechung mehrfach bestätigten und gefestigten Ansprüche im Rahmen einer fiktiven Abrechnung des erlittenen Fahrzeugschadens zu. Insoweit gilt nach wie vor die vom BGH immer wieder betonte und durch die Neuregelung des § 249 Abs. 2 S. 2 BGB in keinster Weise berührte Dispositionsfreiheit des Geschädigten.

Demnach ist der erforderliche Geldbetrag gemäß § 249 Abs. 2 BGB weiterhin unbescha- 13
det der auf die individuellen Möglichkeiten und Belange des Geschädigten Rücksicht nehmenden subjektbezogenen Schadensbetrachtung nach objektiven Kriterien, das heißt losgelöst von den für die Schadensbeseitigung tatsächlich aufgewendeten Beträgen zu bestimmen.[1]

Es gibt für den Geschädigten viele Gründe seinen Schaden fiktiv abzurechnen: 14

- Der Geschädigte will sein Fahrzeug nicht reparieren lassen, sondern es beschädigt weiterbenutzen;
- er will sich, ohne das Fahrzeug reparieren zu lassen ein Ersatzfahrzeug anschaffen;
- er will es kostengünstiger oder nur notdürftig bzw. teilweise reparieren lassen;
- er will das Fahrzeug in Eigenleistung reparieren.

All diese Gründe ermöglichen es dem Geschädigten, fiktive Reparaturkosten gemäß ei- 15
nem Kostenvoranschlag oder einem von ihm eingeholten Sachverständigengutachten oder den Wiederbeschaffungswert gemäß einem Sachverständigengutachten zu verlangen, da der Geschädigte eben gerade gemäß § 249 Abs. 2 BGB Anspruch auf den zur Wiederherstellung seines Fahrzeugs erforderlichen Geldbetrag hat, über den er grundsätzlich frei disponieren und damit verfügen kann.

So kann auch ein Geschädigter, der sein beschädigtes Fahrzeug im Wege der Eigenrepara- 16
tur selbst wieder instand setzt, vom Schädiger nicht nur die von ihm verauslagten Kosten für Ersatzteile und für seine eigene aufgewandte Arbeitszeit verlangen, sondern gerade denjenigen Geldbetrag, der ihm bei der Reparatur in einer Fachwerkstatt, wie im Sachver-

---

1 BGH, NJW 1992, 302, 303; 1989, 3009.

§ 1 Grundlagen und Grundsätze der Fahrzeugschadensberechnung

ständigengutachten angegeben, in Rechnung gestellt worden wäre, also auch die Stundenverrechnungssätze einer Fachwerkstatt.[2]

Speziell zu Stundenverrechnungssätzen bzw. Markenstundenverrechnungssätzen entschied der BGH mehrfach seit dem Jahr 2009, dass ein Geschädigter unter bestimmten Voraussetzungen auch bei fiktiver Abrechnung nach Kostenvoranschlag oder Kfz-Sachverständigengutachten die dort aufgeführten Markenstundenverrechnungssätze als erforderlichen Wiederherstellungsaufwand vom Schädiger fordern kann.[3]

In mehreren Urteilen zwischen dem Jahr 2009 und dem Jahr 2015 entschied der BGH in verschiedenen Fallkonstellationen die Frage, wann einem Geschädigten ein Verweis des Schädigers auf Nicht-Markenstundenverrechnungssätze in einer anderen Reparaturwerkstatt unzumutbar ist, nämlich:

- Wenn das Fahrzeug des Geschädigten nicht älter als drei Jahre ist;
- wenn der Geschädigte sein Fahrzeug stets in einer markengebundenen Fachwerkstatt hat warten und reparieren lassen;
- wenn es sich bei den Nicht-Markenstundenverrechnungssätzen um Sonderkonditionen handelt, die die Werkstatt, auf die die Schädiger-Versicherung verweist, nur dieser berechnet und zur Verfügung stellt;
- wenn das Erreichen der Werkstatt, auf die die Schädiger-Versicherung verweist, für den Geschädigten nur mit zusätzlichem oder unzumutbarem Aufwand möglich ist, etwa aufgrund der Entfernung oder wenn es sich bei der Werkstatt nur um eine Annahmestelle handelt, von der das Fahrzeug woanders hin verbracht werden muss.

Auch in Kaskoversicherungsfällen wendet der BGH diese Schadensersatzrechtsprechung analog auf die Erforderlichkeit bzw. Notwendigkeit von Reparaturkosten laut Kaskoversicherungsbedingungen an.[4]

17 Des Weiteren ist es auch dem Geschädigten, der überobligatorische Eigenanstrengungen unternimmt, der also beispielsweise seine Freizeit für die Eigenreparatur einsetzt oder aber nach langer Suche eine Werkstatt findet, die die Reparatur mit einem geringeren Kostenaufwand als im Gutachten festgestellt durchführt, nicht zuzumuten, dass seine überobligatorischen Anstrengungen zur Schadensbehebung auch noch dem Schädiger zu Gute kommen.[5]

18 Demgegenüber wird allerdings immer wieder versucht, aus dem gesetzlich verankerten Erforderlichkeitsgebot ein Wirtschaftlichkeitspostulat bzw. -gebot herzuleiten, wonach als erforderlich nur diejenigen Aufwendungen anzusehen sein sollen, die ein Geschädig-

---

2 BGH NJW, 1992, 1618, 1619; 1989, 3009; Urt. v. 29.4.2003, AZ: VI ZR 398/02, NJW 2003, 2085.
3 Vgl. u.a. BGH, Urt. v. 20.10.2009, AZ: VI ZR 53/09 sowie Urt. v. 28.4.2015, AZ: VI ZR 267/14.
4 Siehe BGH, Urt. v. 11.11.2015, AZ: IV ZR 426/14.
5 OLG Dresden, DAR 1996, 54 m.w.N.

ter dann getätigt hätte, wenn er selbst für den Schaden hätte aufkommen müssen. Es ist zwar in diesem Zusammenhang einzuräumen, dass die ständige Rechtsprechung des BGH nur diejenigen Aufwendungen als erforderlich ansieht, die ein verständiger wirtschaftlich denkender Mensch in der Lage des Geschädigten machen würde;[6] allerdings führt der BGH weiterhin an, dass das Gebot zur wirtschaftlich vernünftigen Schadensbehebung jedoch nicht verlangt, dass der Geschädigte zugunsten des Schädigers zu sparen habe oder sich in jedem Fall so zu verhalten habe, als ob er den Schaden selbst zu tragen hätte.[7] Der BGH begründet diese von ihm aufgestellten Grundsätze damit, dass der Geschädigte in derartigen Fällen nicht selten Verzichte üben oder Anstrengungen machen wird, die sich im Verhältnis zum Schädiger als überobligationsmäßig darstellen und die dieser daher vom Geschädigten nicht verlangen kann. Die Kernaussage dieser bereits zitierten Entscheidungen des BGH ist sodann, dass bei der Prüfung, ob der Geschädigte den Aufwand zur Schadensbeseitigung in vernünftigen Grenzen gehalten hat, eine subjektbezogene Schadensbetrachtung anzustellen ist, das heißt Rücksicht auf die spezielle Situation des Geschädigten, insbesondere seine individuellen Erkenntnis- und Einflussmöglichkeiten sowie auf die möglicherweise gerade für ihn bestehenden Schwierigkeiten zu nehmen ist.

Schließlich ist dem Gesetzeswortlaut (auch nicht dem neuen) nicht einmal andeutungsweise eine Verpflichtung des Geschädigten zur sachgebundenen Verwendung des Schadensersatzbetrages zu entnehmen. Insofern hat der BGH völlig zu Recht diese absolute Dispositionsfreiheit des Geschädigten als Magna Charta des Schadensersatzrechtes bezeichnet.

19

3. Grenzen der fiktiven Abrechnung

An sich müsste nach den vorgenannten Grundsätzen eine fiktive Abrechnung für den Geschädigten mindestens bis zu dem Schadensersatzbetrag möglich sein, der einem Wiederbeschaffungswert seines beschädigten Fahrzeugs entspricht. Dies bedeutet, dass der Geschädigte eigentlich, auch wenn die Reparaturkosten dem Wiederbeschaffungswert des beschädigten Fahrzeugs entsprechen, er sich diesen festgestellten erforderlichen Geldbetrag ausbezahlen lassen können müsste. Grundsätzlich ist allerdings auch der Wiederbeschaffungswert jedenfalls die Obergrenze für die Möglichkeit einer fiktiven Schadensabrechnung.

20

---

6 BGH, DAR 1996, 314 m.w.N.
7 BGHZ 115, 364, 369; BGH, DAR 1996, 314.

§ 1 Grundlagen und Grundsätze der Fahrzeugschadensberechnung

a) Die so genannte 70 %-Grenze

21 In der Schadenspraxis ist und war vermehrt festzustellen, dass Versicherungen bei an sich eindeutigen Reparaturschäden, die vom Geschädigten beabsichtigte fiktive Schadensabrechnung unter selbstständiger Ermittlung von Wiederbeschaffungswert und Restwert des beschädigten Fahrzeugs, mit dem Argument ablehnen, dass die Differenz aus diesen ermittelten Werten betragsmäßig geringer sei, als der geltend gemachte fiktive Reparaturschaden (gegebenenfalls unter Hinzurechnung eines merkantilen Minderwertes).

22 Derartige Schadensregulierungen erfolgen unabhängig von dem Umstand, ob der Schädiger sein Fahrzeug repariert, teilweise repariert, unrepariert oder teilweise repariert weiterveräußert. Begründet wird dies in letzteren Fällen mit dem sogenannten Wirtschaftlichkeitsgebot bzw. dem fehlenden Integritätsinteresse des Geschädigten bei Veräußerung eines unreparierten bzw. teilweise reparierten Fahrzeugs.

23 *Beispielsfall zur Veranschaulichung*

Nach einem Verkehrsunfall des Geschädigten stellt der von ihm beauftragte Sachverständige einen reinen Reparaturschaden von 5.000 EUR fest und sieht, da der Wiederbeschaffungswert des entsprechenden Fahrzeugs 10.000 EUR beträgt, keinen Anlass, einen Wiederbeschaffungswert und somit auch keinen Restwert zu ermitteln und im Sachverständigengutachten anzugeben.

Der Geschädigte entschließt sich fiktiv, das heißt nach dem Sachverständigengutachten abzurechnen. Er schafft sich ein Ersatzfahrzeug für 12.000 EUR an und tritt seine Schadensersatzansprüche über die Reparaturkosten in Höhe von 5.000 EUR an das Autohaus (den Verkäufer) ab, das den Betrag von 5.000 EUR auf den Kaufpreis des Ersatzfahrzeugs anrechnet.

Berechnung des Geschädigten:

Kaufpreis des Ersatzfahrzeugs	12.000 EUR
abzüglich abgetretener Schadensersatzanspruch als Versicherungsleistung	5.000 EUR
verbleibt als restlicher Zahlungsbetrag an Autohaus	7.000 EUR

Im Rahmen der Schadensregulierung teilt die Haftpflichtversicherung des Schädigers dem Geschädigten mit, dass bei der Abrechnung der von der Versicherung ermittelte Wiederbeschaffungswert von 10.000 EUR, abzüglich eines Restwertes, hinsichtlich dessen die Versicherung ein Restwertangebot von 6.500 EUR erhielt, zugrunde gelegt wird.

Schadensberechnung der Versicherung:

Wiederbeschaffungswert	10.000 EUR
abzüglich Restwert	6.500 EUR
verbleibt als Zahlungsbetrag an das Autohaus aus der Abtretung	3.500 EUR

B. Der Haftpflichtschaden § 1

Im Veranschaulichungsbeispiel fehlen dem Geschädigten also 1.500 EUR, die er in seine Berechnungsgrundlage beim Erwerb des Ersatzfahrzeugs einbezogen hatte.

Nach der hier vertretenen Auffassung kann der Geschädigte ohne bereits näher auf die Mehrwertsteuerproblematik (siehe hierzu unten § 4 Rdn 13 ff.) einzugehen, sich auf die Angaben zur Höhe der Reparaturkosten im Sachverständigengutachten verlassen und seine Dispositionen gemäß den oben unter Rdn 12 ff. dargestellten Rechtsprechungsgrundsätzen des BGH unter Zugrundelegung der Erwartung dieser Schadenssumme treffen. Er kann etwa sein beschädigtes Fahrzeug veräußern und für seine finanziellen Dispositionen zum Erwerb eines Ersatzfahrzeugs, die im Gutachten festgelegten Reparaturkosten einstellen. Der Geschädigte kann auch im Falle einer notdürftigen, teilweisen oder billigeren Reparatur die Reparaturkosten laut Gutachten in seine Vermögensbilanz einbeziehen. Der Geschädigte braucht keine eigenen Ermittlungen zu einem Wiederbeschaffungswert sowie einem Restwert anstellen und hier dann etwa eigene Vergleichskontrollrechnungen vornehmen.   24

Aus subjektiver Sicht besteht für den Geschädigten keinerlei Veranlassung, ein Art Marktforschung zu betreiben, um herauszufinden, zu welchen Preisen er bei einem eindeutigen Reparaturfall ein gleichwertiges Fahrzeug wiederbeschaffen kann oder zu welchen Preisen ihm jemand sein beschädigtes Fahrzeug abkauft.   25

Die vom BGH vertretene Rechtsauffassung zur Schadensminderungspflicht bei Anmietung eines Ersatzfahrzeugs[8] kann auf den vorliegenden Fall ohne weiteres übertragen werden.   26

Es hält sich demnach auch völlig im Rahmen des üblichen, wenn der Geschädigte mit den im Sachverständigengutachten aufgeführten Reparaturkosten disponiert. Der Geschädigte braucht sich auch in diesem Fall nicht auf Sondermärkte von Restwertaufkäufern, die extrem hohe Restwerte benennen, verweisen lassen, da derartige Sondermärkte nicht dem Geschädigten, sondern allenfalls den Versicherern zugänglich sind und es oft hier auch nur um den reinen Fahrzeugbriefhandel geht.   27

Hinzu kommt, dass der Arbeitskreis V des 28. Deutschen Verkehrsgerichtstages 1990 in Goslar eindeutig und einstimmig empfahl, bei Abrechnung fiktiver Reparaturkosten eine Vergleichskontrollrechnung, nämlich eine Gegenüberstellung von Wiederbeschaffungswert und Restwert auf der einen Seite und der Reparaturkosten und eines etwaigen Minderwertes des beschädigten Fahrzeuges auf der anderen Seite nur dann vorzunehmen, wenn die Reparaturkosten 70 % des Wiederbeschaffungswertes übersteigen.[9]   28

Auch Leitsätze, Empfehlungen und Richtlinien für die Gutachtenerstellung sehen bzw. sahen insgesamt vor, dass Angaben zum Restwert erst dann zu erfolgen haben, wenn die Reparaturkosten 70 % des Wiederbeschaffungswertes erreichen. Insoweit ist bzw.   29

---

8 BGH, DAR 1996, 314 sowie die aktuellen Urteile seit 2004 zuletzt vom 4.7.2006, SP 2006, 353.
9 Empfehlung des Arbeitskreises V, 28. Deutscher Verkehrsgerichtstag 1990.

§ 1 Grundlagen und Grundsätze der Fahrzeugschadensberechnung

war auch in den meisten Fällen eine Ermittlung des Wiederbeschaffungswertes entbehrlich, wenn zu erkennen ist, dass dieser Wert bei der Regulierung nicht in Ansatz kommen wird.

30 Zumindest unterhalb dieser 70 %-Grenze liegen, abgesehen von Ausnahmefällen (s. hierzu BGH-Urteil unter § 1 Rdn 43 ff.), sogenannte eindeutige Reparaturfälle vor, bei denen es auf den Wiederbeschaffungswert und somit auch auf den Restwert nicht ankommen kann.

31 Insofern hat auch das LG Osnabrück in einem Urteil[10] im Hinblick auf die Rechtsprechung des BGH zum postengenauen Vergleich angeführt, dass bei einem wirtschaftlichen Totalschaden eines Kraftfahrzeugs eine Vergleichsrechnung nur dann geboten ist, wenn die Reparaturkosten 70 % des Wiederbeschaffungswertes übersteigen. Das LG Osnabrück erachtet die Reparaturkostenabrechnung bei grundsätzlicher Reparaturwürdigkeit des beschädigten Fahrzeugs für zulässig, auch wenn der gegnerischen Versicherung nach Vorlage des Sachverständigengutachtens ein höheres Restwertangebot bekannt wird. Das Urteil hält eine Vergleichsberechnung nur in solchen Fällen für erforderlich, in denen die äußeren Umstände den Geschädigten darauf hinweisen, dass die Wirtschaftlichkeit einer Reparatur zweifelhaft sein könnte, was allerdings nur dann regelmäßig der Fall ist, wenn die Reparaturkosten in einer gewissen Annäherungszone zum wirtschaftlichen Totalschaden liegen. Dies soll allerdings nur der Fall sein, wenn die Reparaturkosten 70 % des Wiederbeschaffungswertes übersteigen. Das LG Osnabrück führt hierzu ausdrücklich an, dass das vom Geschädigten zu beachtende Wirtschaftlichkeitspostulat einer solchen Vorgehensweise nicht entgegensteht.

32 In diesem Zusammenhang muss zwangsläufig auf ein Urteil des BGH[11] verwiesen werden. Dort hat der BGH zu den Grenzen für die Abrechnung auf Reparaturkostenbasis angeführt, dass dann, wenn der Geschädigte Ersatz fiktiver Reparaturkosten für ein unfallgeschädigtes Kraftfahrzeug verlangt, er sich grundsätzlich in der durch die Abrechnung nach dem Wiederbeschaffungswert gezogenen Grenzen halten muss. Der BGH drückt damit aus, dass die zu ersetzenden Kosten angeblich nicht höher sein dürfen als der Wiederbeschaffungswert des Fahrzeugs, abzüglich des Restwerts des beschädigten Fahrzeugs.

33 Der BGH wiederholt zunächst in der angegebenen Entscheidung die immer wieder aufgestellten Grundsätze, dass der Geschädigte schon vor Ausführung der Reparatur gemäß § 249 S. 2 BGB a.F. den zur Herstellung erforderlichen Geldbetrag verlangen kann. Der BGH gibt weiter an, dass es dem Geschädigten freisteht, ob er den erhaltenen Betrag beträchtlich zur Reparatur verwendet oder ob er das Fahrzeug in beschädigtem Zustand veräußert und das Geld zur Anschaffung eines Ersatzfahrzeugs verwendet oder diesen Geld-

---

10 LG Osnabrück, DAR 1993, 165.
11 BGH, NJW 1985, 2469 = DAR 1985, 218.

B. Der Haftpflichtschaden   § 1

betrag ganz anderen Zwecken zuführt. In der Entscheidung ist auch ausdrücklich angeführt, dass der Geschädigte grundsätzlich die Möglichkeit hat, das Fahrzeug unrepariert zu veräußern und sodann die Kosten einer für ihn nach der Veräußerung nur noch fiktiven Instandsetzung ersetzt verlangen kann.

In den weiteren Entscheidungsgründen des vorgenannten Urteils nimmt der BGH dann überraschend und entgegen den zuvor betonten Schadensberechnungsgrundsätzen eine Einschränkung vor, indem er ausführt, dass die fiktiven Instandsetzungskosten nicht „unbesehen" zuerkannt werden können. Der BGH behilft sich zur Begründung seines oben unter Rdn 32 genannten Ergebnisses unter anderem damit, dass er hinsichtlich des Wiederbeschaffungswertes bzw. des erzielten Restwerterlöses, der letztendlich zu einer geringeren Schadensersatzsumme als die der fiktiven Reparaturkosten führte, auf die konkreten Marktgegebenheiten verweist. Der BGH stellt unter anderem darauf ab, dass im zu entscheidenden Fall die konkreten Marktgegebenheiten vernachlässigende Unterschätzung des Wiederbeschaffungswertes erfolgt sein könnte oder auch, dass der Geschädigte für das Fahrzeug einen überdurchschnittlichen Erlös aus Gründen erzielt hat, die mit dem Zustand des Unfallwagens nichts zu tun haben.   34

Abgesehen von dem Umstand, dass derartige Mutmaßungen, die keinerlei Anknüpfungstatsachen im zu entscheidenden Fall gefunden haben, die mehrfach aufgestellten Schadensersatzgrundsätze nicht aus ihren Angeln heben können, widerspricht die vom BGH vertretene Auffassung auch dem näher dargelegten Gesetzeswortlaut des § 249 S. 2 BGB a.F. bzw. § 249 Abs. 2 BGB n.F.   35

Mit *Grunsky*[12] ist daher eindeutig festzustellen: Fiktive Reparaturkosten sind bis zur Grenze des wirtschaftlichen Totalschadens, also bis zur Höhe des Wiederbeschaffungswertes in voller Höhe zu ersetzen und werden nicht durch die unfallbedingte Wertminderung des Fahrzeugs begrenzt.   36

Unter Zugrundelegung dieses Ergebnisses kann auch weiteren zu dieser Problematik vorliegenden Urteilen[13] nicht gefolgt werden. Diese Urteile gehen weitestgehend davon aus, dass der Geschädigte bei bestimmten Vermögensdispositionen, die er hinsichtlich seines beschädigten Fahrzeugs trifft, dieser nach der Durchführung der entsprechenden Disposition mehr Vermögen hat als vorher, also (ungerechtfertigt) bereichert ist. Diese in den Urteilen angesprochene Konstellation kann jedoch nur bei einer Weiterveräußerung des unreparierten Fahrzeugs laut dem dargestellten Ausgangsfall zutreffen.   37

Hierzu ist allerdings wiederum auf die Rechtsprechung des OLG Köln[14] hinzuweisen. Das OLG Köln hat in einem Fall, in dem der Geschädigte sein beschädigtes Fahrzeug   38

---

12 Beitrag „Rechtliche Probleme der fiktiven Abrechnung von Reparaturkosten und der Restwertermittlung", 28. Deutscher Verkehrsgerichtstag 1990.
13 U.a. OLG Hamm, Urt. v. 10.12.1998, OLG-Report Hamm 8/1999.
14 OLG Köln, NJW-RR 1993, 1437.

§ 1 Grundlagen und Grundsätze der Fahrzeugschadensberechnung

beim Kauf eines Neuwagens in Zahlung gab und hierbei eine Gutschrift, die den geschätzten Restwert überstieg, erzielte, entschieden, dass sich der Geschädigte im Verhältnis zum Schädiger den Mehrerlös nicht anzurechnen lassen brauche, da u.a. ein „versteckter Rabatt" dem Geschädigten und nicht dem Schädiger zukomme.

39 Nachdem in den meisten Fällen eines vom Versicherer vorgelegten Restwertangebotes davon auszugehen ist, dass solche Restwertangebote teilweise überhöht sind und in der Regel auf Sondermärkten eingeholt werden, kann auch die Argumentation der Gegenauffassung zu dem Urteil des LG Osnabrück nicht stichhaltig sein, da nur in den Fällen, in denen der Geschädigte ohne überobligationsmäßige Anstrengungen einen Erlös erzielt hätte, der den vom Sachverständigen ermittelten Restwert übersteigt, der Geschädigte verpflichtet ist, sich diese Gutschriftdifferenz anrechnen zu lassen.[15]

40 Demnach ist der Geschädigte auch nicht verpflichtet, zur Schadensminderung beim Kauf eines Neuwagens oder eines Ersatzwagens auf eine günstige Inzahlungnahme des unfallgeschädigten Fahrzeugs zu drängen, wonach gerade derartige versteckte Rabatte nicht dem Schädiger zu Gute kommen sollen und können.

41 Bei der Beachtung des Gesetzeswortlautes, der richtigen Anwendung der aufgezeigten Rechtsprechungs- und Schadensersatzgrundsätze, ist die im Anschauungsbeispiel angegebene Schadenspraxis der Versicherungen nicht ansatzweise zu rechtfertigen. Insgesamt darf der Geschädigte auch in Fällen der fiktiven Reparaturabrechnung jedenfalls bis zur Höhe des Wiederbeschaffungswertes seines Fahrzeugs nicht in seiner Freiheit, über den vollen ungeschmälerten Entschädigungsbetrag verfügen zu dürfen, eingeschränkt werden.

42 Der Reparaturbedarf für ein unfallbeschädigtes Fahrzeug setzt sich nämlich im Vermögen des Geschädigten dauernd fest, ob dieser nun das Fahrzeug reparieren lässt oder bei einer Veräußerung im unreparierten Zustand entsprechend weniger für ihn erlöst oder er sich letztlich mit dem unreparierten Fahrzeug einschränkt.[16]

43 Allerdings befasst sich der BGH[17] in einer weiteren Entscheidung mit einem ähnlich gelagerten Sachverhalt, bei dem er der sog. 70 %-Grenze eine Absage erteilte.

44 *Beispielsfall zur Veranschaulichung: (BGH, Urteil vom 7.6.2005, AZ: VI ZR 192/04)*
Nach einem Verkehrsunfall des Geschädigten stellte der von ihm beauftragte Sachverständige einen reinen Reparaturschaden von 17.079,10 EUR (einschl. Mehrwertsteuer) und einen merkantilen Minderwert von 1.500,00 EUR fest. Den Bruttowiederbeschaffungswert des Fahrzeugs gab der Sachverständige mit ca. 27.000,00 EUR an. Eine Angabe zum Restwert des Fahrzeugs enthielt das Gutachten nicht.

---
15 BGH, NJW 1992, 903.
16 *Steffen*, NJW 1995, 2057.
17 BGH, Urt. v. 7.6.2005, AZ: VI ZR 192/04, NJW 2005, 2541 = VersR 2005, 1257.

B. Der Haftpflichtschaden §1

Der Geschädigte schaffte sich ein Neufahrzeug zu einem Kaufpreis von 32.000,00 EUR (einschl. Mehrwertsteuer) an, gab allerdings in sämtlichen Instanzen bis zuletzt keine Erklärung dazu ab, was er mit seinem Unfallfahrzeug gemacht hat.

Berechnung des Geschädigten:
Netto-Reparaturkosten	14.723,36 EUR
zuzüglich Wertminderung	1.500,00 EUR
Gesamtschadensersatzanspruch	16.223,36 EUR

Im Rahmen der Schadensregulierung holte die beklagte Haftpflichtversicherung Restwertangebote aus der Restwertbörse ein und übermittelte dem Geschädigten das höchste „verbindliche Kaufangebot" eines mit Name, Anschrift, Telefon – und Faxnummer, näher bezeichneten Kaufinteressenten über 13.110,00 EUR mit dem Zusatz, dass das Gebot die kostenlose Abholung des Kfz beinhaltet. Nachdem der Geschädigte dieses Restwertangebot unbeachtet lies und wie ausgeführt ein Neufahrzeug erwarb, rechnete die beklagte Haftpflichtversicherung den von ihr ermittelten Wiederbeschaffungsaufwand (Wiederbeschaffungswert abzüglich Restwert) ab. 45

Schadensberechnung der Versicherung:
Wiederbeschaffungswert netto (unter Abzug von 19 % MwSt.)	22.689,07 EUR
abzüglich Restwert	13.110,00 EUR
Zahlungsbetrag der beklagten Haftpflichtversicherung somit	9.579,07 EUR

Im Veranschaulichungsbeispiel fehlen dem Geschädigten also 6.644,29 EUR, die er in seine Berechnungsgrundlage beim Erwerb des Ersatzfahrzeugs einbezogen hatte. Der Fehlbetrag für den Geschädigten blieb gleich, auch nachdem die Haftpflichtversicherung den zunächst vom Wiederbeschaffungswert in Abzug gebrachten Mehrwertsteuerbetrag von 4.310,93 EUR nach Vorlage einer Rechnung durch den Geschädigten nachbezahlte. Hatte bereits das Berufungsgericht, das OLG Düsseldorf[18] die Klage des Geschädigten über einen weiteren Fehlbetrag abgewiesen und hierbei darauf verwiesen, dass die Gepflogenheit, Restwertangaben in einem Gutachten erst zu machen, wenn die Reparaturkosten mehr als 70 % des Wiederbeschaffungswertes betragen, keine normative Kraft der Gestalt entfaltet, dass geschätzte Reparaturkosten unterhalb dieses Grenzwertes in jedem Fall erstattungsfähig sind, wendet der BGB im vorliegenden Fall die 70 %-Grenze ebenfalls nicht an. Der BGH verkennt hierbei nicht, dass dem Geschädigten im Allgemeinen zwei Wege der Naturalrestitution zur Verfügung stehen, nämlich die Reparatur des Unfallfahrzeugs oder die Anschaffung eines „gleichwertigen" Ersatzfahrzeugs, betont aber des Weiteren, dass er aufgrund des sog. Wirtschaftlichkeitspostulats unter dem 46

---
18 OLG Düsseldorf, NZV 2004, 584.

zum Schadensausgleich führenden Möglichkeiten der Naturalrestitution grundsätzlich diejenige zu wählen hat, die den geringsten Aufwand erfordert. Dies ergibt sich nach dem BGH bereits aus dem Tatbestandsmerkmal der Erforderlichkeit in § 249 Abs. 2 S. 1 BGB. Des Weiteren findet nach dem BGB das Wahlrecht des Geschädigten seine Schranke in dem Verbot, sich an dem Schadensersatz zu bereichern; der Geschädigte soll an dem Schadensfall nicht „verdienen". Letztendlich darf aber durch das Wirtschaftlichkeitsgebot und das Bereicherungsverbot das Integritätsinteresse des Geschädigten, das aufgrund der gesetzlich gebotenen Naturalrestitution Vorrang genießt, nicht verkürzt werden.[19] Insoweit hat der BGH in seinem Urt. v. 29.4.2003, AZ: VI ZR 393/02, entschieden, dass der Geschädigte zum Ausgleich des durch einen Unfall verursachten Fahrzeugschadens die vom Sachverständigen geschätzten Reparaturkosten bis zur Höhe des Wiederbeschaffungswerts ohne Abzug des Restwerts verlangen kann, wenn er das Fahrzeug tatsächlich reparieren lässt und weiter benutzt. In einem solchen Fall stellt nach dem BGH nämlich der Restwert lediglich einen hypothetischen Rechnungsposten dar, den der Geschädigte nicht realisiert und der sich daher in der Schadensbilanz nicht niederschlagen darf.

Im vorstehenden Veranschaulichungsbeispiel nach dem BGH-Urteil vom 7.6.2005 nutzte der Geschädigte das unfallbeschädigte Fahrzeug allerdings nicht weiter, sondern veräußerte es in unrepariertem Zustand weiter und erwarb ein Neufahrzeug.

47 Für diesen Fall, in dem der Geschädigte auch nicht angab zu welchem Restwert er das verunfallte Fahrzeug verkaufte, begrenzte der BGH den ersatzfähigen Schaden des Geschädigten auf den Wiederbeschaffungsaufwand, nämlich den Wiederbeschaffungswert abzüglich des Restwerts.

48 Wenn im vorliegenden BGH-Fall der Geschädigte offenbart hätte zu welchem Restwert er das Fahrzeug verkauft hat und wenn dieser Restwert zu einem Betrag realisiert worden wäre, dass der Wiederbeschaffungsaufwand (Wiederbeschaffungswert abzüglich Restwert) höher gewesen wäre als die fiktiv abzurechnenden Reparaturkosten, hätte der BGH nach seiner sonstigen Rechtsprechung auch hier die fiktiven Reparaturkosten zugesprochen.

49 Insoweit lag hier ein besonderer Umstand derart vor, dass der Geschädigte nicht angab zu welchem Restwert er sein Fahrzeug veräußerte. Anders hätte der Fall gegebenenfalls wohl auch gelegen, wenn der Sachverständige einen Restwert, des allgemeinen örtlichen Marktes angegeben hätte; nur ein solcher Restwert ist in Abgrenzung zu einem auf dem Sondermarkt Restwertbörse ermittelten Restwert nach der ständigen Rechtsprechung des BGH[20] maßgebend. All diese Fragen hat der BGH entsprechend nicht entschieden und offen gelassen.

---

19 BGH, Urt. v. 29.4.2003, AZ: VI ZR 393/02; BGHZ 154, 395 ff. = NJW 2003, 2085; s. auch BGHZ 115, 354 ff.
20 Zuletzt Urt. v. 12.7.2005, DAR 2005, 617.

B. Der Haftpflichtschaden § 1

b) Die 100 %-Grenze

In verschiedenen Urteilen beschäftigte sich der BGH mit der Frage, ob ein Geschädigter bei einer nur teilweisen Reparatur und bei einer entsprechenden Weiternutzung des Fahrzeugs bzw. bei überhaupt keiner Reparatur und Weiternutzung des Fahrzeugs Reparaturkosten fiktiv bis zur Höhe des Wiederbeschaffungswertes verlangen kann. 50

Nachdem jedenfalls bei der Sachlage im Urteil des BGH vom 7.6.2005 für die Anwendung der sog. 70 %-Grenze kein Raum sein soll, stellt sich die Frage, ob und inwieweit der Geschädigte geschätzte Reparaturkosten, die unterhalb des Wiederbeschaffungswertes liegen ansonsten fiktiv berechnen und fordern kann. 51

Der BGH entschied zu dieser Frage in zwei grundlegenden Urteilen vom 29.4.2003, AZ: VI ZR 393/02[21] und vom 23.5.2006, AZ: VI ZR 192/05.[22] 52

Beispiel zur Veranschaulichung (in Anlehnung an das BGH-Urt. v. 29.4.2003):
Berechnung des Geschädigten:

Reparaturkosten netto	24.337,24 EUR
zuzüglich Wertminderung	1.500,00 EUR
Gesamtforderung des Geschädigten	25.837,24 EUR

Im Rahmen der Schadensregulierung holt die Haftpflichtversicherung des Schädigers ein Restwertangebot ein, das 10.000,00 EUR beträgt und um 2.000,00 EUR höher liegt als der im vom Geschädigten eingeholten Sachverständigengutachten angesetzte Restwert von 8.000,00 EUR.

Schadensberechnung der Versicherung:

Wiederbeschaffungswert lt. Sachverständigengutachten	30.300,00 EUR
abzüglich eigener ermittelter Restwert	10.000,00 EUR
Zahlung der Versicherung somit	20.300,00 EUR

Im Veranschaulichungsbeispiel fehlen dem Geschädigten 5.537,24 EUR, die er von der Haftpflichtversicherung des Schädigers fordert, da er das Fahrzeug selbst, also in Eigenregie, reparierte. 53

Der BGH folgt der neueren Rechtsprechung des OLG Düsseldorf,[23] wonach der Geschädigte Reparaturkosten auf der Grundlage eines Sachverständigengutachtens abrechnen kann, wenn die Höhe der geschätzten Reparaturkosten einschließlich der Wertminderung unter dem Wiederbeschaffungswert liegen und der Geschädigte sein reparaturwürdiges 54

---

21 BGHZ 154, 395 = NJW 2003, 2085.
22 SP 2006, 281 = DAR 2006, 441.
23 OLG Düsseldorf, VA 2003, 80.

Fahrzeug in Weiterbenutzungsabsicht in einer Weise instand gesetzt hat, dass es im Straßenverkehr sicher benutzt werden kann.

In diesem Fall soll nach dem Urteil des OLG Düsseldorf der Restwert des Fahrzeugs unberücksichtigt bleiben. Das OLG Düsseldorf begründet sein Urteil damit, dass der Geschädigte sein besonderes Integritätsinteresse an dem beschädigten Fahrzeug nur dann durch eine vollständige und fachgerechte Reparatur nachweisen muss, wenn die beanspruchten Reparaturkosten den Wiederbeschaffungswert um mehr als 30 % übersteigen. Nachdem allerdings im Fall des OLG Düsseldorf der Geschädigte durch die Beseitigung von Schäden an seinem Pkw dessen Verkehrs- und Betriebssicherheit wiederhergestellt hat und danach das Fahrzeug jedenfalls mehrere Wochen selbst genutzt hat, ist dieser berechtigt, seine Reparaturkosten auf der Grundlage des Gutachtens in voller Höhe abzurechnen.

55 Der BGH macht sich diese Auffassung des OLG Düsseldorf zu eigen und erteilt auch der Gegenmeinung,[24] die die Abrechnungsgrenze im Wiederbeschaffungsaufwand (Wiederbeschaffungswert abzüglich Restwert) sieht eine Absage. Insoweit kann der Geschädigte nach dem BGH die Reparaturkosten auf Gutachtenbasis auch dann in voller Höhe verlangen, wenn die Reparatur nicht im vollen Umfang den Anforderungen des Sachverständigengutachtens entspricht, sondern das Fahrzeug nur in einen funktionstüchtigen Zustand versetzt wird, in dem es weiterbenutzt werden kann.

56 Der BGH führt hierzu die Grundsätze der Naturalrestitution an, für deren Berechnung dem Geschädigten im allgemeinen zwei Wege zur Verfügung stehen, nämlich die Reparatur des Unfallfahrzeugs oder die Anschaffung eines (gleichwertigen) Ersatzfahrzeugs, wobei der Geschädigte nach dem gesetzlichen Bild des Schadensersatzes Herr des Restitutionsgeschehens ist. Insoweit ergeben sich auch aus § 249 BGB die sog. Ersetzungsbefugnis und die freie Wahl der Mittel zur Schadensbehebung. Die freie Mittelverwendung findet ihren Ausdruck demgemäß auch in der Dispositionsfreiheit des Geschädigten. Der Geschädigte ist somit weder dazu verpflichtet, sein Fahrzeug zu reparieren, noch es zur Reparatur in eine Kundendienstwerkstatt zu geben, deren Preise in der Regel Grundlage der Kostenschätzung sind; es bleibt vielmehr ihm alleine überlassen, auf welche Weise er sein Fahrzeug wieder instand setzt.

57 Die Grenze liegt nach diesem Urteil des BGH lediglich in dem schadensrechtlichen Bereicherungsverbot, das besagt, dass der Geschädigte zwar vollen Ersatz verlangen kann, an dem Schadensfall aber nicht „verdienen" soll. Nachdem allerdings diese schadensrechtlichen Grundsätze sich nicht isoliert verwirklichen lassen, sondern zueinander viel mehr in einer Wechselbeziehung stehen,[25] darf demzufolge in Verfolgung des Wirtschaftlichkeitspostulates das Integritätsinteresse des Geschädigten, das aufgrund der gesetzlich ge-

---

24 OLG Frankfurt, 2002, 81; OLG Köln, zfs 2002, 74 sowie BGH, NJW 2003, 2085 m.w.N.
25 Vgl. *Steffen,* NJW 1995, 2057, 2059 f.

B. Der Haftpflichtschaden § 1

botenen Naturalrestitution Vorrang genießt, nicht verkürzt werden. Die Schadensrestitution darf nicht beschränkt werden auf die kostengünstigste Wiederherstellung der beschädigten Sache; ihr Ziel ist vielmehr, den Zustand wiederherzustellen, der wirtschaftlich gesehen der hypothetischen Lage ohne Schadensereignis entspricht. Danach kann im Allgemeinen und speziell im vom BGH entschiedenen Fall ein Geschädigter unter folgenden Voraussetzungen die Reparaturkosten auf Gutachtenbasis in voller Höhe verlangen:

- Die Reparaturkosten auf Gutachtenbasis inkl. einer Wertminderung liegen unterhalb des Wiederbeschaffungswerts eines gleichwertigen Fahrzeugs;
- der Geschädigte muss das Fahrzeug nur in einen funktionstüchtigen Zustand versetzen, was allgemein bedeutet, dass der Geschädigte an dem Fahrzeug einen verkehrs- und betriebssicheren Zustand herstellen muss (dies bedeutet andererseits für den Fall, dass das Fahrzeug durch das Unfallgeschehen sich noch in einem verkehrs- und betriebssicheren Zustand befindet, keine weiteren Maßnahmen zur Schadensbehebung am Fahrzeug getroffen werden müssen);
- es kommt nach dem BGH auch nicht auf Qualität der Reparatur an, so dass diese auch vollständig selbst vom Geschädigten, d.h. in Eigenregie, durchgeführt werden kann;
- das Fahrzeug muss vom Geschädigten in der Regel mindestens sechs Monate weitergenutzt werden (in Anlehnung an das vorzitierte Urteil des OLG Düsseldorf, dem der BGH folgt, war jedenfalls zum Zeitpunkt dieser BGH-Entscheidung die Weiternutzung von mehreren Wochen ausreichend; siehe hierzu allerdings auch das untenstehende Urteil des BGH vom 23.5.2006, AZ: VI ZR 192/05).

58

Liegen diese Voraussetzungen vor, kann der Geschädigte seinen Schaden im Reparaturumfang, gemäß dem Gutachten, fiktiv abrechnen; der Restwert stellt sich in diesem Fall lediglich als hypothetischer Rechnungsposten dar, den der Geschädigte nicht realisiert und der sich daher in der Schadensbilanz nicht niederschlagen darf.

59

Nach dem BGH bildet erst die Unverhältnismäßigkeit bei einer möglichen Naturalrestitution die Grenze, ab welcher der Ersatzanspruch des Geschädigten sich nicht mehr auf Herstellung (Naturalrestitution), sondern allein noch auf den Wertausgleich des Verlusts in der Vermögensbilanz (Kompensation) richtet; hiervon macht der BGH allerdings lediglich dann eine Ausnahme, wenn der Geschädigte bei einem besonderen Integritätsinteresse an dem Erhalt des ihm vertrauten Kraftfahrzeugs das Fahrzeug mit einem Aufwand bis zu 130 % des Wiederbeschaffungswerts instand setzen lässt (siehe hierzu unten zur 130 %-Grenze).

60

Nachdem ein solcher Fall hier nicht vorliegt und die im Gutachten kalkulierten Reparaturkosten den Wiederbeschaffungswert nicht einmal überschreiten, reicht die Wiederherstellung der Verkehrs- und Betriebssicherheit des Fahrzeugs, soweit notwendig, zusammen mit einer Weiternutzung des Fahrzeugs aus, um dem Geschädigten die fiktiven Reparaturkosten zuzubilligen.

61

§ 1 Grundlagen und Grundsätze der Fahrzeugschadensberechnung

62 Bezog sich die vorstehende Entscheidung des BGH mit dem zugehörigen Veranschaulichungsbeispiel darauf, dass der Geschädigte Reparaturkostenersatz fiktiv bis zum Wiederbeschaffungswert seines verunfallten Fahrzeugs begehrte und zumindest das Fahrzeug durch eine Reparatur in einen funktionsfähigen Zustand versetzte, musste sich der BGH in seinem weiteren Urteil vom 23.5.2006, AZ: VI ZR 192/05,[26] mit einem Fall befassen, in dem der Geschädigte seinen nach dem Unfall zwar beschädigten, aber funktionsfähigen und verkehrssicheren Pkw weiternutzte ohne ihn zu reparieren. Der Geschädigte verlangte auch in diesem Fall die Reparaturkosten gemäß Gutachten.

Beispiel zur Veranschaulichung nach BGH-Urteil vom 23.5.2006:
Berechnung des Geschädigten:
Reparaturkosten gemäß Gutachten fiktiv ohne MwSt: 3.216,35 EUR
Im Rahmen der Schadenregulierung ermittelte die gegnerische Haftpflichtversicherung unter Zugrundelegung des Wiederbeschaffungswerts laut Gutachten von 5.900,00 EUR brutto (= 4.957,98 EUR netto) einen Restwert von 3.460,00 EUR für das beschädigte Fahrzeug.

Schadensberechnung der gegnerischen Haftpflichtversicherung:
Netto-Wiederbeschaffungswert 4.957,98 EUR
abzüglich ermittelter Restwert 3.460,00 EUR
verbleibt als Zahlungsbetrag an den Geschädigten 1.497,98 EUR
Im Veranschaulichungsbeispiel fehlen dem Geschädigten also 1.718,37 EUR.
Der Geschädigte nutzte das Fahrzeug nach dem Unfallgeschehen für ca. vier Monate weiter.

63 Das Berufungsgericht als Vorinstanz des BGH vertrat die Auffassung, dass der Geschädigte keinen Ersatz, der den Wiederbeschaffungsaufwand (Wiederbeschaffungswert abzüglich Restwert) übersteigenden Reparaturkosten verlangen könne, wenn er den Schaden tatsächlich nicht repariert. Nach dem Berufungsgericht kommt es nicht darauf an, dass das Fahrzeug fahrbereit war und deshalb eine Reparatur zur weiteren Nutzung nicht zwingend erforderlich gewesen war. Es spiele auch keine Rolle, dass es nach der Behauptung des Geschädigten zunächst nicht beabsichtigt gewesen sei, das Fahrzeug nach einem Nutzungszeitraum von 4 Monaten zu veräußern; dies ist nach der Behauptung des Geschädigten nur wegen eines weiteren, unfallunabhängigen Schadens tatsächlich geschehen.

64 Das Berufungsgericht sieht als unbedingte Voraussetzung für den Ersatz fiktiver Reparaturkosten die Vornahme einer Reparatur an dem Fahrzeug an, auch wenn solche Repara-

---
26 BGH, DAR 2006, 441 = SP 2006, 281.

turkosten unterhalb des Wiederbeschaffungswertes liegen und unabhängig von der Qualität der Reparatur gemäß der Rechtsprechung des BGH verlangt werden könnten.
Eine bloße Weiternutzung des Fahrzeugs soll grundsätzlich nicht genügen.

Der BGH billigt die Entscheidung des Berufungsgerichts zwar im Ergebnis, widerspricht dem Berufungsgericht allerdings bei der Anwendung der wesentlichen Grundgedanken des Schadensersatzrechts. Der BGH betont nochmals, dass das Integritätsinteresse des Geschädigten aufgrund der gesetzlich gebotenen Naturalrestitution grundsätzlich Vorrang genießt und durch das Wirtschaftlichkeitsgebot und das Bereicherungsverbot nicht verkürzt werden darf; auch darf nicht in die Ersetzungsbefugnis und Dispositionsfreiheit des Geschädigten mit der Begründung des Berufungsgerichts eingegriffen werden. 65

Nachdem im vorangegangenen Urteil des BGH vom 29.4.2003 aufgrund des Umstandes, dass in diesem Fall des BGH der Geschädigte seinen Pkw reparierte, sich die Frage nicht stellte, ob in jedem Fall repariert werden muss, nimmt der BGH nunmehr eine bedeutende Klarstellung vor. 66

Nach dem BGH-Urteil vom 23.5.2006 ist für den Anspruch auf die fiktiven Reparaturkosten ohne Berücksichtigung des Restwerts entscheidend, dass der Geschädigte das Fahrzeug weiternutzt, sei es auch in beschädigtem, aber noch verkehrstauglichem Zustand. 67

Der Geschädigte kann in diesem Fall nach allgemeinen schadensersatzrechtlichen Grundsätzen sein Fahrzeug unrepariert weiternutzen und den zur Wiederherstellung erforderlichen Geldbetrag anderweitig verwenden. Im Fall der Weiternutzung stellt der Restwert, nur solange der Geschädigte ihn nicht realisiert, lediglich einen hypothetischen Rechnungsposten dar, der sich in der Schadensbilanz nicht niederschlagen darf. 68

In diesem Fall kann der Wille des Geschädigten zur Reparatur nicht zur Voraussetzung für den Anspruch auf Zahlung des zur Instandsetzung erforderlichen Geldbetrages erhoben werden.[27] Der in der Reparaturbedürftigkeit zum Ausdruck gekommenen Einbuße, die sich im Vermögen des Geschädigten niedergeschlagen hat, steht die Zahlung der für die Reparatur erforderlichen Geldmittel gegenüber. Ob diese tatsächlich für eine Instandsetzung eingesetzt werden, liegt in der Disposition des Geschädigten. Der BGH stellt weiterhin klar, dass von einer Weiternutzung des Fahrzeugs allerdings dann nicht die Rede sein kann, wenn der Geschädigte das Fahrzeug nach dem Unfall alsbald veräußert; hierdurch gibt er nämlich sein Integritätsinteresse auf und realisiert durch den Verkauf den Restwert seines Fahrzeugs mit der Folge, dass er sich diesen grundsätzlich anrechnen lassen muss.[28] Da er am Schadensfall nicht verdienen darf ist in einem solchen Fall der Anspruch des Geschädigten der Höhe nach durch die Kosten der Ersatzbeschaffung be- 69

---

27 BGH, BGHZ 66, 239, 241.
28 BGH, VersR 2005, 1257, 1258 f.

grenzt.[29] Die bedeutsame Frage, wie lange der Geschädigte das Fahrzeug nach dem Unfall nutzen muss, um ein nachhaltiges Interesse an dessen Weiternutzung zum Ausdruck zu bringen, beantwortet der BGH nach Abwägung der beiderseitigen Interessen zur Erleichterung einer praktischen Schadensabwicklung dahin, dass **im Regelfall** ein Zeitraum von sechs Monaten erforderlich, aber auch ausreichend ist.

70 Der BGH führt aus, dass bei einer so langen Weiternutzung nämlich im allgemeinen ein ernsthaftes Interesse des Geschädigten an der Weiternutzung, das einem Abzug des Restwerts nach den oben dargelegten Grundsätzen entgegensteht, nicht verneint werden kann. Andererseits berücksichtigt der BGH hierbei auch, dass eine längere Frist für die Möglichkeit einer Abrechnung mit Abzug des Restwerts den Schädiger und seinen Versicherer begünstigen bzw. zur Verzögerung der Abrechnung veranlassen könnte und von daher dem Geschädigten nicht zumutbar wäre.

71 Von Bedeutung ist, dass dem BGH **in der Regel ein Zeitraum von sechs Monaten als angemessen** erscheint, wenn nicht **besondere Umstände ausnahmsweise eine andere Beurteilung rechtfertigen.**

72 Im vom BGH zu entscheidenden Fall sieht der BGH einen Regelfall an, weil der Geschädigte das Fahrzeug nach vier Monaten, nach Auffassung des BGH in zu engem zeitlichem Abstand zum Unfall, verkauft hat. In den Entscheidungsgründen des BGH-Urteils findet sich keine Auseinandersetzung mit der Behauptung des Geschädigten, dass er zunächst nicht die Absicht hatte, das Fahrzeug zu veräußern und dieses erst wegen eines weiteren unfallunabhängigen Schadens veräußerte. Gegebenenfalls liegt hierin bereits ein vom BGH eingeräumter und zugelassener Ausnahmefall.

73 Als weitere Ausnahmefälle sind denkbar:
- Das unfallbeschädigte Fahrzeug ist finanziert bzw. geleast und das Ende des Finanzierungszeitraums bzw. Leasingzeitraums liegt innerhalb des Nutzungszeitraums von sechs Monaten.
- Der Geschädigte kann sein Fahrzeug, nachdem er bei dem Unfallereignis verletzt wurde, zwar zunächst mit dieser Verletzung weiternutzen, muss aber innerhalb des Regelzeitraumes von sechs Monaten verletzungsbedingt auf das Führen eines Fahrzeugs verzichten.
- Der Geschädigte hatte bereits vor dem Unfallereignis ein Neufahrzeug bestellt und die Lieferung des Fahrzeugs erfolgt innerhalb des Regelzeitraums von sechs Monaten.
- Die Familienstruktur ändert sich (Scheidung, Nachwuchs etc.).
- Die persönlichen Verhältnisse ändern sich (z.B. Arbeitslosigkeit o.Ä.).

74 Offen bleibt auch die Frage, ob der Regelzeitraum von sechs Monaten mit dem Unfallereignis beginnt. Zumindest kann dies bereits dem Leitsatz der BGH-Entscheidung ent-

---

29 BGH, BGHZ 66, 239, 247; VersR 1985, 593; VersR 2005, 1257, 1258 f.

B. Der Haftpflichtschaden § 1

nommen werden, aus dem sich ergibt, dass der Geschädigte das Fahrzeug – gegebenenfalls unrepariert – mindestens sechs Monate **nach dem Unfall** weiternutzen muss. Auch in den Entscheidungsgründen selbst beantwortet der BGH die Frage, wie lange der Geschädigte das Fahrzeug **nach dem Unfall** nutzen muss, mit einem Regelfall-Zeitraum von sechs Monaten.

Eine andere Möglichkeit wäre an den Zeitpunkt der Kenntnis der Höhe des Schadens bzw. unter Hinzurechnung einer Überlegungsfrist sogar auf einen späteren Zeitpunkt abzustellen.

Derartige Kriterien sind als Anknüpfungspunkte allerdings unpraktikabel, da derartige Zeitpunkte nicht feststehen und auch nur behauptet werden können. Das Unfallereignis selbst steht im Hinblick auf einen Zeitpunkt fest, so dass auch auf diesen Zeitpunkt für den Beginn des Laufes des Regelzeitraumes von sechs Monaten abzustellen ist. **75**

Zu beachten ist, dass der BGH in dem Urteil vom 23.5.2006 sein Urteil vom 29.4.2003, bei dem er zumindest bei einer Reparatur zur Herstellung der Funktionsfähigkeit des Fahrzeugs einen Zeitraum von mehreren Wochen zur Weiternutzung ausreichen lässt, nunmehr modifiziert, indem er den Regelzeitraum von sechs Monaten auf diesen Fall einer Reparatur zur Herstellung der Funktionsfähigkeit ausweitet, da er in seinem Leitsatz die Möglichkeit zur Abrechnung der Reparaturkosten fiktiv zubilligt, wenn der Geschädigte das Fahrzeug „– **gegebenenfalls unrepariert** –" mindestens sechs Monate nach dem Unfall weiternutzt; hieraus ist zu entnehmen, dass dies auch für den Fall der Teilreparatur zur Wiederherstellung der Funktionsfähigkeit i.S.d. Wiederherstellung der Verkehrs- und Betriebssicherheit gelten soll.

Insofern bestehen für einen fiktiven Reparaturkostenersatz folgende Voraussetzungen:

- Entweder nur teilweise Reparatur bzw. Reparatur zur Wiederherstellung der Funktionsfähigkeit des Fahrzeugs oder auch keinerlei Reparaturdurchführung, wenn diese nicht zur Herstellung der Funktionsfähigkeit (Verkehrs- und Betriebssicherheit) nötig ist.
- Weiternutzung des Fahrzeugs für mindestens 6 Monate ab/nach dem Unfallereignis. Zu beachten ist hierbei allerdings, dass dies, wie beide Urteile des BGH vom 29.4.2003 und 23.5.2006 zeigen, zunächst nur für den Fall kalkulierter Reparaturkosten bis zur Höhe des Wiederbeschaffungswertes des Fahrzeuges galt. Der Regelzeitraum einer sechsmonatigen Nutzung gilt nunmehr gemäß verschiedenen Urteilen des BGH ab dem Jahr 2007 auch für die 130 %-Fälle.[30]

Allerdings muss sich der Geschädigte zukünftig bei einer Abrechnung der Reparaturkosten bis zur Höhe des Wiederbeschaffungswertes und bis zur 130 %-Grenze gefallen las- **76**

---

30 Urteile des BGH vom 13.11.2007, AZ: VI ZR 89/07, vom 27.11.2007, AZ: VI ZR 56/07 sowie vom 22.4.2008, AZ: VI ZR 237/07.

sen, dass die Haftpflichtversicherungen Vorbehaltszahlungen vornehmen und nach Ablauf von 6 Monaten nach dem Unfallereignis Nachweise über die zwischenzeitlich durchgeführte Nutzung des Fahrzeugs verlangen oder zumindest einen noch gültigen Zulassungsnachweis. Gegebenenfalls werden sich die Haftpflichtversicherungen auch bei den Zulassungsstellen nach Ablauf von 6 Monaten nach dem Unfallereignis um derartige Nachweise bemühen und bei einer zwischenzeitlichen Veräußerung des Fahrzeugs ohne das Vorliegen von Ausnahmetatbeständen Rückforderungen an die Geschädigten stellen. Ob dieses Verhalten praktikabel bzw. wirtschaftlich für die Regulierungspraxis der Haftpflichtversicherungen ist, ist fraglich. Zu entsprechenden Einsparpotenzialen wird es allerdings führen.

c) Die 130 %-Grenze

77   Der BGH[31] räumt dem Geschädigten, wenn dieser an dem Erhalt seines Fahrzeugs durch eine Reparatur ein schützenswertes Interesse hat (so genanntes Integritätsinteresse) einen Integritätszuschlag von 30 % auf den Wiederbeschaffungswert ein. Grundsätzlich kann der Geschädigte daher, wenn die anfallenden Reparaturkosten ggf. zusammen mit einer Wertminderung des Fahrzeugs nicht mehr als 130 % des in einem Sachverständigengutachten ermittelten Wiederbeschaffungswertes ausmachen, die Reparatur seines Fahrzeugs durchführen. Hierbei ist ausschließlich auf den Wiederbeschaffungswert abzustellen; ein Restwert ist hiervon nicht in Abzug zu bringen. Auch wenn laut den in einem Sachverständigengutachten ermittelten Werten, nämlich dem Wiederbeschaffungswert und den Reparaturkosten die 130 %-Grenze nicht überschritten ist, diese aber sodann im Anschluss durch die konkret ausgeführte Reparatur überschritten wird, sind die tatsächlich angefallenen Reparaturkosten zu ersetzen. Die Rechtsprechung, insbesondere der BGH, nimmt hier eine so genannte ex ante-Betrachtung vor, wobei sich der Geschädigte stets auf die Prognose des Sachverständigengutachtens verlassen kann, der Schädiger also ausschließlich das Prognoserisiko trägt.[32] Die Abrechnung im Rahmen der 130 %-Grenze ist also unproblematisch, soweit eine konkrete Abrechnung durch Vorlage einer Reparaturkostenrechnung erfolgt.

aa) Fiktive Abrechnung und 130 %-Grenze

78   Auch bei einer Abrechnung im Rahmen der 130 %-Grenze, kann der Geschädigte grundsätzlich eine fiktive Abrechnung, das heißt eine Abrechnung nach Gutachten vornehmen. Voraussetzung hierzu ist aber der Nachweis einer fachgerechten Reparatur. Die Repara-

---

31 BGH, NJW 1992, 302 ff. = DAR 1992, 22 ff.; NZV 1992, 702 ff. mit Anmerkung von *Lipp*; VersR 1999, 245; BGHZ 154, 395 ff.
32 BGH, NJW 1992, 305 ff.; OLG Frankfurt, NZV 2001, 348.

B. Der Haftpflichtschaden   § 1

tur muss also im Wesentlichen nach den Vorgaben des Sachverständigengutachtens durchgeführt worden sein und darf keine Teil-, Billig- oder Sparreparatur darstellen.[33]
Mit dem Problemkreis der Abrechnung von Reparaturkosten im Rahmen der 130 %-Grenze und einer Reparatur in Eigenregie bzw. lediglich einer Reparatur zur Wiederherstellung eines verkehrssicheren und fahrbereiten Zustands, befasste sich der BGH in zwei Urteilen vom 15.2.2005.[34]   79

Die Frage in beiden Urteilen war immer, ob der Geschädigte bei Durchführung bestimmter Reparaturmaßnahmen lediglich bis zum Wiederbeschaffungsaufwand (Wiederbeschaffungswert abzüglich Restwert), Schadensersatz verlangen kann oder ob bei diesen bestimmten Sachverhalten der Geschädigte fiktive Reparaturkosten bis zu 130 % im Verhältnis zum Wiederbeschaffungswert verlangen kann.   80

Der den BGH-Urteilen jeweils zugrunde liegende Sachverhalt soll an den nachfolgenden Beispielen erläutert werden: 81

Beispiel zur Veranschaulichung in Anlehnung an BGH-Urteil vom 15.2.2005, AZ: VI ZR 70/04 in VersR 2005, 1108:   82

Berechnung des Geschädigten:
Reparaturkosten gemäß Gutachten, inklusive der gesetzlichen
Mehrwertsteuer   18.427,37 EUR
(der Schaden ereignete sich vor dem 1.8.2002, so dass es auf die Frage eines Mehrwertsteuerabzugs nicht ankam).
130 %-Berechnung über Wiederbeschaffungswert laut Gutachten   = 17.940,00 EUR
(13.800,00 EUR)
abzüglich Wiederbeschaffungsaufwand (Wiederbeschaffungs-
wert 13.800,00 EUR abzüglich Restwert 2.500,00 EUR)   11.300,00 EUR
verbleibt als Schaden   6.640,00 EUR
Der Geschädigte reparierte das Fahrzeug in Eigenregie teilweise und nutzte es weiter.
Schadensberechnung der Versicherung:
Wiederbeschaffungswert   13.800,00 EUR
abzüglich Restwert   2.500,00 EUR
verbleibt als Zahlungsbetrag   11.300,00 EUR

Im Veranschaulichungsbeispiel fehlen dem Geschädigten 6.640,00 EUR, wobei die Besonderheit besteht, dass die ursprünglich kalkulierten Reparaturkosten oberhalb der 130 %-Grenze liegen und der Geschädigte aufgrund der Reparatur in Eigenregie und   83

---

33 OLG Hamm, DAR 2002, 215; OLG Karlsruhe, zfs 1997, 53.
34 VersR 2005, 1108 und VersR 2005, 665.

§ 1 Grundlagen und Grundsätze der Fahrzeugschadensberechnung

der Weiternutzung insgesamt seinen Schaden bis zu 130 %, bezogen auf den Wiederbeschaffungswert, geltend machen wollte.

84 Eine weitere Besonderheit an diesem Fall war, dass das Landgericht, als erste Instanz, dem Geschädigten den von der beklagten Haftpflichtversicherung in Abzug gebrachten Restwert in Höhe von 2.500,00 EUR zusprach.

85 Das Berufungsgericht als zweite Instanz und Vorinstanz des BGH verneint einen Anspruch auf Ersatz weiterer Reparaturkosten, weil dem Geschädigten nach den Umständen des Falles kein Integritätszuschlag von 30 % über dem Wiederbeschaffungswert zugebilligt werden kann. Für diesen Zuschlag hält es die Vorinstanz für erforderlich, dass das Fahrzeug fachgerecht und vollständig repariert wird, auch wenn eine Selbstreparatur vorgenommen werden darf. Hinsichtlich des Reparaturbedarfs hat sich demgemäß der Geschädigte an den im Schadensgutachten enthaltenen fachhandwerklichen Vorgaben zu orientieren, so dass bei einer, nur die Fahrbereitschaft wiederherstellenden Teilreparatur, ein Integritätsinteresse des Geschädigten nicht zum Tragen kommt. Allerdings, was die Besonderheit dieses Falles ist, sprach auch die Berufungsinstanz dem Geschädigten, als für die Schadensbehebung erforderlichen Geldbetrag, einen solchen bis zum Wiederbeschaffungswert, also ohne Abzug des Restwerts zu. Der BGH nimmt in seiner Entscheidung, ausführlich und sehr nachlesenswert, Bezug auf die allgemeinen schadensrechtlichen Grundsätze der Naturalrestitution, die der Geschädigte auf zweierlei Weise erreichen kann, nämlich entweder durch die Forderung nach den Kosten für die Reparatur oder die Anschaffung eines (gleichwertigen) Ersatzfahrzeugs. Desgleichen auf die weiteren Grundsätze des Wirtschaftlichkeitspostulats und des Bereicherungsverbots. Der BGH betont hierbei, dass das Gebot zu wirtschaftlich vernünftiger Schadensbehebung vom Geschädigten nicht verlangt, zugunsten des Schädigers zu sparen oder sich in jedem Fall so zu verhalten, als ob er den Schaden selbst zu tragen hätte.[35]

86 Hierbei ist gemäß dem BGH Rücksicht auf die spezielle Situation des Geschädigten, also insbesondere auf seine individuellen Erkenntnis- und Einflussmöglichkeiten, sowie die möglicherweise gerade für ihn bestehenden Schwierigkeiten zu nehmen. Insoweit ist der Geschädigte in den durch das Wirtschaftlichkeitsgebot und das Verbot der Bereicherung gezogenen Grenzen, grundsätzlich frei in der Wahl und in der Verwendung der Mittel zur Schadensbehebung; der Geschädigte ist weder dazu verpflichtet, sein Fahrzeug zu reparieren, noch es zur Reparatur in eine Kundendienstwerkstatt zu geben, deren Preise in der Regel Grundlage der Kostenschätzung sind. Es bleibt vielmehr ihm überlassen, ob und auf welche Weise er sein Fahrzeug wieder in Stand setzt. Der BGH hält es weiterhin, unter Hinweis auf seine bisherige Rechtsprechung mit diesen schadensrechtlichen Grundsätzen, für vereinbar, dass dem Geschädigten, der sich zu einer Reparatur entschließt und

---

35 BGH, VersR 1976, 732, 734.

B. Der Haftpflichtschaden § 1

diese auch nachweislich durchführt, Kosten der Instandsetzung zuerkannt werden, die den Wiederbeschaffungswert bis zu 30 % übersteigen. Denn bei der Entscheidung, ob und ggf. welchen Aufwand der Geschädigte für die Reparatur seines Fahrzeugs ersetzt verlangen kann, ist zum Einen die Verhältnismäßigkeit des Reparaturaufwands zum Wiederbeschaffungswert des Fahrzeugs zu berücksichtigen; zum Anderen ist auch zu bedenken, dass nur die Reparatur des dem Geschädigten vertrauten Fahrzeugs regelmäßig sein Integritätsinteresse zu befriedigen vermag. Hierbei erschöpft sich das Integritätsinteresse des Geschädigten nicht nur in dem Wunsch auf reine Herstellung der Mobilität mit einem gleichwertigen Pkw, sondern ihm liegen durchaus wirtschaftliche Gesichtspunkte zugrunde; selbst wenn demnach bei voller Berücksichtigung des Vorteilsausgleichs „Neu für Alt", insbesondere bei älteren Fahrzeugen die Reparaturkosten die Kosten der Wiederbeschaffung in aller Regel deutlich übersteigen, ist eine Abrechnung von Reparaturkosten in solchen Fällen nicht generell ausgeschlossen. Denn der Eigentümer eines Kraftfahrzeugs weiß, wie dieses ein- und weitergefahren, gewartet und sonst behandelt worden ist, ob und welche Mängel dabei aufgetreten und auf welche Weise sie behoben worden sind. Demgegenüber sind dem Käufer eines Gebrauchtwagens diese Umstände, die dem Fahrzeug ein individuelles Gepräge geben, zumeist unbekannt. Dass ihnen ein wirtschaftlicher Wert zukommt, zeigt sich auch darin, dass bei dem Erwerb eines Kraftfahrzeugs aus „erster Hand" regelmäßig ein höherer Preis gezahlt wird.[36]

Hierbei handelt es sich keineswegs lediglich um immaterielle Erwägungen, wie etwa die Anerkennung einer „eigentlich unsinnigen, emotionalen Bindung des Geschädigten an einen technischen Gegenstand",[37] so dass ein derartiges Affektionsinteresse dann auch schadensersatzrechtlich Anerkennung finden muss. Erstmals in seiner Entscheidung geht der BGH auf die noch nicht ausdrücklich entschiedene Frage ein, **welche Qualität und welchen Umfang die Reparatur haben muss**, um im Rahmen des Schadensersatzes diesen Zuschlag zu rechtfertigen. Der BGH führt hierzu aus, dass es insoweit nicht maßgebend ist, ob dem Geschädigten der entsprechende finanzielle Aufwand tatsächlich entstanden ist. Auch eine Eigenreparatur kann eine Abrechnung auf der Basis fiktiver Reparaturkosten bis zu 130 % des Wiederbeschaffungswertes rechtfertigen, wenn der Geschädigte mit dieser sein Integritätsinteresse bekundet hat. Dies ist nach dem BGH aber nur dann der Fall, wenn der Geschädigte durch eine fachgerechte Reparatur zum Ausdruck bringt, dass er das Fahrzeug in einen Zustand wie vor dem Unfall versetzen will, so dass nur unter diesen Umständen der Schädiger Reparaturkostenersatz bis zur Grenze von 130 % des Wiederbeschaffungswertes zu leisten hat. Setzt jedoch demgegenüber der Geschädigte nach einem Unfall sein Kraftfahrzeug nicht vollständig und fachgerecht in Stand und stellt lediglich die Fahrbereitschaft, nicht aber den früheren Zustand des

87

---

36 Vgl. u.a. BGH, VersR 1999, 245 ff.; VersR 1992, 710.
37 *Freundorfer*, VersR 1992, 1332, 1333.

§ 1 Grundlagen und Grundsätze der Fahrzeugschadensberechnung

Fahrzeugs wieder her, so beweist er dadurch zwar ein Interesse an der Mobilität durch sein Fahrzeug, das jedoch in vergleichbarer Weise auch durch eine Ersatzbeschaffung befriedigt werden könnte. Insoweit ist regelmäßig die Erstattung von Reparaturkosten über dem Wiederbeschaffungswert für diese Fälle nicht gerechtfertigt. Der für die Zubilligung der „Integritätsspitze" von 30 % ausschlaggebende weitere Gesichtspunkt, dass der Geschädigte besonderen Wert auf das ihm vertraute Fahrzeugs legt, verliert bei einer unvollständigen und nicht fachgerechten Reparatur eines total beschädigten Fahrzeugs in entscheidendem Maß an Bedeutung.

88 Dass der Geschädigte Schadensersatz erhält, der den Wiederbeschaffungswert übersteigt, ist deshalb mit dem Wirtschaftlichkeitsgebot und Bereicherungsverbot nur zu vereinbaren, wenn er den Zustand des ihm vertrauten Fahrzeugs wie vor dem Unfall wiederherstellt. Nur zu diesem Zweck wird die „Opfergrenze" des Schädigers erhöht. Andernfalls wäre ein solch erhöhter Schadensausgleich verfehlt. Er hätte eine ungerechtfertigte Aufblähung der Ersatzleistungen zur Folge, führte zu einer vom Zweck des Schadensausgleichs nicht gebotenen Belastung des Schädigers und jedenfalls in dem, über dem Wiederbeschaffungswert hinausgehenden Betrag zur Bereicherung des Geschädigten.[38] Nachdem der Geschädigte im vom BGH zu entscheidenden Fall die Reparatur nicht fachgerecht und in einem Umfang durchgeführt hat, wie ihn der Sachverständige zur Grundlage seiner Kostenfestsetzung gemacht hat und die noch vorhandenen Restunfallschäden keine unmaßgeblichen Restarbeiten sind, die nur in einer Fachwerkstatt unter Einsatz einer Richtbank zu beheben wären, hat der Geschädigte in einem solchen Fall keinen Anspruch auf Ersatz von den Wiederbeschaffungswert übersteigenden Reparaturkosten.

89 Von Bedeutung ist, dass nachdem die Haftpflichtversicherung dem Geschädigten den Wiederbeschaffungswert ohne Berücksichtigung des Restwerts zahlte, der BGH zu keiner Entscheidung berufen war, ob bei dieser Abrechnungsweise vom Wiederbeschaffungswert der Restwert in Abzug zu bringen ist (siehe hierzu allerdings auch das weitere Urteil des BGH vom 15.2.2005, AZ: VI ZR 172/04). Wie vorgenannt entschied der BGH am selben Tag, nämlich dem 15.2.2005 unter dem AZ: VI ZR 172/04,[39] einen weiteren Sachverhalt zur 130 %-Grenze. Der BGH nahm in diesem Fall auch zu der Frage Stellung, ob für den Fall, dass der Geschädigte lediglich den Wiederbeschaffungsaufwand erhält, in dessen Abrechnungsrahmen der Restwert in Abzug zu bringen ist.

---

38 Ebenso wie der BGH: OLG Hamm, NZV 2002, 272; OLG Dresden, NZV 2001, 346; Schleswig-Holsteinisches OLG, VersR 1999, 202; OLG Saarbrücken, MDR 1998, 1346; OLG Düsseldorf, SP 1998, 390; Thüringer OLG, OLGR Jena 1998, 15; OLG Karlsruhe, zfs 1997, 53; OLG Koblenz, NZV 1995, 355.
39 BGH, VersR 2005, 665.

B. Der Haftpflichtschaden §1

Beispiel zur Veranschaulichung, vereinfacht nach BGH-Urteil vom 15.2.2005, AZ: VI   **90**
ZR 172/04:
Berechnung des Geschädigten:
Reparaturkosten unter Berücksichtigung des Wertunterschiedes
„neu für alt" ohne Mehrwertsteuer fiktiv   5.858,62 EUR
zzgl. Mehrwertsteuer aus Reparaturkosten, mit denen das Fahrzeug in einen verkehrssicheren und fahrbereiten Zustand versetzt wurde (Netto-Reparaturkosten 1.800,00 EUR)   342,00 EUR
Gesamtschaden lt. Berechnung des Geschädigten   6.200,62 EUR
Der Geschädigte ließ das Fahrzeug in einen verkehrssicheren und fahrbereiten Zustand versetzen und wendete hierfür 1.800,00 EUR zzgl. 342,00 EUR Mehrwertsteuer, gesamt 2.142,00 EUR, auf.
Berechnung der Haftpflichtversicherung:
Wiederbeschaffungswert gemäß Gutachten inkl. Mehrwertsteuer   5.450,00 EUR
abzüglich Restwert gemäß Gutachten   1.000,00 EUR

Schadensersatzleistung der Versicherung   4.450,00 EUR
Im Veranschaulichungsbeispiel fehlen dem Geschädigten 1.750,62 EUR.

Das Berufungsgericht als Vorinstanz des BGH sprach dem Geschädigten nur den Wieder-   **91**
beschaffungsaufwand (Wiederbeschaffungswert abzüglich Restwert) zu, weil die erforderlichen Reparaturkosten für eine ordnungsgemäße Instandsetzung über dem Wiederbeschaffungswert lagen und der Geschädigte weder vollständig noch fachgerecht reparierte; in Umkehrung der Rechtsprechung des BGH,[40] dass die Reparatur nicht in einen sinnvollen und nichtsinnvollen Teil aufgespalten werden kann, muss gemäß dem Berufungsgericht bei einer nicht in vollem Umfang und nicht ordnungsgemäß durchgeführten Reparatur der Grundsatz gelten, dass der Geschädigte einen Integritätszuschlag nur für eine insgesamt wirtschaftlich sinnvolle, vollständig sach- und fachgerecht durchgeführte Reparatur verlangen kann. Soweit der Geschädigte danach lediglich nach dem Wiederbeschaffungsaufwand abrechnen kann, ist auch der Restwert in Abzug zu bringen, da der Restwert nur bei einer Abrechnung von Reparaturkosten bis zum Wiederbeschaffungswert außer Betracht bleibt. Der BGH selbst nimmt ausdrücklich auf die, in den Entscheidungsgründen des Urteils vom 15.2.2005, AZ: VI ZR 70/04 enthaltenen schadensrechtlichen Grundsätze Bezug. Ausdrücklich billigt der BGH die Entscheidung des Berufungsgerichts, dass der Geschädigte bei fiktiver Schadensberechnung im vorliegenden Fall lediglich Schadensersatz in Höhe des Wiederbeschaffungsaufwands, also **abzüglich des Restwerts** verlangen kann. Der BGH grenzt den vorliegenden Fall auch zu seiner Ent-

---
40 Vergl. BGH, BGHZ 115, 375 ff.

scheidung im Urteil vom 29.4.2003 ab, bei der der BGH entschieden hat, dass Qualität und Umfang der Reparatur jedenfalls so lange keine Rolle spielen, als die geschätzten Reparaturkosten zwar den Wiederbeschaffungsaufwand (Wiederbeschaffungswert abzüglich Restwert), nicht aber den Wiederbeschaffungswert übersteigen. In einem solchen Fall kann der Geschädigte nämlich grundsätzlich nach den zur Schadensbehebung erforderlichen Kosten abrechnen, wenn er das Fahrzeug tatsächlich reparieren lässt und weiternutzt. Dann ist auch der Restwert nicht abzuziehen, weil er sich im Rahmen einer solchen Schadensberechnung lediglich als hypothetischer Rechnungsposten darstellt.

92 Demgegenüber hält der BGH im vorliegenden Fall eine grundlegend andere Betrachtungsweise für geboten, da in diesem Fall die für eine Schadensbehebung erforderlichen Kosten den Wiederbeschaffungswert des Fahrzeugs übersteigen. Zwar räumt der BGH ein, dass es dem Geschädigten auch in solchen Fällen freisteht, in welcher Weise er den Schaden beseitigen will; doch können dem Geschädigten Reparaturkosten, die über dem Wiederbeschaffungsaufwand des Fahrzeugs liegen grundsätzlich nur dann zuerkannt werden, wenn diese Reparaturkosten konkret angefallen sind oder wenn der Geschädigte nachweisbar wertmäßig in einem Umfang repariert hat, der den Wiederbeschaffungsaufwand übersteigt. Anderenfalls ist die Höhe des Ersatzanspruchs auf den Wiederbeschaffungsaufwand beschränkt.

Der Restwert war also auch im vorliegenden Fall in Abzug zu bringen.

Dieses vorstehend erläuterte Urteil des BGH lässt allerdings dem Geschädigten die Möglichkeit offen, in einem 130 %-Fall Reparaturkosten zwischen Wiederbeschaffungsaufwand (Wiederbeschaffungswert abzüglich Restwert) und Wiederbeschaffungswert fiktiv zu verlangen, wenn der Geschädigte nachweisbar wertmäßig im entsprechenden Umfang repariert hat. Eine konkrete Rechnung braucht nicht vorgelegt zu werden.

> *Beispiel zur Veranschaulichung:*
>
> | | |
> |---|---:|
> | Wiederbeschaffungswert des Fahrzeugs nach Gutachten (inkl. Mehrwertsteuer) | 10.000,00 EUR |
> | Reparaturkosten gem. Gutachten (inkl. Mehrwertsteuer) | 12.500,00 EUR |
> | Restwert gemäß Gutachten | 3.000,00 EUR |
> | Wiederbeschaffungsaufwand (Wiederbeschaffungswert abzüglich Restwert) somit | 7.000,00 EUR |
> | nachweisbare, wertmäßige Reparatur des Geschädigten in einem von einem Sachverständigen festgestellten Wert netto | 9.000,00 EUR |
>
> Im vorliegenden Fall erhält der Geschädigte gemäß dem vorstehenden Urteil des BGH die wertmäßig nachweisbaren Reparaturmaßnahmen in Höhe von 9.000,00 EUR ersetzt. Gleiches muss dann aber für den nachstehenden, abgewandelten Beispielsfall gelten:

B. Der Haftpflichtschaden § 1

Beispielsfall zur Veranschaulichung:
Wiederbeschaffungswert des Fahrzeugs nach Gutachten (inkl.
Mehrwertsteuer) 10.000,00 EUR
Reparaturkosten gem. Gutachten (inkl. Mehrwertsteuer) 12.500,00 EUR
Restwert gemäß Gutachten 3.000,00 EUR
Wiederbeschaffungsaufwand (Wiederbeschaffungswert abzüglich Restwert) somit 7.000,00 EUR
nachweisbare, wertmäßige Reparatur des Geschädigten in einem von einem Sachverständigen festgestellten Wert netto 10.500,00 EUR
Im vorliegenden Fall erhält der Geschädigte gemäß dem vorstehenden Urteil des BGH die wertmäßig nachweisbaren Reparaturmaßnahmen in Höhe von 10.500,00 EUR ersetzt.

Wenn nämlich der BGH angibt, dass Reparaturkosten, die über dem Wiederbeschaffungsaufwand des Fahrzeugs liegen einem Geschädigten grundsätzlich nur dann zuerkannt werden können, wenn der Geschädigte nachweisbar wertmäßig in einem Umfang repariert hat, der den Wiederbeschaffungsaufwand übersteigt, kann es keine Rolle spielen, ob sich letztendlich nachweisbar wertmäßige Reparaturkosten zwischen Wiederbeschaffungsaufwand und Wiederbeschaffungswert oder zwischen Wiederbeschaffungswert und 130 %-Grenze bewegen. 93

bb) Reparatur mit Gebrauchtteilen und 130 %-Grenze
Auch durch die Reparatur mit Gebrauchtteilen kann der Geschädigte sein Integritätsinteresse an dem Erhalt des Fahrzeugs dokumentieren. Entscheidend für den Umstand, ob eine fachgerechte Reparatur im Wesentlichen nach den Vorgaben des Sachverständigengutachtens vorliegt ist nicht, dass zur Reparatur ausschließlich Originalersatzteile verwendet werden; entscheidend ist, ob der vor der Beschädigung bestehende Zustand des Fahrzeugs auch durch den Einbau gebrauchter Teile erreicht worden ist und keine Teil- oder Billigreparatur vorliegt.[41] 94

Dies gilt sogar dann, wenn die im Sachverständigengutachten ermittelten Reparaturkosten 130 % des Wiederbeschaffungswertes übersteigen, die tatsächlichen Reparaturkosten aber letztendlich unterhalb der 130 %-Grenze liegen.[42] 95
Der BGH musste zwar direkt noch über keinen Fall entscheiden, in dem es ausschließlich um die Reparatur mit Gebrauchtteilen ging, ließ allerdings in mehreren Urteilen anklingen, dass eine Gebrauchtteilreparatur in diesem Bereich für zulässig anzusehen sein dürf-

---
41 OLG Oldenburg, DAR 2000, 359; OLG Düsseldorf, DAR 2001, 499; LG Oldenburg, DAR 2002, 223; AG Hagen, DAR 2000, 411.
42 U.a. OLG Hamm, DAR 2002, 215; OLG Düsseldorf, DAR 2001, 303.

§ 1 Grundlagen und Grundsätze der Fahrzeugschadensberechnung

te, wenn es dem Geschädigten auch unter Verwendung von Gebrauchtteilen gelungen ist, eine nach Auffassung eines sachverständig beratenden Gerichts fachgerechte und den Vorgaben des Gutachtens entsprechende Reparatur durchzuführen, deren Kosten dann den 130 %-Bereich nicht überschreiten, auch wenn die ursprüngliche Kalkulation des Kfz-Sachverständigen mit Originalersatzteilen über der 130 %-Grenze lag.[43]

cc) Alternativgutachten und Nachweisfragen

96 Soweit also zum Beispiel im Haftpflichtschadenfall ein von der gegnerischen Haftpflichtversicherung bestellter Sachverständiger Reparaturkosten (knapp) oberhalb der Grenze von 130 % im Hinblick auf den Wiederbeschaffungswert schätzt und der Geschädigte bzw. die Werkstatt die Auffassung vertreten, dass durch eine (teilweise) Reparatur mit Gebrauchtteilen die geschätzten Reparaturkosten unterhalb von 130 % liegen werden, sollte der Geschädigte hier einen eigenen Sachverständigen, zu dessen Beauftragung er aus schadensersatzrechtlichen Gesichtspunkten berechtigt ist, mit einer entsprechenden Ermittlung beauftragen.

Um zu einer kostengenauen Gegenüberstellung der Reparatur mit Neuteilen und Gebrauchtteilen zu kommen, sollte der im Auftrag des Geschädigten tätige Sachverständige zunächst eine Reparaturkostenkalkulation mit Neuteilen, die auch über der 130 %-Grenze liegen kann, vornehmen und im Anschluss hieran eine Alternativbegutachtung mit der (teilweisen) Gebrauchtteilreparatur erstellen, aus der auch deutlich wird, dass auch bei der Reparatur mit Gebrauchtteilen eine solche sach- und fachgerecht im Wesentlichen nach den Vorgaben des Gutachters erfolgen kann.

Den Nachweis einer derartigen Reparatur kann der Geschädigte im Anschluss an die durchgeführte Reparatur durch eine Nachtragsbegutachtung des entsprechenden Sachverständigen erbringen.

d) Zusammenfassung

97 Bis zum 31.7.2002, also vor Inkrafttreten der neuen Vorschrift des § 249 Abs. 2 S. 2 BGB konnte der Geschädigte bei einem Fahrzeugschaden im Rahmen seiner Dispositionsfreiheit seinen Schaden entweder konkret oder aber auch fiktiv in den vorbeschriebenen Grenzen ohne jede Einschränkung abrechnen. Versuchen der Versicherungswirtschaft, diese Grundsätze gerade im Bereich der fiktiven Abrechnung auszuhöhlen bzw. einzuschränken ist die Rechtsprechung weitestgehend unter Berufung auf die Rechtsprechung des BGH entgegengetreten.

98 Aufgrund der danach ergangenen Rechtsprechung des BGH zu den Möglichkeiten einer fiktiven Abrechnung von Reparaturkosten bis zum Wiederbeschaffungswert bei ent-

---

43 Siehe u.a. BGH, Urteile vom 10.7.2007, AZ: VI ZR 258/06, vom 14.12.2010, AZ: VI ZR 231/09, vom 8.2.2011, AZ: VI ZR 79/10, vom 15.11.2011, AZ: VI ZR 30/11 und vom 2.6.2015, AZ: VI ZR 387/14.

sprechender Weiterbenutzung des Fahrzeugs, zur so genannten 70 %-Grenze oder auch zu den Voraussetzungen und Vorgaben einer Reparatur im Rahmen der so genannten 130 %-Grenze ist die aktuelle Rechtsprechung jeweils genauestens auf den Einzelfall des Geschädigten bezogen, zu überprüfen, damit dem Geschädigten bereits ggf. vor dem Vorliegen eines Sachverständigengutachtens und auf jeden Fall bevor der Geschädigte entsprechende Reparaturmaßnahmen oder Ersatzbeschaffungsmaßnahmen ergreift, ein zutreffender Rechtsrat erteilt werden kann.

C. Der Kaskoschaden

I. Rechtsgrundlagen und Rechtsfolgen

1. Rechtsgrundlagen

Im Gegensatz zum Schadensersatzanspruch beim Haftpflichtschaden, der auf gesetzlichen Anspruchsgrundlagen beruht, bestehen beim Eintritt eines Schadens an einem Fahrzeug für den Versicherungsnehmer einer Kaskoversicherung vertragliche Ansprüche aus dem Versicherungsfall. Diese richten sich nach den Vorschriften des Versicherungsvertragsgesetzes (VVG). Hierbei werden in die entsprechenden Versicherungsverträge die vom Gesamtverband der Deutschen Versicherungswirtschaft empfohlenen allgemeinen Bedingungen und Tarifbestimmungen für die Kraftfahrtversicherung (AKB) einbezogen. Leistungen bei einem Fahrzeugschaden erhält der Geschädigte, das heißt der Versicherungsnehmer demnach gemäß den in seinen individuellen Versicherungsvertrag einbezogenen AKB, die am Recht der allgemeinen Geschäftsbedingungen gemäß §§ 305 ff. BGB zu messen sind. 99

2. Rechtsfolgen

Insoweit bestimmen die AKB den Umfang der Versicherung und die jeweiligen Ersatzleistungen. 100

a) Reparaturschaden

Gemäß den einschlägigen AKB ersetzt der Versicherer bei einer Fahrzeugbeschädigung die erforderlichen bzw. notwendigen Kosten der Wiederherstellung mit einem entsprechenden Abzug Neu für Alt. 101

Gemäß den üblichen AKB besteht die Höchstgrenze dieses vertraglichen Anspruchs im Wiederbeschaffungswert des Fahrzeugs oder seiner Teile am Tage des Schadens. 102

b) Totalschaden bzw. Verlust des Fahrzeugs

103 Gemäß den AKB gewährt der Versicherer bei einer Zerstörung oder einem Verlust des Fahrzeugs dem Versicherungsnehmer einen Schadensersatz bis zur Höhe des Wiederbeschaffungswertes des Fahrzeugs am Tage des Schadens.

104 Gemäß den AKB kann in diesen Fällen ein prozentualer Abschlag auf die höchste Entschädigung vereinbart werden.

Oftmals sehen AKB einen Neuwertschadenersatz innerhalb eines bestimmten Zeitraums, z.B. innerhalb des ersten Jahres seit Erstzulassung auf den Versicherungsnehmer vor.

II. Abrechnungsmöglichkeiten

105 Auch im Fall einer Kaskoversicherung kann der Geschädigte und Versicherungsnehmer zwischen einer konkreten Abrechnung durch Vorlage einer Reparaturrechnung bzw. der Ersatzanschaffungsrechnung und einer fiktiven Abrechnung, also einer Abrechnung nach Gutachten bzw. Kostenvoranschlag wählen.

1. Konkrete Abrechnung

a) Reparaturschaden

aa) Beim Nichtvorsteuerabzugsberechtigten

106 Ein nichtvorsteuerabzugsberechtigter Versicherungsnehmer hat bei Vorlage einer Reparaturrechnung bezüglich des Fahrzeugschadens Anspruch auf Mehrwertsteuererstattung als Teil der erforderlichen Wiederherstellungskosten.[44]

bb) Beim Vorsteuerabzugsberechtigten

107 Für einen vorsteuerabzugsberechtigten Versicherungsnehmer besteht kein Anspruch auf Mehrwertsteuererstattung.[45]

b) Totalschaden (Zerstörung)/Verlust

aa) Beim Nichtvorsteuerabzugsberechtigten

108 Auch im Fall eines Totalschadens bzw. Fahrzeugverlustes hat der nichtvorsteuerabzugsberechtigte Versicherungsnehmer ebenfalls Anspruch auf Erstattung der Mehrwertsteuer, da diese, wie beim Reparaturschaden Bestandteil des erforderlichen Wiederbeschaffungswertes bzw. der Wiederbeschaffungskosten ist.

---

44 BGH, VersR 1985, 354.
45 BGH, VersR 1986, 177.

bb) Beim Vorsteuerabzugsberechtigten

Wie beim Reparaturschaden ist dem vorsteuerabzugsberechtigten Versicherungsnehmer auch in diesem Fall die Mehrwertsteuer nicht zu erstatten. Dies gilt sowohl für die Mehrwertsteuer im Wiederbeschaffungswert, das heißt den Wiederbeschaffungskosten als auch im eventuell ermittelten Restwert. Demgemäß ist vom sogenannten Netto-Wiederbeschaffungswert auch nur der Netto-Restwert abzuziehen.

2. Fiktive Abrechnung/Abrechnung nach Gutachten bzw. Kostenvoranschlag

a) Beim Reparaturschaden

aa) Beim Nichtvorsteuerabzugsberechtigten

Obwohl den Versicherern an sich bewusst war, dass die fiktive Abrechnung eines Reparaturschadens im Kaskofall im Grundsatz gegen das Bereicherungsverbot des § 55 VVG verstößt, hielten sich die Versicherungen bis zum Ende der 90er Jahre an die BGH-Rechtsprechung, wonach der Versicherungsnehmer auch für den Fall einer fiktiven Abrechnung, also für den Fall, dass er das Fahrzeug entweder gar nicht, nur zum Teil oder aber selbst repariert oder letztlich das unreparierte Fahrzeug veräußerte die Mehrwertsteuer erhielt.[46]

Etwa Ende der 90er Jahre begannen die Versicherer allerdings, die den Versicherungsverträgen zugrundeliegenden AKB mit einer Mehrwertsteuerklausel zu versehen, die besagt, dass die Mehrwertsteuer nur erstattet wird, soweit die Mehrwertsteuer durch Rechnung nachgewiesen wird. Ob derartige Mehrwertsteuerklauseln zulässig sind, war streitig.[47]

Insoweit entschied der BGH mit Urteil vom 24.5.2006, im Hinblick auf eine Klausel, wonach der Versicherer die Mehrwertsteuer dem Versicherungsnehmer nur ersetzt, wenn der Versicherungsnehmer diese tatsächlich bezahlt hat. Der BGH hält eine derartige Klausel wegen Verstoßes gegen das so genannte Transparenzgebot gemäß § 307 Abs. 2 BGB für unwirksam.[48]

Insofern kann der Versicherungsnehmer die Mehrwertsteuer grundsätzlich auch im Reparaturschadenfall nur noch dann ersetzt verlangen, wenn er die Reparatur durch Vorlage einer Rechnung nachweist oder durch andere mehrwertsteuerpflichtige Maßnahmen (Ersatzfahrzeug) ersetzt.

---

46 BGH, VersR 1985, 354.
47 OLG Karlsruhe, VersR 2004, 1171; OLG Köln, r+s 2006, 102; § 3 Rdn 4 ff.
48 BGH, NJW 2006, 2545; siehe unten § 3 Rdn 4 ff.

bb) Beim Vorsteuerabzugsberechtigten

113 Dieser könnte ebenso wie im Fall der konkreten Abrechnung die Mehrwertsteuer sowieso nicht verlangen, so dass sie ihm im Fall einer fiktiven Abrechnung ebenfalls nicht zusteht.

b) Totalschaden (Zerstörung)/Verlust
aa) Beim Nichtvorsteuerabzugsberechtigten

114 Die Mehrwertsteuerklauseln in den Versicherungsbedingungen der Versicherer gelten nicht nur für den Fall der Wiederherstellung, also des Reparaturschadens, sondern auch im Fall des Totalschadens, das heißt der Zerstörung bzw. des Verlustes des Fahrzeugs.

115 Auch insoweit muss der Versicherungsnehmer eine Rechnung über die Ersatzbeschaffung eines Fahrzeugs vorlegen, um die in einem Gutachten für den Wiederbeschaffungswert enthaltene Mehrwertsteuer zu erhalten.

bb) Beim Vorsteuerabzugsberechtigten

116 Auch hier berührt den vorsteuerabzugsberechtigten Versicherungsnehmer die Mehrwertsteuer wieder nicht, da sie ihm sowieso entsprechend abgezogen wird.

3. Sonderproblem: Leasingfahrzeuge

117 Ausgehend vom Regelfall, dass der Halter des Leasingfahrzeugs Leasingnehmer ist und das Fahrzeug auch versichert, demgemäß also Versicherungsnehmer im Sinn der Versicherungsbedingungen ist, liegt für diesen eine so genannte Eigenversicherung vor. Für den Leasinggeber, also die Leasingfirma liegt eine Versicherung für fremde Rechnung im Sinne von §§ 74 ff. VVG zugunsten dieses Leasinggebers vor. Dies gilt auch, wenn im Versicherungsvertrag der Leasinggeber in keinster Weise benannt bzw. bezeichnet ist.

118 Das Problem liegt darin, dass der Leasinggeber in aller Regel vorsteuerabzugsberechtigt ist. Demgegenüber kann der Leasingnehmer nichtvorsteuerabzugsberechtigt oder aber auch vorsteuerabzugsberechtigt sein.

119 Die Frage der Mehrwertsteuer ist dann jeweils unterschiedlich zu beurteilen:

a) Leasinggeber vorsteuerabzugsberechtigt und Leasingnehmer vorsteuerabzugsberechtigt

120 Nachdem die Fahrzeugversicherung als reine Sachversicherung nicht das Haftpflichtrisiko des nutzungsberechtigten Nichteigentümers, also des Leasingnehmers deckt, da die Sachversicherung sonst in eine Haftpflichtversicherung umfunktioniert würde,[49] ist

---

49 BGH, VersR 1996, 320.

C. Der Kaskoschaden § 1

bei der Berechnung der Entschädigung nicht auf den Leasingnehmer, also den Versicherungsnehmer, sondern auf den Leasinggeber abzustellen.[50]
Demgemäß ist die Entschädigung jeweils nach den Verhältnissen des Leasinggebers zu berechnen, also regelmäßig ohne Mehrwertsteuer. 121
Dies gilt auch für den Fall, dass der Versicherungsnehmer die Möglichkeit hat, das Fahrzeug nach Ablauf des Leasingvertrages zu erwerben.[51] 122

b) Leasinggeber vorsteuerabzugsberechtigt und Leasingnehmer nichtvorsteuerabzugsberechtigt

aa) Beim Reparaturschaden

Grundsätzlich ist bei privat geleasten Fahrzeugen keine Mehrwertsteuer zu erstatten, wenn der Leasinggeber das Fahrzeug selbst reparieren lässt und somit der Auftraggeber für die Reparatur ist.[52] 123
Nachdem allerdings regelmäßig in den Leasingverträgen der Versicherungsnehmer und somit der Leasingnehmer zur Durchführung der Reparatur verpflichtet wird, ist er auch grundsätzlich Auftraggeber der Reparatur. Demgemäß hat das LG Bad Kreuznach[53] entschieden, dass es für diesen Fall auf die Verhältnisse des Versicherungsnehmers ankommt. Ist in diesen Fällen somit der Versicherungsnehmer nichtvorsteuerabzugsberechtigt, kann auch kein Abzug erfolgen. Anderer Auffassung ist hier das LG Hamburg.[54] Aus dem Umstand, dass es beim Leasingvertrag offen sei, ob der Leasinggeber jemals das Eigentum an seinem Fahrzeug verliert, nachdem es dem Leasingnehmer freisteht, am Ende des Leasingvertrages das reparierte Fahrzeug an den Leasinggeber zurückzugeben, folgert das LG Hamburg, dass der Leasinggeber damit insoweit die Sachgefahr trage, dass er ein repariertes Unfallfahrzeug zurückerhält. Hierbei erscheint es dem LG Hamburg dann sachgerecht, auf den Leasinggeber abzustellen, so dass für diese Fälle keine Mehrwertsteuer zu erstatten sei. 124
Meiner Auffassung nach ist auf das wirtschaftliche Interesse des zum Unfallzeitpunkt tatsächlich Geschädigten abzustellen. Regelmäßig wird die Durchführung der Reparatur während eines laufenden Leasingvertragsverhältnisses im wirtschaftlichen Interesse des Leasingnehmers liegen, der das Fahrzeug bis zum Ende des Leasingvertragszeitraumes weiter nutzen will. Das ebenfalls vorliegende wirtschaftliche Interesse des Leasinggebers dürfte für den Reparaturfall ein untergeordnetes sein. Im Übrigen ist der Lea- 125

---

50 BGH, VersR 1993, 1223.
51 BGH, VersR 1989, 950.
52 LG Stade, DAR 1987, 123.
53 VersR 1997, 692.
54 VersR 1995, 411.

singgeber gegen die Sachgefahr, dass er am Ende des Leasingzeitraumes ein repariertes Unfallfahrzeug zurückerhält, durch die regelmäßigen vertraglichen Vereinbarungen, dass der Leasinggeber für diesen Fall die Wertminderung erhält, genügend abgesichert. Erfährt das Fahrzeug durch eine Reparatur, sei es durch eine Reparatur in geringem Umfang oder aufgrund des Alters des Leasingfahrzeuges keine Wertminderung, besteht auch insoweit keine Sachgefahr bei Rückgabe des Leasingfahrzeuges für den Leasinggeber.

126 Eindeutig wiederum ist die Sachlage, wenn der Leasinggeber das reparaturfähige Fahrzeug ohne eine Reparatur durch den Versicherungsnehmer, das heißt den Leasingnehmer durchführen zu lassen veräußert. Für diesen Fall kann der nichtvorsteuerabzugsberechtigte Versicherungsnehmer nicht die auf die Reparaturkosten entfallende Mehrwertsteuer verlangen.[55]

bb) Beim Totalschaden (Zerstörung)/Verlust des Fahrzeugs
127 Aus denselben Gründen wie oben Rdn 121, kommt es hier ebenfalls auf den Leasinggeber an, so dass die Mehrwertsteuer abzuziehen ist.[56]

D. Sonderproblem: Vorsteuerabzugsberechtigung und Anrechnung von Privatanteilen

128 Gemäß § 15 Abs. 1 Umsatzsteuergesetz konnten Unternehmer, zu denen auch die freien Berufe, wie Rechtsanwälte usw. gehören, für Fahrzeuge die sie ab dem 1.4.1999 angeschafft oder auch nur gemietet, das heißt geleast haben und die sie auch für den privaten Bedarf oder für sonstige andere unternehmensfremde Zwecke verwenden, die so genannte Vorsteuer nur noch zu 50 % abziehen. Die Vorschrift galt auch für den allgemeinen Betrieb von Fahrzeugen usw. Die Vorsteuerabzugsberechtigung von lediglich 50 % galt allgemein als Pauschale, wenn der Unternehmer oder Freiberufler dem Finanzamt gegenüber nicht nachwies, dass der Privatanteil geringer als 50 % ist. Dies konnte in der Regel durch die sorgfältige Führung eines Fahrtenbuchs geschehen. Insoweit erhöhte sich dann der Anteil der Vorsteuer im Verhältnis der Privatfahrten zu den betrieblichen Fahrten.

129 Diese Regelung erklärte der Europäische Gerichtshof für europarechtswidrig, so dass rückwirkend ab dem Jahr 2004 Unternehmer, Freiberufler, usw. wieder grundsätzlich den vollen Mehrwertsteueranteil, also die volle Vorsteuer fordern können. Insoweit be-

---

55 OLG Hamm, VersR 1992, 440.
56 BGH, VersR 1988, 949.

D. Sonderproblem: Vorsteuerabzugsberechtigung § 1

steht ab dem vorgenannten Zeitpunkt wiederum eine volle Vorsteuerabzugsberechtigung, die sich auch auf den allgemeinen Betrieb von Fahrzeugen, also auch wieder auf Reparatur-, Kundendienstarbeiten und sonstige Arbeiten an dem Fahrzeug bezieht.

Zu beachten ist, dass eine Vorsteuerabzugsberechtigung auch dann besteht, wenn ein derartiges Fahrzeug, also ein teilweise privates und teilweise betrieblich genutztes Fahrzeug während einer Privatfahrt beschädigt wird.[57]

130

Die Frage ist, wie sich diese teilweise Vorsteuerabzugsberechtigung auf die Mehrwertsteuer als allgemeine Schadensersatzposition sowie den Anfall der Mehrwertsteuer im Sinne des § 249 Abs. 2 S. 2 BGB auswirkt.

131

I. Der verbleibende private Mehrwertsteueranteil als Schadensersatzposition

Grundsätzlich stellt die Mehrwertsteuer sowohl beim Haftpflicht- als auch beim Kaskoschaden eine vom Schädiger zu ersetzende Schadensposition dar (vergleiche hierzu unten § 3 Rdn 3 ff.). Insoweit erhält der nicht vorsteuerabzugsberechtigte Geschädigte grundsätzlich mit der nunmehrigen Ausnahme des § 249 Abs. 2 S. 2 BGB die in einer Reparatur- bzw. Anschaffungsrechnung enthaltene Mehrwertsteuer vom Schädiger ersetzt.

132

Ebenso erhält grundsätzlich der vorsteuerabzugsberechtigte Geschädigte eben den sich aus einer Reparatur- bzw. Anschaffungsrechnung ergebenden Mehrwertsteueranteil nicht ersetzt. Dies kann allerdings nur in dem Umfang gelten, in dem er auch vorsteuerabzugsberechtigt ist.

133

Ist nun der Unternehmer oder Freiberufler nur zu 50 % bzw. zu einem höheren Prozentsatz aufgrund des Nachweises eines geringeren Privatanteils zum Abzug der Vorsteuer berechtigt, verbleibt es für den restlichen Mehrwertsteuerbetrag, für den der vorsteuerabzugsberechtigte Unternehmer gerade nicht vorsteuerabzugsberechtigt ist, bei den allgemeinen Grundsätzen.

134

Demnach kann also der vorsteuerabzugsberechtigte Unternehmer den verbleibenden Anteil an Mehrwertsteuer von 50 % oder bei entsprechendem Nachweis von weniger als 50 % vom Schädiger als Schadensersatzposition verlangen.

135

Eine andere Frage ist die Ermittlung bzw. Berechnung des Aufteilungsmaßstabes.

Zunächst ist zu überprüfen, ob eine direkte Zuordnung erfolgen kann. Betreibt beispielsweise ein ansonsten nicht vorsteuerabzugsberechtigter Arzt neben der Arzttätigkeit ein

136

---

57 LG Köln, SP 1999, 15.

Labor, hinsichtlich dessen volle Vorsteuerabzugsberechtigung besteht, könnte ein, im Rahmen der Labortätigkeit angeschafftes Laborgerät bereits im Wege der direkten Zuordnung in die volle Vorsteuerabzugsberechtigung fallen, die dann zu 100 % vorliegt. Neben diesem zunächst zu überprüfenden Aufteilungsmaßstab kommt als weiterer Maßstab, falls keine direkte Zuordnung erfolgen kann, der Umfang der Nutzung der jeweiligen Sache in Betracht. Kann im Beispielsfall der ansonsten nicht vorsteuerabzugsberechtigte Arzt im Hinblick auf ein vom ihm sowohl privat als auch geschäftlich genutztes Fahrzeug einen 30 %igen Umfang des Fahrzeugeinsatzes für die Labortätigkeit nachweisen, besteht hier ein 30 %iger Mehrwertsteueranteil.

II. Konsequenz für die Anwendung des § 249 Abs. 2 S. 2 BGB

137 Nach dem Gesetzeswortlaut müsste an sich auch der vorsteuerabzugsberechtigte Unternehmer oder Freiberufler die Mehrwertsteuer als Schadensersatzposition ersetzt erhalten, da der Wortlaut lediglich von dem Umstand ausgeht, ob Mehrwertsteuer tatsächlich angefallen ist.

138 Angefallen ist die Mehrwertsteuer allerdings auch bei einem vorsteuerabzugsberechtigten Unternehmer oder Freiberufler, da sie ihm ja ebenfalls wie dem nichtvorsteuerabzugsberechtigten Geschädigten in Rechnung gestellt wird.

139 Interpretiert man den Gesetzeswortlaut allerdings zutreffend unter Heranziehung der bisherigen Rechtsprechung zur Mehrwertsteuererstattung, muss geprüft und gefragt werden, ob Mehrwertsteuer „bei ihm", also bei dem Unternehmer oder Freiberufler tatsächlich angefallen ist. Nachdem der Unternehmer oder Freiberufler allerdings die ihm in Rechnung gestellte Mehrwertsteuer als Vorsteuer von seiner eigenen Mehrwertsteuerschuld abziehen darf, wirkt sich die Mehrwertsteuer insoweit für ihn nur wie ein durchlaufender Posten aus. Dies allerdings nur in der Höhe, in der er auch tatsächlich vorsteuerabzugsberechtigt ist. Ist daher der Unternehmer oder Freiberufler nur zu 50 % oder z.B. zu 70 % vorsteuerabzugsberechtigt, muss ihm in diesem Fall – auch nach der Neuregelung des § 249 Abs. 2 S. 2 BGB – der Schädiger den verbleibenden Mehrwertsteueranteil, hinsichtlich dessen er nicht vorsteuerabzugsberechtigt ist, also zu 50 % bzw. zu 30 %, die den Privatanteil betreffen, als Schadensersatzposition ersetzen. Dies ergibt sich auch aus dem Argument a maiore ad minus. Wenn der Gesetzeswortlaut Mehrwertsteuer für den Fall zuspricht, dass sie tatsächlich angefallen ist und auch bei einem Unternehmer bzw. Freiberufler die Mehrwertsteuer vollständig in einer Rechnung anfällt, muss ihm der sich aus der Rechnung im Verhältnis zur Gesamtmehrwertsteuer geringere Anteil an verbleibender Mehrwertsteuer als Privatanteil ersetzt werden (so auch das Schreiben des Bundesministeriums der Finanzen vom 7.7.2006, AZ: IV B 2 – S – 2177 – 44/06).

III. Beweislastfragen

Die Beweislast für eine dem Geschädigten nicht eingeräumte bzw. teilweise nicht eingeräumte Vorsteuerabzugsberechtigung trifft den Geschädigten.[58] Der Beweis kann in der Regel durch eine Bestätigung des für den Geschädigten zuständigen Finanzamtes (Negativattest) oder aber auch seines Steuerberaters erbracht werden.

140

Aus dieser Beweislastverteilung resultieren auch häufig Missverständnisse für den Geschädigten derart, dass die Versicherungen oftmals auch bei anderen Schadensersatzpositionen als dem Fahrzeugschaden die Mehrwertsteuer in Abzug bringen und nicht bezahlen. In diesen Fällen unterstellen die Versicherungen eine vorliegende Vorsteuerabzugsberechtigung, deren Fehlen bzw. teilweises Fehlen der Geschädigte nachweisen kann.

141

---

58 LG München I, zfs 1985, 198 sowie BT-Drucks 14/7752, S. 23.

§ 2 Änderungstendenzen, Rechtsprechung und Gesetzgebung

A. Allgemeines

Vor Inkrafttreten der neuen gesetzlichen Norm war es gefestigte Rechtsprechung, der auch die Lehre folgte, dass der Schädiger immer den objektiv erforderlichen Schadensersatzbetrag an den Geschädigten zu bezahlen hatte, also bei einem Reparaturschaden die Reparaturkosten sowie im Totalschadenfall die Wiederbeschaffungskosten. Die Rechtsprechung und Lehre maß der alten Vorschrift des § 249 S. 1 und S. 2 a.F. BGB, wonach der Geschädigte die Dispositionsfreiheit darüber hatte, ob er dem Schädiger die Möglichkeit einräumt, den ursprünglichen Vermögenszustand wieder herzustellen oder aber statt dieser Wiederherstellung durch den Schädiger von diesem den hierfür erforderlichen Geldbetrag verlangt, grundsätzliche Bedeutung zu. Im Bereich des Sachschadens verstand die Rechtsprechung und Lehre diese Norm in einem objektiven – abstrakten Sinn. Gerade im Bereich der Regulierung von Haftpflichtschadensfällen von Fahrzeugen als einem Massenphänomen war die Begründung hierfür eine möglichst rasche, effiziente und wirtschaftliche Abwicklung solcher Schadensfälle.[1] Dies bedeutete dreierlei:

- Grundsätzlich kommt es nicht auf die tatsächlich vom Geschädigten aufgewendeten Kosten an.
- Der Schädiger musste dem Geschädigten auch für den Fall, dass eine tatsächliche Wiederherstellung des alten Vermögenszustandes geringere Kosten verursacht hätte, den objektiv erforderlichen Geldbetrag ersetzen.
- Schließlich war es sogar unerheblich, ob der Geschädigte die Wiederherstellung überhaupt jemals tatsächlich vornahm.[2]

Gerade im Bereich des Verkehrsunfallschadens tendierte die Rechtsprechung zur Möglichkeit des Geschädigten, zumindest Teile seines Schadensersatzanspruchs fiktiv abzurechnen. So gestattete die Rechtsprechung dem Geschädigten u.a. Reparaturkosten,[3] Nutzungsausfallkosten[4] und letztlich Mehrwertsteuer[5] fiktiv abzurechnen.

---

1 Vgl. zum Ganzen *Huber*, DAR 2000, 20.
2 Palandt/*Heinrichs*, § 249 Rn 8.
3 BGHZ 66, 239.
4 Vgl. hierzu *Bär*, DAR 2001, 27, 28.
5 BGH, NJW 1973, 1647.

§ 2 Änderungstendenzen, Rechtsprechung und Gesetzgebung

B. Rechtsprechung zum Ersatz fiktiver Mehrwertsteuer

3   Die grundlegende Entscheidung des BGH[6] hierzu stammt bereits aus dem Jahr 1973. In dieser Entscheidung erklärte der BGH die Erstattung von Mehrwertsteuer auch bei fiktiver Abrechnung für zulässig. Der BGH sprach dem Geschädigten im Rahmen seiner Dispositionsfreiheit die Möglichkeit zu, den für eine Reparatur (oder auch Ersatzbeschaffung) erforderlichen Betrag zu verlangen. Das fiktive Verlangen dieses erforderlichen Betrages schließt nach dem BGH aber auch die Mehrwertsteuer als echten Schadensposten mit ein. Ein weiteres Argument war, dass zum einen der Wert eines beschädigten Fahrzeugs bzw. der Verlust eines nicht beschädigten Fahrzeugs angemessen nur unter Berücksichtigung des Mehrwertsteueranteils bewertet werden kann, weil die Mehrwertsteuer den Wert des Fahrzeugs mitbestimmt.

4   Diese bereits seit längerem bestehende und gefestigte Rechtsprechung des BGH,[7] wonach nach § 249 S. 2 BGB a.F. der Geschädigte stets jenen Betrag ersetzt verlangen konnte, „der vom Standpunkt eines verständigen, wirtschaftlich denkenden Eigentümers in der Lage des Geschädigten für die Instandsetzung des Fahrzeugs zweckmäßig und angemessen" erscheint, führte auch zu der weiteren Entscheidung des BGH,[8] wonach der Schädiger nicht berechtigt ist, vom Geschädigten die Vorlage einer Reparaturkostenrechnung zur verlangen, da der Geschädigte im Rahmen seiner Dispositionsfreiheit fiktiv unter Bezugnahme auf ein Sachverständigengutachten zur Schätzung des Schadens abrechnen darf.

5   Diese Rechtsprechung des BGH rief bereits unmittelbar nach dieser Entscheidung des BGH und auch in den Folgejahren zahlreiche und immer lauter werdende Kritik hervor, die wiederum zu massiven Änderungstendenzen führte, was letztendlich nahezu 30 Jahre nach der Entscheidung des BGH zur gesetzlichen Neuregelung des § 249 Abs. 2 S. 2 BGB führte.

C. Änderungstendenzen und Kritik an der Rechtsprechung zum Ersatz fiktiver Mehrwertsteuer

6   Bereits die dem BGH-Urteil zugrunde liegende Berufungsentscheidung des OLG Hamm,[9] die einem Geschädigten den Ersatz fiktiver Mehrwertsteuer nicht zusprach, begründete diese Entscheidung damit, dass sich eine Schadensersatzpflicht des Schädigers nur auf den Vermögenswert bezieht und beziehen kann, der dem Geschädigten auch tat-

---

6 BGH, NJW 1973, 1647.
7 BGH, NJW 1985, 2469.
8 BGH, DAR 1989, 341.
9 NJW 1973, 1647.

C. Änderungstendenzen und Kritik an der Rechtsprechung §2

sächlich nur durch das schädigende Ereignis verloren gegangen ist. Dieser Vermögenswert soll nach dem OLG Hamm nicht Positionen enthalten dürfen, die nicht in Rechnung gestellt werden bzw. überhaupt nicht in Rechnung gestellt werden können. Nachdem es sich nach dem OLG Hamm bei der Mehrwertsteuer um den Einzug einer Steuer handelt, die nicht wieder abgeführt wird, sah das OLG Hamm die Mehrwertsteuer nicht wie der BGH als echten Schadensposten an.

Ein weiteres Gegenargument, insbesondere aus der Literatur und der Versicherungswirtschaft war, dass eine abstrakte Abrechnung, das heißt eine fiktive Abrechnung der Mehrwertsteuer zu einer Bereicherung des Geschädigten führe und somit nicht mit dem Bereicherungsverbot vereinbar sei.[10] 7

Nach dieser Auffassung wird der Geschädigte entgegen dem schadensersatzrechtlichen Grundgedanken durch den Zuspruch fiktiver Mehrwertsteuer besser gestellt als vor dem Schadensereignis. Nach den schadensersatzrechtlichen Grundsätzen dürfe allerdings keine Besserstellung erfolgen. Insgesamt führe der Anspruch auf fiktive Mehrwertsteuer zu einer Überkompensation, die nicht zuletzt auch zu Lasten der Versicherungsgemeinschaft gehe. 8

Auch unter Bezugnahme auf die Rechtssystematik und die Rechtshistorie wurde eingewandt, dass bei der Entstehung des BGB der damalige Gesetzgeber den Geldanspruch als Schadensersatz- und Wiederherstellungsform überhaupt nicht vorgesehen habe. Der Ersatz fiktiver Kosten sei nur durch die Rechtsprechung herausgearbeitet und immer weiter modifiziert worden, was letztendlich nicht dem ursprünglichen Willen des Gesetzgebers entsprochen habe.[11] 9

Auch die nicht unmaßgeblichen Empfehlungen der Verkehrsgerichtstage machten sich die entsprechende Kritik zu eigen. So forderte der 20. Verkehrsgerichtstag 1982 eine Einschränkung der fiktiven Abrechnung bei Kraftfahrzeugschäden. So sollte insbesondere bei der Selbstvornahme einer Reparatur die Mehrwertsteuer nicht mehr ersetzt werden und zudem für diesen Fall nur reduzierte Stundenverrechnungssätze anerkannt werden. Der 34. Verkehrsgerichtstag 1996 empfahl dann pauschal eine Einschränkung und Kostenreduzierung beim Sachschadensersatzrecht, wobei dem damaligen Verkehrsgerichtstag vorschwebte, dass das hiermit verbundene Einsparpotenzial zu einem besseren Ausgleich von Personenschäden herangezogen werden sollte. Der 28. Verkehrsgerichtstag 1990 sowie der 38. Verkehrsgerichtstag 2000 lehnten eine Einschränkung und Änderung der Berechnung des Sachschadensersatzes ab. Der 38. Verkehrsgerichtstag 2000 empfahl dort in seinem Arbeitskreis III wörtlich: 10

---

10 Vgl. zum Ganzen *Honsell/Harrer*, JuS 1991, 441.
11 *Greger*, NZV 2000, 1, 2.

"Der Geschädigte darf auch in Fällen der so genannten „fiktiven Reparaturkostenabrechnung" nicht in seiner Freiheit, über den vollen ungeschmälerten Entschädigungsbetrag verfügen zu dürfen, eingeschränkt werden."

11 Gleichwohl sah bereits der Entwurf eines 2. Schadensersatzrechtsänderungsgesetzes aus dem Jahr 1998 die Einführung eines neuen § 249 Abs. 3 BGB mit folgendem Wortlaut vor:

„Bei der Beschädigung einer Sache beläuft sich der Geldbetrag nach Absatz 2 auf die nachgewiesenen Kosten der Reparatur. Soweit der Geschädigte auf die Wiederherstellung durch einen gewerblichen Betrieb verzichtet, bleiben die in dem Betrag nach Absatz 2 enthaltenen öffentlichen Abgaben bei der Feststellung des Schadensersatzes außer Ansatz".[12]

12 Die massive Kritik an dem Begriff der „öffentlichen Abgaben", die insbesondere monierte, dass dieser Begriff nicht einmal klar definierbar und die Norm unpraktikabel sei, dass sich die öffentlichen Abgaben laufend ändern würden und dies letztendlich zu nicht absehbaren erheblichen Problemen in der Regulierungs- und Gerichtspraxis führen würde,[13] führten dazu, dass die weitere Diskussion im Gesetzgebungsverfahren und in dem weiteren Entwurf sich dahingehend verdichtete, entweder einen pauschalen Abschlagsbetrag in Höhe der durchschnittlichen öffentlichen Abgaben vorzunehmen oder aber eine Kürzung der fiktiven Kosten pauschal um die Mehrwertsteuer einzuführen.[14]

13 Wie bekannt, entschied sich der Gesetzgeber für letztere Alternative; die Argumente sind größtenteils formeller und praktikabler Natur. Nachdem die Reform selbst die Schadensberechnung wieder zum konkreten Schadensbegriff zurückführen will, hätte dies einem pauschalen Abschlagsbetrag widersprochen. Zudem hat die Kürzung der fiktiven Kosten um die Mehrwertsteuer im Gegensatz zum Begriff der öffentlichen Abgaben den Vorteil, dass sich diese gesetzliche Regelung im Sinne einer Preisanpassungsklausel jeder Mehrwertsteueränderung anpasst und somit auch die allgemeine Teuerungsrate mitberücksichtigt.[15]

---

12 BT-Drucks 13/10435, S. 4.
13 So z.B. *Geiß*, DAR 1998, 416, 421, und *Otto*, NZV 1998, 433, 435.
14 Siehe u.a. *Huber*, DAR 2000, 20, 27, und *Bollweg*, NZV 2000, 185, 189.
15 *Bollweg*, NZV 2000, 185, 189.

D. Die gesetzliche Regelung des § 249 Abs. 2 S. 2 BGB

I. Inhalt und Bedeutung

Die Regelung des § 249 Abs. 2 S. 2 BGB bestimmt, dass ein Geschädigter die Mehrwertsteuer nur noch dann ersetzt verlangen kann, „wenn und soweit sie tatsächlich angefallen ist". 14

Der Geschädigte kann Mehrwertsteuer also nur noch dann ersetzt verlangen, wenn er sie zur Wiederherstellung des ursprünglichen Zustands an seinem Fahrzeug in Form einer Reparatur oder auch Ersatzbeschaffung des Fahrzeugs aus seinem Vermögen tatsächlich aufgewendet hat oder er sich hierzu verpflichtet hat. 15

Neben den Fällen, dass der Geschädigte die Mehrwertsteuer tatsächlich aufgewendet hat, er also die Bezahlung der Mehrwertsteuer belegen und nachweisen kann, besteht die Verpflichtung des Schädigers zur Bezahlung von Mehrwertsteuer auch dann, wenn sich der Geschädigte zu einer Reparatur, ohne sie bereits vorgenommen zu haben oder aber zu einer Ersatzbeschaffung des beschädigten Fahrzeugs „verpflichtet" hat.[16] Auf Grund einer derartigen Verpflichtung kann der Geschädigte vom Schädiger den erforderlichen Geldbetrag auch im Voraus, sozusagen im Vorschusswege verlangen, wobei er nur eine entsprechende konkrete Verwendungsentscheidung nach außen kundgetan haben muss.[17] 16

Dies gilt beispielhaft für folgende Fälle: 17

- Reparaturauftrag gemäß einem Sachverständigengutachten bzw. Kostenvoranschlag
- Abschluss eines Kaufvertrages über ein (Ersatz-)Fahrzeug
- Abschluss eines Leasingvertrages über ein (Ersatz-)Fahrzeug
- Kaufvertrag über noch zu bestellende Ersatzteile.

Bei einem Kaufvertrag hat sich der Geschädigte gemäß § 433 Abs. 2 BGB verpflichtet, dem Verkäufer den vereinbarten Kaufpreis, der, soweit es sich beim Verkäufer um einen Fahrzeughändler handelt, Mehrwertsteuer enthält, zu zahlen. 18

Bei einem Werkvertrag über die Durchführung einer Reparatur des Fahrzeugs hat sich der Geschädigte gegenüber dem Unternehmer, also der Werkstatt gemäß § 631 Abs. 1 BGB verpflichtet, als Besteller die vereinbarte Vergütung inkl. Mehrwertsteuer an den Unternehmer zu entrichten. 19

Bei einem Leasingvertrag hat sich der Geschädigte als Leasingnehmer gegenüber dem Leasinggeber gemäß § 535 Abs. 2 BGB verpflichtet, dem Leasinggeber während der vereinbarten Mietzeit die vereinbarte Miete, also Leasingraten inkl. Mehrwertsteuer für das Fahrzeug zu bezahlen; oder aber auch eine Leasingsonderzahlung inkl. Mehrwertsteuer. 20

---

16 BT-Drucks 14/7752, S. 23.
17 *Haas/Horcher*, DStR 2001, 2118, 2119.

§ 2 Änderungstendenzen, Rechtsprechung und Gesetzgebung

21 Ob der Vertrag letztendlich zur Durchführung kommt, spielt hinsichtlich der Verpflichtung zunächst keine Rolle, wenn es sich nur um einen wirksam abgeschlossenen Kauf- bzw. Werk- oder auch Leasingvertrag handelt. Fasst man den vom Schädiger bezahlten Mehrwertsteuerbetrag aufgrund des Nachweises einer Verpflichtung zur Bezahlung von Mehrwertsteuer durch den Geschädigten als Vorschuss auf, muss dieser sodann auch zweckentsprechend verwendet werden; es handelt sich also um einen „zweckgebundenen Vorschuss".[18]

22 Falls der Geschädigte im Folgenden diesen Betrag nicht oder nicht in zweckentsprechender Weise verwendet, dürfte der Schädiger den Betrag nach Bereicherungsrecht (§ 812 Abs. 1 S. 2 2. Alt. BGB in Analogie zur Herausgabepflicht eines Geschäftsbesorgungsvertrages nach § 667 BGB) herausverlangen können.[19] In diesem Fall ist der nach dem Inhalt des Rechtsgeschäfts bezweckte Erfolg, nämlich die zweckentsprechende Verwendung der Mehrwertsteuer nicht eingetreten.

23 Damit kann auch den Bedenken in einer Stellungnahme des Bundesrates zur Gesetzesbegründung entgegen getreten werden. Der Bundesrat war in seiner Stellungnahme im Hinblick auf die Verpflichtung zur Entrichtung von Mehrwertsteuer der Auffassung, dass damit „Manipulationen Tür und Tor geöffnet" sei, wenn für die Verpflichtung zur Entrichtung von Umsatzsteuer bereits die Erteilung eines umsatzsteuerpflichtigen Rechnungsauftrages ausreichend sei. Der Bundesrat unterstellt hierbei, dass jeder Geschädigte sich eine entsprechende Auftragsbestätigung zur Vorlage beim Zahlungspflichtigen oder bei Gericht ohne großen Aufwand besorgen könne. Einer derartigen Gefahr kann allerdings mit der Entrichtung der Mehrwertsteuer als zweckgebundenem Vorschuss begegnet werden.

II. Kritik an der Regelung des § 249 Abs. 2 S. 2 BGB

24 Die Kritik soll im Folgenden kurz zusammengefasst werden:
Benachteiligung des nicht vorsteuerabzugsberechtigten Geschädigten gegenüber dem vorsteuerabzugsberechtigten Geschädigten, für den sich grundsätzlich nichts ändert.

25 Der Schadensersatzanspruch nach § 249 BGB ist auf den zur Herstellung erforderlichen Geldbetrag gerichtet, entspricht somit einem als Zahlungsanspruch ausgekleidetem Herstellungsanspruch, so dass der Schädiger alle Kosten, die zur Beseitigung des Schadens am Pkw nötig sind bezahlen muss, womit auch die Mehrwertsteuer umfasst ist.[20]

---

18 *Haas/Horcher*, DStR 2001, 2118, 2119.
19 *Haas/Horcher*, DStR 2001, 2118, 2119.
20 *Menke*, DAR 1998, 250.

D. Die gesetzliche Regelung des § 249 Abs. 2 S. 2 BGB §2

Die neue gesetzliche Regelung erfolgte im Interesse der Versicherungswirtschaft, die sich hierdurch Einsparungen bei Schadensersatzzahlungen erhofft. 26

Auch wenn der Geschädigte trotz einer durchgeführten Reparatur oder aber einer Ersatzbeschaffung in geringerem Umfang als der Wiederbeschaffungswert Beträge, unter anderem auch Mehrwertsteuerbeträge, übrig hat, stellt dies keine Bereicherung im Rechtssinne dar, da solche Maßnahmen des Geschädigten entweder einen überobligatorischen Verzicht oder eine überobligatorische Anstrengung des Geschädigten darstellen, wobei beides den Schädiger nicht entlasten darf.[21] 27

Auch wenn der Geschädigte den ihm zustehenden Betrag überhaupt nicht zu einer Reparatur oder Ersatzbeschaffung verwendet, stellt der Schaden ein Minus in seinem Vermögen dar und sein Vermögensverlust wird nur durch die Zahlung des vollen Betrages, der zur Wiederherstellung des ursprünglichen Zustandes erforderlich ist, kompensiert.[22] 28

Der Ersatz fiktiv berechneter Schadensersatzbeträge fördert nicht die Schwarzarbeit und Billigreparaturen, da der Geschädigte beim Wegfall der fiktiven Reparatur in noch größerem Umfang die konkrete Reparaturabrechnung vornehmen wird. 29

Bislang durchgeführte Schwarzarbeit und Billigreparaturen werden sich häufen, nachdem ein Geschädigter, der vormals den vollen Betrag inkl. Mehrwertsteuer auch als Verhandlungsspielraum bei den Verhandlungen mit der Werkstatt über die Höhe der Reparaturkosten hatte, mit einem geringeren Betrag, also ohne Mehrwertsteuer die Werkstatt noch weiter herunterhandeln wird. 30

Rechtstatsächlich ist die Möglichkeit einer Teil- und Billigreparatur für einen finanziell schlecht gestellten Geschädigten von unverzichtbarer Bedeutung, wenn zum Beispiel der Schädiger nicht voll haftet oder wenn sich die Regulierung verzögert.[23] 31

Aus den bisherigen praktischen Erfahrungen bei Abrechnungen mit Haftpflichtversicherungen sowie auch Vollkaskoversicherungen nach dem neuen Schadensersatzrecht bzw. unter Anwendung der entsprechenden Mehrwertsteuerregelung in Kaskoverträgen, zeigt sich relativ deutlich, dass die Versicherungen hier teilweise unter Verkennung der Begründung des Gesetzgebers sowie unter falscher Auslegung des Gesetzeswortlautes Einsparungen zu Lasten des Geschädigten vornehmen wollen. 32

---

21 *Kleine-Cosack*, DAR 1998, 180, 182.
22 *Kleine-Cosack*, DAR 1998, 180, 182.
23 *Jaeger/Luckey*, Rn 231.

§ 2 Änderungstendenzen, Rechtsprechung und Gesetzgebung

III. Abgrenzung der gesetzlichen Regelung des § 249 Abs. 2 S. 2 BGB zu § 251 BGB

33 Die Regelung des § 249 Abs. 2 S. 2 BGB ist nur in den so genannten Restitutionsfällen des § 249 BGB anzuwenden. Von einer Erstreckung der neuen schadensersatzrechtlichen Grundsätze auch auf die so genannten Kompensationsfälle des § 251 BGB hat der Gesetzgeber bewusst abgesehen.

34 Er begründet dies damit, dass § 251 BGB nicht das Integritätsinteresse des Geschädigten, sondern das Wertinteresse schützt und § 251 BGB demnach Ersatz für die Wertminderung gewährt. Nur für den Fall, dass der Geschädigte den Schadensersatz zur Wiederherstellung des ursprünglichen Zustands erhält, sieht es der Gesetzgeber als gerechtfertigt an, den Anspruch (um die Mehrwertsteuer) einzuschränken. Für den Fall des § 251 BGB, in dem der Geschädigte den Schadensersatz aber nicht zur Wiederherstellung, sondern als Ausgleich für seine Vermögensminderung erhält, kann es ihm nicht angelastet werden, die Reparatur nicht vorzunehmen und der Gesetzgeber sieht es demnach als nicht gerechtfertigt an, auch diesen Anspruch einzuschränken.[24]

35 Es wurde diskutiert, ob die Fälle des (wirtschaftlichen) Totalschadens nicht allgemein unter § 251 BGB fallen und somit der Geschädigte im Falle des Totalschadens gemäß § 251 BGB die volle Entschädigungsleistung inkl. Mehrwertsteuer erhalten muss.

36 Im Rahmen des unter Rdn 37 dargestellten Verhältnisses der Vorschriften des § 249 zu § 251 BGB wird allerdings deutlich, dass auch die Fälle des wirtschaftlichen Totalschadens eines Fahrzeugs unter § 249 zu subsumieren sind. Es lässt sich hier zwar argumentieren, dass der Gesetzeswortlaut des § 249 Abs. 2 S. 2 BGB lediglich den Fall der Beschädigung (eines Fahrzeugs) erfasst. Dies rührt daher, dass der Gesetzgeber wohl in erster Linie an den Fall einer Reparatur gedacht hat. Aus der Gesetzesbegründung ergibt sich allerdings auch, dass dort der Fall der Ersatzbeschaffung im Fall des wirtschaftlichen Totalschadens beispielhaft angeführt wird; insoweit müssen die Fälle der Zerstörung bzw. der Sachentziehung gleichlaufend, also nach § 249 BGB behandelt werden.

37 Des Weiteren ist auch § 251 BGB nach der Rechtsprechung des BGH[25] nur in den seltenen Fällen anzuwenden, in denen die Sache zerstört wurde und die Beschaffung einer gleichwertigen Ersatzsache nicht oder nur mit unverhältnismäßigem Aufwand möglich ist (so genannter Motorbootmodell-Fall). Im Fall des BGH war ein von einem Geschädigten in mühevoller Arbeit und mit großem Aufwand selbst gebasteltes Modellboot zerstört worden. Für diesen Fall wandte der BGH § 251 BGB an. Es erscheint auch sachgerecht, in diesen Fällen eine die Mehrwertsteuer umfassende Erstattung gemäß § 251 BGB zu gewähren, da die Wiederherstellung des früheren Zustandes bei solchen Fällen gerade nicht

---

24 BT-Drucks 14/7752, S. 13 u. 14.
25 BGHZ 92, 85.

D. Die gesetzliche Regelung des § 249 Abs. 2 S. 2 BGB § 2

möglich ist. Eine Verweisung des Geschädigten auf die nicht mögliche Wiederherstellung des ursprünglichen Zustandes wäre in solchen Fällen unbillig. § 251 BGB dürfte daher nach wie vor nur in den seltenen Fällen heranzuziehen sein, in denen die Sache zerstört und die Beschaffung einer gleichartigen und gleichwertigen Ersatzsache nicht oder nur mit unverhältnismäßigem Aufwand möglich ist.[26]

Beispiele 38
- Liebhaberfahrzeuge
- so genannte Exoten
- speziell umgebaute Fahrzeuge
- Unikate
- selbstgebaute Fahrzeuge
- Oldtimer u.Ä.

Insoweit bejaht die Rechtsprechung eine Restitution nämlich nur dann, wenn ein gleichwertiges Fahrzeug überhaupt erworben werden kann.[27] Dies bedeutet allerdings im Umkehrschluss, dass § 249 Abs. 2 S. 2 BGB dann nicht zur Anwendung kommt, wenn das beschädigte Fahrzeug ein entsprechendes in den Beispielen aufgeführtes Fahrzeug ist und die Beschaffung eines gleichwertigen Fahrzeuges sozusagen unmöglich ist; in diesem Fall kann der Anwendungsbereich des § 251 BGB eröffnet sein, so dass die Mehrwertsteuer erstattet werden muss, ohne tatsächlich angefallen zu sein.[28] 39

Diese überwiegend vertretene Auffassung bestätigte nunmehr der BGH auch in seinem Urteil vom 20.4.2004.[29] Demnach gilt § 249 BGB bzw. ist § 249 BGB bei Wiederherstellung einer beschädigten Sache, also eines beschädigten Fahrzeugs und bei der Ersatzbeschaffung, also auch beim so genannten wirtschaftlichen Totalschaden anwendbar. Der BGH entnimmt dies daraus, dass sich das schadensersatzrechtliche Ziel der Restitution nicht auf eine Wiederherstellung der beschädigten Sache beschränkt; es besteht in umfassender Weise darin, einen Zustand herzustellen, der wirtschaftlich gesehen der ohne das Schadensereignis bestehenden (hypothetischen) Lage entspricht, wobei dieses Ziel bei der Beschädigung eines Kraftfahrzeugs in der Regel auch dadurch erreicht werden kann, dass der Geschädigte ein (gleichwertiges) Ersatzfahrzeug erwirbt.[30] Auch dem Wortlaut der Vorschrift ist nicht zu entnehmen, dass diese nur bei einer Wiederherstellung der beschädigten Sache, nicht aber im Falle einer Ersatzbeschaffung Anwendung finden soll, wobei die Formulierung „Beschädigung einer Sache" allein dazu dient, Art und Um- 40

---

26 BGHZ 92, 85.
27 BGH, NJW 2004, 1943 ff.; 2000, 800.
28 *Heinrich*, NJW 2004, 1916; *Birkeneder*, VRR 2005, 204.
29 BGH, VersR 2004, 876 = ZGS 2004, 269 = BGHZ 158, 388 = NJW 2004, 1943.
30 BGH, BGHZ 143, 189, 193 m.w.N.

§ 2 Änderungstendenzen, Rechtsprechung und Gesetzgebung

fang des bei einer Sachsubstanz-Verletzung zu leistenden Schadensersatzes von der Schadensersatzverpflichtung abzugrenzen, die wegen der Verletzung einer Person besteht. Für die entsprechende Anwendbarkeit spricht auch gemäß dem BGH der aus den Gesetzesmaterialien ersichtliche Wille des Gesetzgebers. Dort ist wörtlich ausgeführt, dass § 251 BGB von der Rechtsprechung nur in den seltenen Fällen herangezogen wird, in denen die Sache zerstört und auch die Beschaffung einer gleichartigen und gleichwertigen Ersatzsache nicht oder nur mit unverhältnismäßigem Aufwand möglich ist.[31] Des Weiteren stellt der Gesetzgeber klar, dass die für die Reparatur einer beschädigten Sache bestimmten Grundsätze auch für den Fall gelten, dass die Wiederherstellung durch Ersatzbeschaffung erfolgt.[32] Die Sachlage im Hinblick auf einen wirtschaftlichen Totalschaden unterscheidet sich auch nicht von derjenigen einer Reparaturwürdigkeit des beschädigten Fahrzeugs. Auch bei einem wirtschaftlichen Totalschaden ist der Geschädigte nämlich nicht darauf angewiesen, ein umsatzsteuerpflichtiges Geschäft vorzunehmen, es steht ihm frei, gänzlich auf eine Ersatzbeschaffung zu verzichten oder ein Ersatzfahrzeug von einer Privatperson zu erwerben. Hierbei fällt jeweils keine Umsatzsteuer an. Würde nunmehr der Geschädigte hier gleichwohl fiktive Umsatzsteuer auf den Nettoschadensbetrag erhalten, so käme es nach der gesetzlichen Wertung zu einer Überkompensation, die § 249 Abs. 2 S. 2 BGB gerade verhindern soll. Beschafft der Geschädigte sich hingegen ein gleichwertiges Ersatzfahrzeug und fällt dabei Umsatzsteuer an, so steht ihm insoweit ein Erstattungsanspruch zu.[33] Diese Auffassung wiederholt, bestätigt und bekräftigt der BGH in seinen weiteren Urteilen zu Mehrwertsteuerfragen im Rahmen des § 249 Abs. 2 S. 2.[34]

---

31 BT-Drucks 14/7752, S. 13.
32 BT-Drucks 14/7752, S. 23 ff.
33 Vgl. BT-Drucks 14/7752, S. 13.
34 BGH, VersR 2004, 927 = ZGS 2004, 271; BGH in BGHZ 162, 270 = ZGS 2005, 312 = VersR 2005, 994; BGH, Urt. v. 15.11.2005, AZ: VI ZR 26/05, BGH, NJW 2006, 2181 = DAR 2006, 439 = SP 2006, 279.

§ 3 Die Mehrwertsteuer als Schadensposition

A. Grundsatz

Die Mehrwertsteuer (im Gesetzeswortlaut des UStG die Umsatzsteuer), die bei einem Fahrzeugschaden ermittelt wird, steht dem Geschädigten bei der Schadensabrechnung grundsätzlich zu.[1]

Bei dieser grundsätzlichen Erstattungsfähigkeit der Mehrwertsteuer muss zwischen dem Haftpflichtschaden und dem Kaskoschaden unterschieden werden:

I. Mehrwertsteuer beim Haftpflichtschaden

Hier gilt der vorgenannte vom BGH aufgestellte Grundsatz uneingeschränkt.

II. Mehrwertsteuer beim Kaskoschaden

Auch im Kaskoschadenbereich hält der BGH[2] die Mehrwertsteuer grundsätzlich für erstattungsfähig. Nachdem es sich beim Kaskorecht allerdings um Vertragsrecht handelt, ist hier die bei nahezu allen Kaskoversicherern übliche Mehrwertsteuersteuerklausel in den Kaskobedingungen zu berücksichtigen. Danach wird dem Versicherungsnehmer und Geschädigten im Falle eines Kaskoschadens die Mehrwertsteuer nur noch dann ersetzt, wenn sie tatsächlich angefallen ist bzw. durch eine Rechnung nachgewiesen wird.

Es ist bzw. war in der Rechtsprechung und Literatur umstritten, ob eine derartige Klausel in Kaskoversicherungsverträgen für den Versicherungsnehmer ungewöhnlich und somit überraschend im Sinne von § 305c BGB (vormals § 3 AGBG) ist:

Verschiedene Gerichte halten die Klausel für ungewöhnlich und überraschend,[3] insbesondere weil ein Versicherungsnehmer auf die seit langem geltenden Vertragsklauseln in seinem Kaskoversicherungsvertrag vertrauen darf und er aufgrund des maßgebenden Empfängerhorizontes mit einer die Mehrwertsteuererstattung ausschließenden Regelung bei einer fiktiven Abrechnung eines Kaskoschadens nicht zu rechnen braucht.[4] Dies soll gerade dann gelten, wenn der Versicherungsnehmer etwa schon mehrfach Kaskoversicherungsverträge mit dem entsprechenden Inhalt, wonach die Mehrwertsteuererstattung bei fiktiver Abrechnung nicht ausgeschlossen ist, abgeschlossen hat.

---

1 BGH, NJW 1973, 1647.
2 BGH, NJW 1985, 1222.
3 LG Deggendorf, zfs 2002, 245.
4 LG Braunschweig, VersR 2001, 1279.

§ 3 Die Mehrwertsteuer als Schadensposition

7 Andere Gerichte halten die Klausel nicht für ungewöhnlich und überraschend, da der Versicherungsnehmer eines Kaskoversicherungsvertrages die Mehrwertsteuer nur bei einer tatsächlichen Reparatur- bzw. Investitionsmaßnahme aufzuwenden hat.[5]

8 Dass sich der Empfängerhorizont durch die Neuregelung des § 249 Abs. 2 S. 2 BGB, wonach im Haftpflichtschadensfall die Mehrwertsteuer nur noch dann erstattet wird, wenn sie auch tatsächlich angefallen ist, dahingehend ändern wird, dass eine derartige Klausel auch im Kaskobereich dann gerade nicht mehr überraschend und ungewöhnlich ist, war zu erwarten und wird von der höchstrichterlichen Rechtsprechung in Kaskoversicherungsbedingungen akzeptiert, so dass die vorgenannten Klauseln und ähnliche Klauseln in Kaskoversicherungsverträgen nicht mehr als ungewöhnlich und überraschend anzusehen sind.

9 Grundsätzlich stellt sich allerdings die Frage, ob vertragliche Regelungen über die Ersatzleistung in der Schadensversicherung an § 249 BGB und somit auch an § 249 Abs. 2 S. 2 BGB zu messen sind oder an §§ 1, 55 VVG. Dies betrifft die Frage, ob eine entsprechende Klausel zu einer inhaltlich unangemessenen Benachteiligung des Versicherungsnehmers führt, also eine derartige Einschränkung einer Leistungspflicht in einem Kaskoversicherungsvertrag keine mit wesentlichen Grundgedanken der gesetzlichen Regelung zu vereinbarende Bestimmung ist, vergl. § 307 Abs. 2 S. 1 BGB.

10 Hierzu hat der BGH in seinem Urteil vom 24.5.2006[6] entschieden, dass eine Klausel in den Bedingungen der Kaskoversicherung, wonach der Versicherer die Mehrwertsteuer nur ersetzt, wenn der Versicherungsnehmer diese tatsächlich bezahlt hat, zu keiner inhaltlich unangemessenen Benachteiligung des Versicherungsnehmers führt.

11 Beanstandet war folgende Klausel:

„Die Mehrwertsteuer ersetzt der Versicherer nur, wenn der Versicherungsnehmer diese tatsächlich bezahlt hat."

12 Die Versicherung kürzte in dem dem BGH vorliegenden Fall die geschätzten Bruttoreparaturkosten um den Mehrwertsteueranteil. Die Berechnung Wiederbeschaffungswert abzüglich des Restwertes ergab einen höheren Betrag. Der Versicherungsnehmer verkaufte das Fahrzeug unrepariert zum Restwert und kaufte sich ein neues Fahrzeug, für das er tatsächlich Mehrwertsteuer auch bezahlte. Die Versicherung lehnte die Nachbezahlung von Mehrwertsteuer unter Berufung auf die in den Vertragsbedingungen (in § 13 AKB) enthaltene Klausel ab.

---

5 Vgl. zum Ganzen *Dezsö*, DAR 2002, 143.
6 BGH, NJW 2006, 2545.

Der BGH prüfte die Klausel zum einen im Hinblick auf eine inhaltlich unangemessene Benachteiligung des Versicherungsnehmers im Sinne von § 307 Abs. 1 S. 1, Abs. 2 BGB und zum anderen im Hinblick auf das Transparenzgebot des § 307 Abs. 1 S. 2 BGB. Der BGH sieht aus nachfolgenden Gründen keine unangemessene Benachteiligung des Versicherungsnehmers als gegeben an:

■ **Kein Verstoß gegen § 307 Abs. 2 S. 1 BGB.** 13

Der BGH präzisiert deutlich die Verschiedenheit des allgemeinen zivilrechtlichen und des versicherungsrechtlichen Schadensbegriffs. Demnach definiert das Bürgerliche Gesetzbuch den Schaden nicht, sondern setzt ihn in § 249 Abs. 1 BGB als den Maßstab voraus, an dem sich die Ersatzpflicht zu orientieren hat; die §§ 249 ff. BGB bestimmen daher Art und Umfang des Schadensersatzes, d.h. die Schadensersatzleistung. Auch im Versicherungsvertragsgesetz findet sich keine Definition des Schadens, es setzt den Schadensbegriff des allgemeinen Zivilrechts voraus.[7] Das Versicherungsvertragsgesetz trifft aber eine von den §§ 249 ff. BGB abweichende Regelung über Art und Umfang der Ersatzleistung, wonach gem. § 1 Abs. 1 S. 1 VVG der Versicherer bei der Schadensversicherung den durch den Versicherungsfall verursachten Vermögensschaden nach Maßgabe des Vertrages zu ersetzen hat. Art und Umfang der zu ersetzenden Schäden ergeben sich deshalb aus den Vereinbarungen der Parteien des Versicherungsvertrages.[8]

Da die entsprechende Klausel nicht an § 249 Abs. 2 S. 2 BGB zu messen sei und der Versicherer nach § 1 Abs. 1 S. 1 VVG bei der Schadensversicherung verpflichtet ist, dem Versicherungsnehmer den durch den Versicherungsfall verursachten Vermögensschaden nach Maßgabe des Vertrages zu ersetzen, ist er grundsätzlich frei, in seinen Versicherungsbedingungen zu regeln in wie weit und unter welchen Voraussetzungen der durch den Versicherungsfall eingetretene Schaden ersetzt wird und in wie weit der Versicherungsnehmer Abschläge hinnehmen muss. Das Gesetz sieht insoweit weder zwingend noch als Regelfall vor, dass die im Versicherungsvertrag vereinbarte Entschädigungsleistung für den Versicherungsnehmer dem nach Allgemeinen Zivilrecht zu ersetzenden Schaden entsprechen muss. Zudem sei im Rechtsverkehr allgemein bekannt, dass die Leistung des Kaskoversicherers sich mit dem nach § 249 BGB zu leistenden Schadensersatz nicht deckt, sondern im Regelfall dahinter zurück bleibt. 14

---

[7] Siehe u.a. *Schäfer,* VersR 2003, 38, 40; Motiv zum Versicherungsvertragsgesetz, Neu Druck 1963 S. 70, 122, 125.
[8] BGH in BGHZ 137, 318, 324.

15 ■ **Kein Verstoß gegen § 307 Abs. 2 S. 2 BGB.**

Nach dem BGH liegt auch keine Gefährdung des Vertragszwecks vor, da sich die Form der Versicherung nach den in den Versicherungsbedingungen übernommenen Verpflichtungen im Rahmen der gesetzlichen Vorgaben hält. Zweck der Kaskoversicherung ist nicht unbedingt eine vollständige Schadenskompensation im Versicherungsfall, sondern Ersatz des Vermögensschadens „nach Maßgabe des Vertrages", also ggf. mit gewissen Einschränkungen, wie beispielsweise bei der Mehrwertsteuer. Eine Gefährdung der Erreichung des Vertragszwecks liegt nur vor, wenn AGB-Klauseln wesentliche Rechte oder Pflichten, die sich aus der Natur des Vertrages ergeben, entgegen den vertragstypischen Erwartungen des redlichen Geschäftsverkehrs einschränken. Nachdem die Kaskoversicherung, ihrer Natur nach, typischerweise nicht auf den vollen Ersatz des Vermögensschadens nach den Maßstäben der §§ 249 ff. BGB gerichtet ist, werden etwa auch Sachfolgeschäden nicht ersetzt. Bei einem reinen Sachschaden sind Einschränkungen durch Selbstbeteiligungen und der Ausschluss des Ersatzes von Wertminderungen üblich. Für den BGH ist es demnach nicht ersichtlich, dass der Ausschluss der Mehrwertsteuererstattung bei fiktiver Abrechnung der Reparaturkosten auf Gutachtenbasis die Erreichung des Zwecks der Kaskoversicherung gefährden könnte. Dem Versicherungsnehmer steht es nämlich frei, das Fahrzeug in einer Fachwerkstatt reparieren zu lassen. Benutzt er das Fahrzeug unrepariert weiter oder lässt er es von privater Hand reparieren, erleidet er, soweit er keine Mehrwertsteuer zu bezahlen hat, auch keine Vermögenseinbuße.[9]

16 ■ **Kein Verstoß gegen § 307 Abs. 1 S. 1 BGB.**

Auch eine den Geboten von Treu und Glauben widersprechende, unangemessene Benachteiligung bewirkt nach dem BGH die Mehrwertsteuerklausel nicht.

17 Zwar kann der Versicherungsnehmer bei der konkreten Schadensbeseitigung durch Ersatzbeschaffung[10] einen Nachteil von erheblichem Gewicht erleiden; dies ist z.B. wie im vorliegenden Sachverhalt der Fall, wenn die Nettoreparaturkosten niedriger sind als die Differenz zwischen Wiederbeschaffungswert und Restwert. Der BGH sieht die darin liegende Benachteiligung des Versicherungsnehmers allerdings noch nicht als unangemessen an, da dem Versicherer zum einen ein Interesse daran nicht abgesprochen werden kann, bei Beschädigung des Fahrzeugs zur Vereinfachung der Schadensregulierung nur auf der Basis der Reparaturkosten abzurechnen; zum anderen kann der Versicherungsnehmer diesen Nachteil vermeiden, wenn ihm die jeweiligen Konsequenzen in den Bedingungen deutlich vor Augen geführt werden.

---

9 OLG Frankfurt, VersR 2004, 1551; LG Erfurt, NVersZ 2002, 182, 184.
10 Vergl. dazu BGH in BGHZ 162, 270, 273 ff. und BGH, VersR 2006, 238.

A. Grundsatz § 3

■ **Verstoß gegen § 307 Abs. 1 S. 2 BGB.** 18
Nachdem nach Auffassung des BGH dem Versicherungsnehmer die jeweiligen Konsequenzen in den Bedingungen, insbesondere aufgrund des Inhalts der Klausel nicht deutlich vor Augen geführt werden, verstößt die beanstandete Mehrwertsteuerklausel gegen das Transparenzgebot des § 307 Abs. 1 S. 2 BGB. Nach dem Transparenzgebot ist der Verwender von Allgemeinen Versicherungsbedingungen nach den Grundsätzen von Treu und Glauben gehalten, Rechte und Pflichten seines Vertragspartners möglichst klar und durchschaubar darzustellen; insbesondere müssen Nachteil und Belastung insoweit erkennbar werden, wie dies nach den Umständen gefordert werden kann.[11] Im Hinblick auf die Klausel vermag der Versicherungsnehmer nach dem BGH nicht hinreichend zu erkennen, dass er bei einer wirtschaftlich vernünftigen Ersatzbeschaffung, die bei ihm zu keiner Überkompensation in Gestalt eines fiktiven Mehrwertsteuerbetrages und für den Versicherer zu keinem Nachteil führt, eine deutliche Einbuße erleiden kann, mit der Folge, dass die Ersatzleistung hinter der Differenz zwischen Wiederbeschaffungswert und Restwert zurückbleibt. Dies ist insbesondere dann der Fall, wenn die – bis zur Höhe des Wiederbeschaffungswertes zu ersetzenden – Bruttoreparaturkosten höher als die Differenz zwischen Wiederbeschaffungswert und Restwert sind. Wenn nunmehr noch der Versicherungsnehmer den Weg der Ersatzbeschaffung wählen kann und Anspruch auf die im Wiederbeschaffungswert enthaltene, von ihm zu tragende Mehrwertsteuer haben soll, kann der Versicherungsnehmer ein solches Wahlrecht den Bedingungen aber schwerlich entnehmen. Insoweit ergibt sich nach dem BGH aus der Klausel, dass den Versicherungsnehmer treffende Nachteile oder ihm zustehende Rechte in den Bedingungen nicht klar und durchschaubar dargestellt sind.

Insoweit könnten auch anders lautende Klauseln, gemessen an den Präzisierungen und 19
Ausführungen des BGH in seinem vorbeschriebenem Urteil, bedenklich sein (siehe auch BGH, Urteil vom 10.9.2014 unten). Solche Klauseln lauten etwa:

„Die Mehrwertsteuer ersetzt der Versicherer nur, wenn und soweit sie tatsächlich angefallen ist."

Oder aber:

„Die Mehrwertsteuer erhält der Versicherungsnehmer nur, wenn sie durch eine Rechnung nachgewiesen wird."

Oder aber:

„Die Mehrwertsteuer ersetzt der Versicherer nur, wenn und soweit diese tatsächlich 20
angefallen ist. Der Nachweis ist durch Vorlage einer Rechnung über die durchgeführ-

---

[11] BGH, VersR 2005, 639 unter II 2 m.w.N.

§ 3 Die Mehrwertsteuer als Schadensposition

ten Reparaturarbeiten oder über die Neu-/Ersatzbeschaffung zu führen. Im Fall der Neu-/Ersatzbeschaffung gilt zusätzlich, dass die Mehrwertsteuer bis zum Wiederbeschaffungswert brutto lt. Gutachten nur dann und soweit ersetzt wird, als über den Wiederbeschaffungswert netto hinaus reinvestiert wurde. Bei vorsteuerabzugsberechtigten Versicherungsnehmern wird die Mehrwertsteuer grundsätzlich nicht erstattet."

Vergleiche hierzu auch das Urteil des OLG Köln vom 8.11.2005.[12]

21 In einem weiteren Urteil vom 10.9.2014 hatte sich der BGH[13] mit der Auslegung verschiedener Kaskoversicherungsbedingungen zum Restwert eines total beschädigten Fahrzeugs und Mehrwertsteuerfragen hierzu zu befassen. Es ging um allgemeine Bedingungen einer Vollkaskoversicherung zum Stand 1.1.2010.

Der Versicherungsnehmer erlitt mit seinem versicherten Fahrzeug einen Schaden, bei dem das in Auftrag gegebene Gutachten zu dem Ergebnis kam, dass die voraussichtlichen Reparaturkosten den Wiederbeschaffungswert des Fahrzeugs übersteigen.

Für diesen Fall war unter A.2.7.1 a AKB 2010 unter anderem bestimmt:

„... Wird das Fahrzeug beschädigt, zahlen wir die für die Reparatur erforderlichen Kosten bis zu folgenden Obergrenzen:

a) Wird das Fahrzeug vollständig und fachgerecht repariert, zahlen wir die hierfür erforderlichen Kosten ... bis zur Höhe des Wiederbeschaffungswerts nach A.2.6.6., ...

b) Wird das Fahrzeug nicht, nicht vollständig oder nicht fachgerecht repariert, zahlen wir die erforderlichen Kosten einer vollständigen Reparatur bis zur Höhe des um den Restwert verminderten Wiederbeschaffungswerts (siehe A.2.6.6 und A.2.6.7)."

Die in Bezug genommenen Klauseln lauten:

„A.2.6.6 Wiederbeschaffungswert ist der Preis, den Sie für den Kauf eines gleichwertigen gebrauchten Fahrzeugs am Tag des Schadenereignisses bezahlen müssen.

A.2.6.7 Restwert ist der Veräußerungswert des Fahrzeugs im beschädigten oder zerstörten Zustand."

Weiter heißt es unter A.2.9:

„Mehrwertsteuer erstatten wir nur, wenn und soweit diese für Sie bei der von Ihnen gewählten Schadenbeseitigung tatsächlich angefallen ist. Die Mehrwertsteuer erstatten wir nicht, soweit Vorsteuerabzugsberechtigung besteht."

---

12 r+s 2006, 102.
13 BGH, Urt. v. 10.9.2014, AZ: IV ZR 379/13.

A. Grundsatz § 3

Im Gutachten hatte der Sachverständige einen Restwertbetrag ohne Mehrwertsteuer (sogenannter Netto-Restwert) von 5.882,35 EUR ermittelt und mit Mehrwertsteuer (sogenannter Brutto-Restwert) von 7.000,00 EUR.

Die beklagte Kaskoversicherung erstattete dem Kläger als Versicherungsnehmer, nachdem dieser keine Ersatzbeschaffung vorgenommen hatte, den Netto-Wiederbeschaffungswert des Fahrzeugs laut Gutachten abzüglich des Brutto-Restwerts von 7.000,00 EUR.

Der Versicherungsnehmer als Kläger war der Auffassung, da er **nicht vorsteuerabzugsberechtigt** sei, dürfe ihm von der beklagten Kaskoversicherung nur der Netto-Restwert von 5.882,35 EUR in Abzug gebracht werden und machte mit der Klage den Differenzbetrag von 1.117,65 EUR geltend.

Zu diesem Problem führt der BGH in seinem Leitsatz aus:

„...Der nach A.2.7.1 a Buchst. b AKB 2010 anzurechnende Restwert des versicherten Fahrzeuges ist derjenige Betrag, der dem Versicherungsnehmer bei der Veräußerung des Fahrzeuges am Ende verbleibt. Unterliegt er beim Fahrzeugverkauf der Umsatzsteuerpflicht, stellt lediglich der ihm nach Abführung der Umsatzsteuer an das Finanzamt verbleibende Nettokaufpreis den anzurechnenden Restwert dar. Ist er nicht umsatzsteuerpflichtig, erübrigt sich eine Unterscheidung zwischen Brutto- und Nettorestwert; anzurechnen ist dann allein der Betrag, den der Versicherungsnehmer als Kaufpreis tatsächlich erlösen kann...".

Nach dem BGH muss sich also ein Versicherungsnehmer mit dem Restwert denjenigen Betrag anrechnen lassen, den er aus der Veräußerung des beschädigten oder zerstörten Fahrzeugs erlangen und somit für die Wiederbeschaffung einsetzen kann. Maßgebend dafür ist nach dem BGH allein der Betrag, der dem Versicherungsnehmer im Falle einer solchen Veräußerung am Ende verbleibt.

Der BGH unterscheidet demnach und führt in seinen zwischen vorsteuerabzugsberechtigten und nicht vorsteuerabzugsberechtigten Versicherungsnehmern unterscheidenden Ausführungen in seinen Entscheidungsgründen hierzu wörtlich aus:

„...Unterliegt der Versicherungsnehmer beim Fahrzeugverkauf der Umsatzsteuerpflicht, ist er mithin verpflichtet, im Kaufpreis Umsatzsteuer auszuweisen und diese später an das Finanzamt abzuführen, stellt lediglich der ihm danach verbleibende Nettokaufpreis den nach A.2.7.1 a Buchst. b AKB 2010 anzurechnenden Restwert dar. Ist ein Versicherungsnehmer – wie der Kläger – im Falle eines Verkaufs nicht umsatzsteuerpflichtig, erübrigt sich eine Unterscheidung zwischen Brutto- und Nettoerlös (Krischer, Anm. zu OLG Koblenz VersR 2009, 1613, 1615); der anzurechnende Restwert ist dann allein der Betrag, den der Versicherungsnehmer als Kaufpreis tatsächlich erlösen kann...".

§ 3 Die Mehrwertsteuer als Schadensposition

Die Mehrwertsteuerklausel, wonach die Kaskoversicherung Mehrwertsteuer nur erstattet, wenn und soweit diese für den Versicherungsnehmer bei der von ihm gewählten Schadenbeseitigung tatsächlich angefallen ist, bezieht der BGH völlig zutreffend nicht auf die Veräußerung des beschädigten oder zerstörten Fahrzeugs zum Restwert, weil der Versicherungsnehmer beim Restwertverkauf Geld vereinnahmt und mithin keine Umsatzsteuer entrichten muss (ebenso das LG Köln, SP 2012, 444, 445); demnach bezieht sich die Klausel lediglich auf die Wiederbeschaffung eines Fahrzeugs, wobei der Versicherungsnehmer, der noch keine Ersatzbeschaffung vornahm, bislang keine Umsatzsteuer bezahlt hat und somit auch keine Umsatzsteuer verlangen kann.

Der BGH erteilt der Auffassung des Versicherungsnehmers als Kläger, dass diese Klausel sozusagen „spiegelbildlich" auch auf die Anrechnung eines Bruttoerlöses für die Veräußerung des versicherten Fahrzeugs anzuwenden ist, eine klare Absage.

Der BGH betont, dass eine solche wechselseitige rechtliche Abhängigkeit beider Geschäfte nicht besteht; vielmehr sind die Wiederbeschaffung eines Ersatzfahrzeugs und die Veräußerung des beschädigten Fahrzeugs umsatzsteuerrechtlich voneinander unabhängige Vorgänge.

Auch § 249 Abs. 2 S. 2 BGB, wonach ein Geschädigter Mehrwertsteuer nur verlangen kann, soweit sie tatsächlich angefallen ist, befasst sich nur mit einer Wiederbeschaffungsmaßnahme im Totalschadenfall und nicht mit der Veräußerung des beschädigten Fahrzeugs zum Restwert; auch dort sind die Wiederbeschaffung eines Ersatzfahrzeugs und die Veräußerung des beschädigten Fahrzeugs umsatzsteuerrechtlich unabhängige Vorgänge.

Auch das OLG Koblenz[14] geht davon aus, dass eine Unterscheidung zwischen Brutto- und Nettoerlös sich beim Restwertverkauf erübrigt, wenn ein Versicherungsnehmer im Kaskoversicherungsfall beim Fahrzeugverkauf nicht umsatzsteuerpflichtig ist; auch nach dem OLG Koblenz ist der anzurechnende Restwert dann allein der Betrag, den der Versicherungsnehmer als Kaufpreis tatsächlich erlösen kann.

22 Das OLG Celle[15] hatte sich mit einem Kaskoversicherungsfall und dort mit einer Ersatzbeschaffungsmaßnahme eines nicht vorsteuerabzugsberechtigten Versicherungsnehmers beim Totalschadenfall zu befassen.

Im Fall des OLG Celle erlitt der klägerische Versicherungsnehmer, der bei der beklagten Vollkaskoversicherung versichert war, mit dem versicherten Pkw einen Totalschaden. Der ermittelte Wiederbeschaffungswert betrug 60.000,00 EUR brutto und 50.421,17 EUR netto (Mehrwertsteueranteil 9.579,83 EUR).

---

14 VersR 2009, 1613, 1615.
15 Urt. v. 6.10.2016, AZ: 8 U 111/16.

A. Grundsatz §3

Der Versicherungsnehmer schaffte sich ein Ersatzfahrzeug für 64.500,00 EUR ohne Mehrwertsteuerausweis an.

Die beklagte Kaskoversicherung nahm die Kaskoversicherungsabrechnung auf Basis des Nettowiederbeschaffungswertbetrages vor.

Der Versicherungsnehmer begehrte mit seiner Klage den Mehrwertsteuerbetrag von 9.579,83 EUR.

Die dem Versicherungsvertrag zugrundeliegende Mehrwertsteuerklausel, wonach der Versicherungsnehmer Mehrwertsteuer nur erhält, wenn diese tatsächlich angefallen ist, legte das OLG Celle derart aus, dass diese Regelung aus Sicht des durchschnittlichen Versicherungsnehmers lediglich die fiktive Abrechnung betrifft.

Das OLG Celle legte die Klausel in Anlehnung an den schadensersatzrechtlichen Grundsatz des § 249 Abs. 2 S. 2 BGB derart aus, dass der Versicherungsnehmer im Totalschadenfall den tatsächlich aufgewendeten Betrag bis zur Höhe des Bruttowiederbeschaffungswertes unabhängig davon erhält, ob im Kaufpreis eine Regelumsatzsteuer, eine Differenzumsatzsteuer oder keine Umsatzsteuer enthalten ist.

Nach dem OLG Celle bezieht der durchschnittliche Versicherungsnehmer, der nicht über juristische Kenntnisse zu § 249 Abs. 2 S. 2 BGB verfügt, nämlich die Regelung in den einschlägigen Kaskoversicherungsbedingungen auf den Fall der fiktiven Abrechnung, also den Sachverhalt, in dem die Ersatzbeschaffung oder Reparatur – nach einem Sachverständigengutachten, welches Umsatzsteuer ausweist – tatsächlich nicht erfolgt.

Das OLG Celle geht davon aus, dass für den Versicherungsnehmer bei derartigen Kaskoversicherungsbedingungen keine Anhaltspunkte zu einer Unterscheidung derart vorliegen, ob im Wiederbeschaffungsfall im Ersatzbeschaffungspreis verschiedene Umsatzsteuerarten enthalten sind; vielmehr verhält sich nach dem OLG Celle der durchschnittliche Versicherungsnehmer aus seiner Sicht im Rahmen des Wiederbeschaffungswertes nach den Kaskobedingungen und wird an keiner Stelle auf eine bestimmte Art der Wiederbeschaffung durch Erwerb einer Ersatzsache vom Händler oder von privat festgelegt.

Aufgrund dieses klaren Auslegungsergebnisses ist nach dem OLG Celle weder für die Anwendung der Unklarheitenregel nach § 305c Abs. 2 BGB noch für die Annahme eines Verstoßes gegen das Transparenzgebot nach § 307 Abs. 1 S. 2 BGB Raum.

Am Beispiel eines Ersatzfahrzeugkaufs genau zu dem Kaufpreis in Höhe des ermittelten Wiederbeschaffungswertes zeigt sich laut dem OLG Celle, dass dieses Auslegungsergebnis zutreffend ist.

Ein durchschnittlicher Versicherungsnehmer wird nämlich davon ausgehen, dass ihm der aufgewendete Kaufpreis vollständig erstattet wird. Er wird nicht auf den Gedanken kommen, dass ihm seine Kosten dann nicht vollständig erstattet werden, wenn er den Pkw von privat erworben hat und das Wertgutachten den ermittelten Wiederbeschaffungswert inkl. Umsatzsteuer ausweist.

§ 3 Die Mehrwertsteuer als Schadensposition

Auch die Berücksichtigung der Interessen des Versicherers führt für den Versicherungsnehmer zu keinem anderen Verständnis der maßgeblichen Bestimmungen. Für den durchschnittlichen Versicherungsnehmer ist, so das OLG Celle, nicht ersichtlich, dass es in diesem Fall im Interesse des Versicherers liegen könnte, dass das Ersatzfahrzeug (umsatzsteuerpflichtig) von einem Kfz-Händler erworben wird.

Schließlich führt das OLG Celle auch den Zweck der Kaskoversicherung für diese Auslegung an, die im Ergebnis zu einem Gleichlauf mit der schadensrechtlichen Regelung des § 249 Abs. 2 S. 2 BGB führt und führt hierzu wörtlich aus:

> *"… mit dem Abschluss einer Fahrzeugkaskoversicherung erstrebt der Versicherungsnehmer in der Regel nicht nur den Schutz vor wirtschaftlich nachteiligen Folgen hinsichtlich des eigenen Fahrzeugschadens bei selbstverschuldeten Unfällen, sondern auch die Befreiung vom Risiko der Durchsetzung von Ersatzansprüchen gegen den Unfallgegner bei unklarer Haftungslage."*[16]

Die Praxis zeigt, dass Versicherungsnehmer es in derartigen Fällen vielfach vorziehen, ihren Fahrzeugschaden beim eigenen Kaskoversicherer zu regulieren und diesem die Prüfung eines Regresses beim Unfallgegner überlassen. Der durchschnittliche Versicherungsnehmer kann der Klausel in AKB, die auch nach ihrem Wortlaut ersichtlich an § 249 Abs. 2 S. 2 BGB angelehnt ist, nicht entnehmen, dass der Umfang seines Anspruchs gegen den Versicherer insoweit generell hinter dem zurückbleiben soll, was im Schadensfall von einem haftpflichtigen Unfallgegner verlangt werden kann.

23 Zum gleichen Ergebnis kam bei einer nahezu gleichlautenden Klausel das OLG Saarbrücken in seinem Urteil vom 28.1.2009, AZ: 5 U 278/08.

24 Entgegen dieser mehrfach bestätigten Rechtsprechung entschied das AG Stuttgart Bad Cannstatt[17] in einem nahezu gleich gelagerten Fall:

Die Mehrwertsteuerregelung in den AKB 2015 lautete, dass die Mehrwertsteuer im Rahmen des Vollkaskoversicherungsvertrages nur dann erstattet wird, wenn und soweit diese bei der gewählten Schadensbeseitigung tatsächlich angefallen und nachgewiesen ist.

Ausweislich eines Sachverständigengutachtens ergab sich ein Wiederbeschaffungswert einschließlich Umsatzsteuer in Höhe von 9.300,00 EUR.

Der klägerische Versicherungsnehmer erwarb ein Ersatzfahrzeug zum Kaufpreis in Höhe von 9.480,00 EUR, laut Kaufpreisrechnung war dieser Betrag gemäß § 25a UStG differenzbesteuert.

Der Versicherungsnehmer begehrte im Wege der Auslegung dieser Klausel und unter Hinweis auf die schadensersatzrechtlichen Grundsätze des BGH zu § 249 Abs. 2 S. 2

---

16 Siehe hierzu auch BGH, Urt. v. 11.11.2015, AZ: IV ZR 426/14.
17 Urt. v. 1.7.2015, AZ: 11 C 2281/14.

BGB den vollen Wiederbeschaffungswert inklusive der von der beklagten Kaskoversicherung abgezogenen Regelsteuer von 19 %.

Die beklagte Kaskoversicherung war lediglich bereit eine geschätzte Differenzumsatzsteuer in Höhe von 2,5 % aus der Kaufpreissumme des Ersatzfahrzeugs auf den Nettowiederbeschaffungswert ohne Regelumsatzsteuer nachzubezahlen.

Das AG Stuttgart Bad Cannstatt billigte zum einen die geschätzten 2,5 % Differenzumsatzsteuer aus der Kaufpreissumme, obwohl überwiegend von 2,4 % ausgegangen wird.

Zum anderen ging das AG Stuttgart Bad Cannstatt davon aus, dass der vom klägerischen Versicherungsnehmer behauptete Mehrwertsteuerbetrag von 19 % in Höhe der Klageforderung nicht nachgewiesen worden und somit gemäß den Kaskoversicherungsbedingungen nicht zu erstatten sei.

Zu erstatten sei lediglich der Differenzumsatzsteueranteil von 2,5 %, wie ihn die beklagte Vollkaskoversicherung berechnet hatte.

Das Amtsgericht Stuttgart Bad Cannstatt lehnt auch eine Anwendung der schadensersatzrechtlichen Grundsätze auf diesen vergleichbaren Fall ab, obwohl die Klausel ihrem Wortlaut dem § 249 Abs. 2 S. 2 BGB nachempfunden ist.

Das Amtsgericht Stuttgart Bad Cannstatt setzt sich auch nicht im Wege einer Auslegung mit dieser Klausel näher auseinander, sondern geht schlicht und einfach davon aus, dass der behauptete Mehrwertsteuerbetrag nicht nachgewiesen worden sei.

B. Ausnahmen

Solche Ausnahmen zu diesem Grundsatz stellen sowohl die gesetzliche Regelung des § 249 Abs. 2 S. 2 BGB, als auch der Umstand einer Vorsteuerabzugsberechtigung bzw. teilweisen Vorsteuerabzugsberechtigung dar:

I. (Neu)Regelung des § 249 Abs. 2 S. 2 BGB

Diese Regelung, wonach bei einer Fahrzeugbeschädigung der erforderliche Geldbetrag, den der Geschädigte statt der Herstellung, das heißt der Reparatur des Fahrzeugs oder der Ersatzbeschaffung eines Fahrzeugs aufwendet, die Mehrwertsteuer nur noch mit einschließt, wenn und soweit diese tatsächlich angefallen ist, schränkt den Grundsatz der Erstattung von Mehrwertsteuer ein.

Wie dargelegt (siehe Rdn 8) hat diese Regelung die entsprechenden Auswirkungen auf sinngemäße Klauseln im Kaskoversicherungsrecht (siehe hierzu die unter Rdn 19 und 20 dargestellten und praktizierten Mehrwertsteuerklauseln in Kaskoversicherungsbedingungen).

§ 3 Die Mehrwertsteuer als Schadensposition

II. Vollständige Vorsteuerabzugsberechtigung

28 Eine weitere Ausnahme stellt die so genannte Vorsteuerabzugsberechtigung eines Geschädigten dar.

29 Soweit ein Geschädigter gemäß § 15 UStG vorsteuerabzugsberechtigt ist, er also die Mehrwertsteuer aus entsprechenden Rechnungen gegenüber dem Finanzamt verrechnen kann, ist er auch, nicht zuletzt aus Gründen der Schadensminderungspflicht gehalten, den Schädiger in Höhe des entsprechenden Mehrwertsteuerbetrages zu entlasten.[18]

Insoweit kann der Geschädigte nur den jeweiligen Rechnungsbetrag netto, also ohne Mehrwertsteuer als Schadensposition abrechnen. Hierdurch entstehen dem Geschädigten keinerlei Nachteile, da er in Höhe gerade dieses Mehrwertsteueranteiles seine eigene Mehrwertsteuerlast gegenüber dem für ihn zuständigen Finanzamt durch Verrechnung vermindern kann.

30 *Berechnungsbeispiel:*
Die ermittelten Reparaturkosten betragen inkl. 19 % MwSt 11.900 EUR.
Der Mehrwertsteueranteil beträgt also 1.900,00 EUR
Der vorsteuerabzugsberechtigte Geschädigte lässt das Fahrzeug reparieren.
Die Reparaturrechnung beträgt inkl. MwSt 11.900 EUR.
Berechnung:

Reparaturkosten inkl. 19 % MwSt	11.900,00 EUR
abzüglich Mehrwertsteueranteil (hier 19 % MwSt)	1.900,00 EUR
ergibt	10.000,00 EUR
wegen der vollen Vorsteuerabzugsberechtigung erhält der vorsteuerabzugsberechtigte Geschädigte als Entschädigungssumme lediglich	10.000,00 EUR

III. Teilweise Vorsteuerabzugsberechtigung

31 Gemäß § 15 Abs. 1 BGB Umsatzsteuergesetz waren Vorsteuerbeträge bis zu einer Änderung aufgrund der Entscheidung des Europäischen Gerichtshofs für den Vorsteuerabzugsberechtigten für sein Fahrzeug, das er auch für den privaten Bedarf verwendet bis zu 50 % abziehbar. Dies galt für Fahrzeuge, die nach dem 31.3.1999 von Unternehmern und Freiberuflern z.B. Rechtsanwälten, Steuerberatern usw. erworben oder geleast, das heißt angeschafft wurden.

---

18 Siehe u.a. BGH, Urt. v. 18.3.2014, AZ: VI ZR 10/13 in NJW 2014, 2874.

B. Ausnahmen § 3

Grundsätzlich wurde hiermit eine auch private Nutzung eines derartigen Fahrzeugs unterstellt, für den insoweit heute immer noch teilweise zum Vorsteuerabzug berechtigten Unternehmer besteht allerdings die Möglichkeit gegenüber dem für ihn zuständigen Finanzamt einen geringeren privaten Anteil des Fahrzeugs, als z.B. 50 %, etwa durch die Führung eines Fahrtenbuches nachzuweisen. Dann besteht eine höhere Vorsteuerabzugsberechtigung als z.B. 50 % bzw. wiederum eine vollständige Vorsteuerabzugsberechtigung. **32**

Unter Heranziehung der allgemeinen Grundsätze der Mehrwertsteuererstattung und unter Berücksichtigung der Besonderheiten der Schadensberechnung für einen Vorsteuerabzugsberechtigten bedeutet dies, dass ein nur zum Teil Vorsteuerabzugsberechtigter lediglich verpflichtet ist, den Schädiger in Höhe der Mehrwertsteuer (Vorsteuer) zu entlasten, die er selbst gegenüber dem Finanzamt in Abzug bringen kann. Würde man auch hier dem Geschädigten auferlegen nur netto abzurechnen, bestünde für den Geschädigten, der nur teilweise zum Vorsteuerabzug berechtigt ist, ein Nachteil darin, dass er den vollen Mehrwertsteuerbetrag nicht als Schadensersatzposition erhält, aber gleichwohl gegenüber dem Finanzamt seine eigene Steuerlast nur in Höhe eines Teiles, zum Beispiel zu 50 % durch Verrechnung mindern kann. Insoweit hat der Schädiger dem Geschädigten in derartigen Fällen auch diesen Nachteil in Höhe der Mehrwertsteuer (Vorsteuer) zu ersetzen, die der Geschädigte nicht gegenüber dem Finanzamt verrechnen kann. **33**

Der Geschädigte kann dies bei der Schadenregulierung dem Schädiger bzw. dessen Versicherung durch Vorlage einer Bestätigung seines Steuerberaters oder auch des für ihn zuständigen Finanzamtes nachweisen. **34**

Dies gilt sinngemäß auch für den Fall, dass der Geschädigte etwa durch die Führung eines Fahrtenbuchs einen geringeren Privatanteil nachweist. **35**

Berechnungsbeispiel: **36**

Die ermittelten Reparaturkosten inkl. 19 % MwSt betragen 11.900 EUR.

Enthaltene MwSt somit 1.900 EUR.

Der Geschädigte lässt das Fahrzeug reparieren und legt eine Reparaturrechnung über 11.900 EUR inkl. MwSt vor.

Der Geschädigte konnte durch Führung eines Fahrtenbuches gegenüber dem Finanzamt belegen, dass das für sein Unternehmen genutzte Geschäftsfahrzeug nur zu 20 % privat und somit zu 80 % geschäftlich genutzt wird.

Er kann daher nur 80 % der MwSt als Vorsteuer und somit einen Betrag von 1.520 EUR gegenüber dem Finanzamt verrechnen und hiermit seine Steuerlast vermindern.

> *Berechnung:*
> Reparaturkosten inkl. MwSt   11.900 EUR
> abzüglich 80 % Anteil MwSt/Vorsteuer   1.520 EUR
> verbleibt als Nachteil/Privatanteil 20 %   380 EUR
> Diesen Betrag von 380 EUR kann der Geschädigte noch vom Schädiger als Schadensersatzposition, insgesamt also 10.380 EUR verlangen.

37 Es spielt in diesem Zusammenhang keine Rolle, ob der Fahrzeugschaden anlässlich einer Privatfahrt oder aber einer Geschäftsfahrt eintritt. Auch beim Eintritt eines Fahrzeugschadens während einer Privatfahrt besteht die entsprechende Vorsteuerabzugsmöglichkeit.[19]

38 Umgekehrt besteht auch beim Eintritt eines Fahrzeugschadens während einer Geschäftsfahrt keine volle Vorsteuerabzugsberechtigung, sondern nur Vorsteuerabzugsberechtigung unter Berücksichtigung des auf dieses Fahrzeug entfallenden Privatanteils. Das während einer Geschäftsfahrt verunfallte Fahrzeug verliert nämlich nicht allein dadurch, dass es gerade zum Unfallzeitpunkt für eine Geschäftsfahrt benutzt wurde, den privaten Anteilscharakter.

39 Insgesamt ist unabhängig von einer teilweisen oder vollständigen Vorsteuerabzugsberechtigung es für den Anspruch auf Abzug der Mehrwertsteuer (Vorsteuer) nicht ausreichend, wenn die Reparatur lediglich erfolgt ist bzw. ein Ersatzfahrzeug angeschafft worden ist. Für den Anspruch auf Vorsteuerabzug bzw. -verrechnung ist es notwendig, dass bei der Reparatur bzw. Ersatzanschaffung nachgewiesen wird, dass die Mehrwertsteuer auch tatsächlich angefallen ist. Dies kann nur durch Vorlage von Rechnungen erfolgen, auf denen die Mehrwertsteuer ausgewiesen ist. Ein fiktiver Abzug bzw. eine fiktive Verrechnung von Mehrwertsteuer/Vorsteuer ist daher nicht möglich.

C. Die BGH-Rechtsprechung zu § 249 Abs. 2 S. 2 BGB seit dem 1.8.2002

I. Vorbemerkung

40 Aufgrund einer Vielzahl instanzgerichtlicher Entscheidungen zu den Fragen einer fiktiven bzw. konkreten Abrechnung von Mehrwertsteuer bzw. Differenzumsatzsteuer, befasste sich der BGH erstmals im Jahr 2004 in seinem Urteil vom 20.4.2004, AZ: VI ZR 109/03 mit der entsprechenden Problematik, allerdings nur mit dem Problemkreis einer fiktiven Abrechnung des Geschädigten bei einem wirtschaftlichen Totalschaden.

---

19 LG Köln, SP 1999, 15.

C. Die BGH-Rechtsprechung zu § 249 Abs. 2 S. 2 BGB seit dem 1.8.2002 § 3

Auch die folgenden Urteile befassen sich mit einer Ausnahme, bei der es allerdings auch um eine Abrechnung im Rahmen der 130 %-Grenze ging, bei der der Geschädigte allerdings lediglich eine Teilreparatur vornahm, ausschließlich mit der Problematik der Abrechnung im Rahmen eines wirtschaftlichen Totalschadens an einem Fahrzeug.

Insoweit erfolgte zwar weitestgehend eine Klärung der Möglichkeiten einer fiktiven bzw. konkreten Abrechnung von Mehrwertsteuer beim Totalschaden bzw. auch zur Höhe der Differenzumsatzsteuer, wobei allerdings die weiteren Problembereiche der Abrechnung der fiktiven bzw. konkreten Abrechnung bei einem Reparaturschaden bzw. die Mischfälle der fiktiven und konkreten Abrechnung bei einem vorliegenden Reparaturschaden durch Ersatzbeschaffung weitestgehend ungeklärt oder offengelassen sind.

Seit dem Inkrafttreten der gesetzlichen Regelung des § 249 Abs. 2 S. 2 BGB ergingen folgende BGH-Entscheidungen: 41

- Urt. v. 20.4.2004, AZ: VI ZR 109/03[20]
- Urt. v. 18.5.2004, AZ: VI ZR 267/03[21]
- Urt. v. 15.2.2005, AZ: VI ZR 172/04[22]
- Urt. v. 1.3.2005, AZ: VI ZR 91/04[23]
- Urt. v. 7.6.2005, AZ: VI ZR 192/04[24]
- Urt. v. 15.11.2005, AZ: VI ZR 26/05[25]
- Urt. v. 9.5.2006, AZ: VI ZR 225/05[26]
- Beschl. v. 25.11.2008, AZ: VI ZR 245/07[27]
- Urt. v. 3.3.2009, AZ: VI ZR 100/08[28]
- Urt. v. 22.9.2009, AZ: VI ZR 312/08[29]
- Urt. v. 5.2.2013, AZ: VI ZR 363/11[30]
- Urt. v. 12.7.2013, AZ: VI ZR 351/12[31]
- Urt. v. 3.12.2013, AZ. VI ZR 24/13[32]

---

[20] VersR 2004, 876 = ZGS 2004, 269 = BGHZ 158, 388 = NJW 2004, 1943.
[21] VersR 2004, 927 = ZGS 2004, 271.
[22] VersR 2005, 665.
[23] VersR 2005, 994 = BGHZ 162, 270 = ZGS 2005, 312.
[24] SP 2005, 306.
[25] VersR 2006, 238.
[26] SP 2006, 279.
[27] SP 2009, 109; r+s 2009, 83 m.w.N.
[28] VersR 2009, 654.
[29] SP 2009, 436.
[30] r+s 2013, 203.
[31] NZV 2013, 587.
[32] NJW 2014, 535 Rn 13 m.w.N.

§ 3 Die Mehrwertsteuer als Schadensposition

- Urt. v. 18.3.2014, AZ. VI ZR 10/13[33]
- Urt. v. 13.9.2016, AZ. VI ZR 654/15[34]

II. Die einzelnen BGH-Urteile mit Veranschaulichungsbeispielen

1. Urteil vom 20.4.2004

a) Leitsatz

42 Im Falle eines wirtschaftlichen Totalschadens an einem Kraftfahrzeug hat der Geschädigte einen Anspruch auf Ersatz von Umsatzsteuer nur, wenn er eine Ersatzbeschaffung vorgenommen, oder – ungeachtet der Unwirtschaftlichkeit einer Instandsetzung – sein beschädigtes Fahrzeug repariert hat und wenn tatsächlich Umsatzsteuer angefallen ist.

b) Sachverhalt

43 Bei einer vollständigen Haftung des Schädigers, entstand an dem Pkw des Geschädigten wirtschaftlicher Totalschaden. Ein Sachverständigengutachten ermittelte den Wiederbeschaffungswert netto zuzüglich der Regelbesteuerung (bis 31.12.2006 = 16 %) und den Restwert ebenfalls netto zuzüglich der Regelsteuer (bis 31.12.2006 = 16 %). Die Haftpflichtversicherung des Schädigers bezahlte den Netto-Wiederbeschaffungswert abzüglich des Brutto-Restwerts. Der Geschädigte begehrte die Differenz zwischen dem Brutto-Wiederbeschaffungswert und dem Netto-Wiederbeschaffungswert.
Hierbei will er fiktiv abrechnen.

c) Beispiel zur Veranschaulichung

44 *Berechnung des Geschädigten:*

Wiederbeschaffungswert brutto lt. Sachverständigengutachten	11.500,00 EUR
abzüglich Restwert brutto lt. Sachverständigengutachten	3.100,00 EUR
Schadensersatzbetrag somit	8.400,00 EUR
Schadensberechnung der Versicherung:	
Wiederbeschaffungswert brutto lt. Sachverständigengutachten	11.500,00 EUR
abzüglich 19 % MwSt. aus Wiederbeschaffungswert brutto	1.836,13 EUR
somit Wiederbeschaffungswert netto lt. Sachverständigengutachten	9.663,87 EUR
abzüglich Restwert brutto lt. Sachverständigengutachten	3.100,00 EUR
verbleibt als Zahlungsbetrag an den Geschädigten	6.563,87 EUR

---

[33] NJW 2014, 2874 Rn 17.
[34] VersR 2017, 115.

C. Die BGH-Rechtsprechung zu § 249 Abs. 2 S. 2 BGB seit dem 1.8.2002 § 3

Im Veranschaulichungsbeispiel fehlen dem Geschädigten demnach 1.836,13 EUR (8.400,00 EUR abzüglich Zahlung der Versicherung 6.563,87 EUR), nämlich die nicht bezahlte Mehrwertsteuer.

(Nur am Rande ist zu bemerken, dass in diesem Fall das Ausgangsgericht, das Amtsgericht Nordhorn, dem Geschädigten einen Teil des Differenzbetrages zusprach, da es vom Netto-Wiederbeschaffungswert den Netto-Restwert absetzte und dem Geschädigten den Mehrwertsteuerbetrag aus dem Brutto-Restwert von 3.100,00 EUR noch zusprach; diese Berechnung ist allerdings nicht zutreffend, nachdem ein Netto-Restwert nur bei einem Vorsteuerabzugsberechtigten in Abzug zu bringen ist und nicht bei einem Nichtvorsteuerabzugsberechtigten, für den ein Restwertbetrag immer einen Bruttobetrag darstellt, den er auch entsprechend bei einem Restwertaufkäufer erzielt und von dem er keine Vorsteuer abziehen kann.)

d) Praxishinweis

Dieses erste BGH-Urteil zur fiktiven Abrechnung zu einem wirtschaftlichen Totalschaden stellt zunächst klar, dass Feststellungen zur Schadenshöhe in erster Linie dem Tatrichter vorbehalten sind. Einer Überprüfung seiner Schadensschätzung durch das Revisionsgericht sind enge Grenzen gezogen, so dass insoweit nur zu prüfen ist, ob die Schadensermittlung auf grundsätzlich falschen oder offenbar unsachlichen Erwägungen beruht und ob wesentliche, die Entscheidung bedingende Tatsachen außer Acht gelassen worden sind.[35]

45

Nachdem der Sachverständige im Fall des BGH den Wiederbeschaffungswert sowohl mit dem Netto- als auch mit dem Bruttopreis angegeben hat, bestand keine Veranlassung für die Instanzgerichte, einen in Abzug zu bringenden Mehrwertsteueranteil zu ermitteln.[36]

Nur wenn ein Sachverständigengutachten lediglich einen Wiederbeschaffungswert „einschließlich Mehrwertsteuer" bzw. „inklusive Mehrwertsteuer" angibt, ohne den Mehrwertsteueranteil prozentual oder summenmäßig anzugeben, oder wenn sich dieser Betrag nicht aus Angaben des Sachverständigengutachtens errechnen lässt, muss der Tatrichter den entsprechenden Mehrwertsteueranteil ermitteln.

Im Hinblick auf den Wiederbeschaffungswert ist es dann sowohl möglich, dass entsprechende Fahrzeuge üblicherweise nach § 10 UStG regelbesteuert, nach § 25a UStG differenzbesteuert, oder von privat und damit umsatzsteuerfrei angeboten werden.[37]

---

35 BGH in BGHZ 102, 322, 330 und in VersR 2004, 75, 77.
36 Vgl. *Heß*, NZV 2004, 1, 6.
37 Vgl. BT-Drucks 14/7752 S. 24; LG Magdeburg, NZV 2003, 536; LG Oldenburg, NJW 2003, 3494 f.; LG Bochum, NJW 2004, 235; *Heß*, NZV 2004, 1, 4 ff.; *Schirmer*, DAR 2004, 21, 23.

§ 3 Die Mehrwertsteuer als Schadensposition

Nachdem der Geschädigte hier eine fiktive Abrechnung vornahm, sah der BGH seinen Schadensersatzanspruch durch die Abrechnung Wiederbeschaffungswert netto abzüglich Restwert (brutto) als erfüllt an.

2. Urteil vom 18.5.2004

a) Leitsatz

46 Macht der Geschädigte im Falle eines wirtschaftlichen Totalschadens seines Kraftfahrzeuges und einer Ersatzbeschaffung bei einem gewerblichen Verkäufer über den vom Gericht geschätzten Differenz-Mehrwertsteuerbetrag im Sinne von § 25a UStG den vollen Mehrwertsteuerbetrag im Sinne des § 10 UStG lediglich abstrakt aufgrund eines Sachverständigengutachtens geltend, so steht diesem Begehren § 249 Abs. 2 S. 2 BGB entgegen.

b) Sachverhalt

47 Der Geschädigte erlitt durch einen Verkehrsunfall an seinem Pkw einen wirtschaftlichen Totalschaden, wobei die Eintrittspflicht des Schädigers für den Schaden unstreitig war. Die beklagte Versicherung regulierte den Schaden des Geschädigten nach einem vom Geschädigten vorgelegten Sachverständigengutachten, jedoch ohne die in den angegebenen Beträgen laut Gutachten enthaltene Mehrwertsteuer. Nachdem der Geschädigte einen Kaufvertrag über ein Ersatzfahrzeug eines gewerblichen Verkäufers ohne Mehrwertsteuerausweis, aber mit einer im Firmenstempel aufgeführten Steuernummer vorgelegt hat, hat die beklagte Versicherung weitere 2 % dieses Bruttoverkaufspreises als Differenzumsatzsteuer nachbezahlt. Der Geschädigte begehrte allerdings den vollen Mehrwertsteuerbetrag im Sinne des § 10 UStG auf der Grundlage des vorgenannten Sachverständigengutachtens, abzüglich des bezahlten Differenzumsatzsteueranteils.

c) Beispiel zur Veranschaulichung

48 Nachdem das BGH-Urteil keine konkreten Zahlen und Zahlungen in seinem Sachverhalt nennt, soll hier ein entsprechendes Beispiel in Anlehnung an den Sachverhalt gegeben werden.

Berechnung des Geschädigten:

Wiederbeschaffungswert brutto lt. Sachverständigengutachten	6.500,00 EUR
Wiederbeschaffungswert netto lt. Sachverständigengutachten	5.462,19 EUR
abzüglich Restwert	0,00 EUR

Geschädigter begehrt aufgrund der Ersatzbeschaffung den vollen Wiederbeschaffungswertbetrag, nämlich brutto in Höhe von 6.500,00 EUR.

Schadensberechnung der Versicherung:

Wiederbeschaffungswert brutto lt. Sachverständigengutachten	6.500,00 EUR

C. Die BGH-Rechtsprechung zu § 249 Abs. 2 S. 2 BGB seit dem 1.8.2002 § 3

abzüglich 19 % MwSt. hieraus	1.037,81 EUR
verbleibt als Zwischensumme	5.462,19 EUR
abzüglich Restwert	0,00 EUR
zuzüglich Differenzumsatzsteuer von 2 % aus Kaufpreis über Ersatzbeschaffung (4.000,00 EUR)	78,43 EUR
Zahlungsbetrag der Versicherung somit	5.540,62 EUR

Dem Geschädigten fehlen somit 959,38 EUR.

d) Praxishinweis

Soweit es sich im BGH-Urteil um einen Fall handelte, in dem der Geschädigte ein Ersatzfahrzeug zu einem geringeren Kaufpreis als den Wiederbeschaffungswert brutto von 6.500,00 EUR, also im Veranschaulichungsbeispiel etwa zu einem Kaufpreis von 4.000,00 EUR differenzbesteuert erworben hat, mag die Berechnung des BGH nachvollziehbar sein. 49

Sie könnte allerdings im Widerspruch zum Urteil vom 1.3.2005 (siehe unten Ziffer 4, Rdn 56 ff.) stehen, wozu bei den Praxishinweisen zu diesem Urteil entsprechende Ausführungen gemacht werden.

Im zugrunde liegenden Fall stellt der BGH allerdings darauf ab, dass der Geschädigte zwar eine Ersatzbeschaffung vorgenommen hat, allerdings selbst nicht geltend macht, dass dabei ein höherer Umsatzsteuerbetrag als der von der Versicherung bereits beglichene Differenz-Mehrwertsteuerbetrag im Sinne des § 25a UStG angefallen ist.

Insoweit urteilt der BGH, falls der volle Mehrwertsteuerbetrag im Sinne des § 10 UStG lediglich abstrakt aufgrund des vorgelegten Sachverständigengutachtens verlangt wird, diesem Begehren § 249 Abs. 2 S. 2 BGB entgegensteht.

3. Urteil vom 15.2.2005

a) Leitsatz

Dieses BGH-Urteil enthält keinen Leitsatz zur Frage der Mehrwertsteuer, da das Urteil sich im Wesentlichen mit den Grenzen einer 130 %-Abrechnung befasst. Daneben allerdings auch mit einem wirtschaftlichen Totalschaden und einer Teilreparatur mit einer Reparaturrechnung und ausgewiesener Mehrwertsteuer. 50

b) Sachverhalt

Bei einer unstreitigen Haftung und einem wirtschaftlichen Totalschaden am Fahrzeug des Geschädigten, schätzte ein Kfz-Sachverständiger die Reparaturkosten sowohl brutto als auch netto höher als den Wiederbeschaffungswert brutto (inklusive Mehrwertsteuer), 51

§ 3 Die Mehrwertsteuer als Schadensposition

allerdings nicht höher als 30 % über dem Wiederbeschaffungswert brutto. Der Sachverständige ermittelte auch einen Restwert.

Der Geschädigte ließ sein Fahrzeug in einen verkehrssicheren und fahrbereiten Zustand versetzen und musste hierfür einen Nettobetrag zuzüglich Mehrwertsteuer unterhalb des Wiederbeschaffungsaufwandes (Wiederbeschaffungswert abzüglich Restwert) aufwenden.

Insoweit begehrte der Geschädigte die Reparaturkosten netto laut Gutachten zuzüglich des Mehrwertsteuerbetrags aus der Reparaturkostenrechnung.

c) Beispiel zur Veranschaulichung

52 *Berechnung des Geschädigten:*

Reparaturkosten netto lt. Sachverständigengutachten	5.858,62 EUR
zuzüglich MwSt. aus der Reparaturrechnung	288,00 EUR
Gesamtschadensersatzbetrag somit	6.146,62 EUR
Schadensberechnung der Versicherung:	
Wiederbeschaffungswert brutto lt. Sachverständigengutachten	5.450,00 EUR
abzüglich 19 % MwSt.	870,16 EUR
verbleibt als Zwischensumme	4.579,84 EUR
abzüglich Restwert lt. Sachverständigengutachten	1.000,00 EUR
verbleibt als Schadensersatzbetrag (= Wiederbeschaffungsaufwand netto)	3.579,84 EUR

Im Veranschaulichungsbeispiel fehlen dem Geschädigten 2.566,78 EUR.

53 Die Besonderheiten an diesem Fall sind zum einen, dass hier ein sog. 130 %-Fall vorlag und der Geschädigte nicht gemäß den Vorgaben in weiteren Urteilen des BGH zur 130 %-Grenze sach- und fachgerecht nach den Vorgaben des Sachverständigengutachtens das Fahrzeug so vollständig reparierte, dass keine Not-, Billig- bzw. Teilreparatur vorliegt. Vielmehr reparierte der Geschädigte das Fahrzeug nur derart, dass es fahrbereit und verkehrssicher war.

54 Zum anderen sprach hier das Amtsgericht Bochum im Ausgangsfall des BGH in erster Instanz den vollen Mehrwertsteuerbetrag, den die Versicherung aus dem Brutto-Wiederbeschaffungsbetrag abzog, zu, so dass es keiner Entscheidung mehr bedurfte, ob für den Fall eines vollständigen Abzugs der Mehrwertsteuer aus dem Wiederbeschaffungswert brutto zumindest der Mehrwertsteuerbetrag aus der Reparaturrechnung hätte bezahlt werden müssen, wovon allerdings auszugehen ist.

d) Praxishinweis

Nachdem das Amtsgericht Bochum als Ausgangsgericht den Mehrwertsteuerbetrag aus dem Wiederbeschaffungswert, den die Versicherung zunächst in Abzug brachte, vollständig zusprach, musste sich der BGH grundsätzlich nicht mit der Frage befassen, ob und welcher Mehrwertsteuerbetrag zuzusprechen ist.

55

Allerdings führt der BGH deutlich aus, dass der Geschädigte, der in diesem Fall keine tatsächliche Ersatzbeschaffung vorgenommen hat, gemäß § 249 Abs. 2 S. 2 BGB keinen Anspruch auf die von ihm geltend gemachte Mehrwertsteuer aus der Reparaturrechnung hat. Die Mehrwertsteuer sei nur zu ersetzen, wenn sie bei einer Wiederbeschaffung tatsächlich angefallen wäre; ohne Durchführung der Ersatzbeschaffung hat, nach dem BGH, der Geschädigte nur einen Anspruch auf den Netto-Wiederbeschaffungsaufwand.

Der BGH begründet dies, allerdings nicht nachvollziehbar, damit, dass die Berechnung des Geschädigten seiner durch eine konkrete Reparaturmaßnahme angefallenen Mehrwertsteuer im Widerspruch zu § 249 Abs. 2 S. 2 BGB steht, wonach die Umsatzsteuer nur zu ersetzen ist, soweit sie tatsächlich angefallen ist. Hierbei ist nach dem BGH eine Kombination von konkreter und fiktiver Schadensabrechnung nicht zulässig.[38]

Meiner Auffassung nach kann der Geschädigte aufgrund des Wortlautes des § 249 Abs. 2 S. 2 BGB hier den Mehrwertsteuerbetrag aus der konkreten Reparaturmaßnahme verlangen. Die Vorschrift geht davon aus, dass Umsatzsteuer nur zu ersetzen ist, soweit sie tatsächlich angefallen ist.

Dem Geschädigten ist tatsächlich Umsatzsteuer angefallen, die sogar in einer Rechnung ausgewiesen ist. Gegen die Unzulässigkeit einer Kombination von konkreter und fiktiver Schadensabrechnung in diesem Fall spricht, dass der BGH in ständiger Rechtsprechung, erstmals mit dem Urteil vom 20.4.2004 (siehe oben Ziffer 1, Rdn 42 ff.) den § 249 BGB sowohl für den Fall einer Wiederherstellungsmaßnahme in Form der Reparatur als auch im Fall eines wirtschaftlichen Totalschadens und somit einer Ersatzbeschaffung für anwendbar erklärt. Kombiniert nun der Geschädigte diese beiden Maßnahmen nicht, also nimmt er etwa nicht Reparaturmaßnahmen und Ersatzbeschaffungsmaßnahmen vor, sondern wählt er rein die Reparaturmaßnahme, wenn auch im geringeren Umfang als die tatsächlich anfallenden Reparaturkosten, handelt es sich hier nicht um eine vom BGH angenommene Kombination, sondern um ein Nacheinander, da es dem Geschädigten selbstverständlich nach wie vor freisteht, noch weitere und letztendlich vollständige Reparaturmaßnahmen durchzuführen.

Das Gleiche dürfte meiner Auffassung nach gelten, wenn der Geschädigte bei einem festgestellten Reparaturkostenfall eventuell sogar zu einer Ersatzbeschaffungsmaßnahme durch Ersatzfahrzeugkauf mit dort nachgewiesener Mehrwertsteuer übergeht.

---

38 BGH, Urt. v. 15.7.2003, AZ: VI ZR 361/02 in DAR 2003, 554.

§ 3 Die Mehrwertsteuer als Schadensposition

4. Urteil vom 1.3.2005

a) Leitsatz

56 Erwirbt der Geschädigte ein Ersatzfahrzeug zu einem Preis, der dem in einem Sachverständigengutachten ausgewiesenen (Brutto-)Wiederbeschaffungswert des unfallbeschädigten Kraftfahrzeugs entspricht oder diesen übersteigt, kann er im Wege konkreter Schadensabrechnung die Kosten der Ersatzbeschaffung bis zur Höhe des (Brutto-)Wiederbeschaffungswertes des unfallbeschädigten Kraftfahrzeugs – unter Abzug des Restwertes – ersetzt verlangen.

Auf die Frage, ob und in welcher Höhe in dem im Gutachten ausgewiesenen (Brutto-)Wiederbeschaffungswert Umsatzsteuer enthalten ist, kommt es in diesem Zusammenhang nicht an.

b) Sachverhalt

57 Auch in diesem Fall des BGH erlitt der Geschädigte mit seinem Pkw bei einer vollen Haftung des Schädigers einen wirtschaftlichen Totalschaden. Ein vom Geschädigten in Auftrag gegebenes Sachverständigengutachten gelangte zu einem „Wiederbeschaffungswert incl. MwSt." und zu einem Restwert.

58 Der Geschädigte erwarb bei einem gewerblichen Kfz-Händler ein im Sinne des § 25a UStG differenzbesteuertes Ersatzfahrzeug, dessen Kaufpreis über dem vom Sachverständigen ermittelten Wiederbeschaffungswert inklusive Mehrwertsteuer lag. Die beklagte Haftpflichtversicherung kürzte den Wiederbeschaffungswert inklusive Mehrwertsteuer um den Regelsteuerbetrag und bezahlte diesen Differenzbetrag abzüglich des Restwertbetrages an den Geschädigten aus. Darüber hinaus bezahlte sie die mit 2 % des Verkaufspreises für das als Ersatz angeschaffte Fahrzeug geschätzte Differenz-Umsatzsteuer im Sinne des § 25a UStG nach.

c) Beispiel zur Veranschaulichung

59 *Schadensberechnung des Geschädigten:*

Wiederbeschaffungswert lt. Sachverständigengutachten „inkl. MwSt."	12.800,00 EUR
abzüglich Restwert	5,000,00 EUR
Gesamtentschädigungsbetrag	7.800,00 EUR

Schadensberechnung der Versicherung:

Wiederbeschaffungswert lt. Sachverständigengutachten „inkl. MwSt."	12.800,00 EUR
abzüglich 19 % MwSt.	2.043,69 EUR
verbleibt als Zwischensumme	10.756,31 EUR

C. Die BGH-Rechtsprechung zu § 249 Abs. 2 S. 2 BGB seit dem 1.8.2002 § 3

abzüglich Restwert lt. Sachverständigengutachten	5.000,00 EUR
verbleibt als weitere Zwischensumme	5.756,31 EUR
zuzüglich Differenzumsatzsteueranteil von 2 % aus Ersatzbeschaffungspreis von 13.400,00 EUR	262,74 EUR
Gesamtentschädigungsbetrag durch Versicherung	6.019,05 EUR

Im Veranschaulichungsbeispiel fehlen dem Geschädigten 1.780,95 EUR.
(Eine weitere Besonderheit an diesem Fall ist, dass das Ausgangsgericht, das AG Marburg, dem Geschädigten einen höheren Differenzumsatzsteueranteil aus dem Kaufpreis von 13.400,00 EUR, nämlich insgesamt einen Betrag von 462,07 EUR anstatt 262,74 EUR, zusprach; dies war dadurch bedingt, dass das AG die in dem differenzbesteuerten Kaufpreis für das Ersatzfahrzeug enthaltene Umsatzsteuer ausgehend von einer von ihm geschätzten Händlerspanne von 25 % errechnete und nicht im Hinblick auf den geschätzten Differenzumsatzsteueranteil von 2 % von einer geschätzten Händlerspanne von ca. 15 % ausging.)

d) Praxishinweis

Der BGH unterscheidet hierzu in Abgrenzung zu seinen Urteilen vom 20.4.2004 und 18.5.2004 den vorliegenden Fall derart, dass in den beiden vorgenannten Urteilen der Geschädigte eine fiktive Abrechnung im Rahmen eines wirtschaftlichen Totalschadens durchführen wollte und im zugrunde liegenden Fall der Geschädigte nach dem BGH ein Ersatzfahrzeug beschafft hat und somit seinen Schaden konkret auf Basis dieser Ersatzbeschaffung abrechnet. **60**

Nochmals weist der BGH darauf hin, dass für den Fall, dass ein Sachverständigengutachten lediglich pauschal einen Brutto-Wiederbeschaffungswert ausweist, für den Tatrichter grundsätzlich Veranlassung besteht, zu klären, ob solche Fahrzeuge üblicherweise auf dem Gebrauchtwagenmarkt nach § 10 UStG regelbesteuert oder nach § 25a UStG differenzbesteuert oder von privat, und damit umsatzsteuerfrei, angeboten werden.

Rechnet dann ein Geschädigter fiktiv ab und weist keine mehrwertsteuerpflichtigen Maßnahmen, also keinen Mehrwertsteueranfall im Sinne des § 249 Abs. 2 S. 2 BGB, nach, so soll nach dem BGH die vom Tatrichter ermittelte Mehrwertsteuer in Abzug zu bringen sein. **61**

Anders sieht dies der BGH bei einer konkreten Abrechnung des Geschädigten mit entsprechender Durchführung einer Ersatzbeschaffungsmaßnahme. Der BGH nimmt in seiner Entscheidung Bezug auf die Gesetzesbegründung und führt aus, dass durch die gesetzliche Neuregelung des § 249 Abs. 2 S. 2 BGB der Gesetzgeber nichts an der Möglichkeit des Geschädigten ändern wollte, den für die Herstellung erforderlichen Geldbetrag stets und insoweit zu verlangen, als er zur Herstellung des ursprünglichen Zustands tatsächlich angefallen ist. **62**

§ 3 Die Mehrwertsteuer als Schadensposition

Insoweit soll bei fiktiven Schadensabrechnungen sich der Schadensersatzanspruch im entsprechenden Umfang der Mehrwertsteuer bzw. Differenzumsatzsteuer mindern.

63 Tatsächlich angefallen ist in diesem Zusammenhang Mehrwertsteuer nur, wenn und soweit sie der Geschädigte zur Wiederherstellung aus seinem Vermögen aufgewendet hat oder er sich hierzu verpflichtet hat.

Die Gesetzesbegründung führt weiter aus, dass dann, wenn eine gleichwertige Sache als Ersatz beschafft wird und dafür Umsatzsteuer anfällt, die Umsatzsteuer im angefallenen Umfang zu ersetzen ist; fällt für die Beschaffung einer gleichwertigen Ersatzsache – etwa beim Kaufvertrag von Privat – keine Umsatzsteuer an, ist sie nach der Gesetzesbegründung auch nicht zu ersetzen.[39]

64 Nachdem es hier nicht um eine fiktive, sondern eine konkrete Abrechnung in Form einer Ersatzbeschaffungsmaßnahme geht, führt der BGH im Widerspruch zur Gesetzesbegründung aus:

„Hätte der Geschädigte ein völlig gleichartiges und gleichwertiges Fahrzeug entweder differenzbesteuert oder von privat ohne Umsatzsteuer zu dem vom Sachverständigen genannten (Brutto-)Wiederbeschaffungswert erworben, würde eine Kürzung dieses Betrages um eine „fiktive Mehrwertsteuer" von 16 % im Rahmen der konkreten Schadensabrechnung der originären Funktion des Schadensersatzes widersprechen, die in der Wiederherstellung des früheren Zustandes liegt, und den Geschädigten schlechter stellen, als er vor dem Schadensereignis gestanden hat. Stellt der Geschädigte durch eine konkrete Ersatzbeschaffung eines gleichartigen Fahrzeugs zu dem vom Sachverständigen genannten (Brutto-)Wiederbeschaffungswert wirtschaftlich den Zustand wieder her, der vor dem Unfallereignis bestand, so kann er nach § 249 BGB den tatsächlich hierfür aufgewendeten Betrag unabhängig davon ersetzt verlangen, ob in ihm die Regelumsatzsteuer im Sinne des § 10 UStG, eine Differenzsteuer im Sinne des § 25a UStG oder gar keine Umsatzsteuer enthalten ist."[40]

65 Der BGH begründet diese abweichende Auffassung damit, dass für den Fall, dass ein Geschädigter die Schadensbehebung in die Hand nimmt, der zur Wiederherstellung erforderliche Aufwand nach der besonderen Situation zu bemessen ist, in der sich der Geschädigte befindet, wobei demnach laut ständiger Rechtsprechung des BGH auf dessen individuelle Erkenntnis- und Einflussmöglichkeiten, sowie auf die möglicherweise gerade für ihn bestehenden Schwierigkeiten Rücksicht zu nehmen ist.[41]

66 Bei dieser „subjektbezogenen Schadensbetrachtung", so der BGH, kann es für den Geschädigten nicht von Nachteil sein, wenn er bei der konkreten Ersatzbeschaffung auf

---

39 Vgl. BT-Drucks 14/7752, S. 23.
40 Vgl. etwa *Huber*, Rn 297; a.A. *Heß*, zfs 2002, 367, 369; *Eggert*, ZAP 2002, Fach 9, 647, 651.
41 Vgl. z.B. BGH-Urt. v. 7.12.2004, AZ: VI ZR 119/04 in VersR 2005, 381.

C. Die BGH-Rechtsprechung zu § 249 Abs. 2 S. 2 BGB seit dem 1.8.2002 § 3

dem Gebrauchtwagenmarkt von den umsatzsteuerrechtlich möglichen verschiedenen Erwerbsmöglichkeiten nicht gerade diejenige realisiert, die der Sachverständige – für die fiktive Schadensabrechnung – als die statistisch Wahrscheinlichste bzw. Überwiegendste bezeichnet hat.

Der Geschädigte genügt daher seiner Verpflichtung zur Geringhaltung des Schadens, wenn er sich beim Erwerb an dem vom Sachverständigen genannten (Brutto-)Wiederbeschaffungswert als Endpreis für das auf dem Gebrauchtwagenmarkt gehandelte Fahrzeug orientiert. Dies gilt gerade deshalb, da sich wohl die unterschiedliche steuerliche Behandlung in aller Regel auf den Endverkaufspreis für den privaten Käufer auf dem Gebrauchtwagenmarkt nicht auswirkt. 67

Der BGH erteilt auch anhand dieser nochmals aufgestellten und wiederholten Grundsätze der Berechnung derart eine Absage, dass der Geschädigte immer und ausschließlich ein gleichartiges und gleichwertiges Ersatzfahrzeug anschaffen muss. 68

Im vorliegenden Fall des BGH hatte der Geschädigte ein (etwas) teureres Ersatzfahrzeug, nämlich einen 5 Jahre alten Audi A 4 TDI zum Preis von 13.400,00 EUR im Gegensatz zum Wiederbeschaffungswert des verunfallten Fahrzeugs, einen 4 Jahre alten Passat TDI Trendline, zum Brutto-Wiederbeschaffungswert von 12.800,00 EUR, angeschafft. Der BGH führt aus, dass auch in diesem Fall der Geschädigte im Rahmen der Ersatzbeschaffung tatsächlich mindestens den Betrag aufgewendet hat, den der Sachverständige als erforderliche Wiederherstellung des früheren Zustandes durch Erwerb eines gleichartigen Fahrzeugs ermittelt hat.

Der BGH führt weiter aus: 69

„Es ist unter Berücksichtigung einer subjektbezogenen Schadensbetrachtung kein Grund ersichtlich, den Geschädigten schlechter zu stellen, weil er entweder kein gleichartiges und gleichwertiges Ersatzfahrzeug auf dem für ihn maßgebenden Gebrauchtwagenmarkt gefunden hat, oder aber weil er aus Anlass des Unfalls einen an sich erst für später geplanten Erwerb eines anderen oder eines Neufahrzeugs vorgezogen hat, zumal es im Einzelfall auch schwierig sein dürfte zu beurteilen, welche Fahrzeuge im Rahmen einer Ersatzbeschaffung nach Typ, Motorisierung und Ausstattung als gleichartig zu betrachten sind."

Insoweit kann als Ersatzbeschaffungsmaßnahme auch die Anschaffung eines Neufahrzeugs angesehen werden. Voraussetzung nach dem BGH-Urteil ist immer, allerdings auch lediglich, dass das als Ersatz angeschaffte Fahrzeug preislich dem Wiederbeschaffungswert zumindest entsprechen muss, oder diesen aber übersteigt. 70

Eine Entscheidung des BGH, wie in Fällen zu verfahren ist, in denen das als Ersatz angeschaffte Fahrzeug günstiger als der Brutto-Wiederbeschaffungswert ist, erging am 13.9.2016.[42] 71

---

[42] BGH-Urt. v. 13.9.2016, AZ: VI ZR 654/15; Rdn 115 ff.

§ 3 Die Mehrwertsteuer als Schadensposition

72 Es kann hier allerdings durchaus die Auffassung vertreten werden, da es sich auch hierbei um eine konkrete Ersatzbeschaffungsmaßname handelt, dass mit den gleichen Begründungen ein entsprechender Mehrwertsteueranteil berechnet aus einem prozentualen Verhältnis des Kaufpreises für das Ersatzfahrzeug zum tatsächlichen Wiederbeschaffungswert verlangt werden kann.

73 Die besseren Gründe sprechen hierfür, da auch ein derart Geschädigter nicht schlechter gestellt werden kann, weil er entweder kein gleichartiges und gleichwertiges Ersatzfahrzeug auf dem für ihn maßgebenden Gebrauchtwagenmarkt gefunden hat, oder sich mit einem günstigeren Fahrzeug, anstatt eines gleich teuren bzw. teureren Fahrzeugs, zufrieden gibt. Jedenfalls rechnet er konkret ab.

5. Urteil vom 7.6.2005

a) Leitsatz

74 Lässt der Geschädigte sein unfallbeschädigtes Fahrzeug nicht reparieren, sondern realisiert er durch dessen Veräußerung den Restwert, ist sein Schaden in entsprechender Höhe ausgeglichen. Deshalb wird auch bei Abrechnung nach den fiktiven Reparaturkosten in solchen Fällen der Schadensersatzanspruch durch den Wiederbeschaffungsaufwand begrenzt, so dass für die Anwendung einer sog. 70 %-Grenze kein Raum ist.

b) Sachverhalt

75 Dieses Urteil befasst sich zwar nicht ausdrücklich mit der Abrechnungsfrage zu einem Mehrwertsteuerbetrag, lässt allerdings eine Berechnung des vorinstanzlichen Berufungsgerichts unbeanstandet, da es in den Entscheidungsgründen davon ausgeht, dass die Ansprüche des Geschädigten in diesem Fall im vollem Umfang erfüllt und damit erloschen sind.

Im Fall des BGH gab ein vom Geschädigten bei vollständiger Haftung der beklagten Haftpflichtversicherung beauftragter Kfz-Sachverständiger in seinem Gutachten folgende Kalkulationswerte an:
- Reparaturkosten brutto = 17.079,10 EUR (netto = 14.723,36 EUR)
- Merkantiler Minderwert = 1.500,00 EUR
- Wiederbeschaffungswert brutto = 27.000,00 EUR

Zum Restwert machte der Kfz-Sachverständige im Gutachten keine Angaben.

Der beklagte Kfz-Haftpflichtversicherer übermittelte dem Kläger ein verbindliches Kaufangebot eines mit Name, Anschrift, Telefon- und Faxnummer näher bezeichneten Kaufinteressenten über 13.110,00 EUR mit dem Zusatz, dass das Gebot die kostenlose Abholung des Kfz beinhaltet.

C. Die BGH-Rechtsprechung zu § 249 Abs. 2 S. 2 BGB seit dem 1.8.2002 § 3

Der Geschädigte ließ das Restwertangebot unbeachtet und gab auch keine Erklärungen dazu ab, was er mit seinem Unfallfahrzeug gemacht hat.
Er erwarb vielmehr ein Neufahrzeug zu einem Kaufpreis von 32.000,00 EUR brutto.
Der Geschädigte begehrte die Abrechnung auf Reparaturkostenbasis zzgl. Wertminderung; die beklagte Versicherung nahm eine Totalschadenabrechnung vor.

c) Beispiel zur Veranschaulichung

Schadensberechnung des Geschädigten: 76

Reparaturkosten brutto laut Sachverständigengutachten (da Ersatzanschaffung mit höherem Mehrwertsteuernachweis)	17.079,10 EUR
zzgl. Wertminderung	1.500,00 EUR
Fahrzeugschadensersatzbetrag gesamt	18.579,10 EUR
Schadensberechnung der Versicherung:	
Wiederbeschaffungswert brutto	27.000,00 EUR
(abzgl. 19 % Mehrwertsteuer)	23.275,86 EUR
abzgl. Restwert	13.110,00 EUR
verbleibt als Zwischensumme Schadensersatzbetrag	10.165,86 EUR
zzgl. Mehrwertsteuernachzahlung (begrenzt auf Wiederbeschaffungswert brutto 27.000,00 EUR)	3.724,14 EUR
verbleibt als Schadensersatzbetrag für den Geschädigten	13.890,00 EUR

Im Veranschaulichungsbeispiel fehlen dem Geschädigten 4.689,10 EUR.

d) Praxishinweis

Unabhängig von der Abrechnungsart, bei der der BGH die Abrechnung der beklagten Haftpflichtversicherung auf Totalschadenbasis (Wiederbeschaffungsaufwand) und nicht auf Reparaturkostenbasis billigte, sieht der BGH die zutreffenden Schadensersatzansprüche des Geschädigten durch die Zahlungen des Kfz-Haftpflichtversicherers als Beklagten in vollem Umfang erfüllt und damit als erloschen an. 77

Der BGH sieht es daher als zutreffend an, dass **bei der Totalschadenabrechnung** die zunächst von der beklagten Haftpflichtversicherung in Abzug gebrachte Mehrwertsteuer vom Wiederbeschaffungswert nach dem Nachweis einer Ersatzbeschaffung mit ausgewiesener Mehrwertsteuer vom Haftpflichtversicherer nachbezahlt werden muss; dies jedenfalls wenn, das als Ersatz angeschaffte Fahrzeug inkl. Mehrwertsteuer zu einem höheren Betrag angeschafft wurde als der ursprüngliche Wiederbeschaffungswert inkl. Mehrwertsteuer ausmachte.

§ 3 Die Mehrwertsteuer als Schadensposition

6. Urteil vom 15.11.2005

a) Leitsatz

78 Zur Berechnung der zu ersetzenden Umsatzsteuer bei konkreter Schadensabrechnung nach Ersatzbeschaffung für ein unfallbeschädigtes Kraftfahrzeug.

b) Sachverhalt

79 Bei einer vollen Haftung des Schädigers erlitt der Geschädigte an seinem Pkw einen wirtschaftlichen Totalschaden. Der beauftragte Sachverständige ermittelte einen Brutto-Wiederbeschaffungswert, wobei er von einer Differenzbesteuerung und einem Steueranteil von 2 % ausging. Die beklagte Haftpflichtversicherung erstattete dem Geschädigten den Wiederbeschaffungswert abzüglich Restwert und Differenz-Mehrwertsteueranteil. Nachdem der Geschädigte einen regelbesteuerten Neuwagen zu einem weitaus höheren Kaufpreis, als der Brutto-Wiederbeschaffungswert des verunfallten Fahrzeugs, anschaffte, bezahlte die beklagte Haftpflichtversicherung den zunächst in Abzug gebrachten Differenzumsatzsteueranteil nach.

c) Beispiel zur Veranschaulichung

80 *Schadensberechnung des Geschädigten:*

Wiederbeschaffungswert lt. Sachverständigengutachten brutto	15.100,00 EUR
abzüglich 2 % Differenzumsatzsteueranteil	296,07 EUR
= Netto-Wiederbeschaffungswert lt. Sachverständigengutachten	14.803,93 EUR
hierauf 19 % MwSt. aus Ersatzbeschaffungsrechnung	2.812,74 EUR
Zwischensumme Schadensbetrag	17.616,67 EUR
abzüglich von Versicherung bezahlter Differenzumsatzsteueranteil	296,07 EUR
verbleibt als weitere Zwischensumme	17.320,60 EUR
abzüglich Restwert	1.800,00 EUR
Gesamtschadensersatzbetrag	15.520,60 EUR

Schadensberechnung der Versicherung:

Wiederbeschaffungswert brutto inkl. nachzubezahlender Differenzumsatzsteuer von 2 % (= 296,07 EUR)	15.100,00 EUR
abzüglich Restwert	1.800,00 EUR
verbleibt als Gesamtbetrag	13.300,00 EUR

Bei dem Veranschaulichungsbeispiel fehlen dem Geschädigten daher 2.220,60 EUR.

C. Die BGH-Rechtsprechung zu § 249 Abs. 2 S. 2 BGB seit dem 1.8.2002 § 3

d) Praxishinweis
Nachdem das Berufungsgericht, das LG Ingolstadt, den Mehrwertsteueranteil wie der Geschädigte berechnet hatte, nämlich den Netto-Wiederbeschaffungswert (Brutto-Wiederbeschaffungswert abzüglich Differenzumsatzsteueranteil) zugrunde gelegt hat und um den bei der Ersatzbeschaffung angefallenen Regelsteuerbetrag erhöht hat, sieht der BGH eine solche Berechnung im Widerspruch zu § 249 Abs. 2 S. 2 BGB, wonach die Umsatzsteuer nur zu ersetzen ist, soweit sie tatsächlich angefallen ist. 81

Ein solches Ergebnis wäre nach dem BGH die Berechnung eines „fiktiven Mehrwertsteueranteils", der mit einer konkreten Schadensberechnung nicht vereinbar wäre.

Es ist somit nicht maßgebend und von Bedeutung, welcher Steuersatz bei dem Erwerb des Ersatzfahrzeugs tatsächlich anfällt. Stellt nämlich der Geschädigte durch eine konkrete Ersatzbeschaffung eines gleichartigen Fahrzeugs zu dem vom Sachverständigen genannten (Brutto-)Wiederbeschaffungswert wirtschaftlich den Zustand wieder her, der vor dem Unfallereignis bestand, so kann er nach § 249 BGB – **bis zur Höhe des (Brutto-)Wiederbeschaffungswertes** – den tatsächlich aufgewendeten Betrag unabhängig davon ersetzt verlangen, ob in ihm die Regelumsatzsteuer im Sinne des § 10 UStG, eine Differenzsteuer im Sinne des § 25a UStG, oder gar keine Umsatzsteuer enthalten ist.

In diesen Fällen stellt also der (Brutto-)Wiederbeschaffungswert laut einem Sachverständigengutachten den **Höchstentschädigungsbetrag** für den Geschädigten, gegebenenfalls unter Absetzung eines Restwerts dar.

7. Urteil vom 9.5.2006

a) Leitsatz
Zur Frage, welcher Umsatzsteueranteil vom Brutto-Wiederbeschaffungswert eines unfallbeschädigten Kraftfahrzeuges in Abzug zu bringen ist, wenn keine Ersatzbeschaffung vorgenommen wird. 82

b) Sachverhalt
Anlässlich eines vom Geschädigten nicht verschuldeten Verkehrsunfalls mit vollständiger Haftung des Schädigers erlitt der Geschädigte einen wirtschaftlichen Totalschaden an seinem Fahrzeug. Ein beauftragter Sachverständiger ermittelte den Wiederbeschaffungswert inklusive eines Mehrwertsteueranteils von ca. 2 %, da entsprechende Fahrzeuge im Kfz-Handel überwiegend differenzbesteuert angeboten werden und ermittelte des Weiteren einen Restwert. 83

Der Geschädigte nahm keine Ersatzbeschaffung vor und rechnete fiktiv auf der Grundlage des Sachverständigengutachtens ab.

§ 3 Die Mehrwertsteuer als Schadensposition

Die beklagte Haftpflichtversicherung ging bei der Schadensregulierung von einem Mehrwertsteueranteil im Wiederbeschaffungswert in Höhe der Regelsteuer aus und hat den Netto-Wiederbeschaffungswert auf dieser Grundlage errechnet.

c) Beispiel zur Veranschaulichung

84 *Schadensberechnung des Geschädigten:*

Wiederbeschaffungswert brutto lt. Sachverständigengutachten	12.800,00 EUR
abzüglich Differenzumsatzsteueranteil von 2 % lt. Sachverständigengutachten	250,98 EUR
Zwischensumme Schadensersatzbetrag	12.549,02 EUR
abzüglich Restwert	4.255,00 EUR
Schadensersatzbetrag gesamt	8.294,02 EUR

Schadensberechnung der Versicherung:

Wiederbeschaffungswert brutto lt. Sachverständigengutachten	12.800,00 EUR
abzüglich 19 % Regelsteueranteil	2.043,69 EUR
verbleibt als Zwischensumme Schadensersatzbetrag	10.756,31 EUR
abzüglich Restwert	4.255,00 EUR
verbleibt als Schadensersatzbetrag für den Geschädigten	6.501,31 EUR

Im Veranschaulichungsbeispiel fehlen dem Geschädigten 1.792,71 EUR.

d) Praxishinweis

85 Erstmals musste sich der BGH in diesem Urteil mit der Frage der Ermittlung des Umsatzsteueranteils in einem Sachverständigengutachten bzw. durch den Tatrichter befassen. Der Fall lag nicht derart, dass ein Sachverständiger nur pauschal Umsatzsteuer in seinem Gutachten angegeben hatte, sondern in diesem Fall ermittelte der Sachverständige außergerichtlich für den Geschädigten einen Differenzumsatzsteueranteil von 2 %, da nach Auffassung des Sachverständigen derartige Fahrzeuge im Kfz-Handel überwiegend differenzbesteuert angeboten werden.

86 Das Berufungsgericht, das LG Hechingen, bildete sich nach Anhörung eines weiteren Sachverständigen die Überzeugung, dass das unfallbeschädigte Fahrzeug des Geschädigten zum Unfallzeitpunkt überwiegend regelbesteuert angeboten wird. Der BGH führt aus, dass bei einer konkreten Schadensabrechnung es dem Geschädigten zwar nicht zum Nachteil gereichen kann, wenn er bei der konkreten Ersatzbeschaffung auf dem Gebrauchtwagenmarkt von den umsatzsteuerrechtlich möglichen verschiedenen Erwerbsmöglichkeiten nicht gerade diejenige realisiert, die der Sachverständige als die statistisch Wahrscheinlichste bezeichnet hat. Verzichtet der Geschädigte jedoch,

C. Die BGH-Rechtsprechung zu § 249 Abs. 2 S. 2 BGB seit dem 1.8.2002 § 3

wie im vorliegenden Fall, auf eine Ersatzbeschaffung, fällt auch tatsächlich keine Umsatzsteuer an, und es ist nach dem BGH eine solche im Rahmen der fiktiven Schadensabrechnung auf der Grundlage des Sachverständigengutachtens nach der gesetzlichen Neuregelung des § 249 Abs. 2 S. 2 BGB nicht ersatzfähig, weil diese Vorschrift insoweit die Dispositionsfreiheit begrenzt.

Der BGH tritt ebenso der Auffassung entgegen, dass auch bei der Ermittlung eines Wiederbeschaffungswertes mit überwiegender Regelbesteuerung der Geschädigte aus Gründen der Dispositionsfreiheit nicht darauf verwiesen werden kann, ein solches Fahrzeug zu erwerben, vielmehr er ebenso ein differenzbesteuertes oder auch ein privates Fahrzeug anschaffen könne. 87

Der BGH führt aus, dass derartige Möglichkeiten theoretisch immer bestehen und damit allerdings der Anwendbarkeit der gesetzlichen Neuregelung des § 249 Abs. 2 S. 2 BGB bei der fiktiven Schadensabrechnung die Grundlage entzogen sei.

Auch der weiteren Auffassung, dass sich im Wege der fiktiven Schadensabrechnung der vorzunehmende Abzug der Umsatzsteuer auf einen Mittelwert aus dem Marktanteil der Regel- und der Differenzbesteuerung, also bei angenommenen 2 % Differenzumsatzsteueranteil und Regelbesteuerung von (zukünftig) 19 %, auf einen solchen von etwa 10,5 % bezieht, erteilt der BGH eine Absage.

Ermittelt nämlich der Tatrichter im Rahmen seiner Schadensschätzung einen überwiegend als wahrscheinlich anzusehenden Umsatzsteueranteil von etwa 19 %, läge der zwar rechnerisch zu ermittelnde durchschnittliche Netto-Wiederbeschaffungswert von 10,5 %, im Wege des Abzugs der so zu ermittelnde Netto-Wiederbeschaffungswert über dem vom Tatgericht als überwiegend wahrscheinlich erachteten Netto-Wiederbeschaffungswert und würde deshalb nach dem BGH einen „fiktiven Umsatzsteueranteil" enthalten, der nach der gesetzlichen Neuregelung nicht erstattungsfähig ist.

Insoweit kann ein Umsatzsteueranteil auch nicht statistisch mit einem Mittelwert herangezogen werden.

8. Beschluss vom 25.11.2008

a) Leitsatz
Zur Frage, ob ein vorsteuerabzugsberechtigter Geschädigter bei Anschaffung eines Ersatzfahrzeugs verpflichtet ist, ein regelbesteuertes Fahrzeug zu erwerben. 88

b) Sachverhalt
Mit diesem Beschluss lehnte der BGH einen Antrag auf Zulassung der Sprungrevision gegen ein Urteil ab. 89

§ 3 Die Mehrwertsteuer als Schadensposition

Bei vollständiger Haftung des beklagten Haftpflichtversicherers erlitt der Geschädigte mit seinem Fahrzeug einen Totalschaden.

Der vorsteuerabzugsberechtigte Geschädigte erlitt nach einem vom ihm eingeholten Kfz-Sachverständigengutachten folgenden Schaden:
- Wiederbeschaffungswert inkl. Differenzumsatzsteuer = 14.000,00 EUR
- Restwert inkl. Differenzumsatzsteuer = 4.500,00 EUR

Der Geschädigte erwarb ein gleichartiges differenzbesteuertes Ersatzfahrzeug zu einem Preis von 15.900,00 EUR und veräußerte das beschädigte Fahrzeug für 4.500,00 EUR an ein Autohaus.

Die beklagte Haftpflichtversicherung wendet ein, dass der geschädigte Kläger ein regelbesteuertes Fahrzeug als Ersatz hätte anschaffen müssen und könne die Umsatzsteuer daher nicht verlangen; vergleichbare Fahrzeuge würden, so die beklagte Haftpflichtversicherung, zu 30 % regelbesteuert angeboten.

c) Beispiel zur Veranschaulichung

90 *Schadensberechnung des Geschädigten:*

Abrechnung auf Basis eines Brutto-Wiederbeschaffungswertes von 14.000,00 EUR unter Abzug des Restwerts netto (3.781,51 EUR) = 10.218,49 EUR.

Schadensberechnung der Versicherung:

Abrechnung auf Basis eines Netto-Wiederbeschaffungswerts unter Abzug einer Umsatzsteuer von 19 % für den Wiederbeschaffungswert und den Restwert = 7.983,20 EUR.

Bei dem Veranschaulichungsbeispiel fehlen dem Geschädigten daher 2.235,29 EUR.

d) Praxishinweis

91 Der BGH billigt die Abrechnung des vorinstanzlichen Gerichts auf Basis eines Bruttowiederbeschaffungswertes von 14.000,00 EUR und führte hierzu wörtlich aus:

„Im Streitfall liegen die Voraussetzungen nicht vor, unter denen die Rechtsprechung angenommen hat, dass die in Rechnung gestellte Mehrwertsteuer nicht vom Schädiger zu erstatten ist, soweit der Halter eines für Geschäftszwecke benutzten Fahrzeugs nach § 15 Abs. 1 Nr. 1 UStG zum Vorsteuerabzug berechtigt ist (vgl. Senatsurteil vom 6.6.1972 – VI ZR 49/71 – VersR 1972, 973, 974; BGH, Urteil vom 22.5.1989 – X ZR 25/88 – NJW-RR 1990, 32, 33). Die Klägerin hat ein differenzbesteuertes Fahrzeug angeschafft, so dass sie nicht vorsteuerabzugsberechtigt ist (vgl. §§ 15 Abs. 1, 14 Abs. 4 Nr. 8, 14a Abs. 6, 14c, 25a Abs. 3, 4 UStG; Tipke/Lang/Reiß, Steuerrecht, 19. Aufl., § 14 Rn 144 ff.). Zudem werden selbst nach dem – bestrittenen – Beklagtenvortrag auf dem maßgeblichen Markt vergleichbare Fahrzeuge nur zu 30 % regelbesteuert angeboten. Unter diesen Umständen ist es einem Geschädigten auch im Hinblick auf eine et-

C. Die BGH-Rechtsprechung zu § 249 Abs. 2 S. 2 BGB seit dem 1.8.2002 § 3

waige Schadensminderungspflicht (§ 254 Abs. 2 BGB) nicht zumutbar, sich ausschließlich nach einem regelbesteuerten Fahrzeug umzusehen und ein solches zu erwerben, um zur Entlastung des Schädigers die Vorsteuerabzugsberechtigung geltend machen zu können...".

9. Urteil vom 3.3.2009

a) Leitsatz

Kommt es beim Kraftfahrzeughaftpflichtschaden für den Umfang des Schadensersatzes darauf an, ob die vom Sachverständigen kalkulierten Reparaturkosten den Wiederbeschaffungswert übersteigen, ist in der Regel auf die Bruttoreparaturkosten abzustellen. 92

b) Sachverhalt

Bei einer vollen Haftung des Schädigers ging es in diesem Verfahren um die Frage, ob für die Berechnung der sogenannten 130 %-Grenze von Bruttoreparaturkosten auszugehen ist. 93

Der Geschädigte ließ durch ein Kfz-Sachverständigengutachten folgende Schadenswerte feststellen:

- Reparaturkosten (netto 3.572,40 EUR) brutto = 4.251,16 EUR
- Wiederbeschaffungswert inkl. Mehrwertsteuer = 4.200,00 EUR
- Restwert = 1.680,00 EUR

Der geschädigte Kläger begehrte, obwohl er nur Notreparaturmaßnahmen an seinem Fahrzeug durchführte, die Nettoreparaturkosten.

c) Beispiel zur Veranschaulichung

Schadensberechnung des Geschädigten: 94
Nettoreparaturkosten   3.572,40 EUR
Schadensberechnung der Versicherung:
Wiederbeschaffungswert   4.200,00 EUR
abzgl. Restwert   1.680,00 EUR
verbleibt als Schadensersatzbetrag für den Geschädigten   2.520,00 EUR
Bei dem Veranschaulichungsbeispiel fehlen dem Geschädigten daher 1.052,40 EUR.

d) Praxishinweis

Der BGH führt zu diesem Problemkreis aus, dass für den Fall, dass der vom Sachverständigen geschätzte Reparaturkostenbetrag einschließlich der Mehrwertsteuer über dem Wiederbeschaffungswert liegt, eine Reparatur nur dann als noch wirtschaftlich vernünftig 95

§ 3 Die Mehrwertsteuer als Schadensposition

angesehen werden kann, wenn sie vom Integritätsinteresse des Geschädigten geprägt ist und fachgerecht sowie in einem Umfang durchgeführt wird, wie sie der Sachverständige zur Grundlage seiner Kostenschätzung gemacht hat. Eine fiktive Schadensabrechnung führt in diesem Fall dazu, dass der Geschädigte nur den Wiederbeschaffungsaufwand verlangen kann.

Demgemäß zieht der BGH in solchen Fällen die **Bruttoreparaturkosten als Vergleichsmaßstab** heran.

10. Urteil vom 22.9.2009

a) Leitsatz

96 Wählt der Geschädigte den Weg der Ersatzbeschaffung, obwohl nach dem Wirtschaftlichkeitsgebot nur ein Anspruch auf Ersatz der Reparaturkosten besteht, steht ihm jedenfalls dann kein Anspruch auf Ersatz von Umsatzsteuer zu, wenn bei der Ersatzbeschaffung keine Umsatzsteuer angefallen ist.

b) Sachverhalt

97 Bei vollständiger Haftung holte der Geschädigte ein Kfz-Sachverständigengutachten ein, das zu folgenden Werten kam:
- Reparaturkosten (netto = 3.036,95 EUR) = brutto 3.613,97 EUR
- Wiederbeschaffungswert inkl. Mehrwertsteuer = 7.800,00 EUR
- Restwert inkl. Mehrwertsteuer = 3.670,00 EUR

Der Geschädigte verkaufte sein verunfalltes Fahrzeug unrepariert und erwarb ein Ersatzfahrzeug von privat für 8.700,00 EUR.

c) Beispiel zur Veranschaulichung

98 *Schadensberechnung des Geschädigten wegen Anschaffung eines Ersatzfahrzeugs:*
Reparaturkosten brutto = 3.613,97 EUR
Schadensberechnung der Versicherung:
Reparaturkosten netto = 3.036,95 EUR
Bei dem Veranschaulichungsbeispiel fehlen dem Geschädigten daher 577,02 EUR.

d) Praxishinweis

99 Laut dem BGH hätte sich der Kläger nach dem sog. Wirtschaftlichkeitsgebot für eine Abrechnung auf Reparaturkostenbasis entscheiden müssen, da ein Geschädigter an dem Schadenfall nicht „verdienen" soll.

C. Die BGH-Rechtsprechung zu § 249 Abs. 2 S. 2 BGB seit dem 1.8.2002 § 3

Auch wenn sich ein Geschädigter entschließt, dem Wirtschaftlichkeitspostulat nicht zu folgen, sondern statt einer wirtschaftlich gebotenen Reparatur eine höherwertige Ersatzsache zu erwerben, kann er in diesem Fall nach dem Wirtschaftlichkeitsgebot nur auf Reparaturkostenbasis abrechnen, weil eine Reparatur den geringsten Aufwand zur Schadensbeseitigung erfordert.

Der BGH geht, nachdem der Geschädigte insoweit auf der Basis eines eingeholten Gutachtens abrechnet, davon aus, dass es sich um eine fiktive Schadensabrechnung handelt, weil eine Reparatur nicht tatsächlich durchgeführt worden ist.

Genau für diese Fälle sieht allerdings, so der BGH, § 249 Abs. 2 S. 2 BGB vor, dass eine Mehrwertsteuer vom Schädiger nicht zu bezahlen ist, da ein Mehrwertsteuerbetrag tatsächlich nicht angefallen ist.

Der Geschädigte hat nämlich weder eine umsatzsteuerpflichtige Reparatur durchführen lassen, noch ist bei der Ersatzbeschaffung eines Ersatzfahrzeugs von privat Umsatzsteuer angefallen.

11. Urteil vom 5.2.2013

a) Leitsatz

Wählt der Geschädigte den Weg der Ersatzbeschaffung, obwohl nach dem Wirtschaftlichkeitsgebot nur ein Anspruch auf Ersatz der Reparaturkosten besteht, und rechnet er den Schaden konkret auf der Grundlage der Beschaffung eines Ersatzfahrzeugs ab, steht ihm ein Anspruch auf Ersatz von Umsatzsteuer zu, wenn bei der Ersatzbeschaffung tatsächlich Umsatzsteuer angefallen ist.

Der Anspruch ist auf den Umsatzsteuerbetrag begrenzt, der bei Durchführung der notwendigen Reparatur angefallen wäre.

b) Sachverhalt

Bei vollständiger Haftung des Schädigers stellte ein vom Geschädigten beauftragter Kfz-Sachverständiger folgenden Schaden fest:
- Reparaturkosten (netto 9.768,94 EUR) brutto = 11.625,04 EUR
- Wiederbeschaffungswert brutto = 30.000,00 EUR
- Restwert = 12.600,00 EUR

Der Geschädigte erwarb ein Ersatzfahrzeug zum Kaufpreis von 25.592,44 EUR zzgl. Umsatzsteuer in Höhe von 4.862,56 EUR.

Die beklagte Haftpflichtversicherung zahlte lediglich den ermittelten Nettoreparaturkostenbetrag in Höhe von 9.768,94 EUR.

§ 3 Die Mehrwertsteuer als Schadensposition

c) Beispiel zur Veranschaulichung

102

Schadensberechnung des Geschädigten:
Reparaturkosten netto	9.768,94 EUR
zzgl. Mehrwertsteuer begrenzt durch in Kfz-Sachverständigengutachten ermittelten Mehrwertsteuerbetrag	1.856,10 EUR
Gesamtschadenbetrag somit	11.625,04 EUR

Schadensberechnung der Versicherung:
Reparaturkosten netto ohne Berücksichtigung von Mehrwertsteuer aus dem Ersatzkauf	9.768,94 EUR

Bei dem Veranschaulichungsbeispiel fehlen dem Geschädigten daher 1.856,10 EUR.

d) Praxishinweis

103 In Abgrenzung zu seinem vorhergehenden Urteil vom 22.9.2009 sieht der BGH diesen Fall anders gelagert und zwar nicht als fiktive Abrechnung.

Er führt hierzu wörtlich aus:

„...d) So liegt der Streitfall indes nicht. Hier handelt es sich um eine konkrete Schadensabrechnung auf der Grundlage der Beschaffung eines Ersatzfahrzeugs. Zuzüglich zum Kaufpreis in Höhe von 25.592,44 € hat der Kläger darauf entfallende Umsatzsteuer in Höhe von 4.862,56 € bezahlt. Zur Wiederherstellung des ursprünglichen Zustands ist also tatsächlich Umsatzsteuer angefallen. Zwar ist der tatsächlich aufgewendete Umsatzsteuerbetrag höher als der, der bei Durchführung der Reparatur angefallen wäre. Der Kläger verlangt aber auch nicht Ersatz dieses höheren Betrages, sondern nur Ersatz der Umsatzsteuer, die bei Durchführung einer Reparatur angefallen wäre (vgl. zu dieser Fallgestaltung z.B. LG Arnsberg, NJW 2011, 158 f.; LG Aschaffenburg, zfs 2011, 563 f.; LG Saarbrücken, Urteil vom 21. Mai 2010 – 13 S 5/10, juris Rn. 20 ff.; BeckOK BGB/Schubert, Stand: 1.3.2011, § 249 Rn. 242; MüKo-BGB/Oetker, 6. Aufl., § 249 Rn. 468; Palandt/Grüneberg, BGB, 72. Aufl., § 249 Rn. 26; Jahnke in Burmann/Hess/Jahnke/Janker, Straßenverkehrsrecht, 22. Aufl., § 249 Rn. 267; K. Schneider in Berz/Burmann, Handbuch des Straßenverkehrsrechts, 30. ErgLief., 5. Sachschaden/B. Der Fahrzeugschaden im Einzelnen Rn. 73; Schiemann/Haug, VersR 2006, 160, 165 f. bei Fn 53, 54).

e) Unter den Umständen des Streitfalls ist dies nicht zu beanstanden. Entgegen der Ansicht der Revision findet keine Kombination von konkreter und fiktiver Schadensabrechnung statt. Nach § 249 Abs. 2 Satz 2 BGB schließt der zur Wiederherstellung erforderliche Geldbetrag (§ 249 Abs. 2 Satz 1 BGB) die Umsatzsteuer nur mit ein, wenn und soweit sie tatsächlich angefallen ist. Dazu heißt es in der Gesetzesbegründung (BT-Drucks. 14/7752 S. 24):

C. Die BGH-Rechtsprechung zu § 249 Abs. 2 S. 2 BGB seit dem 1.8.2002 § 3

„Nach der Neuregelung bleibt auch die Möglichkeit bestehen, dem von der Rechtsprechung konkretisierten Wirtschaftlichkeitspostulat nicht zu folgen, sondern eine andere Art der Wiederherstellung zu wählen und auf der Basis der wirtschaftlich gebotenen Wiederherstellung fiktiv abzurechnen. So kann der Geschädigte nach wie vor etwa eine höherwertige Ersatzsache anschaffen. Er kann auch statt einer wirtschaftlich gebotenen Reparatur Ersatz beschaffen oder statt einer wirtschaftlich gebotenen Ersatzbeschaffung eine Reparatur vornehmen. In jedem Fall kann er jedoch wie bisher nur die Kosten für die wirtschaftlich gebotene Wiederherstellung verlangen".

In diesen Fällen kommt es für den Ersatz der Umsatzsteuer nur darauf an, ob sie zur Wiederherstellung des ursprünglichen Zustands angefallen ist, nicht aber welchen Weg der Geschädigte zur Wiederherstellung beschritten hat. Auch wenn der Geschädigte das Gebot der Wirtschaftlichkeit verletzt und nicht den zumutbaren Weg zur Schadensbeseitigung wählt, der den geringeren Aufwand erfordert, so verliert er damit nicht den Anspruch auf Ersatz der Umsatzsteuer, wenn auf dem von ihm gewählten Weg Umsatzsteuer anfällt. Sein Anspruch ist jedoch auf den Umsatzsteuerbetrag begrenzt, der bei dem wirtschaftlich günstigeren Weg angefallen wäre:

Fällt bei der konkreten Wiederherstellung Umsatzsteuer auf das Entgelt für die Reparatur oder Ersatzbeschaffung an (§ 10 Abs. 1 UStG), kann sie bis zur Höhe des Umsatzsteuerbetrages verlangt werden, der bei der wirtschaftlich günstigeren Wiederherstellung angefallen wäre, gleichviel, ob bei dieser Abrechnung auf der Basis des wirtschaftlich günstigeren Weges ebenfalls das Entgelt für die Reparatur oder Ersatzbeschaffung (§ 10 Abs. 1 UStG) oder die Differenz zwischen Händlereinkaufs- und Händlerverkaufspreis (§ 25a UStG) als Bemessungsgrundlage der Umsatzsteuer zugrunde gelegt wird."

Im Streitfall war die Reparatur die wirtschaftlich günstigere Wiederherstellung. Deshalb kann der Kläger Ersatz der Umsatzsteuer in der begehrten Höhe verlangen.

Auch wenn daher bei einem eindeutigen Reparaturfall ein Geschädigter ein Ersatzfahrzeug mit ausgewiesener Mehrwertsteuer anschafft, ist ihm dieser Betrag bis zur Höhe der Mehrwertsteuer, die auch auf die Reparaturkosten netto kalkuliert wurde, zu erstatten.

12. Urteil vom 2.7.2013

a) Leitsatz

Ist bei der Ersatzbeschaffung von privat keine Umsatzsteuer angefallen, steht dem Geschädigten kein Anspruch auf Ersatz der Umsatzsteuer zu.

104

§ 3 Die Mehrwertsteuer als Schadensposition

b) Sachverhalt

105 Bei unstreitiger vollständiger Haftung erlitt das Fahrzeug des Geschädigten einen Totalschaden und der von ihm beauftragte Kfz-Sachverständige stellte folgende Schadenswerte fest:

- Wiederbeschaffungswert (netto 18.487,40 EUR) brutto = 22.000,00 EUR

Der Geschädigte erwarb ein Fahrzeug zum Preis von 14.700,00 EUR von privat.

c) Beispiel zur Veranschaulichung

106 *Schadensberechnung des Geschädigten:*

Wiederbeschaffungswert netto	18.487,40 EUR
zzgl. Umsatzsteueranteil (prozentual im Verhältnis zum Wiederbeschaffungswert 66,82 %)	2.347,13 EUR
Gesamtschadenbetrag somit	20.834,53 EUR

Schadensberechnung der Versicherung:

Wiederbeschaffungswert netto	18.487,40 EUR

Bei dem Veranschaulichungsbeispiel fehlen dem Geschädigten daher 2.347,13 EUR.

d) Praxishinweis

107 Nach dem BGH soll die Umsatzsteuer nach dem gesetzgeberischen Willen nach § 249 Abs. 2 S. 2 BGB nicht mehr ersetzt werden können, wenn und soweit sie nur fiktiv bleibt, weil es zu einer umsatzsteuerpflichtigen Reparatur oder Ersatzbeschaffung nicht kommt.

Nach dem BGH fällt für die Beschaffung einer gleichwertigen Ersatzsache – etwa beim Kauf von privat – keine Umsatzsteuer an, so dass sie auch nicht zu ersetzen ist.

Dies gilt, wie der BGH betont, auch im Falle eines wirtschaftlichen Totalschadens.

13. Urteil vom 3.12.2013

a) Leitsatz

108 Lässt der Geschädigte einen Kraftfahrzeugsachschaden sach- und fachgerecht in dem Umfang reparieren, den der eingeschaltete Sachverständige für notwendig gehalten hat, und unterschreiten die von der beauftragten Werkstatt berechneten Reparaturkosten die von dem Sachverständigen angesetzten Kosten, so beläuft sich auch im Rahmen einer fiktiven Abrechnung der zur Herstellung erforderliche Geldbetrag auf die tatsächlich angefallenen Bruttokosten. Der Geschädigte hat in diesem Fall keinen Anspruch auf Zahlung des vom Sachverständigen angesetzten Nettobetrags zuzüglich der tatsächlich gezahlten Umsatzsteuer, soweit dieser Betrag die tatsächlich gezahlten Bruttoreparaturkosten übersteigt.

C. Die BGH-Rechtsprechung zu § 249 Abs. 2 S. 2 BGB seit dem 1.8.2002 §3

b) Sachverhalt

Bei unstreitiger vollständiger Haftung der beklagten Haftpflichtversicherung erlitt der Geschädigte gemäß einem von ihm eingeholten Kfz-Sachverständigengutachten folgenden **Reparaturschaden**: 109

- Reparaturkosten (netto 7.014,05 EUR) brutto = 8.346,72 EUR

Der Geschädigte ließ sein Fahrzeug auf der Grundlage des Gutachtens bei einer Reparaturfirma nach Maßgabe des Gutachtens sach-und fachgerecht instand setzen. Die Reparaturfirma stellte dem Geschädigten Reparaturkosten in Höhe von brutto 7.492,22 EUR (netto = 6.295,98 EUR) in Rechnung.

c) Beispiel zur Veranschaulichung

Schadensberechnung des Geschädigten: 110

Netto-Reparaturkosten lt. Gutachten	7.014,05 EUR
zzgl. tatsächlich gem. Rechnung bezahlte Mehrwertsteuer	1.196,24 EUR
Zwischensumme Schadensbetrag	8.210,29 EUR
abzgl. tatsächliche Zahlung der beklagten Versicherung	7.492,22 EUR
weiterer Gesamtschadensersatz somit	718,07 EUR

Schadensberechnung der Versicherung:

Brutto-Reparaturkosten =	7.492,22 EUR

Bei dem Veranschaulichungsbeispiel fehlen dem Geschädigten daher 718,07 EUR.

d) Praxishinweis

Der BGH verweist auf seine Rechtsprechung zur Möglichkeit von Haftpflichtversicherungen, den Geschädigten auf günstigere Reparaturmöglichkeiten auch im Rahmen günstigerer Stundenverrechnungssätze zu verweisen. Der BGH führt dann in einer entsprechenden Konsequenz folgendes wörtlich aus: 111

„...3. Angesichts dieser Rechtslage versteht es sich von selbst, dass auf der Grundlage einer preiswerteren Reparaturmöglichkeit abzurechnen ist, wenn ein Verweis der Schädigerseite darauf nicht einmal erforderlich ist, weil der Geschädigte die Möglichkeit einer vollständigen und fachgerechten, aber preiswerten Reparatur selbst darlegt und sogar wahrgenommen hat. Der Vortrag des Geschädigten, trotzdem sei der vom Sachverständigen angegebene Betrag zur Herstellung erforderlich, ist dann unschlüssig. Eine abweichende Betrachtung würde dazu führen, dass der Geschädigte an dem Schadensfall verdient, was dem Verbot widerspräche, sich durch Schadensersatz zu bereichern (vgl. dazu Senatsurteile vom 29. April 2003 – VI ZR 393/02, BGHZ 154, 395, 397 f.; vom 15. Februar 2005 – VI ZR 70/04, BGHZ 162, 161, 164 f.; vom 7. Juni 2005 – VI ZR 192/04, BGHZ 163, 180, 184; vom 6. März 2007 – VI ZR 120/06, BGHZ 171, 287

§ 3 Die Mehrwertsteuer als Schadensposition

Rn. 6; vom 22. September 2009 – VI ZR 312/08, VersR 2009, 1554 Rn 7; vom 18. Oktober 2011 – VI ZR 17/11, VersR 2011, 1582 Rn 6, 8; vom 5. Februar 2013 – VI ZR 363/11, VersR 2013, 471 Rn 11 = r + s 2013, 203 m. Anm. Lemcke, dazu auch Schneider, jurisPR-VerkR 6/2013 Anm. 1).

Deshalb beläuft sich auch im Rahmen einer fiktiven Abrechnung der zur Herstellung erforderliche Geldbetrag auf die tatsächlich angefallenen Bruttokosten, wenn der Geschädigte seinen Kraftfahrzeugsachschaden sach- und fachgerecht in dem Umfang reparieren lässt, den der eingeschaltete Sachverständige für notwendig gehalten hat, und die von der beauftragten Werkstatt berechneten Reparaturkosten die von dem Sachverständigen angesetzten Kosten unterschreiten. Der Geschädigte hat in diesem Fall keinen Anspruch auf Zahlung des vom Sachverständigen angesetzten Nettobetrags zuzüglich der tatsächlich gezahlten Umsatzsteuer, soweit dieser Betrag die tatsächlich gezahlten Bruttoreparaturkosten übersteigt."

Offenlassen konnte der BGH die noch vom Berufungsgericht erörterte umstrittene Frage, ob bei fiktiver Abrechnung unter Umständen tatsächlich aufgewendete Umsatzsteuer neben den vom Sachverständigen festgestellten Netto-Reparaturkosten ersetzt verlangt werden kann, wenn der Geschädigte sich mit einer Eigen-, Teil- oder Billigreparatur zufrieden gibt.

Bei der Fallgestaltung im Fall des BGH kam es hierauf nicht an, da unstreitig der Schaden am Fahrzeug des Geschädigten vollständig und fachgerecht nach den Vorgaben des Sachverständigen beseitigt worden war, sich die Reparaturkosten also in der Reparaturrechnung „konkretisiert" hatten.

14. Urteil vom 18.3.2014

a) Leitsatz

112 Der selbst nicht vorsteuerabzugsberechtigte Geschädigte ist unter dem Gesichtspunkt seiner Obliegenheit zur Schadensminderung (§ 254 Abs. 2 S. 1 Fall 2 BGB) auch dann nicht gehalten, Aufträge zur Instandsetzung der beschädigten Sache im Namen des vorsteuerabzugsberechtigten Schädigers zu erteilen, wenn dieser ihm die Abtretung sämtlicher Gewährleistungsansprüche anbietet.

b) Sachverhalt

113 Im Fall des BGH verlangte der Landesbetrieb Straßenbau Nordrhein-Westfalen für das Land als Eigentümerin einer Bundesautobahn Schadensersatzbeträge für die Instandsetzung einer Lärmschutzwand.

In diesem Fall war fraglich, ob das geschädigte Land Vorsteuer abziehen kann, wonach dann die angefallene Umsatzsteuer nicht ersatzfähig gewesen wäre.

C. Die BGH-Rechtsprechung zu § 249 Abs. 2 S. 2 BGB seit dem 1.8.2002 § 3

Der BGH führt praxisrelevant aus, dass juristische Personen des öffentlichen Rechts nur im Rahmen ihrer gewerblichen Betriebe als Unternehmer und damit als Vorsteuerabzugsberechtige anzusehen sind.
Betriebe, die allerdings überwiegend der Ausübung öffentlicher Gewalt dienen (Vorhaltsbetriebe) gehören hierzu nicht.

c) Praxishinweis

Zu prüfen ist bei derartigen Anspruchsberechtigten immer die Vorsteuerabzugsberechtigung. **114**

Auch das Angebot des vorsteuerabzugsberechtigten Schädigers zur Abtretung sämtlicher Gewährleistungsansprüche führt nicht zu einer solch möglichen Verpflichtung.

15. Urteil vom 13.9.2016

a) Leitsatz

Zur Berechnung des bei fiktiver Schadensabrechnung vom Brutto-Wiederbeschaffungswert eines unfallbeschädigten Kraftfahrzeugs in Abzug zu bringenden Umsatzsteueranteils (Anschluss Senat, Urt. v. 9.5.2006 – AZ: VI ZR 225/05, VersR 2006, 987). **115**

Wählt der Geschädigte den Weg der fiktiven Schadensabrechnung, ist die im Rahmen einer Ersatzbeschaffung angefallene Umsatzsteuer nicht ersatzfähig.

Eine Kombination von fiktiver und konkreter Schadensabrechnung ist insoweit unzulässig (Anschluss Senat, Urt. v. 30.5.2006 – VI ZR 174/05, VersR 2006, 1088 Rn 11).

b) Sachverhalt

Bei unstreitiger vollständiger Haftung erlitt das Fahrzeug des Geschädigten einen Totalschaden. Ein von ihm eingeholtes Gutachten kam zu folgenden Schadenswerten: **116**

- Wiederbeschaffungswert brutto = 7.400,00 EUR
- Restwert netto = 1.134,45 EUR

Der vorsteuerabzugsberechtigte Geschädigte erwarb als Ersatzfahrzeug ein regelumsatzbesteuertes Fahrzeug für 5.800,00 EUR einschließlich 926,05 EUR ausgewiesener Umsatzsteuer.

c) Beispiel zur Veranschaulichung

Schadensberechnung des Geschädigten: **117**

Wiederbeschaffungswert	7.400,00 EUR
abzgl. Restwert netto	1.134,45 EUR
verbleibt als Schadensersatzbetrag	6.265,55 EUR

§ 3 Die Mehrwertsteuer als Schadensposition

Schadensberechnung der Versicherung:

Wiederbeschaffungswert unter Abzug von 19 % Mehrwertsteuer	6.218,49 EUR
abzgl. Restwert netto	1.134,45 EUR
verbleibt als Schadensersatzbetrag	5.084,04 EUR

Bei dem Veranschaulichungsbeispiel fehlen dem Geschädigten daher 1.181,51 EUR.

d) Praxishinweis

118 Der BGH geht von einer fiktiven Abrechnung aus und stellt daher ebenso wie das unterinstanzliche Amtsgericht auf die überwiegende Wahrscheinlichkeit ab, mit der das beschädigte Fahrzeug auf dem Gebrauchtwagenmarkt gehandelt wird. Er beanstandet nicht, dass das unterinstanzliche Amtsgericht im Rahmen der Schadensschätzung gemäß § 287 ZPO zu der Auffassung gelangt, dass bei einer Ersatzbeschaffung von Differenzbesteuerung auszugehen ist. Der BGH billigt daher folgende Schadensberechnung:

Schadensberechnung:

Brutto-Wiederbeschaffungswert =	7.400,00 EUR
abzgl. Umsatzsteueranteil/Differenzumsatzsteueranteil in Höhe von 2,4 %	173,44 EUR
Zwischensumme der Schadenberechnung somit	7.226,56 EUR
abzgl. Restwert netto	1.134,45 EUR
Gesamtschadensersatzbetrag somit	6.092,11 EUR

Dem Einwand, dass die zunächst in Abzug gebrachte Differenzumsatzsteuer in Höhe von 173,54 EUR nachbezahlt werden müsse, da in der Ersatzfahrzeugrechnung ein Umsatzsteueranteil von 926,05 EUR angefallen ist, erteilt der BGH eine Absage.

Nach dem BGH ist die tatsächlich angefallene Umsatzsteuer deshalb nicht ersatzfähig, da der Geschädigte die für ihn günstigere Möglichkeit einer fiktiven Schadensabrechnung auf der Grundlage des Sachverständigengutachtens gewählt hat. An dieser Art der Schadensabrechnung muss er sich, so der BGH, jedenfalls dann festhalten lassen, wenn – wie hier – die konkreten Kosten der Ersatzbeschaffung unter Einbeziehung der geltend gemachten Nebenkosten den ihm aufgrund der fiktiven Schadensabrechnung zustehenden Betrag nicht übersteigen; **eine Kombination von fiktiver und konkreter Schadensabrechnung ist gemäß dem BGH insoweit unzulässig.**

Fraglich an diesem Urteil ist meiner Auffassung nach, ob es sich tatsächlich um eine Kombination von fiktiver und konkreter Abrechnung handelt, oder ob es sich nicht nur letztlich um eine konkrete Schadensabrechnung handelt, dies belegt durch ein Nacheinander von Schadensabrechnungsmaßnahmen des Geschädigten.

D. Sonderproblem: Abtretung von Schadensersatzansprüchen und Mehrwertsteuer § 3

Insoweit ist dann die vom BGH angenommene Kombination durchaus in Frage zu stellen. Letztendlich dürfte diese Entscheidung des BGH auch im Widerspruch zum Wortlaut des § 249 Abs. 2 S. 2 BGB stehen, wonach Umsatzsteuer vom Geschädigten dann erstattet verlangt werden kann, wenn und soweit sie tatsächlich angefallen ist; im vorliegenden Fall ist nämlich tatsächlich Umsatzsteuer angefallen.

D. Sonderproblem: Abtretung von Schadensersatzansprüchen und Mehrwertsteuer

Fraglich ist in diesem Zusammenhang, ob ein nicht zum Vorsteuerabzug berechtigter Geschädigter seine Schadensersatzansprüche an einen zum Vorsteuerabzug berechtigten Geschädigten abtreten kann und dieser sodann die Schadensersatzansprüche inkl. Mehrwertsteuer gegenüber dem Schädiger geltend machen kann. 119

Gleichermaßen stellt sich die umgekehrte Frage, nämlich, ob ein zum Vorsteuerabzug berechtigter Geschädigter seine Schadensersatzansprüche an einen nicht zum Vorsteuerabzug berechtigten Geschädigten abtreten kann und dieser sodann gleichwohl den Schadensersatzbetrag mit Mehrwertsteuer geltend machen kann. 120

Die Gesetzesbegründung trifft hierzu eine eindeutige Aussage: 121

„Unbelassen bleibt dem Geschädigten schließlich die Möglichkeit, seinen Schadensersatzanspruch abzutreten. Die Geltendmachung der Umsatzsteuer durch den Zessionar richtet sich in diesem Fall danach, ob und in welchem Umfang dieser umsatzsteuerpflichtige Maßnahmen zur Wiederherstellung ergreift."[43]

Danach könnte also der Abtretungsempfänger unabhängig von seiner Berechtigung bzw. Nichtberechtigung zum Vorsteuerabzug ohne Rücksicht auf den Inhalt des abgetretenen Schadensersatzanspruchs Mehrwertsteuer beim Schädiger geltend machen, sofern er eine umsatzsteuerpflichtige Maßnahme zur Wiederherstellung des Fahrzeugschadens ergreift. 122

Die Kritik an der Begründung des Gesetzes wird dahingehend erhoben, dass es nicht zu einer Verschlechterung der Rechtsposition des Schuldners, somit des Schädigers kommen dürfe.[44] 123

---

[43] BT-Drucks 14/7752, S. 24.
[44] *Jaeger/Luckey*, Rn 248.

§ 3 Die Mehrwertsteuer als Schadensposition

124 Die Kritik orientiert sich auch an § 399 1. Alt. BGB, wonach der Anspruch, das heißt der Schadensersatzanspruch durch die Abtretung in seinem Inhalt nicht verändert werden darf.[45]

125 Fraglich ist aber, ob es bei den oben unter Rdn 119 und 120 geschilderten Abtretungsvorgängen überhaupt zu einer Verschlechterung der Rechtsposition des Schädigers kommt oder ob der Anspruch in seinem Inhalt überhaupt durch die Abtretung verändert wird.

126 Nimmt man die Gesetzesbegründung wörtlich, soll sich die Geltendmachung der Umsatzsteuer durch den Abtretungsempfänger danach richten, „ob und in welchem Umfang dieser umsatzsteuerpflichtige Maßnahmen zur Wiederherstellung ergreift".

127 Danach kann Umsatzsteuer, das heißt Mehrwertsteuer durch den Abtretungsempfänger allerdings nur geltend gemacht werden, wenn er auch den entsprechenden Anfall von Mehrwertsteuer im Rahmen der Wiederherstellung des Fahrzeugschadens nachweist.

128 Der Abtretungsempfänger muss also auch nach dem Wortlaut des § 249 Abs. 2 S. 2 BGB den Anfall von Mehrwertsteuer nachweisen. Nimmt der Abtretungsempfänger allerdings umsatzsteuerpflichtige Maßnahmen vor, kommt es nicht zu einer Verschlechterung der Rechtsposition des Schädigers und es findet auch keine inhaltliche Änderung des abgetretenen Anspruchs statt.

129 Tritt ein zum Vorsteuerabzug berechtigter Geschädigter seine Ansprüche an einen nicht zum Vorsteuerabzug berechtigten ab und trifft dieser umsatzsteuerpflichtige Maßnahmen, hat er die Mehrwertsteuer auf diese Maßnahme zu bezahlen und der Empfänger der Mehrwertsteuer hat diese wiederum an das Finanzamt abzuführen. Hätte der zum Vorsteuerabzug berechtigte Geschädigte selbst umsatzsteuerpflichtige Maßnahmen getroffen, hätte er selbst die Mehrwertsteuer an den Empfangsberechtigten, etwa die Werkstatt bzw. den Fahrzeughändler bezahlen müssen und dieser hätte die Mehrwertsteuer wiederum an das Finanzamt abzuführen. Die Mehrwertsteuer nimmt hier lediglich einen anderen Weg, wodurch es allerdings nicht zu einer Verschlechterung der Rechtsposition des Schädigers bzw. zu einer inhaltlichen Änderung des Anspruchs kommt.

130 Insofern ist auch der Auffassung von *Lemcke*[46] entgegenzutreten, der die Auffassung vertritt, dass der Zessionar, also der Abtretungsempfänger den Ersatzanspruch immer nur in dem Umfang erwerben kann, in dem dieser in der Hand des unmittelbar Geschädigten besteht; der Anspruch kann seiner Auffassung nach nicht nach der Abtretung ansteigen; so-

---

45 Stellungnahme des DAV zum Reformgesetz, NZV 2001, 339.
46 *Lemcke*, r+s 2002, 265, 273.

D. Sonderproblem: Abtretung von Schadensersatzansprüchen und Mehrwertsteuer § 3

weit sich der Schaden jetzt in der Hand des Zessionars vergrößert, ist er nach Lemcke Drittgeschädigter, wobei derartige Drittschäden nicht erstattungspflichtig sein sollen. Nach dieser Meinung soll im Fall der Veräußerung des unreparierten Unfallfahrzeugs der Geschädigte zwar die Reparaturkosten fiktiv abrechnen können; weil bei ihm aber keine Mehrwertsteuer anfällt, kann er für diesen Fall vom Haftpflichtversicherer auch keine Mehrwertsteuer ersetzt verlangen. Wenn nunmehr der Geschädigte seinen Ersatzanspruch an den – ebenfalls nicht vorsteuerabzugsberechtigten – Erwerber abtritt und dieser dann das Fahrzeug in einer Fachwerkstatt reparieren lässt, hat der Abtretungsempfänger Mehrwertsteuer zu zahlen. Insoweit hat, wobei auch hier der amtlichen Gesetzesbegründung (Seite 57) zu folgen ist, der Zessionar jetzt einen Anspruch auf Erstattung der Mehrwertsteuer. Auch hier findet keine inhaltliche Änderung des abgetretenen Anspruchs statt und die Mehrwertsteuer nimmt hier wiederum lediglich einen anderen Weg, wodurch es nicht zu einer Verschlechterung der Rechtsposition des Schädigers bzw. zu einer inhaltlichen Änderung des Anspruchs kommt. Da der Schädiger auch bei einer Reparatur des Geschädigten in einer Fachwerkstatt Mehrwertsteuer nachentrichten hätte müssen.

Der umgekehrte Fall der Abtretung eines nicht zum Vorsteuerabzug berechtigten an einen zum Vorsteuerabzug berechtigten kann ebenso gesehen werden. **131**

Insgesamt bin ich daher der Auffassung, dass dem Wortlaut der Gesetzesbegründung insoweit gefolgt werden kann. **132**

In einer weiteren Fallkonstellation ist Lemcke allerdings zuzustimmen. Im Fall der Möglichkeit für einen Geschädigten oberhalb des Wiederbeschaffungswertes bis zu einer Grenze von 130 % zu reparieren, darf der Geschädigte aufgrund des von der Rechtsprechung und insbesondere dem BGH geforderten Integritätsinteresses persönlich die Reparatur zum Zweck der Weiterbenutzung zu Lasten des Schädigers durchführen, wenn der 130 %-Bereich zumindest in der Kalkulation des Reparaturschadens des Geschädigten nicht überschritten wird. Nachdem die Rechtsprechung das Integritätsinteresse mit den Hinweisen begründet, dass ein derart Geschädigter sein Fahrzeug und die durchgeführten Arbeiten an diesem Fahrzeug, wie Reparaturarbeiten und Wartungsarbeiten etc. und auch die bei dem Fahrzeug bestehenden Mängel, kennt, kann nicht ein Integritätsinteresse des Abtretungsempfängers, also des Zessionars, geschützt werden, der derartige Kenntnisse des Fahrzeugs in keinster Weise hat. Insoweit kann der Geschädigte dieses Recht bzw. diesen Teilbereich seiner Rechte auf Bezahlung von Schadensersatz gegenüber der gegnerischen Haftpflichtversicherung nicht auf einen Dritten übertragen. Der Dritte kann jetzt Ersatz nur in Höhe des Ersatzbeschaffungsaufwandes verlangen.[47] Allerdings **133**

---

47 *Lemcke*, r+s 2002, 265, 273, 274 sowie AG Siegburg, MDR 2000, 332.

wird man wiederum entgegen der Auffassung von Lemcke dem Abtretungsempfänger bei der Abrechnung Wiederbeschaffungswert abzüglich Restwert (Wiederbeschaffungsaufwand) bei entsprechenden Wiederbeschaffungsmaßnahmen, gegebenenfalls auch den Ersatz des Bruttowiederbeschaffungswertes, also inklusive Mehrwertsteuer, zubilligen müssen.

Zu entsprechenden Berechnungsbeispielen siehe unten § 4 Rdn 219 ff.

E. Mehrwertsteuerbehandlung vor bzw. ab dem 1.1.2007

134 Durch Art. 4 des Haushaltsbegleitgesetzes 2006 vom 29.6.2006 erhöhte sich der **allgemeine Umsatzsteuersatz** mit Wirkung **ab dem 1.1.2007** von 16 % auf **19 %** (§ 12 Abs. 1 UStG).

135 Zur Anhebung und Anwendung des allgemeinen Steuersatzes ist auf ein Schreiben des Bundesministeriums der Finanzen vom 11.8.2006 (AZ: IV A 5-S7210–23/06) zu verweisen. Hieraus ergeben sich die für die Praxis wichtigsten Äußerungen der Finanzverwaltung.

F. Exkurs: Mehrwertsteuer auf Rechtsanwaltskosten in Verkehrshaftpflichtverfahren

I. Außergerichtliche Rechtsanwaltskosten und Mehrwertsteuer

1. Höhe der Rechtsanwaltskosten und der Mehrwertsteuer

136 Nach dem Inkrafttreten des RVG war zunächst streitig, ob der Rechtsanwalt im Rahmen der Nr. 2400 VV RVG bei einer Regulierung eines Verkehrshaftpflichtfalles die „Regelgebühr" von 1,3 fordern kann; nunmehr geht die (so zumindest das OLG München) ganz herrschende Rechtsprechung davon aus, dass es sich bei der Abwicklung eines üblichen Verkehrsunfalls auch nach Inkrafttreten des RVG grundsätzlich auch in sog. einfachen Regulierungssachen, um eine durchschnittliche Angelegenheit handelt, bei der die Berechnung einer 1,3 Geschäftsgebühr nach Nr. 2400 VV RVG angemessen ist.[48]

137 Nachdem somit nach dem OLG München und der ganz herrschenden Rechtsprechung die Gebühr von 1,3 als „Regelgebühr" anzusehen ist, genügt der Geschädigte bzw. des-

---

48 Urteil des OLG München vom 19.7.2006, AZ: 10 O 2476/06; Hinweis des OLG München vom 19.4.2006 im Verfahren 10 U 1613/06; Rechtsprechungsübersicht in DAR 2006, 58 f., NJW 2006, 1477 ff. und in MittBl. der Arge VerkR 2006, 53 ff.

F. Exkurs: Mehrwertsteuer auf Rechtsanwaltskosten in Verkehrshaftpflichtverfahren § 3

sen anwaltliche Vertretung der Darlegungs- und Beweislast, wenn ein solcher Regelfall als konkret gegeben behauptet wird; will der Schädiger bzw. dessen Haftpflichtversicherung dies nicht gelten lassen, obliegt es ihm bzw. der Haftpflichtversicherung im Einzelnen darzulegen, welche Gesichtspunkte für einen unterdurchschnittlichen Fall sprechen.

Auch der BGH sieht nunmehr die 1,3-Gebühr sozusagen als „Regelgebühr" bei üblichen Verkehrsunfällen mit üblichem Zeitaufwand an.[49]

2. Vertretung des Geschädigten (Fahrer bzw. Halter)

Bei der anwaltlichen Vertretung des geschädigten Fahrers bzw. Halters des Fahrzeugs kommt es auf die jeweiligen Verhältnisse des Fahrers bzw. Halters an, ob diese also vorsteuerabzugsberechtigt sind oder nicht. Insoweit kann dann Mehrwertsteuer bei der Abrechnung gegenüber der Haftpflichtversicherung des Unfallgegners geltend gemacht werden oder nicht. Soweit sich die anwaltliche Vertretung auf Fahrer und Halter bezieht und etwa der Halter im Innenverhältnis zur Kostenübernahme verpflichtet ist (z.B. aufgrund eines arbeitsrechtlichen Freistellungsanspruchs des Fahrers des Fahrzeugs gegenüber dem Halter des Fahrzeugs) dürfte nur auf die Verhältnisse des Halters abzustellen sein.

138

3. Vertretung der Haftpflichtversicherung

Soweit eine anwaltliche Vertretung für die Fahrzeughaftpflichtversicherung vorliegt, etwa bei der Geltendmachung von Ansprüchen gegen den Unfallgegner im Regressfall oder aber – was eher selten vorkommt – im Rahmen der außergerichtlichen Abwehr von Schadensersatzansprüchen des Unfallgegners, kommt es auch hier auf die Verhältnisse der Haftpflichtversicherung an. **Haftpflichtversicherungen sind nicht vorsteuerabzugsberechtigt**, sodass in diesem Fall die anwaltliche Vertretung die Rechnung gegenüber der Haftpflichtversicherung mit Mehrwertsteuer stellen kann. In den seltenen Fällen der Geltendmachung von Rechtsanwaltskosten für die außergerichtliche Vertretung der Haftpflichtversicherung gegenüber dem regresspflichtigen Unfallgegner bzw. dem Unfallgegner aus Verzugsgründen besteht ebenfalls die Berechtigung, die Rechtsanwaltsgebühren mit Mehrwertsteuer zu verlangen.

139

---

49 BGH-Urt. v. 11.7.2012, AZ: VIII ZR 323/11; Rdn 115 ff. AnwBl 2012, 775.

§ 3 Die Mehrwertsteuer als Schadensposition

II. Gerichtliche Kosten und Mehrwertsteuer

1. Höhe der Rechtsanwaltskosten und der Mehrwertsteuer

140 Diese richtet sich je nach Prozessverlauf nach dem im RVG enthaltenen Gebühren. Zu beachten ist bei der Vertretung mehrerer Mandanten (Geschädigte/Halter bzw. auch Haftpflichtversicherung als Streitgenossen) die Gebührenerhöhung nach Nr. 1008 VV RVG.

2. Vertretung des Geschädigten (Fahrer bzw. Halter)

141 Bei der Vertretung des Geschädigten zusammen mit dem Halter des Fahrzeugs bzw. auch bei der jeweiligen isolierten Vertretung ist auf die Verhältnisse der jeweiligen Partei abzustellen.

142 Problematisch ist es nur, wenn beide Parteien vertreten werden und eine der Parteien vorsteuerabzugsberechtigt ist und die andere Partei nicht der Vorsteuerabzugsberechtigung unterliegt. Besteht keine Kostenübernahmepflicht einer der Parteien, etwa des Halters im Rahmen eines arbeitsrechtlichen Freistellungsanspruchs ist auf die jeweils vorsteuerabzugs- und nicht vorsteuerabzugsberechtigte Partei abzustellen, sodass es ggf. zu einer Mehrwertsteueraufteilung kommt.

3. Vertretung der Haftpflichtversicherung

a) Aktivprozess

143 Bezieht sich die anwaltliche Vertretung auf die Geltendmachung von Ansprüchen für die Haftpflichtversicherung kann sowohl die eigene anwaltliche Vertretung der Haftpflichtversicherung als auch der Prozessgegner bei einem Obsiegen bzw. teilweisen Obsiegen im dann vorzunehmenden Kostenfestsetzungsverfahren die entsprechenden Kosten mit Mehrwertsteuer geltend machen, da die Haftpflichtversicherung nicht vorsteuerabzugsberechtigt ist.

b) Passivprozess

aa) Isolierte Klage

144 Bei einer Klage allein gegen die Haftpflichtversicherung besteht bei der entsprechenden Abrechnung bzw. Kostenfestsetzung ebenfalls die Berechtigung Mehrwertsteuer geltend zu machen, da die Haftpflichtversicherung nicht vorsteuerabzugsberechtigt ist.

bb) Streitgenossenschaft

145 Tritt in einem Verkehrshaftpflichtprozess auf Beklagtenseite ein gemeinsamer Prozessbevollmächtigter für die gemeinsam als Streitgenossen verklagten Fahrer, Halter und

F. Exkurs: Mehrwertsteuer auf Rechtsanwaltskosten in Verkehrshaftpflichtverfahren §3

die Haftpflichtversicherung (Gesamtschuldnerschaft) oder aber auch auf Klägerseite im Fall einer Widerklage auf, stellt sich bei einem Obsiegen/teilweisen Obsiegen, der von dem gemeinsamen Prozessbevollmächtigten vertretenen Parteien im Rahmen der Kostenfestsetzung, die Frage, ob für den Fall, dass einer der Streitgenossen vorsteuerabzugsberechtigt ist, die auf die Vergütung des Prozessbevollmächtigten entfallende Umsatzsteuer bei der Kostenfestsetzung zu berücksichtigen ist.

Hierzu bestehen verschiedene Auffassungen: 146

Eine Auffassung bejaht lediglich eine der Vorsteuerabzugsberechtigung einzelner Streitgenossen Rechnung tragende Berücksichtigung der Mehrwertsteuer. Da es für die Kostenfestsetzung entscheidend auf die Beteiligung der Streitgenossen an dem Rechtsstreit ankommt, soll es nicht zu Lasten des Erstattungspflichtigen gehen können, wenn einer der Streitgenossen sich verpflichtet hat bzw. verpflichtet ist, die Kosten der anderen zu übernehmen, wie dies häufig durch die Bevollmächtigung der anwaltlichen Vertretung der Streitgenossen durch die Haftpflichtversicherung geschieht.[50]

Nach anderer, wohl überwiegender Ansicht ist auf die Verhältnisse der Haftpflichtversicherung, die regelmäßig nicht vorsteuerabzugsberechtigt ist, abzustellen, weil im Innenverhältnis der beklagten Streitgenossen der nicht vorsteuerabzugsberechtigte Haftpflichtversicherer die Kosten des gemeinsamen Prozessbevollmächtigten zu übernehmen hat.[51] 147

Der BGH hat hierzu in einem Beschl. v. 25.10.2005, AZ: VI ZB 58/04 entschieden, dass für den Fall, dass sich aufgrund der Regelungen, die das Innenverhältnis der Streitgenossen betreffen, ergibt, dass einer von ihnen die Gesamtkosten des gemeinsamen Prozessbevollmächtigten zu tragen hat, dies die vom Gegner zu erstattenden Kosten sind; insoweit ist also auf die Verhältnisse des nicht vorsteuerabzugsberechtigten Haftpflichtversicherers abzustellen und die anwaltliche Vertretung der entsprechenden Streitgenossen kann im Kostenfestsetzungsverfahren die volle Mehrwertsteuer verlangen, wobei sich diese auch auf eine Gebührenerhöhung im Sinne der Nr. 1008 VV des RVG erstreckt. 148

Der BGH begründet dies mit Vorschriften in den AKB, wonach im Kfz-Haftpflichtprozess das Innenverhältnis zwischen dem Haftpflichtversicherer einerseits und dem Halter und Fahrer andererseits durch das bestehende Versicherungsverhältnis bestimmt ist und danach der Versicherungsnehmer verpflichtet ist, dem Haftpflichtversicherer die Prozessführung zu überlassen. 149

Insoweit wird demgemäß der Prozessbevollmächtigte im Haftpflichtprozess regelmäßig vom Versicherer bestellt und darüber hinaus gilt der Haftpflichtversicherer nach den 150

---

50 OLG München, Rpfleger 1995, 519; OLG Nürnberg, Beschl. v. 29.10.1992, AZ: 2 W 2852/92.
51 Vgl. u.a. OLG Stuttgart, Rpfleger 2001, 566.

AKB als bevollmächtigt, die ihm zur Abwehr der Ansprüche zweckmäßig erscheinenden Erklärungen im Namen der versicherten Personen, zu denen nach auch Halter und Fahrer gehören, abzugeben. Dementsprechend ist der Haftpflichtversicherer, soweit der Versicherungsschutz reicht, im Verhältnis zu den Genannten auch verpflichtet, die gesamten Kosten eines gemeinsamen Prozessbevollmächtigten zu tragen (vgl. § 150 Abs. 5 VVG i.V.m. den AKB).

151 Zudem hat der BGH[52] betreffend die Zahlungsunfähigkeit eines unterlegenen Streitgenossen bereits entschieden, dass selbst tatsächliche Umstände im Innenverhältnis von Streitgenossen bei der Kostenfestsetzung zu berücksichtigen sind, wenn nur so erreicht werden kann, dass der obsiegende Streitgenosse auf Dauer und vollständig von außergerichtlichen Kosten befreit wird; der BGH sieht keinen Grund zu einer abweichenden Beurteilung, wenn sich die Verpflichtung eines Streitgenossen, die gesamten Prozesskosten endgültig zu tragen, aus dem Gesetz bzw. allgemein zugänglichen Vertragswerken ergibt.

152 Die abweichende Beurteilung des Beschwerdegerichts (OLG München) überzeugt den BGH nicht, weil sie das Innenverhältnis der Streitgenossen außer Acht lässt und damit der Sache nach eine Abrechnung fiktiver Kosten vornimmt. Dies hat zur Folge, dass dem nicht vorsteuerabzugsberechtigten Streitgenossen – hier dem Haftpflichtversicherer – Kosten nicht erstatten werden, die er notwendigerweise für die Prozessführung hat aufwenden müssen und auf deren Ersatz er den vorsteuerabzugsberechtigten Streitgenossen nicht in Anspruch nehmen kann.[53]

III. Privathaftpflichtfälle

153 Zu beachten ist, dass die oben ausgeführte Rechtsprechung des BGH in anderen Haftpflichtfällen, in denen kein Direktanspruch des Geschädigten besteht, etwa bei einem Privathaftpflichtfall nicht anzuwenden ist. In einem solchen Fall kann nur der Schädiger selbst unmittelbar in Anspruch genommen werden und nicht die hinter dem stehende (Privat-) Haftpflichtversicherung. Diese wird daher nicht Partei. Die Privathaftpflichtversicherung stellt den Versicherten gemäß § 150 Abs. 1 S. 1 VVG lediglich von dessen Kosten frei. Ist insoweit der Versicherte vorsteuerabzugsberechtigt, besteht der Freistellungsanspruch auch nur insoweit, sodass bei der Kostenfestsetzung für den vorsteuerabzugsberechtigten Versicherten die Kostenfestsetzung auch ohne Mehrwertsteuer erfolgen kann.

---

52 BGH, NJW RR 2003, 1217, 1218 = VersR 2004, 489, 490.
53 Siehe hierzu auch Anmerkung zum BGH-Beschluss von *Schneider* in VRR 2006, 156, 157.

F. Exkurs: Mehrwertsteuer auf Rechtsanwaltskosten in Verkehrshaftpflichtverfahren   § 3

IV. Die Anwaltsgebührenrechnung ab dem 1.1.2007

Für den Rechtsanwalt stellte sich zum Jahreswechsel 2007 die Frage zur Höhe der ausgewiesenen Mehrwertsteuer in seiner Anwaltsgebührenrechnung im Hinblick auf die Mandate, die er bereits vor dem 1.1.2007 angenommen und ganz oder teilweise durchgeführt hat, die er aber erst nach dem 31.12.2006 abrechnet.   154

1. Maßgeblicher Zeitpunkt für den Mehrwertsteuerausweis in der Anwaltsgebührenrechnung

Es kommt für die Frage, welchem Steuersatz eine Tätigkeit unterliegt nicht auf den Zeitpunkt der Mandatserteilung an, sondern auf die Leistungserbringung (vgl. §§ 13 Abs. 1 Nr. 1, 27 Abs. 1 S. 1 und S. 2 UStG).   155

Die Anwaltsdienstleistung stellt regelmäßig eine Dauertätigkeit über einen bestimmten Zeitraum hinweg dar, so dass die Leistungserbringung erst mit der Beendigung des Mandats und der Abrechnung vollendet ist.

Insofern können Umsatzsteuersatzänderungen, hier ab 1.1.2007 von 16 auf 19 %, während eines laufenden Mandats Folgen für die spätere Abrechnung haben.

Nach § 8 Abs. 1 RVG wird die Vergütung des Rechtsanwalts fällig, wenn der Auftrag erledigt oder die Angelegenheit beendet ist. Ist der Rechtsanwalt in einem gerichtlichen Verfahren tätig, wird die Vergütung auch fällig, wenn eine Kostenentscheidung ergangen oder der Rechtszug beendet ist oder wenn das Verfahren länger als 3 Monate ruht.[54]

2. Vorschusszahlung vor dem 1.1.2007 und Mehrwertsteuer

Soweit die anwaltliche Vertretung vor dem 1.1.2007 einen Gebührenvorschuss geltend gemacht hat oder für eine Angelegenheit, die nach dem 31.12.2006 beendet wird, erhalten hat, so ist auch der Vorschussbetrag in der Endabrechnung nach dem neuen Mehrwertsteuer-Satz mit 19 % zu versteuern. Auch dies ergibt sich aus dem unter Rdn 135 genannten Schreiben des Bundesministeriums der Finanzen vom 11.8.2006.   156

---

54 Siehe z.B. *Gerold/Schmidt*, § 8 Rn 10 ff.; AnwBl 2006, 754.

§ 4 Praxisfälle und Berechnungsbeispiele

A. Allgemeines

Grundsätzlich bestehen für den Geschädigten, der einen Fahrzeugschaden (Total- oder Reparaturschaden) erlitten hat, verschiedene Wiederherstellungs- bzw. Abrechnungsmöglichkeiten im Hinblick auf seinen ursprünglichen Vermögensstand:

- Das beschädigte Fahrzeug wird (teilweise) repariert.
- Der Geschädigte schafft sich ein anderes, das heißt ein Ersatzfahrzeug an.
- Der Geschädigte verzichtet auf beide Wiederherstellungsalternativen und lässt sich die für den Schaden ermittelten Geldbeträge ausbezahlen.

Diese Grobeinteilung der Wiederherstellungsmöglichkeiten des Geschädigten hat nicht zuletzt durch die Rechtsprechung eine Vielzahl von Abrechnungsmöglichkeiten geschaffen, die nunmehr gerade im Hinblick auf die gesetzliche Neuregelung des § 249 Abs. 2 S. 2 BGB Praxisrelevanz erfahren haben.

Die Ersatzpflicht des Schädigers bzw. dessen Haftpflichtversicherung gegenüber dem Geschädigten bestimmt sich gem. Art. 229 § 8 Abs. 1 EGBGB für schädigende Ereignisse, die **nach dem 31.7.2002** eingetreten sind, nach der gesetzlichen Regelung des § 249 Abs. 2 S. 2 BGB.

Nach dem 31.12.2006 bemisst sich die Mehrwertsteuer bzw. ein Mehrwertsteueranteil, soweit es die Regelbesteuerung nach § 10 UStG betrifft, nicht mehr auf 16 % sondern auf 19 %.

Die Differenzumsatzsteuer nach § 15 UStG beläuft sich ab 1.1.2007 auf ca. 2,4 %.

Die nachstehende Darstellung von Praxisfällen und Berechnungsbeispielen soll, ohne Anspruch auf Vollständigkeit zu erheben, an Hand dieser Grobeinteilung die Grundsätze der bisherigen Schadensregulierung unter Berücksichtigung der neuen gesetzlichen Regelung, sowie der hierzu ergangenen Rechtsprechung auch unter Berücksichtigung der gesetzgeberischen Intentionen näher erläutern.

B. Der Reparaturschaden

Soweit kein technischer Totalschaden, also ein Schaden, bei dem das Fahrzeug so erheblich zerstört worden ist, dass es von niemand mehr instandgesetzt werden kann, vorliegt, besteht für den Geschädigten grundsätzlich die Möglichkeit sein Fahrzeug nicht zu reparieren, also den zur Schadensbeseitigung festgestellten Geldbetrag sich ausbezahlen zu lassen, sein Fahrzeug unter Umständen nur teilweise zu reparieren bzw. reparieren zu lassen oder aber trotz der Möglichkeit zur Reparatur des Fahrzeugs sich ein anderes Fahrzeug anzuschaffen. Die Rechtsprechung hat im Rahmen der Wirtschaftlichkeit der Schadensbeseitigung allerdings entsprechende Grenzen gezogen, innerhalb derer ein Fahrzeug, obwohl der Reparaturschaden den Wiederbeschaffungswert des Fahrzeugs übersteigt, noch repariert werden kann. Diese Grenzen hat der Geschädigte bei der entsprechenden Schadensabrechnung zu beachten.

Im Einzelnen können folgende Fallgestaltungen vorliegen:

I. Reparaturschaden und fiktive Abrechnung

8   Grundsätzlich berührt, wie bereits dargestellt, die Neuregelung des § 249 Abs. 2 S. 2 BGB nicht die bisherige Möglichkeit für einen Geschädigten, sich den für eine Reparatur des beschädigten Fahrzeugs festgestellten Geldbetrag ausbezahlen zu lassen, also seinen Schaden fiktiv abzurechnen. Dies ergibt sich bereits aus dem Umstand, dass der Gesetzgeber den ursprünglichen § 249 S. 2 BGB unverändert gelassen hat. Diese Regelung findet sich nunmehr in § 249 Abs. 2 S. 1 BGB, wonach der Geschädigte vom Schädiger statt der Herstellung des beschädigten Fahrzeuges den dazu erforderlichen Geldbetrag verlangen kann.

9   Die von der Rechtsprechung aufgestellten Grenzen und Grundsätze einer fiktiven Abrechnung sind demnach weiterhin zu beachten. In diesem Zusammenhang sind wiederum verschiedene Fallgestaltungen zu unterscheiden:

1. Eindeutiger Reparaturschaden

10 Unter einem eindeutigen Reparaturschaden ist ein Schaden an einem Fahrzeug zu verstehen, der es dem Geschädigten ohne weiteres einräumt und ermöglicht, sein Fahrzeug zu reparieren bzw. reparieren zu lassen, wobei die Grenzen einer Vergleichsberechnung, also einer Gegenüberstellung der Reparaturkosten einerseits und des Wiederbeschaffungswerts sowie des Restwerts (Wiederbeschaffungsaufwand) andererseits nicht erreicht bzw. berührt werden.

11 Die eindeutige Abgrenzung ist deshalb von Bedeutung, da die Versicherungen häufig, teilweise schon in Fällen, in denen die Reparaturkosten nur 50 % des Wiederbeschaffungswertes eines beschädigten Fahrzeuges erreichen, im Rahmen von Vergleichskontrollrechnungen Wiederbeschaffungswerte und Restwerte ermitteln lassen, um dann letztendlich auf Basis des Wiederbeschaffungswertes abzüglich des Restwertes abzurechnen, wenn die Differenz aus diesen beiden Werten geringer ist, als die ermittelten Reparaturkosten. Liegt auch nach einer derart durchgeführten Vergleichskontrollberechnung ein eindeutiger Reparaturschaden vor, besteht für den Geschädigten selbstredend weiterhin die Möglichkeit einer fiktiven Abrechnung der Reparaturkosten.

B. Der Reparaturschaden § 4

Berechnungsbeispiel: **12**
Die ermittelten Reparaturkosten betragen inkl. 19 % MwSt 6.902 EUR.
Enthaltene MwSt somit 1.102,00 EUR; Nettoreparaturkosten 5.800,00 EUR
(Der Wiederbeschaffungswert des Fahrzeugs beträgt inkl. 19 % MwSt 14.000,00 EUR, der Restwert 6.500,00 EUR.)
Bei einer fiktiven Abrechnung erhält der Geschädigte einen Betrag von 5.800,00 EUR (Nettoreparaturkosten)
Zu beachten ist, dass, falls ein Schädiger, das heißt die Versicherung in diesem Fall eine Vergleichskontrollberechnung vornimmt, immer Bruttowerte mit Bruttowerten zu vergleichen sind und nicht Nettowerte mit Bruttowerten.
Würde hier der Schädiger, das heißt die Versicherung die Reparaturkosten inkl. MwSt, also brutto mit dem Netto-Wiederbeschaffungswert vergleichen, ergäbe sich folgende
Berechnung:

Wiederbeschaffungswert inkl. 19 % MwSt	14.000,00 EUR
abzüglich 19 % MwSt	2.235,29 EUR
Nettowiederbeschaffungswert somit	11.764,71 EUR
abzüglich Restwert	6.500,00 EUR
Vergleichskontrollbetrag somit	5.264,71 EUR

Dieser Vergleichskontrollbetrag liegt unterhalb der ermittelten Reparaturkosten inkl. MwSt von 6.902,00 EUR.
Da die Vergleichskontrollwerte allerdings auch identisch miteinander vergleichbar sein müssen, also bei sämtlichen Werten von Bruttowerten (inkl. 19 % MwSt) auszugehen ist, kann diese Vergleichskontrollberechnung nicht dazu führen, dass der Geschädigte nicht mehr den Nettobetrag der Reparaturkosten sich fiktiv ausbezahlen lassen darf.

Zu beachten ist hier nunmehr allerdings das Urteil des BGH vom 7.6.2005[1] (siehe hierzu **13** auch Rdn 18 ff.). Der BGH will dort den Schadensersatzanspruch durch den Wiederbeschaffungsaufwand begrenzen und lässt für die Anwendung einer sog. 70 %-Grenze keinen Raum. Abgesehen von dem Umstand, dass es sich beim BGH-Fall um einen Sonderfall handelte, bei dem der Geschädigte keine Angaben zum Verbleib des verunfallten Fahrzeugs und dem entsprechenden erzielten Restwert machte, ist für die Haftpflichtversicherung sowohl bei einem Brutto-Vergleich als auch bei einem Netto-Vergleich die Abrechnung auf Reparaturkostenbasis die günstigere Variante. Vorsicht ist allerdings geboten, wenn das Fahrzeug vom Geschädigten tatsächlich nicht zum Restwert verkauft wird

---

[1] VersR 2005, 1257, 1258 = NJW 2005, 2541.

§ 4 Praxisfälle und Berechnungsbeispiele

und die Versicherung eigene Ermittlungen zum Restwert anstellt, die zu einem derart hohen Restwert führen, dass entsprechende Vergleichskontrollrechnungen dazu führen, dass nunmehr wiederum die Abrechnung nach dem Wiederbeschaffungsaufwand (Wiederbeschaffungswert abzüglich Restwert) die günstigere Variante für die Haftpflichtversicherung ist.

2. Reparaturschaden und 70 %-Grenze

14 Wie bereits ausgeführt, nehmen Schädiger bzw. deren Versicherung entsprechende Vergleichskontrollberechnungen vor. Sehen Richtlinien von Sachverständigenorganisationen und Empfehlungen von Verkehrsgerichtstagen zwar vor, dass die Ermittlung eines Wiederbeschaffungswertes unterbleiben kann, falls nicht die ermittelten Reparaturkosten 70 % eines solchen Wiederbeschaffungswert erreichen, nehmen Versicherungen teilweise bereits weit unterhalb dieser so genannten 70 %-Grenze die Vergleichskontrollberechnungen vor. Sowohl in Fällen, in denen sich die ermittelten Reparaturkosten unterhalb dieser 70 %-Grenze bewegen, als auch und gerade wenn die ermittelten Reparaturkosten sich in dem Bereich zwischen 70 % des Wiederbeschaffungswertes und dem Wiederbeschaffungswert bewegen, wird die Vergleichskontrollberechnung, nämlich der Vergleich zwischen der Differenz des Wiederbeschaffungswerts und des Restwerts einerseits und der ermittelten Reparaturkosten andererseits bei einem so genannten postengenauen Vergleich häufig dazu führen, dass der ermittelte Betrag aus der Differenz zwischen Wiederbeschaffungswert und Restwert niedriger ist als die ermittelten Reparaturkosten.

15 *Berechnungsbeispiel:*
(Reparaturkosten liegen unterhalb von 70 % des Wiederbeschaffungswertes).
Die ermittelten Reparaturkosten betragen inkl. 19 % MwSt 6.960 EUR.
Enthaltene MwSt somit 1.111,26 EUR.
(Der ermittelte Wiederbeschaffungswert beträgt inkl. 19 % MwSt 10.000 EUR, der ermittelte Restwert beträgt 3.500 EUR).
Der Geschädigte rechnet fiktiv ab.
Berechnung:

Reparaturkosten inkl. 19 % MwSt	6.960,00 EUR
abzüglich 19 % MwSt	1.111,26 EUR
Entschädigungsbetrag somit	5.848,74 EUR

Die Versicherung wird hier unter Berufung auf das Wirtschaftlichkeitspostulat und unter Vornahme der Vergleichskontrollberechnung anführen, dass ein postengenauer Vergleich, nämlich der Posten Wiederbeschaffungswert abzüglich Restwert einen Be-

B. Der Reparaturschaden § 4

trag von 4.903,36 EUR (Wiederbeschaffungswert brutto = 10.000 EUR abzüglich 19 % MwSt von 1.596,64 EUR abzüglich Restwert von 3.500 EUR) ergibt, der unterhalb der ermittelten Reparaturkosten von 6.960 EUR brutto = 5.848,74 EUR netto liegt.

Der Geschädigte kann sich ebenso wie im vorhergehenden Berechnungsbeispiel die Versicherung nicht auf eine Berechnung zurückziehen, dass er die ermittelten Reparaturkosten netto mit dem Wiederbeschaffungswert brutto abzüglich des Restwertes vergleicht. In diesem Fall lägen die Reparaturkosten bei 5.848,74 EUR und die Differenz aus Wiederbeschaffungswert und Restwert bei 6.500 EUR. Auch hier kann wieder nur ein Vergleich von Bruttowerten mit Bruttowerten stattfinden. 16

Kritik an der Abrechnung der Versicherung: Nach hier vertretener Auffassung kann der Geschädigte, nunmehr auch im Einklang mit dem BGH[2] in diesem Fall den Betrag von 5.848,74 EUR verlangen, da er durch den an seinem Fahrzeug erlittenen Schaden eine Vermögenseinbuße in Höhe der ermittelten Reparaturkosten, nämlich von 6.960 EUR brutto = 5.848,74 EUR netto hinzunehmen hat. Dieser Schadensbetrag bleibt sozusagen an dem Fahrzeug haften und wird unter anderem eine Abzugsposition bei einem Verkauf des Fahrzeugs bei einem entsprechenden Hinweis des Geschädigten darstellen. Der Schadensbetrag wird somit dem Fahrzeug immer anhängen. Insoweit besteht auch keine ungerechtfertigte Bereicherung des Geschädigten, wenn ihm als Zwischen-Schadensberechnungsposition der Betrag von 6.960 EUR und im Rahmen der fiktiven Abrechnung sodann der Betrag von 5.848,74 EUR zuerkannt wird.[3] 17

Nach dem vorgenannten Urteil des BGH vom 7.6.2005 zur 70 %-Grenze unter Berücksichtigung des Sonderfalles, dass dort der Geschädigte keine Angaben zum Verbleib des verunfallten Fahrzeugs und im Hinblick auf einen etwaigen erzielten Restwert machte, ist allerdings nunmehr bei einer derartigen Berechnung mit der vorgenannten Begründung Vorsicht geboten. Ob und in wie weit der BGH die 70 %-Grenze allgemein für nicht anwendbar erklären wird, bleibt abzuwarten. 18

In seinem vorgenannten Urteil beschränkt der BGH nämlich seine Aussage, dass für die Anwendung einer so genannten 70 %-Grenze kein Raum ist in seinem Leitsatz „auf solche Fälle".

Ein anderer Fall wäre demnach gegeben, wenn der Geschädigte im Rahmen der fiktiven Abrechnung von Reparaturkosten (netto) den Verkauf seines Fahrzeugs zum Restwert nachweist bzw. belegt. 19

---

[2] BGH, Urt. v. 29.4.2003, AZ: VI ZR 393/02.
[3] Vgl. zur Problematik *Pamer*, NZV 2000, 490.

§ 4 Praxisfälle und Berechnungsbeispiele

20 *Weiteres Berechnungsbeispiel:*
(Die ermittelten Reparaturkosten liegen zwischen 70 % des Wiederbeschaffungswertes und dem Wiederbeschaffungswert)

Die ermittelten Reparaturkosten betragen inkl. 19 % MwSt	6.960,00 EUR.
Enthaltene MwSt somit	1.111,26 EUR.

(Der ermittelte Wiederbeschaffungswert beträgt inkl. 19 % MwSt 8.000 EUR, der ermittelte Restwert beträgt 2.500 EUR)

Der Geschädigte rechnet fiktiv ab.

Berechnung:

Ermittelte Reparaturkosten inkl. 19 % MwSt	6.960,00 EUR
abzüglich Mehrwertsteueranteil	1.111,26 EUR
Entschädigungsbetrag somit	5.848,74 EUR

Auch in diesem Fall wird die Versicherung wieder die vorgenannte Vergleichskontrollrechnung mit dem postengenauen Vergleich unter Berufung auf das Wirtschaftlichkeitspostulat vornehmen und lediglich einen Entschädigungsbetrag von 4.222,69 EUR (Wiederbeschaffungswert brutto 8.000 EUR abzüglich 19 % MwSt von 1.277,31 EUR abzüglich Restwert 2.500 EUR) bezahlen.

Der Geschädigte kann allerdings unter Bezugnahme auf die oben unter Rdn 17 genannte Kritik an der Abrechnungsweise der Versicherung und das Urteil des BGH[4] den Entschädigungsbetrag von 5.848,74 EUR verlangen.

Zu beachten ist in diesem Fall allerdings wiederum das Sonderfall-Urteil des BGH vom 7.6.2005 zur 70 %-Grenze (siehe Rdn 13).

21 *Weiteres Berechnungsbeispiel:*
(Die ermittelten Reparaturkosten sind identisch mit dem ermittelten Wiederbeschaffungswert)

Die ermittelten Reparaturkosten betragen inkl. 19 % MwSt	6.960,00 EUR.
Enthaltene MwSt somit	1.111,26 EUR.

(Der ermittelte Wiederbeschaffungswert beträgt 6.960 EUR inkl. 19 % MwSt, der ermittelte Restwert beträgt 1.000 EUR.)

Berechnung:

Ermittelte Reparaturkosten inkl. 19 % MwSt	6.960,00 EUR
abzüglich enthaltener MwSt	1.111,26 EUR
Entschädigungsbetrag somit	5.848,74 EUR

---

4 BGH, Urt. v. 29.4.2003, AZ: VI ZR 393/02 in NJW 2003, 2085.

B. Der Reparaturschaden § 4

Die Vergleichskontrollberechnung der Versicherung würde 4.848,74 EUR (Wiederbeschaffungswert netto = 5.848,74 EUR abzüglich Restwert von 1.000 EUR) ergeben. Auch in diesem Fall kann der Geschädigte nach hier vertretener Auffassung wiederum unter Bezugnahme auf die obige Kritik gegen diese Abrechnungsweise der Versicherungen und gemäß dem BGH-Urteil[5] den fiktiven Entschädigungsbetrag von 5.848,74 EUR verlangen.

Zusammenfassend wird die Auffassung vertreten, dass der Geschädigte immer auf Basis der Reparaturkosten fiktiv abrechnen kann, wenn bei einem Vergleich zwischen dem ermittelten Wiederbeschaffungswert und dem ermittelten Reparaturkostenbetrag letzterer den ermittelten Wiederbeschaffungswert nicht überschreitet, also maximal mit diesem identisch ist. Der **Restwert** des beschädigten Fahrzeuges bleibt bei dieser Berechnung **außer Ansatz**.[6]   22

Hatte im Urteil des BGH vom 29.4.2003, AZ: VI ZR 393/02 der dortige Geschädigte zumindest Reparaturmaßnahmen zur Wiederherstellung der Verkehrs- und Betriebssicherheit durchgeführt, befasste sich der BGH in seinem Urteil vom 23.5.2006, AZ: VI ZR 192/05[7] mit einem dem vorgenannten Berechnungsbeispiel vergleichbaren Fall. Dort begehrte der Geschädigte die vom Sachverständigen geschätzten Reparaturkosten bis zur Höhe des Wiederbeschaffungswertes ohne Abzug des Restwerts, wobei er das Fahrzeug bis ca. 4 Monate nach dem Unfall weiternutzte. Der BGH sah den Nutzungszeitraum nicht als ausreichend an, sondern im zu entscheidenden Fall eine Weiternutzung des Fahrzeugs von mindestens 6 Monaten nach dem Unfall im Regelfall als erforderlich, aber auch als ausreichend an, wenn nicht besondere Umstände ausnahmsweise eine andere Beurteilung rechtfertigen.   23

3. Reparaturschaden und 130 %-Grenze

Soweit die ermittelten Reparaturkosten bei einem Fahrzeugschaden nicht um mehr als 30 % über dem Wiederbeschaffungswert, als alleinigem Basis- und Ausgangsberechnungswert im Rahmen der 130 %-Grenze liegen, kann der Geschädigte nach ständiger Rechtsprechung aufgrund eines entsprechenden nachzuweisenden Integritätsinteresses an dem Fahrzeug das beschädigte Fahrzeug noch reparieren bzw. reparieren lassen.   24

Allerdings besteht in diesem Grenzbereich keine Möglichkeit einer rein fiktiven Abrechnung. Der Geschädigte muss also in diesem Bereich den Nachweis erbringen, dass das Fahrzeug auch tatsächlich repariert worden ist.   25

---

5 BGH, Urt. v. 29.4.2003, AZ: VI ZR 393/02.
6 BGH, Urt. v. 29.4.2003, AZ: VI ZR 393/02.
7 DAR 2006, 441.

§ 4 Praxisfälle und Berechnungsbeispiele

26 *Berechnungsbeispiel:*
Die ermittelten Reparaturkosten betragen inkl. 19 % MwSt 11.600 EUR.
Die enthaltene MwSt beträgt somit 1.852,10 EUR.
Der ermittelte Wiederbeschaffungswert beträgt inkl. MwSt 10.000 EUR.
Der Geschädigte rechnet fiktiv ab.

Berechnung:
Es verbietet sich hier eine Berechnung und Abrechnung auf fiktiver Basis, die zwar zu dem Ergebnis führen würde, dass der Geschädigte den Nettowert der Reparaturkosten, nämlich 9.747,90 EUR erhalten müsste. Nachdem allerdings auch hier Bruttowerte mit Bruttowerten zu vergleichen sind, liegt der ermittelte Reparaturkostenaufwand zwar innerhalb der 130 %-Grenze, allerdings auch oberhalb des ermittelten Wiederbeschaffungswertes, so dass eine fiktive Abrechnung nicht möglich ist.

27 Allerdings bleibt eine fiktive Abrechnung im vorgenannten Berechnungsbeispiel für den Geschädigten möglich, wenn er eine Eigenreparatur an dem Fahrzeug durchführt, die im Wesentlichen den Vorgaben des Sachverständigengutachtens entspricht, es sich um eine sach- und fachgerechte Reparatur sowie um keine Not-, Billig- bzw. Spar- oder auch Teilreparatur handelt.[8]

28 In dem Urteil vom 15.2.2005, AZ: VI ZR 172/04 befasste sich der BGH mit Schadensersatzansprüchen des Geschädigten, die dieser im Rahmen der 130 %-Grenze derart berechnen wollte, dass er fiktive Reparaturkosten oberhalb des Wiederbeschaffungswertes begehrte und zusätzlich aus einer Teilreparatur noch den Mehrwertsteuerbetrag. Der BGH lehnte eine Abrechnung nach den vorstehenden Grundsätzen ab und hielt auch die Kombination von fiktiver und konkreter Abrechnung für unzulässig.

29 Im Fall des BGH lagen im Übrigen die Teil-Reparaturkosten (auch inkl. MwSt) unterhalb des sog. Wiederbeschaffungsaufwandes (Wiederbeschaffungswert abzüglich Restwert). Ob der BGH einen Fall, in dem der Geschädigte nachweisbar wertmäßig Reparaturmaßnahmen durchführt, die zwischen dem Wiederbeschaffungsaufwand (Wiederbeschaffungswert abzüglich Restwert) und dem Wiederbeschaffungswert bei im Übrigen ansonsten im Sachverständigengutachten geschätzten Reparaturkosten über dem Wiederbeschaffungswert bis 130 % anders beurteilen wird, bleibt fraglich. Ansätze hieraus sind den beiden Urteilen vom 15.2.2005 zu entnehmen, wobei sich die hier interessierende Frage einer Mehrwertsteuer nur für den Fall stellt, dass die entsprechende wertmäßige Reparatur auch durch eine Rechnung, sei es über Reparaturmaßnahmen oder auch nur über Ersatzteile nachgewiesen wird.

---

8 BGH-Urteile vom 15.2.2005, AZ: VI ZR 70/04 in VersR 2005, 1108 und VI ZR 172/04 in VersR 2005, 665.

B. Der Reparaturschaden §4

II. Reparaturschaden und konkrete Abrechnung

Neben der oben (Rdn 8 ff.) dargestellten Möglichkeit einer rein fiktiven Abrechnung innerhalb der entsprechenden von der Rechtsprechung gezogenen Grenzen, kann der Geschädigte unberührt von der gesetzlichen Neuregelung selbstverständlich weiterhin konkret abrechnen. In diesem Bereich kann der Geschädigte also den Schaden vollständig gemäß den ermittelten Reparaturkosten, allerdings auch nur teilweise oder aber auch in Form einer Billigreparatur und auch hier wieder nur teilweise oder vollständig beheben lassen. 30

1. Konkrete Abrechnung und vollständige Reparatur

Grundsätzlich werden im Fall der Ermittlung von Reparaturkosten in einem Sachverständigengutachten diese auf Basis von Stundenverrechnungssätzen einer Fachwerkstatt und von Originalersatzteilen ermittelt. Nach wie vor bleibt es dem Geschädigten unbenommen, nachdem die schadensersatzrechtlichen Grundsätze und die hierzu ergangene Rechtsprechung auch nach der gesetzlichen Neuregelung weiterhin gelten, genau nach diesen Vorgaben in einer Fachwerkstatt sein Fahrzeug reparieren zu lassen. Weiterhin kann der Geschädigte gemäß diesen Grundsätzen auch weiterhin das Fahrzeug in einer günstigeren Fachwerkstatt reparieren lassen oder aber auch in einer nichtmarkengebundenen freien Werkstatt. Schließlich kann der Geschädigte das Fahrzeug auch nur teilweise reparieren lassen oder aber letztlich auch selbst reparieren, wobei es ihm jeweils freisteht, welche Ersatzteile er bei den einzelnen Reparaturalternativen verwendet bzw. verwenden lässt. 31

Im Rahmen der konkreten Abrechnung durch Vorlage einer Rechnung, können sich Differenzen zu den kalkulierten Reparaturkosten sowohl nach unten als auch nach oben ergeben. 32

a) Reparaturrechnung identisch mit kalkulierten Reparaturkosten

Am wenigsten Probleme bereitet der Fall, dass die Reparaturrechnung identisch mit den in einem Sachverständigengutachten oder einem Kostenvoranschlag kalkulierten Reparaturkosten ist. 33

Berechnungsbeispiel: 34

Die ermittelten Reparaturkosten betragen inkl. 19 % MwSt 11.600 EUR.

Mehrwertsteueranteil somit 1.852,10 EUR.

Der Geschädigte lässt das Fahrzeug reparieren, sämtliche Unfallschäden werden behoben und die Reparaturrechnung entspricht der Kalkulation und lautet auf 11.600 EUR inkl.19 % MwSt.

§ 4 Praxisfälle und Berechnungsbeispiele

Berechnung:
In diesem Fall erhält der Geschädigte den vollen Rechnungsbetrag erstattet, da dieser die tatsächlich angefallene MwSt von 19 % = 1.852,10 EUR enthält. Der Geschädigte erhält also 11.600 EUR.

b) Reparaturrechnung niedriger als kalkulierte Reparaturkosten

35 Problematischer sind die Fälle, in denen die Reparaturrechnung niedriger als die in einem Sachverständigengutachten oder einem Kostenvoranschlag kalkulierten Reparaturkosten ausfällt. Dies kann verschiedene Ursachen haben. Es ist möglich, dass die Reparatur gemäß der Kalkulation des Sachverständigengutachtens in einer Werkstatt mit Originalersatzteilen durchgeführt wird, wobei sich herausstellt, dass verschiedene Reparaturarbeiten nicht in dem Umfang durchgeführt werden müssen, als sie im Sachverständigengutachten angegeben sind. Nachdem es sich bei jedem Sachverständigengutachten und jedem Kostenvoranschlag um kalkulierte Kosten handelt, können diese jederzeit bei der tatsächlichen Reparatur höher oder eben auch niedriger ausfallen. Es besteht weiterhin die Möglichkeit, dass der Geschädigte die Reparaturarbeiten nicht in einer Fachwerkstatt ausführen lässt und die ausführende Werkstatt günstigere Stundenverrechnungssätze hat, als im Sachverständigengutachten oder im Kostenvoranschlag kalkuliert. Möglicherweise verwendet diese Werkstatt auch keine Originalersatzteile, sondern günstigere Identteile oder sonstige günstigere Ersatzteile. Im letzteren Fall kann es sein, dass der Geschädigte zeitraubende und überobligatorische Anstrengungen vorgenommen hat, damit die Reparatur günstiger als kalkuliert ausgeführt werden kann.

aa) Reparatur gemäß den Vorgaben im Sachverständigengutachten bzw. Kostenvoranschlag

36 *Berechnungsbeispiel:*
Die ermittelten Reparaturkosten betragen inkl. 19 % MwSt 11.600 EUR.
Anteilige MwSt somit 1.852,10 EUR.
Die Reparatur wird genau nach den Vorgaben des Sachverständigengutachtens bzw. des Kostenvoranschlages mit den dort angenommenen Werten durchgeführt, wobei sich während der Reparatur herausstellt, dass einige Arbeiten nicht in dem Umfang durchgeführt werden müssen und auch einige Ersatzteile trotz Kalkulation im Sachverständigengutachten oder im Kostenvoranschlag nicht erneuert werden müssen. Die Reparaturrechnung lautet demgemäß nur auf 9.000 EUR netto zuzüglich 19 % MwSt von 1.710 EUR, gesamt also auf 10.710 EUR.

B. Der Reparaturschaden §4

Berechnung:

Kalkulierte Reparaturkosten netto	10.000 EUR
zzgl. tatsächlich angefallene MwSt	1.710 EUR
Entschädigungsbetrag somit	11.710 EUR

Diese Berechnung entspricht dem Gesetzeswortlaut des § 249 Abs. 2. S. 2 BGB, wonach MwSt erstattet wird, wenn und soweit sie tatsächlich angefallen ist. In diesem Fall sind tatsächlich 1.710 EUR MwSt angefallen.

Nachdem sich allerdings in diesem Fall die tatsächlichen Herstellungskosten des Fahrzeugs letztendlich auf den niedrigeren Betrag von insgesamt 10.710 EUR konkretisiert haben, kann der Geschädigte wie nach der bisher herrschenden Rechtsprechung auch nur diesen Geldbetrag, somit nur den Entschädigungsbetrag von 10.710 EUR fordern.

Anders sieht dies das Amtsgericht Minden in einem Urteil vom 10.12.2002.[9] Das Amtsgericht Minden vertritt die Auffassung, dass für den Fall, dass dem durch einen Unfall geschädigten Kfz-Halter in Folge einer Reparatur tatsächlich Mehrwertsteuer-Aufwendungen entstanden sind, er diese gemäß § 249 Abs. 2 S. 2 BGB neben dem im Übrigen fiktiv berechneten Netto-Schadensersatz aufgrund eines Sachverständigengutachtens geltend machen kann.   37

Problematisch ist in derartigen Fällen, ob ein Sachverständigengutachten auch dann noch als beweistaugliche Abrechnungsgrundlage für die Versicherung oder auch das Gericht herangezogen werden kann und darf, wenn eine vorliegende Werkstattrechnung einen (deutlich) geringeren Betrag ausweist. Diese Problematik der Konkretisierung des Schadens auf einen bestimmten Schadensersatzbetrag, nämlich den aus einer Werkstattrechnung, besteht schon seit längerem und ist keine spezifische Problematik des neuen Schadensersatzrechts. Nach Ansicht des BGH[10] legt weder das Sachverständigengutachten (oder auch die Reparaturkostenkalkulation) noch die Werkstattrechnung den „erforderlichen" Herstellungsbetrag bindend fest. Der Geschädigte, der also den Nettobetrag aus einer Reparaturkostenkalkulation bzw. einem Sachverständigengutachten und zusätzlich den Mehrwertsteuerbetrag aus einer tatsächlich vorgelegten Werkstattrechnung verlangen will, muss die Angemessenheit dieser Beträge plausibel begründen.   38

Ob, falls man der Auffassung des Amtsgerichts Minden folgt, gemäß dem BGH-Urteil vom 15.2.2005, AZ: VI ZR 172/04[11] wiederum eine unzulässige Kombination fiktiver Abrechnung (Nettoreparaturkosten gemäß Gutachten) und konkreter Abrechnung (zuzüglich Mehrwertsteuer aus Reparaturrechnung) vorliegt, ist zwar diskutabel, dürfte al-   39

---

9 AG Minden, NJW 2003, 833 = VA 2003, 64.
10 BGH, NJW 1989, 3009.
11 VersR 2005, 665.

§ 4 Praxisfälle und Berechnungsbeispiele

lerdings, nachdem sich hier die tatsächlichen Reparaturkosten in der Rechnung konkretisiert haben, zu bejahen sein.

40 *Praxishinweis:*
Der Rechtsanwalt sollte genauestens überprüfen bzw. muss den Geschädigten umfassend beraten, ob nicht der reinen Abrechnung der Nettoreparaturkosten auf Basis eines Sachverständigengutachtens bzw. eines Kostenvoranschlages der Vorzug zu geben ist. Legt nämlich der Rechtsanwalt die konkrete Werkstattrechnung vor und bleibt diese hinter den entsprechenden Werten im Sachverständigengutachten bzw. Kostenvoranschlag zurück, besteht die Gefahr, dass der Geschädigte von der Versicherung bzw. dem Gericht auf diese konkreten Kosten verwiesen wird. Im schlimmsten Fall kann es sein, dass der Geschädigte nur einen Betrag unterhalb der Nettoreparaturkosten erhält (siehe auch nachstehendes Berechnungsbeispiel).

41 Meiner Auffassung nach ist diese Gefahr am größten, je umfangreicher die Beschädigungen sind und je diffiziler die Rechnung einer Fachwerkstatt die einzelnen Reparaturleistungen und Ersatzteile bzw. die Materialien aufführt.

42 **Prozesstaktisch** sollte der Rechtsanwalt in derartigen Fällen zumindest einen Antrag auf Einholung eines Gutachtens stellen, wenn er die Rechnung nicht vorlegt bzw. vorlegen will. Zu beachten ist in diesem Fall auch der neu geregelte **§ 142 ZPO**, wonach das Gericht unter bestimmten Voraussetzungen eventuell bereits auf Anregung der Gegenseite, hier also der Versicherung, die Vorlage von Urkunden, also gegebenenfalls der Werkstattrechnung verfügen kann.

43 Fraglich ist die Berechnung der Entschädigung, wenn die tatsächlich angefallenen Reparaturkosten anders als im obigen Berechnungsbeispiel sogar noch unterhalb der kalkulierten Nettoreparaturkosten liegen.

44 *Weiteres Berechnungsbeispiel:*

Die ermittelten Reparaturkosten betragen inkl. 19 % MwSt	11.600,00 EUR
Mehrwertsteueranteil somit	1.852,10 EUR
Nettoreparaturkosten	9.747,90 EUR

Der Geschädigte lässt sein Fahrzeug unter den gleichen Umständen wie im vorhergehenden Berechnungsbeispiel (Rdn 36) reparieren. Die Reparaturrechnung lautet diesmal allerdings nur auf 8.000 EUR zuzüglich 19 % MwSt von 1.520 EUR, zusammen also auf 9.520 EUR.

Berechnung:
Nach den obigen Grundsätzen könnte der Geschädigte wegen der Konkretisierung der Reparaturkosten nur den Betrag von 9.520 EUR verlangen. Fraglich ist, ob der Geschädigte verpflichtet ist, diese Reparaturrechnung, die unterhalb der Nettore-

paraturkosten gemäß einem Sachverständigengutachten bzw. Kostenvoranschlag liegt, vorzulegen.

Behauptet nämlich der Geschädigte gegenüber dem Schädiger bzw. dessen Versicherung etwa, dass er sich noch überlegen werde, die Reparatur durchzuführen und verlangt daraufhin fiktiv den Nettobetrag der Reparaturkosten, erhält er einen Betrag von 9.747,90 EUR.

Ein Geschädigter, der also zunächst 9.747,90 EUR erhält und später die Reparatur zu den tatsächlich anfallenden Kosten von 9.520 EUR durchführen lässt, wäre gegenüber einem Geschädigten, der die Reparaturrechnung über 9.520 EUR vorlegt, bevorteilt.

Nachdem der Gesetzgeber mit der Neuregelung allerdings beabsichtigte, einen Geschädigten nach Möglichkeit zur Reinvestition von Schadensersatzbeträgen anzuhalten, um diese wieder dem Wirtschaftskreislauf zuzuführen, stand es nicht in der Absicht des Gesetzgebers, solche Benachteiligungen durch die gesetzliche Änderung herbeizuführen. Nach hier vertretener Auffassung kann also in diesem Fall der Geschädigte den Nettoreparaturkostenbetrag von 9.747,90 EUR fordern.

bb) Reparatur nicht gemäß den Vorgaben im Sachverständigengutachten oder Kostenvoranschlag

Es bestehen hier die Möglichkeiten, dass zum einen die Reparatur ohne irgendein nennenswertes Zutun des Geschädigten, etwa aufgrund von Rabattaktionen und Preisnachlässen der Werkstatt günstiger ausfällt und zum anderen, dass der Geschädigte weitreichende und zeitraubende überobligatorische Anstrengungen vornimmt, um die Reparaturkosten niedriger zu halten als im Sachverständigengutachten oder Kostenvoranschlag kalkuliert.

45

(1) Ohne überobligatorische Anstrengungen

Berechnungsbeispiel:

46

Die kalkulierten Reparaturkosten betragen inkl. 19 % MwSt　　11.900,00 EUR

Mehrwertsteueranteil somit　　1.900,00 EUR

Im Rahmen einer Rabattaktion gewährt die Reparaturwerkstatt dem Geschädigten auf Arbeitszeit und Teile jeweils 10 % Nachlass, so dass die Reparaturrechnung auf 9.000 EUR netto zuzüglich 19 % MwSt von 1.710 EUR, also insgesamt auf 10.710 EUR lautet.

Berechnung:

Fraglich ist in diesem Fall, ob eine derartige Rabattaktion dem Schädiger zugutekommen soll. Einerseits kann man die Auffassung vertreten, dass etwaige Nachlässe oder Rabatte dem Geschädigten verbleiben sollen und nicht dem Schädiger zugutekommen sollen.

§ 4 Praxisfälle und Berechnungsbeispiele

Andererseits erhielt der Geschädigte diesen Nachlass ohne irgendwelches Zutun und letztendlich hat sich die Reparaturrechnung in diesem Fall auf den niedrigeren Betrag von 10.710 EUR konkretisiert. Der Geschädigte musste hier nicht einmal Nachlässe bzw. Rabatte aushandeln, sondern diese wurden ihm in einer entsprechenden Aktion ohne weiteres gewährt. Für einen solchen Fall stehen dem Geschädigten daher nur die tatsächlich angefallenen Reparaturkosten von 10.710 EUR zu.

Im selben Sinne entschied der BGH auch bei einem Werksangehörigenrabatt[12] und führt hierzu in seinem Leitsatz aus:

„… b) Der Geschädigte, der im Wege der konkreten Schadensabrechnung Ersatz der tatsächlich angefallenen Reparaturkosten verlangt, muss sich einen Werksangehörigenrabatt anrechnen lassen, den er aufgrund einer Betriebsvereinbarung auf die Werkstattrechnung erhält."

(2) Mit überobligatorischen Anstrengungen

47   *Berechnungsbeispiel:*

Die Reparaturkosten betragen inkl. 19 % MwSt 11.900 EUR.

Mehrwertsteueranteil somit 1.900 EUR.

Der Geschädigte führt nach Kenntnis der kalkulierten Reparaturkosten zahlreiche Telefongespräche mit verschiedenen Werkstätten, um nach günstigeren Reparaturmöglichkeiten zu fragen. In persönlichen Gesprächen findet er schließlich eine Werkstatt, die es ihm auch gestattet, in der Kalkulation enthaltene Ersatzteile selbst zu besorgen. Einen Teil dieser Ersatzteile aus der Kalkulation besorgt der Geschädigte selbst, indem er auch hier Preisangebote einholt und diese jeweils beim günstigsten Anbieter kauft und der Werkstatt für die Reparatur zur Verfügung stellt. Insoweit erreicht der Geschädigte, dass die Reparaturrechnung auf 8.000 EUR netto zuzüglich 19 % MwSt von 1.520 EUR, zusammen also auf 9.520 EUR lautet.

Berechnung:

Im Gegensatz zum obigen Berechnungsbeispiel (Rdn 46) unternahm hier der Geschädigte (auch nachweisbare) überobligatorische Anstrengungen, die dem Schädiger grundsätzlich nicht zugutekommen. Der Geschädigte ist nicht verpflichtet, auf Kosten des Schädigers zu sparen.

Insoweit gilt hier folgende Berechnung:

Reparaturkosten netto	10.000 EUR
MwSt aus Reparaturrechnung	1.520 EUR
Gesamtentschädigungsbetrag	11.520 EUR

---

12 BGH, Urt. v. 18.10.2011, AZ: VI ZR 17/11.

B. Der Reparaturschaden § 4

Der Geschädigte hätte hier ohne seine weitere Mitwirkung eine Reparatur für insgesamt 11.900 EUR durchführen lassen können, wobei die vorstehende Abrechnung dem Schädiger sogar noch einen Ersparnisbetrag von 380 EUR einbringt.

c) Reparaturrechnung höher als kalkulierte Reparaturkosten

Auch der umgekehrte Fall, in dem die Reparaturrechnung letztendlich höher ausfällt als die kalkulierten Reparaturkosten ist nicht selten. Oftmals ergeben sich erst während der Reparatur Hinweise auf Beschädigungen von weiteren Fahrzeugteilen oder -aggregaten, die ebenfalls durch den Verkehrsunfall bedingt sind. Auch hier stellt das Sachverständigengutachten oder der Kostenvoranschlag lediglich eine Kalkulation dar, die ebenso wie nach unten auch nach oben überschritten werden kann. Letztendlich stellen die tatsächlichen Beschädigungen ja den konkreten Schaden des Geschädigten dar. Er hat Anspruch auf Beseitigung genau dieses Schadens. Im Übrigen geht das so genannte Prognoserisiko zu Lasten des Schädigers. Ob sich die Reparaturkosten aufgrund noch nicht in der Kalkulation enthaltener weiterer unfallbedingter Schäden erhöhen oder aber aufgrund zwischenzeitlich durch tarifliche Erhöhungen gestiegener Stundenverrechnungssätze oder auch aufgrund zwischenzeitlicher Verteuerung von Ersatzteilen höher ausfallen spielt in diesem Fall keine Rolle. 48

Berechnungsbeispiel: 49

Die kalkulierten Reparaturkosten betragen inkl. 19 % MwSt 11.600 EUR.

Mehrwertsteueranteil somit 1.852,10 EUR.

Während der Reparatur erkennt die Werkstatt, was dem Sachverständigen noch nicht möglich war, weitere unfallbedingte Schäden, die mit einem Betrag von 500 EUR netto zuzüglich 19 % MwSt von 95 EUR, zusammen also mit 595 EUR zusätzlich repariert werden. Vor Beginn der Reparatur, die unverzüglich in Auftrag gegeben wurde, erhöhen sich zudem aufgrund einer tariflichen Erhöhung die Arbeitslöhne der Mitarbeiter der Werkstatt. Diese Erhöhung gibt die Werkstatt ebenfalls mit einem Betrag von 500 EUR netto zuzüglich 19 % MwSt von 95 EUR, zusammen also mit 595 EUR an den Geschädigten weiter. Die Gesamtreparaturrechnung lautet sodann auf 12.790 EUR.

Berechnung:

Nachdem die Kalkulation der Reparaturkosten lediglich eine vorläufige Prognose darstellt und in diesem Fall sogar weder dem Geschädigten noch der Werkstatt ein Verschulden für die Erhöhung zur Last fällt, beträgt der Entschädigungsbetrag in diesem Fall 12.790 EUR.

§ 4 Praxisfälle und Berechnungsbeispiele

2. Konkrete Abrechnung und teilweise Reparatur/Teilreparatur

50 Für den Geschädigten besteht auch die Möglichkeit, eine nur teilweise Reparatur seines Fahrzeugs durchzuführen. Der Geschädigte ist nicht verpflichtet, eine vollständige Reparatur gemäß den ermittelten Reparaturkosten vorzunehmen. Eine Begründung, weshalb der Geschädigte sein Fahrzeug nur teilweise reparieren lässt, braucht er nicht abzugeben.

51 *Berechnungsbeispiel:*
Die ermittelten Reparaturkosten betragen inkl. 19 % MwSt 11.900 EUR.
Mehrwertsteueranteil somit 1.900 EUR.
Der Geschädigte verzichtet bei der Schadensbehebung auf den grundsätzlich erforderlichen Austausch einer beschädigten Fahrzeugtür. Diese ist im Sachverständigengutachten mit 1.000 EUR netto zuzüglich 19 % MwSt von 190 EUR, also mit einem Gesamtbetrag von 1.190 EUR enthalten.
Des Weiteren verzichtet der Geschädigte teilweise auf eine Lackierung seines Fahrzeugs. Diese teilweise Lackierung ist in der Kalkulation ebenfalls mit 1.000 EUR netto zuzüglich 19 % MwSt von 190 EUR, zusammen also mit 1.190 EUR enthalten.
Die Reparaturrechnung lautet demgemäß auf 8.000 EUR netto zuzüglich 19 % MwSt von 1.520 EUR, also gesamt auf 9.520 EUR (11.900 EUR abzüglich nicht durchgeführte Reparaturarbeiten von 2.380 EUR jeweils brutto).

Berechnung:

Ermittelte Reparaturkosten netto	10.000,00 EUR
tatsächlich angefallene MwSt	1.520,00 EUR
Gesamtentschädigung	11.520,00 EUR

Anders als in den obigen Berechnungsbeispielen, fand hier keine vollständige Reparatur gemäß der vorgenommenen Kalkulation statt, sondern eine Teilreparatur. Nachdem der Gesetzeswortlaut davon spricht, dass der Geschädigte die MwSt erhält, wenn und soweit sie tatsächlich angefallen ist, stehen dem Geschädigten hier zum einen der Nettobetrag aus den kalkulierten Reparaturkosten sowie die tatsächlich angefallene MwSt aus der tatsächlichen Reparaturrechnung zu, also ein Gesamtbetrag von 11.520 EUR.

52 *Praxishinweis:*
Um bei der Abrechnung die gegnerische Haftpflichtversicherung auf diesen Umstand hinzuweisen, sollte die Reparaturwerkstatt nach Möglichkeit bereits in der Rechnung den Umstand einer Teilreparatur vermerken. Zumindest sollte der Rechtsanwalt des Geschädigten nach Überprüfung der Rechnung anhand der kalkulierten Reparaturkosten die Versicherung ausdrücklich auf diese Teilreparatur hinweisen.

B. Der Reparaturschaden § 4

Hierzu sollte der Rechtsanwalt des Geschädigten bzw. auch bereits die Werkstatt eine postengenaue Gegenüberstellung von kalkulierten Reparaturkosten gemäß Gutachten und tatsächlich durchzuführender bzw. durchgeführter Reparaturarbeiten vornehmen, um nicht Gefahr zu laufen, dass es sich doch nicht um eine Teilreparatur handelt, sondern letztlich um eine durch die Reparaturrechnung konkretisierte Reparatur.

3. Konkrete Abrechnung und Billigreparatur/Gebrauchtteilereparatur

Es besteht für den Geschädigten nach wie vor die Möglichkeit, eine „billige", das heißt günstigere Werkstatt mit den Reparaturarbeiten zu beauftragen und sich gegebenenfalls mit einer Minderqualität oder auch einer Garantieeinschränkung auf die sonst bei neuen Originalersatzeilen vorliegende Garantie zufrieden zu geben. Dies kann etwa dadurch geschehen, dass er z.B. verschiedene Teile nicht ersetzen, sondern lediglich ausbeulen lässt, eine minderwertigere Lackierung durchführen lässt oder aber auch bei der Reparatur Gebrauchtteile einbauen lässt. 53

Berechnungsbeispiel: 54

Die ermittelten Reparaturkosten betragen inkl. 19 % MwSt 11.900 EUR. Mehrwertsteueranteil somit 1.900 EUR.

Der Arbeitslohn beträgt laut den kalkulierten Reparaturkosten 6.000 EUR netto zuzüglich 19 % MwSt von 1.140 EUR, zusammen also 7.140 EUR.

Die Ersatzteil- und Lackierungskosten betragen laut den kalkulierten Reparaturkosten 4.000 EUR netto zuzüglich 19 % MwSt von 760 EUR, zusammen also 4.760 EUR.

Auf Grund der teilweise mit weniger Aufwand durchgeführten Arbeiten, ermäßigen sich die Arbeitskosten auf 4.000 EUR netto zuzüglich 19 % MwSt von 760 EUR, also auf insgesamt 4.760 EUR.

Durch den Einsatz von Gebrauchtteilen und einer minderwertigeren Lackierung kann der Geschädigte erreichen, dass die Kosten für die Ersatzteile und die Lackierkosten lediglich einen Betrag von 3.000 EUR zuzüglich 19 % MwSt von 570 EUR, zusammen also 3.570 EUR ergeben.

Die Reparaturrechnung lautet demgemäß auf 7.000 EUR netto zuzüglich 1.330 EUR MwSt, insgesamt also auf 8.330 EUR.

Berechnung:

Reparaturkosten netto	10.000 EUR
tatsächlich angefallene MwSt	1.330 EUR
Gesamtentschädigung somit	11.330 EUR

Nachdem sich der Geschädigte hier insgesamt im Gegensatz zur Kalkulation der Reparaturkosten mit einer minderwertigen Reparatur, teilweise auch Billigreparatur genannt zufrieden gegeben hat und weitere Einschränkungen durch die minderwertigere Lackierung und den Einsatz von Gebrauchtteilen hingenommen hat, kann diese Ersparnis, die sich der Geschädigte durch Qualitäts- und Garantieeinschränkungen erkauft hat, nicht den Schädiger begünstigen. Es hat sich in diesem Fall der Reparaturkostenaufwand gerade nicht auf die Vorgaben des Sachverständigengutachtens konkretisiert. Die durchzuführenden Arbeiten weisen einen geringeren Umfang aus, ebenso wie die ansonsten aufwendiger im Gutachten angegebenen Lackierarbeiten und Ersatzteilkosten.

Demgemäß erhält der Geschädigte im vorliegenden Fall den Entschädigungsbetrag von 11.330 EUR.

4. Konkrete Abrechnung und Eigenreparatur/Anschaffung von Ersatzteilen

55 Der Geschädigte kann ebenfalls nach wie vor das Fahrzeug in Eigenregie selbst reparieren. Auf die entsprechenden Arbeitskosten, die er selbst einbringt und aufzuwenden hat, fällt demgemäß keine Mehrwertsteuer an. Für den Fall, dass der Geschädigte in der Kalkulation enthaltene Ersatzteile anschafft, würde er hierfür eine Rechnung mit Mehrwertsteuerausweis erhalten, so dass auf die Ersatzteile entsprechende Mehrwertsteuer anfällt.

56 *Berechnungsbeispiel:*

Die ermittelten Reparaturkosten betragen inkl. 19 % MwSt 11.900 EUR.

Mehrwertsteueranteil somit 1.900 EUR.

Die in der Kalkulation ermittelten Arbeitskosten betragen 6.000 EUR netto zuzüglich 19 % MwSt von 1.140 EUR, zusammen also 7.140 EUR.

Die Kosten für die Ersatzteile laut der Kalkulation betragen 4.000 EUR netto zuzüglich 19 % MwSt von 760 EUR, zusammen also 4.760 EUR.

Der Geschädigte repariert das Fahrzeug selbst und schafft lediglich die Ersatzteile laut der Kalkulation zum Gesamtpreis brutto 4.760 EUR an.

Berechnung:

Reparaturkosten inkl. Arbeitskosten netto	10.000 EUR
zuzüglich MwSt aus Ersatzteilerechnung	760 EUR
Gesamtentschädigungsbetrag	10.760 EUR

57 Dem Geschädigten bleibt es weiterhin unbenommen, Arbeiten, die er aufgrund fehlender Fachkenntnis nicht selbst ausführen kann, dennoch in der Werkstatt oder der Lackierwerkstatt durchführen zu lassen.

B. Der Reparaturschaden §4

Berechnungsbeispiel: 58

Die ermittelten Reparaturkosten betragen inkl. 19 % MwSt 11.900 EUR.

Mehrwertsteueranteil somit 1.900 EUR.

Der Geschädigte repariert selbst und schafft lediglich wiederum die Ersatzteile wie in der Kalkulation berechnet zum Preis von netto 4.000 EUR zuzüglich 19 % MwSt von 760 EUR, insgesamt also zu 4.760 EUR an.

Des Weiteren lässt er die Lackierarbeiten gemäß Kalkulation zum Preis von 1.000 EUR netto zuzüglich 19 % MwSt, also zum Gesamtpreis von 1.190 EUR in einer Fachwerkstatt durchführen.

Nachdem es dem Geschädigten auch nicht gelingt, ein Seitenteil fachgerecht einzubauen, lässt er diese einzelne Leistung in einer Werkstatt durchführen. Diese berechnet, wie auch in der Kalkulation angegeben hierfür 300 EUR zuzüglich 19 % MwSt von 57 EUR, zusammen also 357 EUR.

Berechnung:

Reparaturkosten inkl. Arbeitskosten netto	10.000 EUR
zuzüglich MwSt aus Ersatzteilrechnung	760 EUR
zuzüglich MwSt aus Rechnung der Lackierwerkstatt	190 EUR
zuzüglich MwSt aus Rechnung über Einbau Seitenteil	57 EUR
Gesamtentschädigungsbetrag somit	11.007 EUR

Praxishinweis: 59

Gerade aus dem vorstehenden Berechnungsbeispiel ergibt sich eine nicht zu unterschätzende Konsequenz für den Rechtsanwalt bei der Schadensberechnung. Der Rechtsanwalt kann sich nunmehr nicht mehr wie vor dem Inkrafttreten der neuen gesetzlichen Norm ohne weiteres auf den Inhalt und die Ergebnisse des Sachverständigengutachtens im Hinblick auf die Reparaturkosten verlassen, sondern muss beim Geschädigten genauestens nachfragen, wie er sein Fahrzeug reparieren will bzw. welchen Reparaturweg er wählen wird. Die vom Geschädigten für die Regulierung mit der Versicherung vorgelegten Schadensunterlagen, wie Einzelrechnungen etc. muss der Rechtsanwalt genauestens an Hand des Inhalts des Sachverständigengutachtens überprüfen, um hier den sachgerechten und höchstmöglichen Schadensersatzbetrag für den Geschädigten zu ermitteln. Es erscheint allerdings unpraktikabel, gegenüber der Versicherung noch keinen konkreten Schadensersatzbetrag geltend zu machen. In derartigen Fällen sollte immer der Bruttoreparaturbetrag aus der Sachverständigenkalkulation bzw. dem Kostenvoranschlag geltend gemacht werden bzw. ein entsprechender Vorbehalt erklärt werden.

5. Konkrete Abrechnung und 70 %-Grenze

60 Anders als bei der fiktiven Abrechnung von Reparaturkosten spielt die so genannte 70 %-Grenze bei einer konkreten Abrechnung eines Fahrzeugschadens keine Rolle. Die Versicherungen haben zwar auch in diesem Bereich versucht, aufgrund des von der Versicherungswirtschaft immer wieder ins Feld geführten Wirtschaftlichkeitspostulats auch in Fällen, in denen der Geschädigte sein Fahrzeug reparierte und eine konkrete Abrechnung gemäß der vorliegenden Rechnung begehrte, die entsprechende Vergleichskontrollrechnung aufzustellen. Die Rechtsprechung betont allerdings immer wieder, dass es für den Geschädigten jedenfalls bis zur betragsmäßigen Grenze des Wiederbeschaffungswertes ohne weiteres möglich ist, sein Fahrzeug zu reparieren und die Schadensabrechnung unter Vorlage der konkreten Reparaturrechnung vorzunehmen.

61 Wie unter Rdn 14 ausgeführt, kann der Geschädigte sogar die entsprechenden Reparaturkosten netto fiktiv innerhalb dieser Grenze abrechnen.[13]

Der für diesen Fall der fiktiven Abrechnung gem. dem Urteil des BGH vom 23.5.2006[14] notwendige Nutzungszeitraum von mindestens sechs Monaten nach dem Unfall gilt selbstverständlich bei der durchgeführten konkreten Abrechnung des Schadenfalles nicht. Verlangt der BGH im Fall fiktiver Abrechnung die Dokumentation an dem weiteren Interesse an dem Fahrzeug durch Weiternutzung, ergibt sich das Interesse des Geschädigten an der Weiternutzung des Fahrzeugs bereits durch die Beauftragung und Durchführung bzw. der eigenen und nachgewiesenen Durchführung einer Reparatur.

62 Dies muss dann erst recht für die konkrete Abrechnung bzw. nachweislich durchgeführte Reparatur innerhalb bzw. bis zur Grenze des Betrages des Wiederbeschaffungswertes gelten.

63 *Berechnungsbeispiel:*

Die ermittelten Reparaturkosten betragen inkl. 19 % MwSt 11.900 EUR.

Mehrwertsteueranteil somit 1.900 EUR.

Weiterhin beträgt der ermittelte Wiederbeschaffungswert netto 10.000 EUR zuzüglich 19 % MwSt von 1.900 EUR, insgesamt also 11.900 EUR.

Der ermittelte Restwert beträgt 2.000 EUR.

Der Geschädigte lässt sein Fahrzeug reparieren und legt eine Reparaturkostenrechnung über netto 10.000 EUR zuzüglich 19 % MwSt von 1.900 EUR zum Gesamtbetrag von 11.900 EUR vor.

---

[13] BGH, Urt. v. 29. 4. 2003, AZ: VI ZR 393/02.
[14] DAR 2006, 441.

B. Der Reparaturschaden § 4

Berechnung:
Der Geschädigte erhält hier den vollen Betrag aus der Reparaturkostenrechnung über 11.900 EUR. Nachdem der Geschädigte hier eine konkrete Wiederherstellungsmaßnahme seines Fahrzeuges getroffen hat und auch durch entsprechende Rechnungsvorlage nachgewiesen hat, ist der Versicherung eine Vergleichskontrollberechnung derart, dass sie nur einen Betrag von 8.000 EUR (10.000 EUR Wiederbeschaffungswert netto abzüglich 2.000 EUR Restwert) bezahlt, verwehrt.

Für den Fall, dass der Geschädigte eine konkrete Abrechnung durch Vorlage einer Reparaturrechnung vornimmt und die Reparaturrechnung niedriger oder höher ausfällt als die kalkulierten Reparaturkosten oder aber der Geschädigte eine konkrete Abrechnung bei einer teilweisen Reparatur, Billigreparatur oder Eigenreparatur vornimmt, ist auf die vorstehenden Berechnungsbeispiele und Schadensersatzrechtsgrundsätze zu verweisen. **64**

Für den Fall, dass nach Auftragserteilung zu einer Reparatur durch den Geschädigten die ermittelten Reparaturkosten aufgrund von Feststellungen weiterer unfallbedingter Schäden sich erhöhen und dadurch der Wiederbeschaffungswert überschritten wird, handelt es sich wieder um das Prognoserisiko, das zu Lasten des Schädigers geht und der Schädiger bzw. dessen Versicherung hat auch diesen erhöhten Betrag ohne die Möglichkeit der Vornahme einer Vergleichskontrollrechnung (Wiederbeschaffungswert abzüglich Restwert einerseits und tatsächliche Reparaturkosten andererseits) zu begleichen. Die 130 %-Grenze spielt hier keinerlei Rolle. **65**

Berechnungsbeispiel: **66**
Die ermittelten Reparaturkosten betragen inkl. 19 % MwSt 11.190 EUR.
Mehrwertsteueranteil somit 1.900 EUR.
Der ermittelte Wiederbeschaffungswert beträgt netto 10.000 EUR zuzüglich MwSt von 1.900 EUR, insgesamt also 11.900 EUR.
Der ermittelte Restwert beträgt 2.000 EUR.
Auf Grund während der Reparatur festgestellter weiterer unfallbedingter Schäden erhöhen sich die zunächst auf 11.900 EUR kalkulierten Reparaturkosten auf 11.000 EUR netto zuzüglich 19 % MwSt von 2.090 EUR, zusammen also auf 13.090 EUR.
Der Geschädigte legt die Reparaturrechnung über 13.090 EUR vor.
Berechnung:
In diesem Fall erhält der Geschädigte den erhöhten Reparaturkosten-Gesamtbetrag von 13.090 EUR.

6. Konkrete Abrechnung und 130 %-Grenze

67 Auch die Rechtsprechung des BGH, wonach der Geschädigte in bestimmten Fällen, wenn er ein besonderes Integritätsinteresse an dem Fahrzeug nachweist, das Fahrzeug auch dann noch reparieren darf, wenn die Reparaturkosten den Wiederbeschaffungswert um nicht mehr als 30 % überschreiten, ist von der gesetzlichen Neuregelung nicht tangiert. Insoweit gelten die vom BGH aufgestellten Grundsätze, wonach der Geschädigte auch eine Eigenreparatur vornehmen darf und er nicht verpflichtet ist, eine Reparaturkostenrechnung vorzulegen. Der Geschädigte muss im Rahmen des Integritätsinteresses lediglich nachweisen, dass er das beschädigte Fahrzeug gemäß den in einem Sachverständigengutachten oder in einem Kostenvoranschlag kalkulierten Reparaturkosten in einen dem früheren Zustand vor dem Unfall qualitativ und quantitativ gleichwertigen Zustand versetzt hat, wobei keine Not-, Billig- oder Teilreparatur vorliegen darf.[15]

68 Allerdings ist auch hier zu berücksichtigen, dass der Bruttowert der ermittelten Reparaturkosten mit dem Brutto-Wiederbeschaffungswert verglichen wird. Der BGH ging bei der Berechnung des 30 %-Wertes nämlich jeweils von Bruttowerten der Reparaturkosten und des Wiederbeschaffungswertes aus. Die teilweise vertretene Auffassung, dass die Neuregelung des § 249 Abs. 2 S. 2 BGB, wonach die Mehrwertsteuer nur insoweit ersetzt wird, wie sie angefallen ist, dazu führt, dass in den Fällen, in denen der Geschädigte das Fahrzeug in Eigenregie instand setzt und sodann innerhalb der 130 %-Grenze die Abrechnung der Reparaturkosten vornimmt, die geschätzten Reparaturkosten laut Gutachten lediglich netto 130 % des Wiederbeschaffungswertes auszumachen brauchen, wird daher der Rechtsprechung des BGH nicht gerecht, da sie andere und unterschiedliche Werte, nämlich die Nettoreparaturkosten mit dem Bruttowiederbeschaffungswert vergleicht. Insoweit kann auch die Begründung, dass die Mehrwertsteuer nicht berücksichtigt wird, wenn sie nicht anfällt, nicht überzeugen, da insoweit der in Eigenregie reparierende Geschädigte gegenüber demjenigen Geschädigten, der in einer Fachwerkstatt reparieren lassen will, bevorzugt wird. Letzterer könnte, da ja die Bruttoreparaturkosten über der 130 %-Grenze liegen würden, keine Reparatur mehr durchführen bzw. müsste, auch wenn er die Reparatur in einer Fachwerkstatt durchführt, behaupten, dass er diese in Eigenregie durchgeführt hat. Auch wegen des Ausnahmecharakters der 130 %-Regelung verbietet sich eine entsprechende Ausweitung der Grenze auf dann nahezu über 140 % bei Zugrundelegung einer derartigen Auffassung.

---

15 OLG Düsseldorf, NZV 1994, 479 f.; Urteile des BGH vom 15.2.2005 a.a.O. sowie vom 15.10.1991 BGH, zfs 1992, 8 f.

B. Der Reparaturschaden §4

Berechnungsbeispiel: **69**
Die ermittelten Reparaturkosten betragen inkl. 19 % MwSt 15.470 EUR.
Mehrwertsteueranteil somit = 2.470 EUR.
Der ermittelte Wiederbeschaffungswert beträgt inkl. 19 % MwSt 11.900 EUR. Der Geschädigte repariert das Fahrzeug in Eigenregie und legt eine Bestätigung eines Sachverständigen vor, wonach das Fahrzeug entsprechend der Kalkulation der Reparaturkosten in einen dem früheren Zustand vor dem Unfall qualitativ und quantitativ gleichwertigen Zustand versetzt wurde.

Berechnung:
Nachdem die kalkulierten Reparaturkosten brutto den ermittelten Wiederbeschaffungswert brutto um nicht mehr als 30 % übersteigen, erhält der Geschädigte den Betrag von 15.470 EUR grundsätzlich nur dann ersetzt, wenn er hierüber auch eine Reparaturkostenrechnung vorlegt, die den entsprechenden MwSt-Anteil ausweist. Nachdem der Geschädigte hier in Eigenregie repariert hat, kann er eine angefallene MwSt nicht nachweisen, so dass er den Nettobetrag aus den ermittelten Brutto-Reparaturkosten, somit einen Betrag von 13.000 EUR erhält.

Soweit der Brutto-Reparaturkostenbetrag den Bruttowiederbeschaffungswert um mehr als 30 % überschreitet, ist der Geschädigte zwar grundsätzlich auf die Totalschadenabrechnung Wiederbeschaffungswert abzüglich Restwert zu verweisen.   **70**

Berechnungsbeispiel: **71**
Die ermittelten Reparaturkosten betragen inkl. 19 % MwSt 16.065 EUR.
Mehrwertsteueranteil somit 2.565 EUR.
Der ermittelte Wiederbeschaffungswert beträgt inkl. 19 % MwSt 11.900 EUR.
Der ermittelte Restwert beträgt 1.000 EUR.
Der Geschädigte repariert das Fahrzeug in Eigenregie und legt eine Bestätigung eines Sachverständigen vor, wonach das Fahrzeug entsprechend der Kalkulation der Reparaturkosten in einen dem früheren Zustand vor dem Unfall qualitativ und quantitativ gleichwertigen Zustand versetzt wurde.

Berechnung:
Die Brutto-Reparaturkosten übersteigen hier den Brutto-Wiederbeschaffungswert um mehr als 30 %, auch wenn der Netto-Reparaturkostenbetrag von 13.500 EUR innerhalb der 130 %-Grenze im Vergleich zum Brutto-Wiederbeschaffungswert liegt. Insoweit kann der Geschädigte weder den Betrag von 16.065 EUR brutto noch von 13.500 EUR netto verlangen, sondern kann lediglich auf Totalschadensbasis (Wiederbeschaffungswert abzüglich Restwert) abrechnen, somit einen Betrag von 10.000 EUR (Netto-Wiederbeschaffungswert, da der Anfall von MwSt nicht

§ 4 Praxisfälle und Berechnungsbeispiele

nachgewiesen werden kann) abzüglich Restwert von 1.000 EUR, somit einen Betrag von 9.000 EUR verlangen.

72 Ausnahmsweise kann der Geschädigte unter bestimmten Voraussetzungen dennoch im Rahmen der 130 %-Regelung abrechnen,[16] auch wenn der Brutto-Reparaturkostenbetrag den Brutto-Wiederbeschaffungswert um mehr als 30 % überschreitet.

73 *Berechnungsbeispiel:*

Die ermittelten Reparaturkosten betragen inkl. 19 % MwSt 17.850 EUR.

Mehrwertsteueranteil somit 2.850 EUR.

Der ermittelte Wiederbeschaffungswert beträgt inkl. 19 % MwSt 11.900 EUR.

Der ermittelte Restwert beträgt 3.000 EUR.

Der Geschädigte lässt das Fahrzeug in einer Werkstatt reparieren und legt eine Rechnung über 15.470 EUR inkl. MwSt (130 %) und eine Bestätigung eines Sachverständigen vor, wonach das Fahrzeug entsprechend der Kalkulation der Reparaturkosten in einen dem früheren Zustand vor dem Unfall qualitativ und quantitativ gleichwertigen Zustand versetzt wurde.

Berechnung:

Die Brutto-Reparaturkosten laut dem Sachverständigengutachten übersteigen hier den Brutto-Wiederbeschaffungswert um mehr als 30 %, nämlich um 50 %. Auch für diesen Fall soll allerdings der Geschädigte, nachdem die tatsächlichen Reparaturkosten innerhalb der 130 %-Grenze geblieben sind, den vollen Reparaturkostenbetrag von 15.470 EUR verlangen können.

7. Konkrete Abrechnung und 130 %-Grenze sowie Reparatur mit Gebrauchtteilen

74 Wie bereits erläutert, erfolgt die Kalkulation von Reparaturkosten grundsätzlich unter Zugrundelegung von Stundenverrechnungssätzen einer (Marken-)Fachwerkstatt sowie unter Zugrundelegung von Ersatzteilpreisen von Originalersatzteilen. Es stellt sich die Frage, ob für den Fall, dass die 130 %-Grenze bei einer Kalkulation eines Fahrzeugschadens mit Originalersatzteilen überschritten wird, die Kalkulation/Reparatur mit Gebrauchtteilen möglich ist, die dann innerhalb der 130 %-Grenze liegt.

75 *Berechnungsbeispiel:*

Die ermittelten Reparaturkosten mit Originalersatzteilen betragen inkl. 19 % MwSt 18.000 EUR.

---

16 U.a. OLG Hamm, DAR 2002, 215; OLG Düsseldorf, DAR 2001, 303; OLG Karlsruhe, DAR 1999, 313.

Die ermittelten Reparaturkosten mit Gebrauchtteilen betragen inkl. 19 % MwSt 15.080 EUR.
Der ermittelte Wiederbeschaffungswert inkl. 19 % MwSt beträgt 11.600 EUR.
Der Geschädigte lässt sein Fahrzeug in einer Werkstatt mit Gebrauchtteilen reparieren/repariert sein Fahrzeug in Eigenregie mit Gebrauchtteilen und legt die Reparaturkostenrechnung inkl. 19 % MwSt über 15.080 EUR vor/legt ein Sachverständigengutachten über die sach- und fachgerechte Reparatur gemäß den Vorgaben des Sachverständigengutachtens vor.

Berechnung:
Auch in diesem Fall erhält der Geschädigte den Reparaturkostenbetrag brutto von 15.080 EUR bei Vorlage einer Reparaturrechnung und netto in Höhe von 12.672,26 EUR beim entsprechenden Nachweis der Eigenreparatur.

Dies ist mittlerweile herrschende Rechtsprechung, wonach der Geschädigte also bei der entsprechenden Reparatur Gebrauchtteile statt Neuteile verwenden kann. Auch in diesen Fällen muss die Reparatur lediglich sach- und fachgerecht, im Wesentlichen nach den Vorgaben eines Sachverständigengutachtens erfolgt sein. Damit demonstriert und dokumentiert der Geschädigte sein Integritätsinteresse.[17]

Der BGH musste zwar noch nicht über einen Fall entscheiden, bei dem es ausschließlich um die Frage einer durchgeführten Reparatur mit Gebrauchtteilen ging; also um einen Fall, bei dem die kalkulierten Reparaturkosten mit Originalersatzteilen zunächst über der 130 %-Grenze lagen und der Geschädigte sodann eine Reparatur mit Gebrauchtteilen durchführte, die letztendlich kostenmäßig unterhalb der 130 %-Grenze, aber oberhalb des Wiederbeschaffungswertes lag.

Der BGH hält dies allerdings für möglich und zulässig, da nach Auffassung des BGH ein vom Geschädigten eingeholtes Kfz-Schadengutachten keine absolute Bedeutung für die Frage hat, welche Reparaturkosten tatsächlich im Sinne des § 249 Abs. 2 S. 1 BGB ersatzfähig sind; zudem geht der BGH in verschiedenen anders gelagerten Urteilen davon aus, dass in Fällen, in denen die vom Sachverständigen geschätzten Reparaturkosten über der 130 %-Grenze liegen, es dem Geschädigten aber – **auch unter Verwendung von Gebrauchtteilen** – gelungen ist, eine nach Auffassung des sachverständig beratenen Gerichts fachgerechte und den Vorgaben des Gutachtens entsprechende Reparatur durchzuführen, deren Kosten unter Berücksichtigung eines merkantilen Minderwerts den Wiederbeschaffungswert nicht übersteigen, dem Geschädigten unter dem Gesichtspunkt des Wirtschaftlichkeitsgebots eine Abrechnung der konkret

---

17 OLG Düsseldorf, DAR 2001, 499; OLG Oldenburg, NZV 2000, 469; LG Oldenburg, DAR 2002, 223; AG Hagen, DAR 2000, 411; LG Kassel, zfs 1996, 13 ff.

§ 4 Praxisfälle und Berechnungsbeispiele

angefallenen Reparaturkosten, dies eben auch unter Verwendung von Gebrauchtteilen, nicht verwehrt werden kann.[18]

76 Die Fälle der Ersatzbeschaffung eines Fahrzeugs bei Vorliegen eines Reparaturfalles werden unter Rdn 81 ff. behandelt, da die Ersatzbeschaffung zwar ebenfalls eine Form der Wiederherstellung im Sinne des § 249 BGB ist, andererseits diese Fälle von der Systematik und Vergleichbarkeit zum besseren Verständnis dem Totalschadenfall gleichgestellt werden sollen.

III. Exkurs: Kaskoschaden

77 *Berechnungsbeispiel:*

In einem Kaskoschadenfall ermittelt der vom Kaskoversicherer beauftragte Sachverständige Reparaturkosten von 5.000 EUR netto zuzüglich 19 % Mehrwertsteuer von 950 EUR, zusammen also 5.950 EUR

In den Kaskoversicherungsbedingungen ist festgelegt, dass der Versicherungsnehmer Mehrwertsteuer nur gegen Vorlage einer Rechnung erhält. Der Versicherungsnehmer lässt sein Fahrzeug

a) nicht reparieren und rechnet fiktiv ab;
b) teilweise für 3.000 EUR netto zuzüglich 570 EUR Mehrwertsteuer, für zusammen also 3.570 EUR laut Rechnung reparieren;
c) für insgesamt 5.950 EUR (5.000 EUR netto zuzüglich 950 EUR Mehrwertsteuer) reparieren.

Berechnung:

a) In diesem Fall erhält der Versicherungsnehmer gemäß den Kaskoversicherungsbedingungen 5.000 EUR, also den Nettobetrag ohne Mehrwertsteuer.
b) Für diesen Fall erhält der Versicherungsnehmer 5.570 EUR, nachdem er nur eine Rechnung mit dem Mehrwertsteuerbetrag von 570 EUR vorlegen kann.
c) Nachdem der Versicherungsnehmer hier laut den Kaskoversicherungsbedingungen eine Rechnung über die volle im Sachverständigengutachten ausgewiesene Mehrwertsteuer vorlegen kann, erhält er 5.950 EUR.

78 Die Kaskoversicherungsfälle beim Reparaturschaden sind relativ unproblematisch bzw. hinsichtlich der Berechtigung zur Geltendmachung von Mehrwertsteuer identisch zu den Fällen im Haftpflichtschadenbereich zu behandeln.

---

18 Siehe u.a. BGH-Urteile vom 10.7.2007, AZ: VI ZR 258/06, vom 14.12.2010, AZ: VI ZR 231/09, vom 8.2.2011, AZ: VI ZR 79/10, vom 15.11.2011, AZ: VI ZR 30/11 und vom 2.6.2015, AZ: VI ZR 387/14.

| | C. Der Totalschaden/Ersatzbeschaffung eines Fahrzeugs | § 4 |

Im Kaskoschadenfall erhält der Versicherungsnehmer in der Regel immer nur den gemäß einer Rechnung nachgewiesenen Mehrwertsteuerbetrag. 79

Insofern sind derartige Kaskoversicherungsbedingungen immer auf Ihre Wirksamkeit hin, nämlich im Hinblick auf eine unangemessene Benachteiligung sowie ggf. einen Verstoß gegen das Transparenzgebot (siehe § 307 BGB) zu überprüfen, wobei hier insbesondere auf die Entscheidung des BGH vom 24.5.2006, AZ: IV ZR 263/03[19] hinzuweisen ist. 80

C. Der Totalschaden/Ersatzbeschaffung eines Fahrzeugs

I. Abrechnung nach Gutachten/fiktive (normative) Abrechnung

1. Beim Totalschaden

Soweit der Geschädigte einen ermittelten Wiederbeschaffungswert nach einem eingeholten Gutachten bzw. rein fiktiv, also ohne konkreten Nachweis der Ersatzanschaffung eines Fahrzeugs abrechnen will, besteht die Möglichkeit, dass das betreffende Fahrzeug regelmäßig bzw. überwiegend regelbesteuert, das heißt mit 19 % Mehrwertsteuer oder lediglich differenzbesteuert, das heißt mit einer Mehrwertsteuer aus dem Differenzbetrag von Händlereinkaufswert und Händlerverkaufswert ausgewiesen (in Ausnahmefällen unter Berücksichtigung von Aufwendungen des Händlers) bei einem Fahrzeughändler oder aber letztlich nur auf dem Privatmarkt ohne jeglichen Mehrwertsteuerausweis zu erhalten ist. 81

Zu beachten ist, dass der Differenzumsatzsteueranteil aus der Handelsspanne zwischen Händlereinkaufswert und Händlerverkaufswert zwar in der Instanzrechtsprechung uneinheitlich durchaus bei Werten zwischen 1 %, aber auch bis zu 10 % angenommen wurde; allerdings hat der BGH in seinen beiden Urteilen vom 15.11.2005, AZ: VI ZR 26/05[20] und vom 6.5.2006, AZ: VI ZR 225/05[21] den jeweils von den Instanzgerichten angenommenen und geschätzten Differenzumsatzsteueranteil von 2 % aufgrund des tatrichterlichen Ermessens und der beschränkten Überprüfbarkeit von Entscheidungen gem. § 287 ZPO gebilligt, sodass zumindest bis zum 31.12.2006 (Regelbesteuerung 16 %) von diesem Differenzumsatzsteueranteil von geschätzten 2 % auszugehen war. 82

Für Unfallgeschehen ab dem 1.1.2007 bzw. bereits auch bei Unfallschäden ab Mitte Dezember 2006, die zu einem Totalschaden am Fahrzeug des Geschädigten führten, ist bzw. war aufgrund der Mehrwertsteuererhöhung auf 19 % ab 1.1.2007 von einem höheren Differenzumsatzsteueranteil auszugehen, wobei, nachdem sich die Mehrwertsteuer im 83

---

19 NJW 2006, 2545.
20 VersR 2006, 238.
21 SP 2006, 279.

§ 4 Praxisfälle und Berechnungsbeispiele

Verhältnis 16 % : 19 % um ca. knapp unter 20 % erhöhte, diesbezüglich von **geschätzten ca. 2,4 % Differenzumsatzsteueranteil ausgegangen werden kann.**

a) Wiederbeschaffungswert regelbesteuert

84 Handelt es sich bei dem ermittelten Wiederbeschaffungswert um einen regelbesteuerten Wiederbeschaffungswert, kann der Geschädigte, was exakt der gesetzlichen Situation und der Intention des Gesetzgebers entspricht, bei fiktiver Abrechnung auch nur den Nettobetrag aus dem Wiederbeschaffungswert, somit unter Abzug von 19 % Mehrwertsteuer verlangen.

85 *Berechnungsbeispiel:*

Regelbesteuerter Wiederbeschaffungswert laut Gutachten inkl. 19 % MwSt.	11.900 EUR
Enthaltene MwSt somit	1.900 EUR
Der Geschädigte rechnet nach Gutachten ab. Er erhält	10.000 EUR

86 Genau einen derartigen Sachverhalt aus dem Berechnungsbeispiel hatte der BGH in seinem Urteil vom 20.4.2004, AZ: VI ZR 109/03[22] zu entscheiden. Der BGH führte hierzu eindeutig aus, dass im Falle eines wirtschaftlichen Totalschadens an einem Kraftfahrzeug der Geschädigte einen Anspruch auf Ersatz von Umsatzsteuer nur hat, wenn er eine Ersatzbeschaffung vorgenommen hat (oder – ungeachtet der Unwirtschaftlichkeit einer Instandsetzung – sein beschädigtes Fahrzeug repariert hat) und wenn tatsächlich Umsatzsteuer angefallen ist.

87 Nachdem dies weder im Berechnungsbeispiel geschah noch im vorbeschriebenen Fall des BGH kann der Geschädigte nur den sich aus dem Gutachten ergebenden Nettobetrag des Wiederbeschaffungswertes verlangen.

b) Wiederbeschaffungswert differenzbesteuert

88 Hier erhält der Geschädigte bei rein fiktiver Abrechnung lediglich den um die Differenzumsatzsteuer verringerten Betrag des im Gutachten ermittelten Wiederbeschaffungswertes.

89 Nur der Differenzumsatzsteuerbetrag ist in Abzug zu bringen, da auch Differenzumsatzsteuer, das heißt Mehrwertsteuer nur insoweit angefallen sein kann.

90 *Berechnungsbeispiel:*

Differenzbesteuerter Wiederbeschaffungswert inkl. Mehrwertsteueranteil (Differenzumsatzsteuer)	6.000,00 EUR
Enthaltene Differenzumsatzsteuer 2,4 %, somit	140,62 EUR
Der Geschädigte rechnet nach Gutachten ab. Er erhält	5.859,38 EUR

---

[22] VersR 2004, 876 = ZGS 2004, 269 = BGHZ 158, 388 = NJW 2004, 1943.

C. Der Totalschaden/Ersatzbeschaffung eines Fahrzeugs § 4

Der BHG hatte es zwar in seinem vorbezeichneten Urteil vom 20.4.2004 mit einem laut Sachverständigengutachten kalkulierten Wiederbeschaffungswert zu tun, der regelbesteuert ist, wobei allerdings die Grundsätze dieses Urteils auch auf den Fall anzuwenden sind, dass ein Sachverständiger in dem Gutachten den kalkulierten Wiederbeschaffungswert aufgrund des Umstandes, dass derartige Fahrzeuge überwiegend oder lediglich differenzbesteuert bei Fahrzeughändlern zu erhalten sind, auch nur differenzbesteuert angibt. 91

c) Wiederbeschaffungswert Privatmarkt

Ist der Wiederbeschaffungswert für ein Fahrzeug ermittelt worden, das im Wesentlichen aufgrund seines Alters nicht mehr beim gewerblichen Händler zu erhalten ist, sondern nur noch auf dem Privatmarkt, fällt bei derartigen Käufen keinerlei Mehrwertsteuer an, so dass bereits der ermittelte Wiederbeschaffungswert diese Angabe enthalten muss. 92

Insoweit kann kein Mehrwertsteuerbetrag – auch nicht bei einer Abrechnung nach Gutachten/fiktiven Abrechnung – in Abzug gebracht werden, da insoweit überhaupt keine Mehrwertsteuer anfallen kann bzw. angefallen sein kann. 93

> *Berechnungsbeispiel:* 94
> Ermittelter Wiederbeschaffungswert auf dem Privatmarkt ohne
> MwSt   2.000 EUR
> Enthaltene MwSt somit   0 EUR
> Der Geschädigte rechnet nach Gutachten ab. Er erhält   2.000 EUR

Insoweit ist u.a. auf ein Urteil des Amtsgerichts Arnsberg[23] hinzuweisen. Das Amtsgericht Arnsberg vertritt ebenfalls die Auffassung, dass für den Fall, dass es sich um ein älteres Fahrzeug handelt und derartige Fahrzeuge überwiegend privat gekauft werden, hinsichtlich des ermittelten Wiederbeschaffungswertes keine anteilige Umsatzsteuer herauszurechnen ist. Nachdem bei derartigen Verkäufen grundsätzlich keine Umsatzsteuer anfällt, ist sie auch nicht zu berücksichtigen. 95

Der BGH hatte zwar bislang noch nicht konkret über einen derartigen Fall zu entscheiden. Allerdings ist u.a. den Entscheidungsgründen seines Urteils vom 9.5.2006, AZ: VI ZR 225/05[24] zu entnehmen, dass er sich der Marktsituation bewusst ist, nämlich dass Fahrzeuge teilweise nur noch auf dem Privatmarkt erhältlich sind, sodass bei einem derart geschätzten Wiederbeschaffungswert keine Umsatzsteuer enthalten ist, die in Abzug gebracht werden kann. 96

---

23 AG Arnsberg, Urt. v. 14.4.2003, AZ: 14 C 30/03.
24 SP 2006, 279.

Derselbe Rechtsgedanke lässt sich einem BGH-Urteil vom 3.3.2009, AZ: VI ZR 100/08 entnehmen.

2. Beim Reparaturschaden

97 Bei der Schadensfeststellung an einem beschädigten Fahrzeug enthalten sowohl die von einem Sachverständigen in einem Gutachten als auch die von einem Reparaturbetrieb in einem Kostenvoranschlag ermittelten Reparaturkosten jeweils 19 % Mehrwertsteuer.

98 Nachdem die neue gesetzliche Vorschrift des § 249 Abs. 2 S. 2 BGB in bestimmten Fällen nur die Höhe des Schadensersatzanspruches betrifft, es im Übrigen dem Geschädigten aber weiterhin freisteht, auf welche Art und Weise er die Schadenskompensation vornimmt, ist er berechtigt, auch in reinen Reparaturfällen ein Ersatzfahrzeug anzuschaffen. Hierbei ist bei der jeweiligen Berechnung wieder zwischen der Anschaffung eines regelbesteuerten, eines differenzbesteuerten sowie eines Fahrzeugs vom Privatmarkt zu unterscheiden.

a) Anschaffung eines regelbesteuerten Fahrzeugs

99 Es bestehen hier die Möglichkeiten, dass dieses angeschaffte Fahrzeug entweder günstiger, gleich teuer oder teurer als die ermittelten Reparaturkosten inkl. Mehrwertsteuer ist:

aa) Angeschafftes Ersatzfahrzeug ist günstiger als die ermittelten Reparaturkosten

100 *Berechnungsbeispiel:*
Die ermittelten Reparaturkosten betragen inkl. 19 % MwSt 23.800 EUR.
Enthaltene MwSt somit 3.800 EUR.
Der Geschädigte erwirbt ein Ersatzfahrzeug zum Preis von 11.900 EUR inkl. 19 % MwSt.
Enthaltene MwSt beim Ersatzfahrzeug also 1.900 EUR.
Berechnung:

Reparaturbetrag inkl. 19 % MwSt	23.800 EUR
abzüglich 19 % MwSt hieraus	3.800 EUR
ergibt	20.000 EUR
zuzüglich 19 % MwSt aus Kaufpreis Ersatzfahrzeug	1.900 EUR
Gesamtentschädigung	21.900 EUR

C. Der Totalschaden/Ersatzbeschaffung eines Fahrzeugs § 4

bb) Angeschafftes Ersatzfahrzeug ist gleich teuer wie die ermittelten Reparaturkosten

Berechnungsbeispiel: 101

Die ermittelten Reparaturkosten betragen inkl. 19 % MwSt 23.800 EUR.
Enthaltene MwSt somit 3.800 EUR.
Der Geschädigte erwirbt ein Ersatzfahrzeug zum Preis von 23.800 EUR inkl. 19 % MwSt.
Enthaltene MwSt beim Ersatzfahrzeug also 3.800 EUR.

Berechnung:

Reparaturbetrag inkl. 19 % MwSt	23.800 EUR
abzüglich 19 % MwSt hieraus	3.800 EUR
ergibt	20.000 EUR
zuzüglich 19 % MwSt aus Kaufpreis Ersatzfahrzeug	3.800 EUR
Gesamtentschädigung	23.800 EUR

cc) Angeschafftes Ersatzfahrzeug ist teurer als die ermittelten Reparaturkosten

Berechnungsbeispiel: 102

Die ermittelten Reparaturkosten betragen inkl. 19 % MwSt 23.800 EUR.
Enthaltene MwSt somit 3.800 EUR.
Der Geschädigte erwirbt ein Ersatzfahrzeug zum Preis von 35.700 EUR inkl. 19 % MwSt.
Enthaltene MwSt beim Ersatzfahrzeug also 5.700 EUR.

Berechnung:

Reparaturbetrag inkl. 19 % MwSt	23.800 EUR
abzüglich 19 % MwSt hieraus	3.800 EUR
ergibt	20.000 EUR
zuzüglich an sich 19 % MwSt aus 35.700 EUR = 5.700 EUR, aber Begrenzung durch tatsächlich ermittelte MwSt aus Reparaturkosten	3.800 EUR
Gesamtentschädigung	23.800 EUR

§ 4 Praxisfälle und Berechnungsbeispiele

b) Anschaffung eines differenzbesteuerten Fahrzeugs

103 In den nachfolgenden Berechnungsbeispielen soll jeweils davon ausgegangen werden, dass in den Preisen der angeschafften Ersatzfahrzeuge jeweils 2,4 % Differenzumsatzsteuer enthalten sind.

aa) Angeschafftes Ersatzfahrzeug ist günstiger als die ermittelten Reparaturkosten

104 *Berechnungsbeispiel:*

Die ermittelten Reparaturkosten inkl. 19 % Mehrwertsteuer betragen 11.900 EUR.

Enthaltene MwSt somit 1.900 EUR.

Der Geschädigte schafft ein Ersatzfahrzeug inkl. 2,4 % Differenzumsatzsteuer an, zum Preis von = 8.000 EUR.

Der Differenzumsatzsteueranteil beträgt demnach 187,50 EUR.

Berechnung:

Reparaturkosten inkl. 19 % MwSt	11.900,00 EUR
abzüglich 19 % MwSt hieraus	1.900,00 EUR
ergibt	10.000,00 EUR
zuzüglich 2,4 % Differenzumsatzsteuer aus 8.000 EUR	187,50 EUR
Gesamtentschädigung	10.187,50 EUR

bb) Angeschafftes Ersatzfahrzeug ist gleich teuer wie die ermittelten Reparaturkosten

105 *Berechnungsbeispiel:*

Die ermittelten Reparaturkosten inkl. 19 % MwSt betragen 11.900 EUR.

Enthaltene MwSt somit 1.900 EUR.

Der Geschädigte schafft ein Ersatzfahrzeug inkl. 2,4 % Differenzumsatzsteuer an, zum Preis von 11.900 EUR.

Der Differenzumsatzsteueranteil beträgt demnach 278,90 EUR.

Berechnung:

Reparaturkosten inkl. 19 % MwSt	11.900,00 EUR
abzüglich 19 % MwSt hieraus	1.900,00 EUR
ergibt	10.000,00 EUR
zuzüglich 2,4 % Differenzumsatzsteuer aus 11.900 EUR	278,90 EUR
Gesamtentschädigung	10.278,90 EUR

C. Der Totalschaden/Ersatzbeschaffung eines Fahrzeugs § 4

cc) Angeschafftes Ersatzfahrzeug ist teurer als die ermittelten Reparaturkosten

Berechnungsbeispiel: 106
Die ermittelten Reparaturkosten betragen inkl. 19 % MwSt 11.900 EUR.
Enthaltene MwSt somit 1.900 EUR.
Der Geschädigte schafft ein Ersatzfahrzeug inkl. 2,4 % Differenzumsatzsteuer an, zum Preis von 15.000 EUR.
Der Differenzumsatzsteueranteil beträgt demnach 351,56 EUR.

Berechnung:

Reparaturkosten inkl. 19 % MwSt	11.900,00 EUR
abzüglich 19 % MwSt hieraus	1.900,00 EUR
ergibt	10.000,00 EUR
zuzüglich 2,4 % Differenzumsatzsteuer aus 15.000 EUR	351,56 EUR
Gesamtentschädigung	10.351,56 EUR

Weiteres Berechnungsbeispiel: 107
Die ermittelten Reparaturkosten inkl. 19 % MwSt betragen 11.900 EUR.
Enthaltene MwSt somit 1.900 EUR.
Der Geschädigte schafft ein Ersatzfahrzeug inkl. 2,4 % Differenzumsatzsteuer an, zum Preis von 100.000 EUR.
Der Differenzumsatzsteueranteil beträgt demnach 2.343,75 EUR.

Berechnung:

Reparaturkosten inkl. 19 % MwSt	11.900 EUR
abzüglich 19 % MwSt hieraus	1.900 EUR
ergibt	10.000 EUR
zuzüglich 2,4 % Differenzumsatzsteueranteil von an sich 2.343,75 EUR, allerdings begrenzt durch Mehrwertsteueranteil aus Reparaturkosten	1.900 EUR
Gesamtentschädigung	11.900 EUR

Achtung! 108
Die in den Berechnungsbeispielen errechneten Entschädigungssummen entsprechen dem Gesetzeswortlaut, wonach der Geschädigte MwSt nur in der Höhe erhält, in der sie tatsächlich angefallen ist.

§ 4 Praxisfälle und Berechnungsbeispiele

109 Zieht man allerdings die ständige Rechtsprechung des BGH heran, der vom Geschädigten schon wegen seines erlittenen Schadens weder überobligatorische Anstrengungen bei der Wiederherstellung seines ursprünglichen Vermögenszustandes verlangt, noch den Geschädigten verpflichtet, auf Kosten des Schädigers zu sparen, könnte man auch die Auffassung vertreten, dass der Geschädigte unabhängig davon, ob das von ihm mit Differenzumsatzsteuer angeschaffte Ersatzfahrzeug günstiger oder gleich teuer oder aber teurer als die ermittelten Reparaturkosten mit 19 % Mehrwertsteueranteil ist, er auf jeden Fall mindestens den von ihm aufgewendeten Betrag für das Ersatzfahrzeug erhält, selbstverständlich begrenzt durch die tatsächlichen Reparaturkosten inkl. dem Mehrwertsteueranteil von 19 %.

110 *Berechnungsbeispiel:*

Die ermittelten Reparaturkosten betragen inkl. 19 % MwSt 11.900 EUR.

Enthaltene MwSt somit 1.900 EUR.

Der Geschädigte schafft ein Ersatzfahrzeug inkl. Differenzumsatzsteuer an zum Gesamtpreis von 11.000 EUR.

Der Differenzumsatzsteueranteil beträgt demnach 257,81 EUR.

Nach der oben unter Rdn 109 vertretenen Auffassung würde der Geschädigte insgesamt 11.000 EUR auch erhalten.

Weiteres Berechnungsbeispiel:

Die ermittelten Reparaturkosten betragen inkl. 19 % MwSt 11.900 EUR.

Enthaltene MwSt somit 1.900 EUR.

Der Geschädigte schafft ein Ersatzfahrzeug inkl. Differenzumsatzsteuer an zum Gesamtpreis von 15.000 EUR.

Der Differenzumsatzsteueranteil beträgt demnach 351,56 EUR.

111 Nach der oben unter Rdn 109 vertretenen Auffassung würde der Geschädigte hier 11.900 EUR erhalten, da sein Schadensersatzanspruch lediglich durch die tatsächlich ermittelten Reparaturkosten und der darin enthaltenen MwSt begrenzt ist.

112 *Praxishinweis*

Soweit bislang bekannt, nimmt lediglich ein Haftpflichtversicherer die Schadensregulierung auf der Basis aus den beiden vorgenannten Berechnungsbeispielen vor. Dieser Versicherer begründet seine geschädigtenfreundliche Regulierung damit, dass die neue gesetzliche Regelung, die Gesetzesbegründung und die dahinterstehende Intention des Gesetzgebers so verstanden wird, dass der Geschädigte, soweit er eine Reinvestitionsmaßnahme mindestens in Höhe des festgestellten Schadensersatzbetrages vornimmt, nicht schlechter gestellt werden darf als nach der bisherigen alten Gesetzeslage. Allein der Umstand einer nachgewiesenen **Reinvestition mindestens in Höhe**

C. Der Totalschaden/Ersatzbeschaffung eines Fahrzeugs § 4

der festgestellten Schadensumme inkl. MwSt berechtigt den Geschädigten demnach, diese festgestellte Schadensumme zu fordern.

Berechnungsbeispiel zum Praxishinweis: 113
Die ermittelten Reparaturkosten betragen inkl. 19 % MwSt 11.900 EUR.
Der Mehrwertsteueranteil beträgt also 1.900 EUR.
Der Geschädigte schafft sich ein Ersatzfahrzeug auf dem Privatmarkt ohne Mehrwertsteuerausweis/von einem Händler inkl. 2,4 % Differenzumsatzsteuer (278,90 EUR) für insgesamt 11.900 EUR an.
Berechnung:
Nach der geschädigtenfreundlichen Auffassung der Versicherung würde der Geschädigte in beiden Fällen, also der Anschaffung des Fahrzeugs auf dem Privatmarkt und der Anschaffung des Fahrzeugs beim Händler einen Schadensersatzbetrag von 11.900 EUR erhalten. Gleiches gilt natürlich selbstredend für die Schadensbeseitigungsmaßnahme, dass der Geschädigte sich ein Ersatzfahrzeug bei einem Händler inkl. 19 % MwSt zum Preis von 11.900 EUR anschafft.

Weiteres Berechnungsbeispiel zum Praxishinweis: 114
Die ermittelten Reparaturkosten betragen inkl. 19 % MwSt 11.900 EUR.
Der Mehrwertsteueranteil beträgt also 1.900 EUR.
Der Geschädigte schafft sich ein Ersatzfahrzeug auf dem Privatmarkt ohne Mehrwertsteuerausweis/von einem Händler inkl. 2,4 % Differenzumsatzsteuer (257,81 EUR) zum Preis von 11.000 EUR an.
Berechnung:
In diesem Fall würde die erwähnte Versicherung dem Geschädigten einen Schadensersatzbetrag von 11.000 EUR ausbezahlen, da in dieser Höhe unabhängig von der Anschaffung eines Ersatzfahrzeugs vom Privatmarkt oder vom Händler mit ausgewiesener Differenzumsatzsteuer eine Reinvestitionsmaßnahme in Höhe von 11.000 EUR getätigt wurde.

War diese Auffassung bislang umstritten, wobei auch in der Literatur Befürworter dieser Auffassung zu finden waren, da es ansonsten jeweils dem Zufall überlassen bleibt, auf welchem Markt (regelbesteuerter Markt beim Händler, differenzbesteuerter Markt beim Händler oder Privatmarkt ohne Mehrwertsteuerausweis) der Geschädigte sein Fahrzeug wiederbeschafft, könnte nunmehr der Grundgedanke des BGH-Urteils vom 1.3.2005, AZ: VI ZR 91/04[25] herangezogen werden. Das Urteil betrifft zwar den Fall, 115

---

25 ZGS 2005, 312 = BGHZ 162, 270 = VersR 2005, 994.

§ 4 Praxisfälle und Berechnungsbeispiele

dass ein Geschädigter sich bei einem Totalschaden, nicht aber einem Reparaturschaden, ein Ersatzfahrzeug zu einem Preis anschafft, der dem in dem von ihm eingeholten Sachverständigengutachten ausgewiesenen (Brutto-)Wiederbeschaffungswert des unfallbeschädigten Fahrzeugs entspricht bzw. diesen übersteigt.

116 Es stellt sich die Frage, ob dieser Sachverhalt im Wege der Wiederherstellungsmaßnahme, eben auch bei einem Reparaturschaden durch Anschaffung eines Ersatzfahrzeugs nicht auf den letztgenannten Sachverhalt übertragen werden kann. Für den BGH war maßgebend, dass der Geschädigte zum einen eine konkrete Schadensabrechnung durch den Kauf eines Fahrzeugs vornahm, das mindestens genauso teuer bzw. teurer war als der ermittelte Brutto-Wiederbeschaffungswert. Für diesen Fall soll es dann nach dem BGH auf die Frage, ob und in welcher Höhe in dem im Gutachten ausgewiesenen (Brutto-)Wiederbeschaffungswert Umsatzsteuer enthalten ist, nicht mehr ankommen. Demgegenüber kann natürlich die Auffassung vertreten werden, dass es sich um den umgekehrten Fall handelt, nämlich, dass in einem Gutachten bei den Reparaturkosten regelmäßig regelbesteuerte Reparaturkosten inkl. 19 % Mehrwertsteuer ausgewiesen sind und kein unterschiedlicher Mehrwertsteuerausweis, wie im Wiederbeschaffungswert, möglich ist. Allerdings ist die Auffassung vorzuziehen, dass beide Sachverhalte vergleichbar sind, da der Geschädigte hier, auch der gesetzgeberischen Intention der Neuregelung des § 249 Abs. 2 S. 2 BGB folgend, nämlich Reinvestitionsmaßnahmen konkreter Art zu treffen nachkommt.

117 Stellt man diese gesetzgeberische Intention in den Vordergrund, muss es einem Geschädigten möglich sein, gemäß den vorstehenden Beispielen abzurechnen.

c) Anschaffung eines Fahrzeugs vom Privatmarkt

118 Beim Kauf eines Ersatzfahrzeugs vom Privatmarkt fällt keine Mehrwertsteuer an, so dass nach dem Gesetzeswortlaut auch tatsächlich keine Mehrwertsteuer angefallen sein kann. Nach dem Gesetzeswortlaut bedeutet dies für die einzelnen Wiederherstellungsmaßnahmen des Geschädigten Folgendes:

aa) Angeschafftes Ersatzfahrzeug ist günstiger als die ermittelten Reparaturkosten

119 *Berechnungsbeispiel:*

Die ermittelten Reparaturkosten betragen inkl. 19 % MwSt 11.900 EUR.

Der Mehrwertsteueranteil beträgt also 1.900 EUR.

Der Geschädigte schafft sich ein Ersatzfahrzeug auf dem Privatmarkt für 8.000 EUR an.

C. Der Totalschaden/Ersatzbeschaffung eines Fahrzeugs § 4

Berechnung:
Reparaturkosten inkl. 19 % MwSt	11.900 EUR
abzüglich Mehrwertsteueranteil	1.900 EUR
ergibt	10.000 EUR

Nachdem das Ersatzfahrzeug ohne angefallene MwSt ist, kann auch kein Mehrwertsteueranteil hinzugerechnet werden; so dass die Entschädigungssumme für den Geschädigten 10.000 EUR beträgt.

bb) Angeschafftes Ersatzfahrzeug ist gleich teuer wie die ermittelten Reparaturkosten

Berechnungsbeispiel: **120**
Die ermittelten Reparaturkosten betragen inkl. 19 % MwSt 11.900 EUR.
Der Mehrwertsteueranteil beträgt also 1.900 EUR.
Der Geschädigte schafft sich ein Ersatzfahrzeug auf dem Privatmarkt für 11.900 EUR an.
Berechnung:
Reparaturkosten inkl. 19 % MwSt	11.900 EUR
abzüglich Mehrwertsteueranteil	1.900 EUR
ergibt	10.000 EUR

Nachdem das Ersatzfahrzeug ohne angefallene MwSt ist, kann auch kein Mehrwertsteueranteil hinzugerechnet werden, so dass die Entschädigungssumme für den Geschädigten zumindest nach vorstehender Berechnung 10.000 EUR beträgt.

Allerdings ist auch auf dieses Berechnungsbeispiel meiner Auffassung nach der Gedanke **121**
des BGH-Urteils vom 1.3.2005[26] anzuwenden, da auch hier der Geschädigte nachweislich eine konkrete Reinvestitionsmaßnahme tätigt und ihm so entsprechend der voll aufgewandte Kaufpreis von 11.900 EUR zusteht.

cc) Angeschafftes Ersatzfahrzeug ist teurer als die ermittelten Reparaturkosten

Berechnungsbeispiel: **122**
Die ermittelten Reparaturkosten betragen inkl. 19 % MwSt 11.900 EUR.
Der Mehrwertsteueranteil beträgt also 1.900 EUR.
Der Geschädigte schafft sich ein Ersatzfahrzeug auf dem Privatmarkt für 15.000 EUR an.

---

26 A.a.O.

§ 4 Praxisfälle und Berechnungsbeispiele

Berechnung:

Reparaturkosten inkl. 19 % MwSt	11.900 EUR
abzüglich Mehrwertsteueranteil	1.900 EUR
ergibt	10.000 EUR

Nachdem das Ersatzfahrzeug ohne angefallene MwSt ist, kann auch kein Mehrwertsteueranteil hinzugerechnet werden, so dass die Entschädigungssumme für den Geschädigten zumindest nach vorstehender Berechnung 10.000 EUR beträgt.

123 Unter Hinweis auf die unter § 3 Rdn 56 ff. und oben unter Rdn 115 dargelegte Rechtsprechung des BGH könnte auch hier die Auffassung vertreten werden, dass der Geschädigte immer mindestens den Betrag erhält, den er auch für das angeschaffte Ersatzfahrzeug vom Privatmarkt ausgegeben hat, dies allerdings begrenzt durch eine **Untergrenze von mindestens 10.000 EUR** in den Berechnungsbeispielen und begrenzt durch die **Obergrenze** der ermittelten Reparaturkosten inkl. Mehrwertsteuer **von höchstens 11.900 EUR**.

124 *Berechnungsbeispiel:*

Die ermittelten Reparaturkosten betragen inkl. 19 % MwSt 11.900 EUR.

Der Mehrwertsteueranteil beträgt also 1.900 EUR.

Der Geschädigte schafft sich ein Ersatzfahrzeug auf dem Privatmarkt für 11.000 EUR an.

Berechnung:

Reparaturkosten inkl. 19 % MwSt	11.900 EUR
abzüglich Mehrwertsteueranteil	1.900 EUR
ergibt	10.000 EUR

Nach obiger Auffassung (Rdn 123) soll der Geschädigte hier allerdings mindestens den Ersatzbeschaffungsbetrag von 11.000 EUR erhalten.

125 *Weiteres Berechnungsbeispiel:*

Die Reparaturkosten inkl. 19 % MwSt betragen 11.900 EUR.

Der Mehrwertsteueranteil beträgt also 1.900 EUR.

Der Geschädigte schafft sich ein Ersatzfahrzeug auf dem Privatmarkt für 15.000 EUR an.

Berechnung:

Reparaturkosten inkl. 19 % MwSt	11.900 EUR
abzüglich Mehrwertsteueranteil	1.900 EUR
ergibt	10.000 EUR

C. Der Totalschaden/Ersatzbeschaffung eines Fahrzeugs § 4

Nach obiger Auffassung (Rdn 123) soll der Geschädigte aber mindestens den von ihm aufgewendeten Ersatzbeschaffungspreis vom Privatmarkt erhalten, allerdings begrenzt durch die tatsächlichen Reparaturkosten inkl. MwSt, somit also 11.900 EUR.

Eine Auffassung (auch die des erwähnten Versicherers), wonach ein Geschädigter immer so gestellt werden müsste, als ob der von ihm bezahlte Kaufpreis für das Ersatzfahrzeug 19 % Mehrwertsteuer enthält, würde auch mit der grundlegenden Intention des Gesetzgebers übereinstimmen. Man könnte die Auffassung vertreten, dass es teilweise Zufall ist, ob der Geschädigte ein Fahrzeug regelbesteuert bzw. differenzumsatzbesteuert beim Händler erhält oder dieses nur auf dem Privatmarkt findet. Des Weiteren könnte man argumentieren, dass der Geschädigte nicht verpflichtet ist, wenn es etwa ein Fahrzeug nur differenzumsatzbesteuert beim Händler gibt, zu warten, bis ein solches Fahrzeug beim Händler regelbesteuert zu erhalten ist oder so lange zu suchen, bis er ein regelbesteuertes Fahrzeug findet. Gleiches könnte auf die Kaufabsicht auf dem Privatmarkt übertragen werden. 126

Insoweit muss allerdings die Grenze wie vorbeschrieben bei den tatsächlichen Aufwendungen des Geschädigten mit der jeweiligen **Unter- und Obergrenze** gezogen werden. 127

II. Konkrete Abrechnung/nachweisbare Anschaffung eines Ersatzfahrzeugs beim Totalschaden

Nimmt der Geschädigte eine konkrete Abrechnung gegenüber dem Schädiger bzw. dessen Haftpflichtversicherung vor, beschafft sich also der Geschädigte ein Ersatzfahrzeug und legt die Rechnung bzw. den Beleg hierüber vor, bestehen für ihn die verschiedenen Möglichkeiten, nämlich dass der Geschädigte sich ein Fahrzeug kauft, das teurer, gleich teuer oder aber günstiger ist als der in einem Gutachten ermittelte Wiederbeschaffungswert inkl. Mehrwertsteuer. 128

Bei der Schadensfeststellung mit ermitteltem Wiederbeschaffungswert beim Totalschaden enthält der von einem Sachverständigen in einem Gutachten ermittelte Wiederbeschaffungswert entweder 19 % Mehrwertsteuer bei Regelbesteuerung oder Differenzumsatzsteuer von ca. 2,4 % oder keine Mehrwertsteuer wegen der Ermittlung des Wiederbeschaffungswertes auf dem Privatmarkt. 129

Nachdem die (neue) gesetzliche Vorschrift des § 249 Abs. 2 S. 2 BGB in bestimmten Fällen nur die Höhe des Schadensersatzanspruches betrifft, es im Übrigen dem Geschädigten aber weiterhin freisteht, auf welche Art und Weise er die Schadenskompensation vornimmt, ist er weiterhin berechtigt, ein Ersatzfahrzeug entweder beim Händler regelbesteuert oder mit Differenzbesteuerung oder aber auch vom Privatmarkt zu erwerben. Hierbei ist bei der jeweiligen Berechnung wieder zwischen dem Wiederbeschaffungswert 130

§ 4 Praxisfälle und Berechnungsbeispiele

eines regelbesteuerten, eines differenzbesteuerten sowie eines Fahrzeugs vom Privatmarkt zu unterscheiden.

Ob das weiter vorne dargestellte Urteil des BGH vom 13.9.2016, AZ: VI ZR 654/15 (siehe § 3 Rdn 115 ff.) auf die nachstehenden Fallkonstellationen Einfluss hat, nachdem der BGH bei der Fallkonstellation im Urteil vom 13.9.2016 von einer unzulässigen Kombination fiktiver und konkreter Abrechnung ausgeht, bleibt in der Instanzrechtsprechung abzuwarten.

1. Wiederbeschaffungswert regelbesteuert

a) Anschaffung eines regelbesteuerten Fahrzeugs

131 Es bestehen hier die Möglichkeiten, dass dieses angeschaffte Fahrzeug entweder günstiger, gleich teuer oder teurer als der ermittelte Wiederbeschaffungswert inkl. Mehrwertsteuer ist:

aa) Angeschafftes Ersatzfahrzeug ist günstiger als der ermittelte Wiederbeschaffungswert

132 *Berechnungsbeispiel:*

Der ermittelte Wiederbeschaffungswert beträgt inkl. 19 % MwSt 23.800 EUR.

Enthaltene MwSt somit 3.800 EUR.

Der Geschädigte erwirbt ein Ersatzfahrzeug zum Preis inkl. 19 % MwSt von 11.900 EUR.

Enthaltene MwSt beim Ersatzfahrzeug also 1.900 EUR.

Berechnung:

Wiederbeschaffungswert inkl. 19 % MwSt	23.800 EUR
abzüglich 19 % MwSt hieraus	3.800 EUR
ergibt	20.000 EUR
zuzüglich 19 % MwSt aus Kaufpreis Ersatzfahrzeug	1.900 EUR
Gesamtentschädigung	21.900 EUR

bb) Angeschafftes Ersatzfahrzeug ist gleich teuer wie der ermittelte Wiederbeschaffungswert

133 *Berechnungsbeispiel:*

Der ermittelte Wiederbeschaffungswert beträgt inkl. 19 % MwSt 23.800 EUR.

Enthaltene MwSt somit 3.800 EUR.

C. Der Totalschaden/Ersatzbeschaffung eines Fahrzeugs § 4

Der Geschädigte erwirbt ein Ersatzfahrzeug zum Preis inkl. 19 % MwSt von 23.800 EUR.
Enthaltene MwSt beim Ersatzfahrzeug also 3.800 EUR.
Berechnung:

Wiederbeschaffungswert inkl. 19 % MwSt	23.800 EUR
abzüglich 19 % MwSt hieraus	3.800 EUR
ergibt	20.000 EUR
zuzüglich 19 % MwSt aus Kaufpreis Ersatzfahrzeug	3.800 EUR
Gesamtentschädigung	23.800 EUR

cc) Angeschafftes Ersatzfahrzeug ist teurer als der ermittelte Wiederbeschaffungswert

Berechnungsbeispiel: **134**
Der ermittelte Wiederbeschaffungswert beträgt inkl. 19 % MwSt 23.800 EUR.
Enthaltene MwSt somit 3.800 EUR.
Der Geschädigte erwirbt ein Ersatzfahrzeug zum Preis von 35.700 EUR inkl. 19 % MwSt.
Enthaltene MwSt beim Ersatzfahrzeug also 5.700 EUR.
Berechnung:

Wiederbeschaffungswert inkl. 19 % MwSt	23.800 EUR
abzüglich 19 % MwSt hieraus	3.800 EUR
ergibt	20.000 EUR
zuzüglich an sich 19 % MwSt aus 35.700 EUR = 5.700 EUR, aber Begrenzung durch tatsächlich ermittelte MwSt aus Wiederbeschaffungswert	3.800 EUR
Gesamtentschädigung	23.800 EUR

b) Anschaffung eines differenzbesteuerten Fahrzeugs

In den nachfolgenden Berechnungsbeispielen soll jeweils davon ausgegangen werden, **135** dass in den Preisen der angeschafften Ersatzfahrzeuge jeweils 2,4 % Differenzumsatzsteuer enthalten sind.

§ 4 Praxisfälle und Berechnungsbeispiele

aa) Angeschafftes Ersatzfahrzeug ist günstiger als der ermittelte Wiederbeschaffungswert

136 *Berechnungsbeispiel:*
Der ermittelte Wiederbeschaffungswert beträgt inkl. 19 % MwSt 11.900 EUR.
Mehrwertsteueranteil somit 1.900 EUR
Der Geschädigte schafft ein Ersatzfahrzeug inkl. 2,4 % Differenzumsatzsteuer an, zum Preis von 8.000 EUR.
Der Differenzumsatzsteueranteil beträgt demnach 187,50 EUR.

Berechnung:

Wiederbeschaffungswert inkl. 19 % MwSt	11.900,00 EUR
abzüglich 19 % MwSt hieraus	1.900,00 EUR
ergibt	10.000,00 EUR
zuzüglich 2,4 % Differenzumsatzsteuer aus 8.000 EUR	187,50 EUR
Gesamtentschädigung	10.187,50 EUR

137 Falls man auch auf einen derartigen Fall den Rechtsgedanken des BGH-Urteils vom 1.3.2005[27] und die sonstigen vorstehenden Argumente (oben Rdn 126) und insbesondere die gesetzgeberische Intention anwenden möchte, wäre zu überlegen, ob nicht auch für den Fall, dass das im Wege einer konkreten Ersatzbeschaffungsmaßnahme vom Geschädigten angeschaffte Fahrzeug günstiger als der ermittelte Wiederbeschaffungswert ist, also nicht gleich teuer oder teurer wie im vorgenannten Fall des BGH, ein fiktiver Mehrwertsteueranteil aus dem Betrag von 8.000 EUR in Höhe der Regelbesteuerung von 19 %, also ein Betrag von 1.277,31 EUR dem Netto-Wiederbeschaffungswertbetrag von 10.000 EUR hinzugerechnet wird, sodass der Geschädigte hier anstatt 10.187,50 EUR (um den Differenzumsatzsteueranteil erhöhter Netto-Wiederbeschaffungswert) einen Betrag von 11.277,31 EUR (um Regelsteueranteil erhöhter Netto-Wiederbeschaffungswert) erhalten soll.

138 Diese Auffassung wäre allerdings meiner Meinung nach zu weitgehend, da hier, wie dies auch im BGH-Urteil vom 1.3.2005 zum Ausdruck kommt, nicht ein gleichwertiges Fahrzeug bzw. nicht ein annähernd gleichwertiges Fahrzeug etwa zum Preis knapp um die 11.000 EUR erworben wurde.

139 Insoweit muss es meiner Auffassung nach bei dem Gesamtentschädigungsbetrag von 10.187,50 EUR verbleiben.[28]

---

27 A.a.O.
28 Siehe aber auch OLG Köln, NJW 2004, 1465.

C. Der Totalschaden/Ersatzbeschaffung eines Fahrzeugs § 4

Auch hier wird abzuwarten bleiben, ob das BGH-Urteil vom 13.9.2016, AZ: VI ZR 654/15 (siehe § 3 Rdn 115 ff.), das in einem ähnlich gelagerten Fall von einer unzulässigen Kombination von fiktiver und konkreter Abrechnung ausgeht, Einfluss auf die Instanzrechtsprechung zu derartigen Fallkonstellationen haben wird.

bb) Angeschafftes Ersatzfahrzeug ist gleich teuer wie der ermittelte Wiederbeschaffungswert

Berechnungsbeispiel: **140**
Der ermittelte Wiederbeschaffungswert beträgt inkl. 19 % MwSt 11.900 EUR.
Mehrwertsteueranteil somit 1.900 EUR.
Der Geschädigte schafft ein Ersatzfahrzeug inkl. 2,4 % Differenzumsatzsteuer an, zum Preis von 11.900 EUR.
Der Differenzumsatzsteueranteil beträgt demnach 278,90 EUR.
Berechnung:

Wiederbeschaffungswert inkl. 19 % MwSt	11.900,00 EUR
abzüglich 19 % MwSt hieraus	1.900,00 EUR
ergibt	10.000,00 EUR
zuzüglich 2,4 % Differenzumsatzsteuer aus 11.900 EUR	278,90 EUR
Gesamtentschädigung	10.278,90 EUR

Im Gegensatz zum vorgehenden Berechnungsbeispiel schaffte der Geschädigte hier allerdings ein gleichwertiges Ersatzfahrzeug, wenn auch differenzbesteuert vom Gebrauchtwagenhändler an. Insoweit trifft hier wiederum der Rechtsgedanke des BGH-Urteils vom 1.3.2005 sowie die weitere Argumentation eines Zufallsprinzips zu, sodass für diesen Fall meiner Meinung nach der Gesamtentschädigungsbetrag für den Geschädigten nicht 10.278,90 EUR (Erhöhung um Differenzumsatzsteueranteil), sondern 11.900 EUR (erhöht um einen, wenn auch „fiktiven Regelbesteuerungsanteil") betragen muss (siehe auch Urteil des OLG Köln a.a.O.). **141**

cc) Angeschafftes Ersatzfahrzeug ist teurer als der ermittelte Wiederbeschaffungswert

Berechnungsbeispiel: **142**
Der Wiederbeschaffungswert beträgt inkl. 19 % MwSt 11.900 EUR.
Mehrwertsteueranteil somit 1.900 EUR.
Der Geschädigte schafft ein Ersatzfahrzeug inkl. 2,4 % Differenzumsatzsteuer an, zum Preis von 15.000 EUR.

§ 4 Praxisfälle und Berechnungsbeispiele

Der Differenzumsatzsteueranteil beträgt demnach 351,56 EUR.

Berechnung:

Wiederbeschaffungswert inkl. 19 % MwSt	11.900,00 EUR
abzüglich 19 % MwSt hieraus	1.900,00 EUR
ergibt	10.000,00 EUR
zuzüglich 2,4 % Differenzumsatzsteuer aus 15.000 EUR	351,56 EUR
Gesamtentschädigung	10.351,56 EUR

143 Aufgrund der Argumentation am Ende des vorhergehenden Berechnungsbeispiels kann gerade für den Umstand, dass der Geschädigte im Rahmen einer konkreten Ersatzbeschaffungsmaßnahme sogar eine höhere Investition durch den Kauf eines teureren Fahrzeugs, als dem Brutto-Wiederbeschaffungswert vorgenommen hat im Wege eines Erstrechtschlusses die Gesamtentschädigungssumme für den Geschädigten mit einem Betrag von 11.900 EUR bemessen werden (siehe hierzu auch das Urteil des BGH vom 1.3.2005 sowie die Zufallsprinzipargumentation).

144 *Weiteres Berechnungsbeispiel:*

Der ermittelte Wiederbeschaffungswert beträgt inkl. 19 % MwSt 11.900 EUR.

Mehrwertsteueranteil somit 1.900 EUR.

Der Geschädigte schafft ein Ersatzfahrzeug inkl. 2,4 % Differenzumsatzsteuer an, zum Preis von 100.000 EUR.

Der Differenzumsatzsteueranteil beträgt demnach 2.343,75 EUR.

Berechnung:

Wiederbeschaffungswert inkl. 19 % MwSt	11.900 EUR
abzüglich 19 % MwSt hieraus	1.900 EUR
ergibt	10.000 EUR
zuzüglich 2,4 % Differenzumsatzsteueranteil von an sich 2.343,75 EUR, allerdings begrenzt durch Mehrwertsteueranteil aus Wiederbeschaffungswert	1.900 EUR
Gesamtentschädigung	11.900 EUR

145 *Achtung!*

Die in den Berechnungsbeispielen errechneten Entschädigungssummen entsprechen grundsätzlich dem Gesetzeswortlaut, wonach der Geschädigte MwSt nur in der Höhe erhält, in der sie tatsächlich angefallen ist.

C. Der Totalschaden/Ersatzbeschaffung eines Fahrzeugs § 4

Aufgrund der Anmerkungen zu den einzelnen Berechnungsbeispielen sprechen allerdings im Hinblick auf das Urteil des BGH vom 1.3.2005 sowie die weiteren vorstehenden Argumente, die besseren Gründe dafür, den Geschädigten für seine konkrete Ersatzbeschaffungsmaßnahme und seine Reinvestitionsmaßnahmen entsprechend der gesetzgeberischen Intention zu belohnen, wenn eine annähernd gleichartige und gleichwertige (gleich teuer oder teurer) Reinvestitionsmaßnahme vom Geschädigten getroffen wird.

146

c) Anschaffung eines Fahrzeugs vom Privatmarkt

Beim Kauf eines Ersatzfahrzeugs vom Privatmarkt fällt keine Mehrwertsteuer an, so dass nach dem Gesetzeswortlaut auch tatsächlich keine Mehrwertsteuer angefallen sein kann. Nach dem Gesetzeswortlaut bedeutet dies für die einzelnen Wiederherstellungsmaßnahmen des Geschädigten folgendes:

147

aa) Angeschafftes Ersatzfahrzeug ist günstiger als der ermittelte Wiederbeschaffungswert

Berechnungsbeispiel:
Der ermittelte Wiederbeschaffungswert beträgt inkl. 19 % MwSt 11.900 EUR.
Der Mehrwertsteueranteil beträgt also 1.900 EUR.
Der Geschädigte schafft sich ein Ersatzfahrzeug auf dem Privatmarkt für 8.000 EUR an.
Berechnung:

148

Wiederbeschaffungswert inkl. 19 % MwSt	11.900 EUR
abzüglich Mehrwertsteueranteil	1.900 EUR
ergibt	10.000 EUR

Nachdem das Ersatzfahrzeug ohne angefallene MwSt ist, kann auch kein Mehrwertsteueranteil hinzugerechnet werden, so dass die Entschädigungssumme für den Geschädigten 10.000 EUR beträgt.

bb) Angeschafftes Ersatzfahrzeug ist gleich teuer wie der ermittelte Wiederbeschaffungswert

Berechnungsbeispiel:
Der ermittelte Wiederbeschaffungswert beträgt inkl. 19 % MwSt 11.900 EUR.
Der Mehrwertsteueranteil beträgt also 1.900 EUR.
Der Geschädigte schafft sich ein Ersatzfahrzeug auf dem Privatmarkt für 11.900 EUR an.

149

§ 4 Praxisfälle und Berechnungsbeispiele

Berechnung:

Wiederbeschaffungswert inkl. 19 % MwSt	11.900 EUR
abzüglich Mehrwertsteueranteil	1.900 EUR
ergibt	10.000 EUR

Nachdem das Ersatzfahrzeug ohne angefallene MwSt ist, kann auch kein Mehrwertsteueranteil hinzugerechnet werden, so dass die Entschädigungssumme für den Geschädigten 10.000 EUR beträgt.

cc) Angeschafftes Ersatzfahrzeug ist teurer als der ermittelte Wiederbeschaffungswert

150 *Berechnungsbeispiel:*

Der ermittelte Wiederbeschaffungswert beträgt inkl. 19 % MwSt 11.900 EUR.

Der Mehrwertsteueranteil beträgt also 1.900 EUR.

Der Geschädigte schafft sich ein Ersatzfahrzeug auf dem Privatmarkt für 15.000 EUR an.

Berechnung:

Wiederbeschaffungswert inkl. 19 % MwSt	11.900 EUR
abzüglich Mehrwertsteueranteil	1.900 EUR
ergibt	10.000 EUR

Nachdem das Ersatzfahrzeug ohne angefallene MwSt ist, kann auch kein Mehrwertsteueranteil hinzugerechnet werden, so dass die Entschädigungssumme für den Geschädigten 10.000 EUR beträgt.

151 Unter Hinweis auf die vorstehend dargelegte Rechtsprechung des BGH muss auch hier die Auffassung vertreten werden, dass der Geschädigte immer mindestens den Betrag erhält, den er auch für das angeschaffte Ersatzfahrzeug vom Privatmarkt ausgegeben hat, dies allerdings begrenzt durch eine Untergrenze von mindestens 10.000 EUR in den Berechnungsbeispielen und begrenzt durch die Obergrenze des ermittelten Wiederbeschaffungswertes inkl. Mehrwertsteuer von höchstens 11.900 EUR.

152 *Berechnungsbeispiel:*

Der ermittelte Wiederbeschaffungswert beträgt inkl. 19 % MwSt 11.900 EUR.

Der Mehrwertsteueranteil beträgt also 1.900 EUR.

Der Geschädigte schafft sich ein Ersatzfahrzeug auf dem Privatmarkt für 11.000 EUR an.

C. Der Totalschaden/Ersatzbeschaffung eines Fahrzeugs § 4

Berechnung:

Wiederbeschaffungswert inkl. 19 % MwSt	11.900 EUR
abzüglich Mehrwertsteueranteil	1.900 EUR
ergibt	10.000 EUR

Nach obiger Auffassung soll der Geschädigte hier allerdings mindestens den Ersatzbeschaffungsbetrag von 11.000 EUR erhalten.

Nach einer möglicherweise zu weit gehenden Auffassung, eventuell sogar einen Betrag von 11.756,30 EUR (Netto-Wiederbeschaffungswert von 10.000 EUR zuzüglich fiktiven Mehrwertsteueranteil von 19 % aus 11.000 EUR, nämlich 1.756,30 EUR. **153**

Weiteres Berechnungsbeispiel: **154**

Der ermittelte Wiederbeschaffungswert beträgt inkl. 19 % MwSt 11.900 EUR.

Der Mehrwertsteueranteil beträgt also 1.900 EUR.

Der Geschädigte schafft sich ein Ersatzfahrzeug auf dem Privatmarkt für 15.000 EUR an.

Berechnung:

Reparaturkosten inkl. 19 % MwSt	11.900 EUR
abzüglich Mehrwertsteueranteil	1.900 EUR
ergibt	10.000 EUR

Nach obiger Auffassung soll der Geschädigte aber mindestens den von ihm aufgewendeten Ersatzbeschaffungspreis vom Privatmarkt erhalten, allerdings begrenzt durch den tatsächlichen Wiederbeschaffungswert inkl. MwSt, somit also 11.900 EUR.

Diese Auffassung (auch die des erwähnten Versicherers), wonach ein Geschädigter immer so gestellt werden müsste, als ob der von ihm bezahlte Kaufpreis für das Ersatzfahrzeug 19 % Mehrwertsteuer enthält, würde auch mit der grundlegenden Intention des Gesetzgebers übereinstimmen. Man könnte die Auffassung vertreten, dass es teilweise Zufall ist, ob der Geschädigte ein Fahrzeug regelbesteuert bzw. differenzumsatzbesteuert beim Händler erhält oder dieses nur auf dem Privatmarkt findet. Des Weiteren könnte man argumentieren, dass der Geschädigte nicht verpflichtet ist, wenn es etwa ein Fahrzeug nur differenzumsatzbesteuert beim Händler gibt, zu warten, bis ein solches Fahrzeug beim Händler regelbesteuert zu erhalten ist oder so lange zu suchen, bis er ein regelbesteuertes Fahrzeug findet. Gleiches könnte auf die Kaufabsicht auf dem Privatmarkt übertragen werden. **155**

Insoweit muss allerdings die Grenze wie vorbeschrieben bei den tatsächlichen Aufwendungen des Geschädigten mit der jeweiligen **Ober- und Untergrenze** gezogen werden. **156**

§ 4 Praxisfälle und Berechnungsbeispiele

2. Wiederbeschaffungswert mit Differenzumsatzsteuer

157 Zur Vereinfachung der Berechnungsbeispiele soll hier im Folgenden von einer Differenzumsatzsteuer im Wiederbeschaffungswert von 2,4 % ausgegangen werden.

158 *Beachte!*

Selbstverständlich ist dies nur ein angenommener, auf Statistiken basierender Mittelwert der Differenzumsatzsteuer, der sich aus der Differenz aus dem Händlereinkaufswert und dem Händlerverkaufswert des entsprechenden Fahrzeugs errechnet. Dieser Differenzumsatzsteuersatz von bis zum 31.12.2006 geschätzten 2 % und ab 1.1.2007 geschätzten 2,4 % geht auf eine ebenfalls geschätzte Händlerspanne, von ca. 10–20 % zurück, wobei bei einer angenommenen Händlerspanne von ca. 10 % der Differenzumsatzsteueranteil bezogen auf den Gesamtkaufpreis des Ersatzfahrzeugs, dessen Wiederbeschaffungswert ermittelt ist ca. 1,2 % beträgt und bei einer angenommenen Händlerspanne von 20 % sich ein solcher Prozentsatz von ca. 2,8 % ergibt. Der Mittelwert aus den beiden Werten 1,2 % und 2,8 % liegt bei eben diesem angenommenen und geschätzten 2 % Differenzumsatzsteueranteil bezogen auf den Gesamtkaufpreis des Fahrzeuges, dessen Wiederbeschaffungswert ermittelt wird. Wegen der Mehrwertsteuererhöhung von 16 % auf 19 % (Erhöhung ca. 20 %) hat sich der geschätzte Differenzumsatzsteueranteil auf 2,4 % ab 1.1.2007 erhöht.

159 In manchen Fällen kann die Differenzumsatzsteuer auch 0 % sein bzw. gar keine Differenz zwischen Händlereinkaufs- und Händlerverkaufspreis bestehen, wenn etwa der Fahrzeughändler das Fahrzeug, hinsichtlich dessen ein Wiederbeschaffungswert ermittelt wurde, im Wege eines Koppelgeschäfts teuer eingekauft und höchstens genauso teuer oder sogar billiger weiterverkauft hat. Des Weiteren kann auch ein höherer Differenzumsatzsteuersatz bei besonderen Marktlagen oder besonderen Fahrzeugtypen vorliegen. Solche besonderen Umstände unterliegen dann bei entsprechendem Sachvortrag der richterlichen Schätzung gem. § 287 ZPO.

a) Anschaffung eines regelbesteuerten Fahrzeugs

160 Es bestehen hier die Möglichkeiten, dass dieses angeschaffte Fahrzeug entweder günstiger, gleich teuer oder teurer als der ermittelte Wiederbeschaffungswert inkl. Mehrwertsteuer ist:

aa) Angeschafftes Ersatzfahrzeug ist günstiger als der ermittelte Wiederbeschaffungswert

161 *Berechnungsbeispiel:*

Der ermittelte Wiederbeschaffungswert beträgt inkl. 2,4 % MwSt 23.200 EUR. Enthaltene MwSt somit 543,75 EUR.

C. Der Totalschaden/Ersatzbeschaffung eines Fahrzeugs § 4

Der Geschädigte erwirbt ein Ersatzfahrzeug zum Preis von 11.900 EUR inkl. 19 % MwSt.
Enthaltene MwSt beim Ersatzfahrzeug also 1.900 EUR.

Berechnung Wiederbeschaffungswert inkl. 2,4 % MwSt	23.200,00 EUR
abzüglich 2,4 % MwSt hieraus	543,75 EUR
ergibt	22.656,25 EUR
zuzüglich 19 % MwSt aus Kaufpreis Ersatzfahrzeug = 1.900 EUR, wobei hier die Obergrenze der tatsächliche Wiederbeschaffungswert inkl. Differenzumsatzsteuer ist	543,75 EUR
Gesamtentschädigung	23.200,00 EUR

Genau dieses Berechnungsbeispiel zeigt sehr deutlich, dass es teilweise von Zufälligkeiten abhängt, welchen Mehrwertsteueranteil der Geschädigte letztendlich erhält. Erhält er im vorgenannten Berechnungsbeispiel den vollen Mehrwertsteueranteil nur deshalb, weil ein differenzbesteuerter Wiederbeschaffungswert ermittelt wurde und er sich ein regelbesteuertes Fahrzeug angeschafft hat, würde er im umgekehrten Fall, nämlich der Ermittlung eines regelbesteuerten Wiederbeschaffungswertes und der Anschaffung eines differenzbesteuerten Fahrzeugs gravierende wirtschaftliche Nachteile gegenüber dem so besser gestellten Geschädigten erleiden. Zieht man den Grundgedanken des Gesetzgebers heran, nämlich den Geschädigten zu Reinvestitionsmaßnahmen anzuhalten, ergibt sich ohne weiteres die Rechtfertigung für die Argumentation, dass der Geschädigte bei Ersatzbeschaffungsmaßnahmen immer den von ihm für die Ersatzbeschaffung eines Fahrzeugs aufgewandten Betrag erhalten soll, begrenzt durch die Untergrenze des ermittelten Nettoschadenbetrages, also des Netto-Wiederbeschaffungswertes und durch die Obergrenze des Brutto-Wiederbeschaffungswertes, also inkl. entsprechender Mehrwertsteuer (so auch die Argumentation des BGH-Urteils vom 1.3.2005 zumindest für den Fall der Anschaffung eines gleichteuren bzw. teureren Fahrzeugs).

162

bb) Angeschafftes Ersatzfahrzeug ist gleich teuer wie der ermittelte Wiederbeschaffungswert

Berechnungsbeispiel:
Der ermittelte Wiederbeschaffungswert beträgt inkl. 2,4 % MwSt 23.200 EUR.
Enthaltene MwSt somit 543,75 EUR.
Der Geschädigte erwirbt ein Ersatzfahrzeug zum Preis von 23.200 EUR inkl. 19 % MwSt.
Enthaltene MwSt beim Ersatzfahrzeug also 3.704,20 EUR.

163

§ 4 Praxisfälle und Berechnungsbeispiele

Berechnung:

Wiederbeschaffungswert inkl. 2,4 % MwSt	23.200,00 EUR
abzüglich 2,4 % MwSt hieraus	543,75 EUR
ergibt	22.656,25 EUR
zuzüglich 19 % MwSt aus Kaufpreis Ersatzfahrzeug = 3.704,20 EUR, wobei hier die Obergrenze der tatsächliche Wiederbeschaffungswert inkl. Differenzumsatzsteuer ist	543,75 EUR
Gesamtentschädigung	23.200,00 EUR

cc) Angeschafftes Ersatzfahrzeug ist teurer als der ermittelte Wiederbeschaffungswert

164 *Berechnungsbeispiel:*

Der ermittelte Wiederbeschaffungswert beträgt inkl. 2,4 % MwSt 23.200 EUR.

Enthaltene MwSt somit 543,75 EUR.

Der Geschädigte erwirbt ein Ersatzfahrzeug zum Preis von 35.700 EUR inkl. 19 % MwSt.

Enthaltene MwSt beim Ersatzfahrzeug also 5.700 EUR.

Berechnung:

Wiederbeschaffungswert inkl. 2,4 % MwSt	23.200,00 EUR
abzüglich 2,4 % MwSt hieraus	543,75 EUR
ergibt	22.656,25 EUR
zuzüglich an sich 19 % MwSt aus 35.700 EUR = 5.700 EUR, aber Begrenzung durch tatsächlich ermittelte MwSt aus Wiederbeschaffungswert inkl. Differenzumsatzsteuer	543,75 EUR
Gesamtentschädigung	23.200,00 EUR

b) Anschaffung eines differenzbesteuerten Fahrzeugs

165 In den nachfolgenden Berechnungsbeispielen soll davon ausgegangen werden, dass in den Preisen der angeschafften Ersatzfahrzeuge jeweils 2,4 % Differenzumsatzsteuer enthalten sind.

C. Der Totalschaden/Ersatzbeschaffung eines Fahrzeugs § 4

aa) Angeschafftes Ersatzfahrzeug ist günstiger als der ermittelte Wiederbeschaffungswert

Berechnungsbeispiel: 166

Der ermittelte Wiederbeschaffungswert beträgt inkl. 2,4 % MwSt 11.600 EUR.
Der Differenzumsatzsteueranteil beträgt somit 271,87 EUR.
Der Geschädigte schafft ein Ersatzfahrzeug inkl. 2,4 % Differenzumsatzsteuer an, zum Preis von 8.000 EUR.
Der Differenzumsatzsteueranteil beträgt demnach 187,50 EUR.

Berechnung:

Wiederbeschaffungswert inkl. 2,4 % MwSt	11.600,00 EUR
abzüglich 2,4 % MwSt hieraus	271,87 EUR
ergibt	11.328,13 EUR
zuzüglich 2,4 % Differenzumsatzsteuer aus 8.000 EUR	187,50 EUR
Gesamtentschädigung	11.515,63 EUR

bb) Angeschafftes Ersatzfahrzeug ist gleich teuer wie der ermittelte Wiederbeschaffungswert

Berechnungsbeispiel: 167

Der ermittelte Wiederbeschaffungswert beträgt inkl. 2,4 % MwSt 11.600 EUR.
Der Differenzumsatzsteueranteil beträgt somit 271,87 EUR.
Der Geschädigte schafft ein Ersatzfahrzeug inkl. 2,4 % Differenzumsatzsteuer an, zum Preis von 11.600 EUR.
Der Differenzumsatzsteueranteil beträgt demnach 271,87 EUR.

Berechnung:

Wiederbeschaffungswert inkl. 2,4 % MwSt	11.600,00 EUR
abzüglich 2,4 % MwSt hieraus	271,87 EUR
ergibt	11.328,13 EUR
zuzüglich 2,4 % Differenzumsatzsteuer aus 11.600 EUR	271,87 EUR
Gesamtentschädigung	11.600,00 EUR

§ 4 Praxisfälle und Berechnungsbeispiele

cc) Angeschafftes Ersatzfahrzeug ist teurer als der ermittelte Wiederbeschaffungswert

168 *Berechnungsbeispiel:*
Der Wiederbeschaffungswert beträgt inkl. 2,4 % MwSt 11.600 EUR.
Der Differenzumsatzsteueranteil beträgt somit 271,87 EUR.
Der Geschädigte schafft ein Ersatzfahrzeug inkl. 2,4 % Differenzumsatzsteuer an, zum Preis von 15.000 EUR.
Der Differenzumsatzsteueranteil beträgt demnach 351,56 EUR.

Berechnung:

Wiederbeschaffungswert inkl. 2,4 % MwSt	11.600,00 EUR
abzüglich 2,4 % MwSt hieraus	271,87 EUR
ergibt	11.328,13 EUR
zuzüglich 2,4 % Differenzumsatzsteuer aus 15.000 EUR = 351,56 EUR, allerdings begrenzt durch den tatsächlichen Wiederbeschaffungswert inkl. der Differenzumsatzsteuer	271,87 EUR
Gesamtentschädigung	11.600,00 EUR

169 *Achtung!*
Die in den Berechnungsbeispielen errechneten Entschädigungssummen entsprechen grundsätzlich dem Gesetzeswortlaut, wonach der Geschädigte MwSt nur in der Höhe erhält, in der sie tatsächlich angefallen ist.

170 Zieht man allerdings wiederum die ständige Rechtsprechung des BGH heran, der vom Geschädigten schon wegen seines erlittenen Schadens weder überobligatorische Anstrengungen bei der Wiederherstellung seines ursprünglichen Vermögenszustandes verlangt, noch den Geschädigten verpflichtet, auf Kosten des Schädigers zu sparen, könnte man auch die Auffassung vertreten, dass der Geschädigte unabhängig davon, ob das von ihm mit Differenzumsatzsteuer angeschaffte Ersatzfahrzeug günstiger oder gleich teuer oder aber teurer als der ermittelte Wiederbeschaffungswert mit 2,4 % Differenzumsatzsteueranteil ist, er auf jeden Fall mindestens den von ihm aufgewendeten Betrag für das Ersatzfahrzeug erhält, selbstverständlich begrenzt durch den tatsächlichen Wiederbeschaffungswert inkl. dem 2,4 % Differenzumsatzsteueranteil.

171 *Berechnungsbeispiel:*
Der ermittelte Wiederbeschaffungswert beträgt inkl. 2,4 % MwSt 11.600 EUR.
Der Differenzumsatzsteueranteil beträgt somit 271,87 EUR.

C. Der Totalschaden/Ersatzbeschaffung eines Fahrzeugs § 4

Der Geschädigte erwirbt ein Ersatzfahrzeug mit Differenzumsatzsteuer zum Gesamtpreis von 12.000 EUR.
Der Differenzumsatzsteueranteil beträgt hier konkret berechnet nur 1 % somit 118,81 EUR.

Berechnung:

Wiederbeschaffungswert inkl. 2,4 % MwSt	11.600,00 EUR
abzüglich 2,4 % MwSt hieraus	271,87 EUR
ergibt	11.328,13 EUR
zuzüglich 1 % Differenzumsatzsteueranteil aus 12.000 EUR	118,81 EUR
Gesamtentschädigung	11.446,94 EUR

Allerdings beträgt der Entschädigungsbetrag nach der oben vertretenen Auffassung, nachdem der Geschädigte mindestens die Summe laut Wiederbeschaffungswert auch aufgewandt hat, 11.600 EUR.

Auch dieses Ergebnis kann wiederum mit der grundlegenden Intention des Gesetzgebers, der sonst auftretenden Ungleichbehandlung im Rahmen von Zufälligkeiten bei der Ermittlung des Wiederbeschaffungswertes und der tatsächlichen Anschaffung eines Ersatzfahrzeugs im Hinblick auf die jeweiligen Mehrwertsteueranteile und letztlich mit der tatsächlich vorgenommenen Reinvestitionsmaßnahme mindestens in Höhe des festgestellten Schadensbetrages durch den Geschädigten und nunmehr auch mit dem BGH-Urteil vom 1.3.2005 begründet werden. 172

c) Anschaffung eines Fahrzeugs vom Privatmarkt

Beim Kauf eines Ersatzfahrzeugs vom Privatmarkt fällt keine Mehrwertsteuer an, so dass nach dem Gesetzeswortlaut auch tatsächlich keine Mehrwertsteuer angefallen sein kann. Nach dem Gesetzeswortlaut bedeutet dies für die einzelnen Wiederherstellungsmaßnahmen des Geschädigten folgendes: 173

aa) Angeschafftes Ersatzfahrzeug ist günstiger als der ermittelte Wiederbeschaffungswert

Berechnungsbeispiel: 174
Der ermittelte Wiederbeschaffungswert beträgt inkl. 2,4 % MwSt 11.600 EUR.
Der Mehrwertsteueranteil beträgt also 271,87 EUR.
Der Geschädigte schafft sich ein Ersatzfahrzeug auf dem Privatmarkt für 8.000 EUR an.

§ 4 Praxisfälle und Berechnungsbeispiele

Berechnung:

Wiederbeschaffungswert inkl. 2,4 % MwSt	11.600,00 EUR
abzüglich Mehrwertsteueranteil	271,87 EUR
ergibt	11.328,13 EUR

Nachdem das Ersatzfahrzeug ohne angefallene MwSt ist, kann auch kein Mehrwertsteueranteil hinzugerechnet werden, wobei allerdings der Geschädigte, nachdem nur ein Mehrwertsteueranteil von 271,87 EUR überhaupt angefallen sein kann, mindestens den Betrag von 11.328,13 EUR zu erhalten hat.

bb) Angeschafftes Ersatzfahrzeug ist gleich teuer wie der ermittelte Wiederbeschaffungswert

175 *Berechnungsbeispiel:*

Der ermittelte Wiederbeschaffungswert beträgt inkl. 2,4 % MwSt 11.600 EUR.

Der Mehrwertsteueranteil beträgt also 271,87 EUR.

Der Geschädigte schafft sich ein Ersatzfahrzeug auf dem Privatmarkt für 11.600 EUR an.

Berechnung:

Wiederbeschaffungswert inkl. 2,4 % MwSt	11.600,00 EUR
abzüglich Mehrwertsteueranteil	271,87 EUR
ergibt	11.328,13 EUR

Nachdem das Ersatzfahrzeug ohne angefallene MwSt ist, kann auch kein Mehrwertsteueranteil hinzugerechnet werden, wobei allerdings der Geschädigte, nachdem nur ein Mehrwertsteueranteil von 271,87 EUR überhaupt angefallen sein kann, mindestens den Betrag von 11.328,13 EUR zu erhalten hat.

cc) Angeschafftes Ersatzfahrzeug ist teurer als der ermittelte Wiederbeschaffungswert

176 *Berechnungsbeispiel:*

Der ermittelte Wiederbeschaffungswert beträgt inkl. 2,4 % MwSt 11.600 EUR.

Der Mehrwertsteueranteil beträgt also 271,87 EUR.

Der Geschädigte schafft sich ein Ersatzfahrzeug auf dem Privatmarkt für 15.000 EUR an.

Berechnung:

Wiederbeschaffungswert inkl. 2,4 % MwSt	11.600,00 EUR
abzüglich Mehrwertsteueranteil	271,87 EUR
ergibt	11.328,13 EUR

C. Der Totalschaden/Ersatzbeschaffung eines Fahrzeugs § 4

Nachdem das Ersatzfahrzeug ohne angefallene MwSt ist, kann auch kein Mehrwertsteueranteil hinzugerechnet werden, wobei allerdings der Geschädigte, nachdem nur ein Mehrwertsteueranteil von 271,87 EUR überhaupt angefallen sein kann, mindestens den Betrag von 11.328,13 EUR zu erhalten hat.

Unter Hinweis auf die dargelegte Rechtsprechung des BGH könnte auch hier die Auffassung vertreten werden, dass der Geschädigte immer mindestens den Betrag erhält, den er auch für das angeschaffte Ersatzfahrzeug vom Privatmarkt ausgegeben hat, dies allerdings begrenzt durch eine **Untergrenze** von mindestens 11.328,13 EUR in den Berechnungsbeispielen und begrenzt durch die **Obergrenze** des ermittelten Wiederbeschaffungswertes inkl. Mehrwertsteuer (Differenzumsatzsteuer) von höchstens 11.600 EUR (siehe auch BGH-Urteil vom 1.3.2005). 177

Berechnungsbeispiel: 178
Der ermittelte Wiederbeschaffungswert beträgt inkl. 2,4 % MwSt 11.600 EUR.
Der Mehrwertsteueranteil beträgt also 271,87 EUR.
Der Geschädigte schafft sich ein Ersatzfahrzeug auf dem Privatmarkt für 11.000 EUR an.
Berechnung:
Wiederbeschaffungswert inkl. 2,4 % MwSt   11.600,00 EUR
abzüglich Mehrwertsteueranteil   271,87 EUR
ergibt   11.328,13 EUR
Nach obiger Auffassung soll der Geschädigte hier mindestens den Ersatzbeschaffungspreis, hier allerdings als Untergrenze mindestens die 11.328,13 EUR erhalten.

Weiteres Berechnungsbeispiel: 179
Der ermittelte Wiederbeschaffungswert beträgt inkl. 2,4 % MwSt 11.600 EUR.
Der Mehrwertsteueranteil beträgt also 271,87 EUR.
Der Geschädigte schafft sich ein Ersatzfahrzeug auf dem Privatmarkt für 11.500 EUR an.
Berechnung:
Wiederbeschaffungswert inkl. 2,4 % MwSt   11.600,00 EUR
abzüglich Mehrwertsteueranteil   271,87 EUR
ergibt   11.328,13 EUR
Nach obiger Auffassung soll der Geschädigte als Untergrenze den Betrag von 11.328,13 EUR erhalten, allerdings, nachdem er sich ein Fahrzeug zwischen der Untergrenze und der Obergrenze angeschafft hat, den Betrag von 11.500 EUR.

§ 4 Praxisfälle und Berechnungsbeispiele

180 *Weiteres Berechnungsbeispiel:*
Der ermittelte Wiederbeschaffungswert beträgt inkl. 2,4 % MwSt 11.600 EUR.
Der Mehrwertsteueranteil beträgt also 271,87 EUR.
Der Geschädigte schafft sich ein Ersatzfahrzeug auf dem Privatmarkt für 15.000 EUR an.
Berechnung:

Wiederbeschaffungswert inkl. 2,4 % MwSt	11.600,00 EUR
abzüglich Mehrwertsteueranteil	271,87 EUR
ergibt	11.328,13 EUR

Nach obiger Auffassung soll der Geschädigte hier allerdings als Obergrenze auch den Betrag von 11.600 EUR erhalten.

181 Diese Auffassung, wonach ein Geschädigter immer so gestellt werden müsste, als ob der von ihm bezahlte Kaufpreis für das Ersatzfahrzeug **19 %** Mehrwertsteuer enthält, würde auch mit der grundlegenden Intention des Gesetzgebers übereinstimmen. Man könnte die Auffassung vertreten, dass es teilweise Zufall ist, ob der Geschädigte ein Fahrzeug regelbesteuert bzw. differenzumsatzbesteuert beim Händler erhält oder dieses nur auf dem Privatmarkt findet. Des Weiteren könnte man argumentieren, dass der Geschädigte nicht verpflichtet ist, wenn es etwa ein Fahrzeug nur differenzumsatzbesteuert beim Händler gibt, zu warten, bis ein solches Fahrzeug beim Händler regelbesteuert zu erhalten ist oder so lange zu suchen, bis er ein regelbesteuertes Fahrzeug findet. Gleiches könnte auf die Kaufabsicht auf dem Privatmarkt übertragen werden.

182 Insoweit muss allerdings die Grenze wie vorbeschrieben bei den tatsächlichen Aufwendungen des Geschädigten mit der jeweiligen Unter- und Obergrenze gezogen werden, wie dies auch der bereits mehrfach erwähnte Versicherer tut.

3. Wiederbeschaffungswert – Privatmarkt

183 Auch hier bestehen wiederum die Möglichkeiten des Geschädigten, ein Ersatzfahrzeug mit Regelbesteuerung, ein Ersatzfahrzeug mit Differenzumsatzsteuerausweis oder aber ein Ersatzfahrzeug vom Privatmarkt zu erwerben.

184 *Beachte!*
Soweit in einem Sachverständigengutachten ein Wiederbeschaffungswert eines Fahrzeugs ermittelt wird, das nur noch ausschließlich oder aber zumindest überwiegend auf dem Privatmarkt erhältlich ist, entfällt hierauf keine MwSt. Insoweit darf in einem solchen Fall das Sachverständigengutachten auch keine Angaben zur MwSt wie etwa „inkl. MwSt" o.Ä. machen bzw. allenfalls die Angabe enthalten, dass

bei diesem Wiederbeschaffungswert keine MwSt anfällt bzw. in diesem Wiederbeschaffungswert keine MwSt enthalten ist.

Insoweit ist auch auf ein Urteil des BGH vom 9.5.2006, AZ: VI ZR 225/05[29] hinzuweisen. Dieses betont die freie Ermessensentscheidung des Tatrichters im Rahmen einer Schätzung gem. § 287 ZPO bzw. unter zu Hilfenahme eines Sachverständigen bzw. eines Sachverständigengutachtens den Mehrwertsteueranteil im Wiederbeschaffungswert zu ermitteln. Sowohl für den Fall, dass ein Sachverständigengutachten keine Angaben zum Mehrwertsteueranteil im Wiederbeschaffungswert enthält, was im werkvertraglichen Sinne einen Nachbesserungsanspruch für den geschädigten Auftraggeber bedeutet, als auch für den Fall, dass ein Sachverständigengutachten einen Mehrwertsteueranteil im Wiederbeschaffungswert ausweist, kann der Tatrichter eine in diesem Sinne eigene Ermittlung zum Wiederbeschaffungswert bzw. zum im Wiederbeschaffungswert enthaltenen Mehrwertsteueranteil anstellen und diesen seinem Urteil zugrunde legen. Eine solche Schätzung bzw. Durchführung eines Beweisverfahrens unterliegt im Rechtsmittelverfahren nur einer beschränkten Überprüfung durch ein Rechtsmittelgericht. **185**

a) Anschaffung eines regelbesteuerten Fahrzeugs

Es bestehen hier die Möglichkeiten, dass dieses angeschaffte Fahrzeug entweder günstiger, gleich teuer oder teurer als der ermittelte Wiederbeschaffungswert inkl. Mehrwertsteuer ist: **186**

aa) Angeschafftes Ersatzfahrzeug ist günstiger als der ermittelte Wiederbeschaffungswert

Berechnungsbeispiel: **187**

Der ermittelte Wiederbeschaffungswert-Privatmarkt beträgt 2.000 EUR.

MwSt ist nicht enthalten.

Der Geschädigte erwirbt ein Ersatzfahrzeug zum Preis inkl. 19 % MwSt von 1.190 EUR.

Enthaltene MwSt beim Ersatzfahrzeug also 190 EUR.

Berechnung:

Wiederbeschaffungswert-Privatmarkt	2.000 EUR
kein Mehrwertsteuerabzug	0 EUR
ergibt	2.000 EUR

---

[29] SP 2006, 279 = DAR 2006, 439 = NJW 2006, 2191; siehe auch OLG Köln, NJW 2004, 1465.

Die 19 % MwSt aus dem Preis des Ersatzfahrzeugs in Höhe von 190 EUR sind selbstverständlich nicht auf den Betrag von 2.000 EUR aufzurechnen, da die Obergrenze der Entschädigungssumme 2.000 EUR beträgt.

bb) Angeschafftes Ersatzfahrzeug ist gleich teuer wie der ermittelte Wiederbeschaffungswert

188 *Berechnungsbeispiel:*

Der ermittelte Wiederbeschaffungswert-Privatmarkt beträgt 2.000 EUR. MwSt ist nicht enthalten.

Der Geschädigte erwirbt ein Ersatzfahrzeug zum Preis inkl. 19 % MwSt von 2.000 EUR.

Enthaltene MwSt beim Ersatzfahrzeug also 319,33 EUR.

Berechnung:

Wiederbeschaffungswert Privatmarkt	2.000 EUR
kein Mehrwertsteuerabzug	0 EUR
ergibt	2.000 EUR

Auch hier ist mindestens der Betrag von 2.000 EUR zu bezahlen, da in diesem Betrag keine MwSt enthalten ist. Auch hier ist die Obergrenze zu beachten, so dass die 319,33 EUR nicht hinzuzurechnen sind. Entschädigungssumme somit 2.000 EUR.

cc) Angeschafftes Ersatzfahrzeug ist teurer als der ermittelte Wiederbeschaffungswert

189 *Berechnungsbeispiel:*

Der ermittelte Wiederbeschaffungswert – Privatmarkt beträgt 2.000 EUR. MwSt ist nicht enthalten.

Der Geschädigte erwirbt ein Ersatzfahrzeug zum Preis von 3.570 EUR inkl. 19 % MwSt.

Enthaltene MwSt beim Ersatzfahrzeug also 570 EUR.

Berechnung:

Wiederbeschaffungswert – Privatmarkt	2.000 EUR
kein Mehrwertsteuerabzug	0 EUR
ergibt	2.000 EUR

Auch hier erhält der Geschädigte 2.000 EUR, die MwSt von 570 EUR ist nicht dem Betrag von 2.000 EUR hinzuzurechnen, da dieser Betrag die Obergrenze der Entschädigungssumme darstellt.

C. Der Totalschaden/Ersatzbeschaffung eines Fahrzeugs § 4

b) Anschaffung eines differenzbesteuerten Fahrzeugs

In den nachfolgenden Berechnungsbeispielen soll davon ausgegangen werden, dass in den Preisen der angeschafften Ersatzfahrzeuge jeweils 2,4 % Differenzumsatzsteuer enthalten sind.

190

aa) Angeschafftes Ersatzfahrzeug ist günstiger als der ermittelte Wiederbeschaffungswert

Berechnungsbeispiel:
Der ermittelte Wiederbeschaffungswert – Privatmarkt beträgt 2.000 EUR.
MwSt ist nicht enthalten.
Der Geschädigte schafft ein Ersatzfahrzeug mit 2,4 % Differenzumsatzsteuer an, zum Preis von 1.000 EUR.
Die Differenzumsatzsteuer beträgt demnach 23,44 EUR.

191

Berechnung:

Wiederbeschaffungswert – Privatmarkt	2.000 EUR
kein Mehrwertsteuerabzug	0 EUR
ergibt	2.000 EUR

Auch hier ist wie bei der Anschaffung eines regelbesteuerten Ersatzfahrzeugs die MwSt nicht hinzuzurechnen. Als Unter-, aber auch als Obergrenze erhält der Geschädigte den Betrag von 2.000 EUR als Entschädigungssumme.

bb) Angeschafftes Ersatzfahrzeug ist gleich teuer wie der ermittelte Wiederbeschaffungswert

Berechnungsbeispiel:
Der ermittelte Wiederbeschaffungswert – Privatmarkt beträgt 2.000 EUR.
MwSt ist nicht enthalten.
Der Geschädigte schafft ein Ersatzfahrzeug mit 2,4 % Differenzumsatzsteuer an, zum Preis von 2.000 EUR.
Die Differenzumsatzsteuer beträgt demnach 46,88 EUR.

192

Berechnung:

Wiederbeschaffungswert – Privatmarkt	2.000 EUR
kein Mehrwertsteuerabzug	0 EUR
ergibt	2.000 EUR

Auch hier beträgt die Entschädigungssumme aus den genannten Gründen als Ober-, aber auch als Untergrenze 2.000 EUR.

cc) Angeschafftes Ersatzfahrzeug ist teurer als der ermittelte Wiederbeschaffungswert

193 *Berechnungsbeispiel:*

Der Wiederbeschaffungswert – Privatmarkt beträgt 2.000 EUR.
MwSt ist nicht enthalten.
Der Geschädigte schafft ein Ersatzfahrzeug mit 2,4 % Differenzumsatzsteuer an, zum Preis von 3.500 EUR.
Die Differenzumsatzsteuer beträgt demnach 82,03 EUR.

Berechnung:

Wiederbeschaffungswert – Privatmarkt	2.000 EUR
kein Mehrwertsteuerabzug	0 EUR
ergibt	2.000 EUR

Auch hier ist die Höhe des Entschädigungsanspruchs 2.000 EUR, da die Obergrenze der Entschädigungssumme 2.000 EUR beträgt.

194 *Achtung!*

Nachdem die Obergrenze und auch die Untergrenze für die Entschädigungssumme bei der Ermittlung eines Wiederbeschaffungswertes auf dem Privatmarkt, bei dem keine MwSt anfällt, grundsätzlich immer der im Sachverständigengutachten ermittelte Wiederbeschaffungswert ist, ist es selbstverständlich nicht zulässig, hier nach dem Wortlaut des Gesetzes einen Regelsteuerbetrag oder Differenzumsatzsteuerbetrag diesem Wiederbeschaffungswert noch hinzuzurechnen. Man könnte zwar die Auffassung vertreten, dass nach dem Gesetzeswortlaut „soweit MwSt angefallen ist" hier MwSt bzw. Differenzumsatzsteuer angefallen ist und diese hinzuzurechnen ist. Dies würde allerdings den weiterhin geltenden Schadensersatzrechtsgrundsätzen widersprechen, wonach sich der Geschädigte an dem Unfallgeschehen nicht bereichern darf (**Bereicherungsverbot**). Es verbleibt also hier immer bei dem ermittelten Wiederbeschaffungswert-Privatmarkt.

195 Siehe hierzu auch das BGH-Urteil vom 15.11.2005, AZ: VI ZR 26/05.[30] Dieser Fall betraf zwar einen differenzbesteuerten Wiederbeschaffungswert. Der Geschädigte verlangte allerdings nach vollständiger Auszahlung des Differenzsteueranteils beim Nachweis einer Ersatzbeschaffung einen höheren Mehrwertsteueranteil, nämlich einen Regelsteueranteil aus einem höheren Kaufpreis im Hinblick auf ein angeschafftes Fahrzeug. Auch hier ging der BGH von einem Bereicherungsverbot aus.

---

30 VersR 2006, 238.

C. Der Totalschaden/Ersatzbeschaffung eines Fahrzeugs § 4

c) Anschaffung eines Fahrzeugs vom Privatmarkt

aa) Angeschafftes Ersatzfahrzeug ist günstiger als der ermittelte Wiederbeschaffungswert

Berechnungsbeispiel: 196

Der ermittelte Wiederbeschaffungswert-Privatmarkt beträgt 2.000 EUR.
Es fällt keine MwSt an.
Der Geschädigte schafft sich ein Ersatzfahrzeug auf dem Privatmarkt für 1.160 EUR an.

Berechnung:

Wiederbeschaffungswert Privatmarkt	2.000 EUR
keine MwSt	0 EUR
ergibt	2.000 EUR

Hier erhält der Geschädigte wiederum 2.000 EUR als Entschädigungssumme, nachdem dem Schädiger der Einwand verwehrt ist, dass der Geschädigte sich ein günstigeres Fahrzeug anschaffen konnte. Maßgebend für die Schadensberechnung ist der tatsächlich ermittelte Schaden, der durch den Wiederbeschaffungswert festgelegt ist. Der Geschädigte erhält also hier 2.000 EUR.

bb) Angeschafftes Ersatzfahrzeug ist gleich teuer wie der ermittelte Wiederbeschaffungswert

Berechnungsbeispiel: 197

Der ermittelte Wiederbeschaffungswert – Privatmarkt beträgt 2.000 EUR.
Es fällt keine MwSt an.
Der Geschädigte schafft sich ein Ersatzfahrzeug auf dem Privatmarkt für 2.000 EUR an.

Berechnung:

Wiederbeschaffungswert – Privatmarkt	2.000 EUR
keine MwSt	0 EUR
ergibt	2.000 EUR

Dies ist der Paradefall der zutreffenden Entschädigungssumme, nachdem hier der Geschädigte genau zum Wiederbeschaffungswert sich auch ein Ersatzfahrzeug anschafft. Der Geschädigte erhält hier als Entschädigungssumme 2.000 EUR.

cc) Angeschafftes Ersatzfahrzeug ist teurer als der ermittelte Wiederbeschaffungswert

198 *Berechnungsbeispiel.*
Der ermittelte Wiederbeschaffungswert – Privatmarkt beträgt 2.000 EUR. Es fällt keine MwSt an.
Der Geschädigte schafft sich ein Ersatzfahrzeug auf dem Privatmarkt für 3.480 EUR an.
Berechnung.

Wiederbeschaffungswert – Privatmarkt	2.000 EUR
keine MwSt	0 EUR
ergibt	2.000 EUR

Auch hier erhält der Geschädigte als Entschädigungssumme 2.000 EUR. Wiederum ist das Bereicherungsverbot und die Obergrenze der Entschädigungssumme zu beachten.

III. Exkurs: Kaskoschaden

199 *Berechnungsbeispiel:*

In einem Kaskoschadenfall stellt der von der Kaskoversicherung beauftragte Sachverständige einen Totalschaden an dem Fahrzeug des Versicherungsnehmers fest und ermittelt in seinem Gutachten einen Wiederbeschaffungswert „inkl. Mehrwertsteuer" in Höhe von 6.000 EUR. Das Fahrzeug des Versicherungsnehmers war zum Unfallzeitpunkt 5 Jahre alt. Der Versicherungsnehmer erwirbt bei einem Gebrauchtwagenhändler ein Fahrzeug zum Kaufpreis von 6.000 EUR.

Die Rechnung des Gebrauchtwagenhändlers enthält den Vermerk: „Der Fahrzeugpreis enthält die Differenzumsatzsteuer".

Berechnung:

Der Versicherungsnehmer muss hier insgesamt 6.000 EUR erhalten, nachdem er Mehrwertsteuer durch eine Rechnung nachweisen kann. Auch wenn die Kaskoversicherung etwa wegen der Formulierung im Sachverständigengutachten zunächst 19 % MwSt in Abzug bringt und dann gegebenenfalls einen Differenzumsatzsteueranteil von 2,4 % nachbezahlt, ist diese Berechnung parallel zu den Haftpflichtschadensfällen nicht richtig und angreifbar.

C. Der Totalschaden/Ersatzbeschaffung eines Fahrzeugs § 4

Praxistipp 200

In derartigen Fällen hat zwar der Versicherungsnehmer gemäß den AKB im Totalschadenfall Anspruch auf den Netto-Wiederbeschaffungswert abzüglich Restwert. Nachdem allerdings – wie dargelegt – in der Regel und weit überwiegend gebrauchte Fahrzeuge bestimmter Altersgruppen nur als differenzbesteuerte Fahrzeuge im Gebrauchtwagenhandel erhältlich sind, muss **auch** im Kaskoschadensfall der **Brutto-Wiederbeschaffungswert** lediglich um den **Mehrwertsteueranteil aus der Differenzbesteuerung** gekürzt werden. Soweit ein von der Kaskoversicherung eingeholtes Sachverständigengutachten in derartigen Fällen einen Nettowiederbeschaffungswert zuzüglich 19 % Mehrwertsteuer angibt, sollte dieses Sachverständigengutachten unbedingt angegriffen werden.

Bis Anfang des Jahres 2017 war gemäß den Kaskoversicherungsbedingungen zu beachten, dass beim Streit über die Höhe des Schadens, also auch über die Höhe des Wiederbeschaffungswertes oder auch über die Frage Brutto, Netto oder Differenzumsatzsteuer vor der Klageerhebung durch den Kaskoversicherungsnehmer zwingend ein Sachverständigenverfahren durchzuführen war. 201

Seit Anfang des Jahres 2017 ist dies allerdings nicht mehr notwendig, da der Gesetzgeber seitdem in § 309 Nr. 14 BGB unter der Überschrift **Klageverzicht** bestimmt, dass auch dann, soweit eine Abweichung von gesetzlichen Vorschriften zulässig ist, es in Allgemeinen Geschäftsbedingungen unwirksam ist, wenn der andere Vertragsteil seine Ansprüche gegen den Verwender gerichtlich nur geltend machen darf, nachdem er eine gütliche Einigung in einem Verfahren zur außergerichtlichen Streitbeilegung versucht hat.

Nachdem ein ursprünglich in den Kaskoversicherungsbedingungen verankertes, zwingend vor einer Klageerhebung durchzuführendes Sachverständigengutachten vorgesehen ist, stellte eine solche Kaskobedingung eine unwirksame Bestimmung dar.

Dies bedeutet nunmehr, dass ein Kaskoversicherungsnehmer bei Streitigkeiten über die Höhe des Wiederbeschaffungswertes sogleich zu einem Klageverfahren übergehen darf.

Auch sämtliche anderen Fallkonstellationen beim Totalschadenfall sind parallel zu den dargestellten Haftpflichtschadenfällen zu berechnen. 202

Für den Versicherungsnehmer bzw. dessen anwaltliche Vertretung sind die Formulierungen zur Mehrwertsteuererstattung im Reparatur- bzw. Totalschadenfall, bei letzteren im Rahmen der Abrechnung Wiederbeschaffungswert abzüglich Restwert, in den dem Vertrag des Versicherungsnehmers zugrunde liegenden Allgemeinen Geschäftsbedingungen (AKB) von größter Bedeutung. Diese enthalten in der Regel entsprechende Mehrwertsteuerklauseln, die teilweise unwirksam sind oder auch sein dürften (siehe hierzu oben).[31] 203

---

31 Siehe BGH, Urt. v. 24.5.2006, NJW 2006, 2545.

D. Sonderfälle

I. Anschaffung eines Leasingfahrzeugs beim Reparatur- bzw. Totalschaden

204 Nach der hier vertretenen Auffassung stellt bereits die schuldrechtliche Verpflichtung aus dem Abschluss eines Leasingvertrages für den Geschädigten, nämlich die Bezahlung der monatlichen Leasingrate, die regelmäßig einen Mehrwertsteueranteil enthält, den Anfall der Mehrwertsteuer im Sinne des § 249 Abs. 2 S. 2 BGB dar.

205 Insoweit kann der Geschädigte und Leasingnehmer vom Schädiger nach Abschluss eines Leasingvertrages die in der Sonder- bzw. auch Schlusszahlung sowie in den einzelnen Leasingraten enthaltene Mehrwertsteuer bereits im Rahmen der Schadensabrechnung verlangen.

206 Begrenzt ist die Höhe der Mehrwertsteuer als Schadensersatzposition durch die entweder in den Reparaturkosten oder aber im Wiederbeschaffungswert ermittelte und enthaltene Mehrwertsteuer.

1. Beim Totalschaden

207 In diesem Fall ist wieder zu unterscheiden, ob die gesamten Leasingzahlungen, zu denen sich der Leasingnehmer und Geschädigte verpflichtet bzw. die dieser aufzubringen hat, in ihrer Summe niedriger, gleich hoch oder höher liegen als der ermittelte Wiederbeschaffungswert, der gegebenenfalls Mehrwertsteuer enthält.

a) Die Leasingzahlungen sind niedriger als der ermittelte Wiederbeschaffungswert

aa) Wiederbeschaffungswert ist regelbesteuert mit 19 % Mehrwertsteuer

208 *Berechnungsbeispiel:*
Der ermittelte Wiederbeschaffungswert beträgt inkl. 19 % MwSt 23.800 EUR.
Der Mehrwertsteueranteil beträgt also 3.800 EUR.
Der Geschädigte schließt einen Leasingvertrag ab, in dem er sich verpflichtet, eine Leasingsonderzahlung zu 4.000 EUR zuzüglich 19 % MwSt von 760 EUR, zusammen also von 4.760 EUR, und 24 monatliche Leasingraten von 500 EUR zuzüglich jeweils 19 % MwSt von 95 EUR monatlich, zusammen also in 24 Monaten insgesamt 14.280 EUR zu leisten.

D. Sonderfälle §4

Berechnung:

Wiederbeschaffungswert inkl. 19 % MwSt	23.800 EUR
abzüglich Mehrwertsteueranteil	3.800 EUR
ergibt	20.000 EUR
zuzüglich 19 % MwSt aus Leasingsonderzahlung	760 EUR
zuzüglich 19 % MwSt aus 24 monatlichen Leasingraten á 95 EUR	2.280 EUR
ergibt zusammen	23.040 EUR

bb) Wiederbeschaffungswert enthält Differenzumsatzsteuer

Berechnungsbeispiel: 209

Der ermittelte Wiederbeschaffungswert beträgt inkl. 2,4 % MwSt 23.200 EUR.

Der Mehrwertsteueranteil beträgt also 543,75 EUR.

Der Geschädigte schließt einen Leasingvertrag ab, in dem er sich verpflichtet, eine Leasingsonderzahlung zu 4.000 EUR zuzüglich 19 % MwSt von 760 EUR, zusammen also von 4.760 EUR, und 24 monatliche Leasingraten von 500 EUR zuzüglich jeweils 19 % MwSt von 95 EUR monatlich, zusammen also in 24 Monaten insgesamt 14.280 EUR zu leisten.

Berechnung:

Wiederbeschaffungswert inkl. 2,4 % MwSt	23.200,00 EUR
abzüglich Mehrwertsteueranteil 2,4 %	543,75 EUR
ergibt	22.656,25 EUR
zuzüglich 19 % MwSt aus Leasingsonderzahlung	760,00 EUR
zuzüglich 19 % MwSt aus 24 monatlichen Leasingraten á 500 EUR	2.280,00 EUR
ergibt zusammen	25.696,25 EUR

Nachdem die Obergrenze der Entschädigungssumme allerdings der ermittelte Wiederbeschaffungswert inkl. der Differenzumsatzsteuer ist, also 23.200 EUR beträgt, erhält der Geschädigte in diesem Fall den Betrag von 23.200 EUR.

cc) Wiederbeschaffungswert – Privatmarkt

Berechnungsbeispiel: 210

Der ermittelte Wiederbeschaffungswert beträgt 4.000 EUR.

Ein Mehrwertsteueranteil ist nicht enthalten.

Der Geschädigte schließt einen Leasingvertrag ohne Anzahlung mit monatlichen Leasingraten inkl. MwSt von 99 EUR ab, hat also während der gesamten Laufzeit des Leasingvertrages 2.376 EUR inkl. MwSt zu bezahlen. Der gesamte Mehrwertsteueranteil beträgt also 379,36 EUR.

Berechnung:

Wiederbeschaffungswert – Privatmarkt	4.000,00 EUR
zuzüglich MwSt aus Leasingvertrag	379,36 EUR
ergibt	4.379,36 EUR

Hier beträgt allerdings die Obergrenze des Schadensersatzbetrages wiederum 4.000 EUR, so dass der Geschädigte nur diesen Betrag verlangen kann.

b) Die Leasingzahlungen sind ebenso hoch wie der ermittelte Wiederbeschaffungswert

211 Soweit der mit Regelbesteuerung (19 % Mehrwertsteuer) bzw. Differenzbesteuerung (2,4 %) bzw. auch auf dem Privatmarkt ermittelte Wiederbeschaffungswert identisch mit dem Betrag aus dem Leasingvertrag, den der Geschädigte inkl. jeweiliger Mehrwertsteuer zu bezahlen hat, ist, erhält der Geschädigte grundsätzlich immer den vollen ermittelten Wiederbeschaffungswert gegebenenfalls inkl. Mehrwertsteuer. Dies gilt für alle Fälle, nämlich bei einem Wiederbeschaffungswert inkl. 19 % Mehrwertsteuer, inkl. Differenzumsatzsteuer oder für den Fall der Ermittlung des Wiederbeschaffungswertes auf dem Privatmarkt ohne Mehrwertsteuer.

212 *Berechnungsbeispiel:*

Ermittelter Wiederbeschaffungswert inkl. 19 % MwSt beträgt 23.800 EUR.

Mehrwertsteueranteil somit 3.800 EUR.

Der Geschädigte schließt einen Leasingvertrag ab, in dem er während der Gesamtlaufzeit insgesamt 23.800 EUR inkl. Mehrwertsteuer von 19 % bezahlen muss.

Berechnung:

Wiederbeschaffungswert inkl. 19 % MwSt	23.800 EUR
abzüglich Mehrwertsteueranteil	3.800 EUR
ergibt	20.000 EUR
zuzüglich MwSt aus Leasingzahlungen	3.800 EUR
Gesamtentschädigung somit	23.800 EUR

c) Die Leasingzahlungen sind höher als der Wiederbeschaffungswert gegebenenfalls inkl. Mehrwertsteuer

213 Auch in diesem Fall erhält der Geschädigte und Leasingnehmer jeweils mindestens, allerdings auch höchstens den ermittelten Betrag für den Wiederbeschaffungswert, gegebenenfalls inkl. Mehrwertsteuer.

D. Sonderfälle § 4

Berechnungsbeispiel: **214**
Der ermittelte Wiederbeschaffungswert beträgt inkl. Differenzumsatzsteuer von 2,4 % 23.200 EUR.
Differenzumsatzsteueranteil somit 543,75 EUR.
Der Geschädigte schließt einen Leasingvertrag ohne Anzahlung mit 24 monatlichen Leasingraten von 1.000 EUR zuzüglich jeweils 190 EUR MwSt ab. Der Gesamtbetrag der Leasingzahlungen inkl. MwSt beträgt daher 28.560 EUR.

Berechnung:

Wiederbeschaffungswert inkl. Differenzumsatzsteuer	23.200,00 EUR
abzüglich Differenzumsatzsteueranteil (2,4 %)	543,75 EUR
ergibt	22.656,25 EUR
zuzüglich MwSt aus Leasingvertrag	4.560,00 EUR
ergibt zusammen	27.216,25 EUR

Der Geschädigte erhält hier lediglich als Obergrenze, aber auch als Schadensersatz den Betrag von 23.200 EUR.

2. Beim Reparaturschaden

Die ermittelten Reparaturkosten enthalten immer 19 % Mehrwertsteuer, so dass hier wieder nach den Umständen differenziert werden muss, ob die gesamten Leasingzahlungen niedriger, gleich hoch oder höher als die ermittelten Reparaturkosten inkl. 19 % Mehrwertsteuer liegen.   **215**

a) Die Leasingzahlungen liegen niedriger als die ermittelten Reparaturkosten inkl. 19 % Mehrwertsteuer

Berechnungsbeispiel: **216**
Die Reparaturkosten betragen 11.900 EUR.
Der Mehrwertsteueranteil beträgt somit 1.900 EUR.
Der Geschädigte schließt einen Leasingvertrag ab mit Leasinganzahlung bzw. -sonderzahlung von 2.000 EUR zuzüglich 19 % MwSt von 380 EUR, gesamt also 2.380 EUR, und 24 monatlichen Leasingraten á 200 EUR zuzüglich jeweils 19 % MwSt von 38 EUR, Leasingraten gesamt somit 5.712 EUR.

Berechnung:

Reparaturkosten inkl. 19 % MwSt	11.900 EUR
abzüglich 19 % MwSt	1.900 EUR
ergibt	10.000 EUR

§ 4 Praxisfälle und Berechnungsbeispiele

zuzüglich MwSt aus Leasingsonderzahlung	380 EUR
zuzüglich MwSt aus 24 Leasingraten á 38 EUR	912 EUR
Gesamtentschädigungsbetrag somit	11.292 EUR

b) Die Leasingzahlungen sind ebenso hoch wie die ermittelten Reparaturkosten inkl. 19 % Mehrwertsteuer

217 *Berechnungsbeispiel:*

Die ermittelten Reparaturkosten inkl. 19 % MwSt betragen 21.420 EUR.

Mehrwertsteueranteil somit 3.420 EUR.

Der Geschädigte und Leasingnehmer schließt einen Leasingvertrag ab ohne Anzahlung mit 36 Monatsraten á 500 EUR zuzüglich jeweils 19 % MwSt von 95 EUR, zusammen also von 595 EUR, gesamte Leasingraten inkl. MwSt also 21.420 EUR.

Berechnung:

Ermittelte Reparaturkosten inkl. 19 % MwSt	21,420 EUR
abzüglich Mehrwertsteueranteil	3.420 EUR
ergibt	18.000 EUR
zuzüglich MwSt aus 36 Leasingraten á 95 EUR	3.420 EUR
Gesamtentschädigungsbetrag	21.420 EUR

c) Die Leasingzahlungen sind höher als die ermittelten Reparaturkosten inkl. 19 % Mehrwertsteuer

218 *Berechnungsbeispiel:*

Die ermittelten Reparaturkosten inkl. 19 % MwSt betragen 11.900 EUR.

Mehrwertsteueranteil somit 1.900 EUR.

Der Geschädigte und Leasingnehmer schließt einen Leasingvertrag ab ohne Anzahlung mit 36 Monatsraten á 500 EUR zuzüglich jeweils 19 % MwSt von 95 EUR, zusammen also von 595 EUR, gesamte Leasingraten inkl. MwSt also 21.420 EUR.

Berechnung:

Ermittelte Reparaturkosten inkl. 19 % MwSt	11.900 EUR
abzüglich Mehrwertsteueranteil	1.900 EUR
ergibt	10.000 EUR
zuzüglich MwSt aus 36 Leasingraten á 95 EUR	3.420 EUR
Gesamtentschädigungsbetrag an sich	13.420 EUR

Hier erhält der Geschädigte wiederum nur als Obergrenze die ermittelten Reparaturkosten inkl. 19 % MwSt, somit einen Betrag von 11.900 EUR.

II. Abtretung der Schadensersatzansprüche

Nach der hier vertretenen Auffassung (siehe oben § 3 Rdn 121 ff.) richtet sich, wie dies auch die Gesetzesbegründung ausführt, die Schadensersatzleistung, also die Erstattung eines Mehrwertsteuerbetrages nach den Schadensbeseitigungsmaßnahmen, die der Abtretungsempfänger vornimmt. **219**

Hierbei sind zwei Abtretungsvorgänge zu unterscheiden: **220**

1. Ein vorsteuerabzugsberechtigter Geschädigter tritt seine Schadensersatzansprüche an einen nicht vorsteuerabzugsberechtigten Geschädigten ab

Berechnungsbeispiel: **221**

Die Reparaturkosten/der Wiederbeschaffungswert betragen inkl. 19 % MwSt 11.900 EUR.

Mehrwertsteueranteil somit 1.900 EUR.

Die gegnerische Versicherung würde an den Geschädigten wegen dessen Vorsteuerabzugsberechtigung nur einen Betrag von 10.000 EUR ausbezahlen.

Der vorsteuerabzugsberechtigte Geschädigte tritt seine Schadensersatzansprüche an einen nicht vorsteuerabzugsberechtigten Geschädigten ab. Dieser lässt das Fahrzeug für 11.900 EUR inkl. 19 % MwSt reparieren bzw. beschafft ein Ersatzfahrzeug für 11.900 EUR inkl. 19 % MwSt.

Berechnung:

Reparaturkosten inkl. 19 % MwSt	11.900 EUR
abzüglich Mehrwertsteueranteil	1.900 EUR
ergibt	10.000 EUR
zuzüglich 19 % MwSt aus Schadensbeseitigungsmaßnahme	1.900 EUR
Gesamtentschädigungsbetrag somit	11.900 EUR

Sämtliche anderen denkbaren Fälle der Schadensbeseitigung durch den Abtretungsempfänger richten sich nach den Berechnungsbeispielen zum Reparatur- bzw. Totalschaden. **222**

§ 4 Praxisfälle und Berechnungsbeispiele

2. Ein nicht vorsteuerabzugsberechtigter Geschädigter tritt seine Schadensersatzansprüche an einen vorsteuerabzugsberechtigten Geschädigten ab

223 *Berechnungsbeispiel:*
Die Reparaturkosten/der Wiederbeschaffungswert betragen inkl. 19 % MwSt 11.900 EUR.
Mehrwertsteueranteil somit 1.900 EUR.
Die Versicherung müsste zunächst einen Betrag von 10.000 EUR bezahlen, nachdem noch keine Schadensbeseitigungsmaßnahme nachgewiesen ist. Der nicht vorsteuerabzugsberechtigte Geschädigte tritt seine Schadensersatzansprüche an einen vorsteuerabzugsberechtigten Geschädigten ab.
Dieser lässt nunmehr das Fahrzeug für einen Betrag von 11.900 EUR inkl. 19 % MwSt reparieren/beschafft ein Ersatzfahrzeug für 11.900 EUR inkl. 19 % MwSt.
Berechnung:

Reparaturkosten/Wiederbeschaffungswert inkl. MwSt	11.900 EUR
abzüglich Mehrwertsteueranteil	1.900 EUR
ergibt	10.000 EUR

Wegen der Vorsteuerabzugsberechtigung kann der Abtretungsempfänger die MwSt von 1.900 EUR nicht geltend machen, so dass er lediglich einen Schadensersatzbetrag von 10.000 EUR erhält.

224 Sämtliche weiteren denkbaren Fälle sind jeweils unter Abzug von 19 % Mehrwertsteuer bzw. bei differenzbesteuerten Ersatzfahrzeugen unter Abzug von Differenzumsatzsteuer zu berechnen.

225 Lediglich bei der Ermittlung eines Wiederbeschaffungswertes auf dem Privatmarkt ergibt sich kein Unterschied, da der so ermittelte Wiederbeschaffungswert keinerlei Mehrwertsteuer enthält.

III. Eigentumsvorbehalt

226 In den Fällen, in denen sich der Fahrzeughändler bzw. ein Finanzierungsinstitut das Eigentum an dem Fahrzeug bis zur vollständigen Bezahlung des Kaufpreises vorbehält, ändert sich an der grundsätzlichen Berechnung der Schadensersatzansprüche nichts.

227 Bei einer Finanzierung bzw. Abzahlung des Fahrzeugs enthalten die einzelnen Finanzierungs- bzw. Abzahlungsraten keine Mehrwertsteuer wie die Leasingraten. In den Finan-

zierungs- bzw. Abzahlungsfällen wendet der Käufer die Mehrwertsteuer, die im Kaufpreis des Fahrzeugs enthalten ist bereits mit dem Abschluss des Kaufvertrages auf. Der Geschädigte verpflichtet sich bereits bei Unterzeichnung der Kaufvertragsurkunde zur Bezahlung von 19 % Mehrwertsteuer bzw. Differenzumsatzsteuer beim Erwerb eines zu finanzierenden Fahrzeugs, das dem Differenzumsatzsteuerausweis unterliegt, so dass die entsprechenden Fälle jeweils wie die oben dargestellten Fälle der Anschaffung eines Ersatzfahrzeugs zu behandeln sind. 228

IV. Agenturgeschäft

Mit dem Inkrafttreten des § 25a UStG am 1.7.1990 entfielen die Gründe, die in der Verkaufspraxis der Fahrzeughändler zu den so genannten Agenturgeschäften geführt haben. Es gab grundsätzlich für den Kfz-Händler keinen steuerlichen Zwang mehr, die Rolle des Vermittlers in einem Agenturgeschäft zu übernehmen. Der Fahrzeughändler musste nämlich im Gegensatz zur steuerlichen Situation vor dem 1.7.1990 nicht mehr jeweils die Mehrwertsteuer aus dem vollen Verkaufspreis eines Fahrzeugs, das er angekauft hatte, abführen, sondern nur noch aus der Differenz zwischen dem Händlereinkaufs- und dem Händlerverkaufspreis. 229

Grundsätzlich akzeptierte der Bundesgerichtshof in seiner ständigen Rechtsprechung die Vertragsgestaltung des Agenturvertrages (Vermittlungsauftrag).[32] Dies galt sowohl bei der isolierten Hingabe eines Gebrauchtfahrzeuges an den Händler, als auch bei einer Hingabe, die an den Kauf eines Neufahrzeugs gekoppelt war. 230

Wegen der durch die Schuldrechtsreform eingeführten verschärften Verbraucherrechte und Sachmängelrechte des Käufers benutzen Händler wieder vermehrt die Vermittlung von Gebrauchtfahrzeugen, also den Agenturvertrag, um die verschärfte Haftungslage zu vermeiden. Ob dies eine Umgehung von Verbraucherschutzrechten gemäß § 475 BGB darstellt, kann an dieser Stelle nicht vertieft werden. Es stellt sich allerdings grundsätzlich die Frage des Anfalles von Mehrwertsteuer in derartigen Fällen. 231

1. Vermittlung eines regelbesteuerten Fahrzeugs

Berechnungsbeispiel:

Ein Kfz-Händler vermittelt im Auftrag eines Unternehmers im Rahmen eines Agenturvertrages ein Fahrzeug an einen Kunden. 232

---

[32] BGH, NJW 1978, 1482 sowie NJW 1981, 388; s. auch BGH, Urt. v. 26. 5. 2005, AZ: VIII ZR 175/04 = DAR 2005, 206.

§ 4 Praxisfälle und Berechnungsbeispiele

Im Agenturvertrag bzw. in der Rechnung sind als Kaufpreis 10.000 EUR netto zuzüglich 1.900 EUR MwSt insgesamt also 11.900 EUR angeführt.

Der Kunde erwirbt dieses Fahrzeug als Ersatzfahrzeug für sein bei einem Verkehrsunfall total beschädigtes Fahrzeug.

Der Sachverständige hatte hierfür einen Wiederbeschaffungswert von 20.000 EUR netto zuzüglich 19 % MwSt von 3.800 EUR, gesamt also 23.800 EUR ermittelt.

Berechnung:

Wiederbeschaffungswert brutto	23.800 EUR
abzüglich 19 % MwSt	3.800 EUR
ergibt	20.000 EUR
zuzüglich 19 % MwSt aus Kaufpreis Ersatzfahrzeug	1.900 EUR
Entschädigungssumme	21.900 EUR

Der Kunde erhält hier, da er gemäß dem Agenturvertrag bzw. der Rechnung, den Mehrwertsteueranfall von 1.900 EUR nachweisen kann, den Gesamtbetrag von 21.900 EUR als Entschädigungsbetrag.

2. Vermittlung eines differenzbesteuerten Fahrzeugs

233

Berechnungsbeispiel:

Ein Kfz-Händler vermittelt im Auftrag eines anderen Kfz-Händlers im Rahmen eines Agenturvertrages ein Fahrzeug an einen Kunden.

Im Agenturvertrag bzw. in der Rechnung sind als Gesamtbruttopreis 11.600 EUR angegeben; der Kaufpreis enthält 2,4 % MwSt als Differenzumsatzsteuer, somit 271,87 EUR.

Der Kunde erwirbt dieses Fahrzeug als Ersatzfahrzeug für sein bei einem Verkehrsunfall total beschädigtes Fahrzeug.

Der Sachverständige hatte hierfür einen Wiederbeschaffungswert von 20.000 EUR netto zuzüglich 19 % MwSt von 3.800 EUR, gesamt also 23.800 EUR ermittelt.

Berechnung:

Wiederbeschaffungswert brutto	23.800,00 EUR
abzüglich 19 % MwSt	3.800,00 EUR
ergibt	20.000,00 EUR
zuzüglich MwSt/Differenzumsatzsteuer aus 11.600 EUR	271,87 EUR
Entschädigungssumme	20.271,87 EUR

D. Sonderfälle § 4

Der Anfall der Mehrwertsteuer berechnet sich also immer nach dem zugrunde liegenden Kaufvertragsverhältnis und nicht nach den Möglichkeiten des Ausweises von Mehrwertsteuer des Vermittlers eines Agenturgeschäftes.

234

3. Vermittlung eines Privatmarktfahrzeugs

Berechnungsbeispiel:

235

Ein Kfz-Händler vermittelt im Auftrag eines Privatmannes im Rahmen eines Agenturvertrages ein Fahrzeug an einen Kunden.

Im Agenturvertrag bzw. in der Rechnung sind als Kaufpreis 11.600 EUR angeführt. MwSt ist nicht ausgewiesen.

Der Kunde erwirbt dieses Fahrzeug als Ersatzfahrzeug für sein bei einem Verkehrsunfall total beschädigtes Fahrzeug.

Der Sachverständige hatte hierfür einen Wiederbeschaffungswert von 20.000 EUR netto zuzüglich 19 % MwSt von 3.800 EUR, gesamt also 23.800 EUR ermittelt.

Berechnung:

Wiederbeschaffungswert brutto	23.800 EUR
abzüglich 19 % MwSt	3.800 EUR
Gesamtentschädigung	20.000 EUR

Der Kunde erhält hier keine MwSt, da der Agenturvertrag bzw. die Rechnung wegen des Kaufes des Fahrzeugs von einem Privatmann keine MwSt enthält.

Nach der Intention des Gesetzgebers, dem angeführten Zufallsprinzip und dem BGH-Urteil vom 1.3.2005, sind auch bei Agenturverträgen andere Ergebnisse zu erhalten bzw. zu vertreten (s. hierzu oben Rdn 115 f.).

236

4. Sonderfall: Unternehmer auf Verkäufer- sowie auf Käuferseite

Berechnungsbeispiel:

237

Ein Kfz-Händler vermittelt einen Verkauf eines Fahrzeugs zwischen Unternehmern zum Kaufpreis von 10.000 EUR netto zuzüglich 19 % MwSt von 1.900 EUR, gesamt also 11.900 EUR.

Der Unternehmer auf Käuferseite erwirbt dieses Fahrzeug als Ersatzfahrzeug für sein totalbeschädigtes Fahrzeug, für das der Sachverständige einen Wiederbeschaffungswert von 10.000 EUR netto zuzüglich 19 % MwSt von 1.900 EUR, also einen gesamten Wiederbeschaffungswert von 11.900 EUR ermittelte.

§ 4 Praxisfälle und Berechnungsbeispiele

Berechnung:

Wiederbeschaffungswert brutto	11.900 EUR
abzüglich 19 % MwSt	1.900 EUR
Gesamtentschädigung	10.000 EUR

Es spielt in diesem Fall keine Rolle, ob und in wie weit MwSt bei Anschaffung des Ersatzfahrzeugs angefallen ist, da der Unternehmer bei entsprechender Vorsteuerabzugsberechtigung Mehrwertsteuer nicht geltend machen kann (zur Behandlung der 50 %igen Mehrwertsteuerregelung siehe oben § 1 Rdn 128 ff.).

V. Unberechtigt ausgewiesene Mehrwertsteuer

238 *Berechnungsbeispiel:*

Der Sachverständige ermittelt für den Geschädigten Reparaturkosten in Höhe von 5.950 EUR:

Enthaltener Mehrwertsteueranteil somit 950 EUR.

Der Geschädigte bittet einen Bekannten, der nicht zum Ausweis von MwSt in Rechnungen berechtigt ist, sein Fahrzeug zu reparieren. Der Geschädigte weiß allerdings unverschuldet nichts von dem Umstand, dass sein Bekannter nicht berechtigt ist, MwSt in Rechnungen auszuweisen. Der Geschädigte erhält von seinem Bekannten nach durchgeführter Reparatur eine Rechnung in Höhe von 5.000 EUR netto zuzüglich 19 % MwSt von 950 EUR, zusammen also in Höhe von 5.950 EUR.

Berechnung:

Der Geschädigte erhält hier den vollen Entschädigungsbetrag von 5.950 EUR, nachdem die MwSt nach dem Gesetzeswortlaut insoweit tatsächlich angefallen ist.

239 Auch für den Fall, dass der Vertragspartner des Geschädigten in einer Rechnung über die Reparatur des Fahrzeugs oder aber auch der Ersatzbeschaffung des Fahrzeugs, also in einem Kaufvertrag Mehrwertsteuer in Rechnung stellt, obwohl er hierzu nicht berechtigt ist, erhält der Geschädigte die entsprechend ausgewiesene Mehrwertsteuer.

240 Dies gilt allerdings nur, soweit dem Geschädigten kein Verschulden etwa wegen der Auswahl oder der Überwachung seines Vertragspartners vorgeworfen werden kann. Dieser Fall ist parallel zu den Fällen zu behandeln, in denen ein vom Geschädigten hinzugezogener Dritter, etwa ein Sachverständiger oder auch die Reparaturwerkstatt für die Erhöhung von Schadensansprüchen verantwortlich ist. Trifft den Geschädigten bei einem Fehlverhalten dieser hinzugezogenen Dritten kein Verschulden, kann er jeweils die ungekürzte Ersatzleistung, in diesem Fall auch inkl. der ausgewiesenen Mehrwertsteuer verlangen.

D. Sonderfälle § 4

Eine andere Frage ist die Verpflichtung zur Abtretung seiner hieraus entstehenden etwaigen Schadensersatz- oder sonstigen Rückforderungsansprüche gegen den Dritten an die ersatzpflichtige Versicherung bzw. den Ersatzpflichtigen. Man könnte argumentieren, dass der vorbeschriebene Fall ebenso wie der Fall zu behandeln ist, dass ein Sachverständiger ein fehlerhaftes Gutachten bei der Restwertschätzung erstellt hat.[33]

241

VI. EU-Fahrzeuge

Nicht zuletzt aufgrund der teilweise deutlichen Steuerunterschiede, das heißt Mehrwertsteuer-Unterschiede im EU-Ausland kann ein Geschädigter dort Neufahrzeuge zu deutlich günstigeren Preisen erwerben.

242

Der Geschädigte muss beim Abschluss derartiger Kaufverträge Steuern, insbesondere die Mehrwertsteuer in dem Land, in dem er das Fahrzeug erworben hat nicht entrichten bzw. erhält diese in vollem Umfang erstattet.

243

Er erwirbt das Fahrzeug also grundsätzlich zu einem Nettopreis.

244

Allerdings muss der Geschädigte vor der Zulassung des Fahrzeugs bei seinem zuständigen Finanzamt die deutsche Mehrwertsteuer von 19 % entrichten, wonach diese nach dem Gesetzeswortlaut dann auch angefallen ist.

245

Berechnungsbeispiel:

246

Der ermittelte Wiederbeschaffungswert beträgt inkl. 19 % Mehrwertsteuer 11.900 EUR. Mehrwertsteueranteil somit 1.900 EUR.

Der Geschädigte schafft sich im EU-Ausland ein Neufahrzeug an, für das er im EU-Ausland einen Betrag von 20.000 EUR netto bezahlen musste.

Der Geschädigte weist der Versicherung den Anfall von MwSt durch eine Bestätigung des Finanzamtes in Höhe von 3.800 EUR nach.

Berechnung:

Wiederbeschaffungswert inkl. 19 % MwSt	11.900 EUR
abzüglich 19 % MwSt hieraus	1.900 EUR
ergibt 10.000 EUR zuzüglich an sich 3.800 EUR MwSt, begrenzt allerdings durch die Höhe der Mehrwertsteuer im Wiederbeschaffungswert somit	1.900 EUR
Gesamtentschädigung	11.900 EUR

---

[33] *Lemcke*, r+s 2002, 265, 272.

§ 4 Praxisfälle und Berechnungsbeispiele

Beim Kauf eines Fahrzeugs im EU-Ausland kann somit durch eine entsprechende Bestätigung des Finanzamtes des Erwerbers immer der Anfall von 19 % MwSt nachgewiesen werden.

VII. Fahrzeugschaden beim vorsteuerabzugsberechtigten Fahrzeughändler

247 Nachdem ein Fahrzeughändler/Gebrauchtfahrzeughändler regelmäßig vorsteuerabzugsberechtigt ist, stellt sich die Frage, ob bei einem Reparaturschaden bzw. Totalschaden eines im Eigentum des Fahrzeughändlers stehenden Fahrzeugs die Versicherung im Haftpflichtschadenfall grundsätzlich immer berechtigt ist, automatisch von in einem Sachverständigengutachten bzw. Kostenvoranschlag geschätzten Reparaturkosten oder aber Reparaturkosten in einer Rechnung bzw. von einem ermittelten Wiederbeschaffungswert 19 % MwSt in Abzug zu bringen.

1. Reparaturschaden

248 Soweit in einem Kostenvoranschlag oder in einem Sachverständigengutachten die kalkulierten Reparaturkosten brutto, also inklusive 19 % MwSt ausgewiesen sind, oder aber der Fahrzeughändler eine eigene Rechnung über die Reparaturarbeiten ebenfalls brutto, inklusive 19 % MwSt, ausstellt, kann die Versicherung aufgrund der Vorsteuerabzugsberechtigung des Fahrzeughändlers hier auch 19 % MwSt in Abzug bringen.

Soweit nur die Netto- Beträge ausgewiesen sind bzw. geltend gemacht werden, können selbstverständlich keine Mehrwertsteuerabzüge vorgenommen werden.

249 Die Versicherungen bringen hier häufig einen sog. **Unternehmergewinn** in Abzug, der teilweise bei 20 oder 25 % liegen soll. Aufgrund der brancheninternen Probleme dürfte ein solcher Unternehmergewinn in einer Reparaturrechnung, soweit sie als Fremdrechnung vergleichbar ist, allenfalls bei **ca. 3–5 %** liegen, so dass gegen einen höheren Abzug vorgegangen werden sollte.

Für den Fall, dass für die durchgeführte Reparatur Fremdaufträge verschoben werden mussten bzw. auch durch die Eigenreparatur verloren gegangen sind und die Eigenreparatur etwa wegen eines nur einmal vorhandenen Vorführfahrzeugs dringend notwendig war, ist kein Unternehmergewinn in Abzug zu bringen, da dieser Auftrag dann wie ein Fremdauftrag zu behandeln ist. Die Werkstatt wird letztendlich nicht für die Durchführung von Eigenreparaturen betreiben, sondern in Erwartung von Fremdaufträgen.

D. Sonderfälle § 4

2. Totalschaden

Hier sind verschiedene Fallkonstellationen zu unterscheiden: **250**

a) Totalschaden am regelbesteuerten Händlerfahrzeug

Dies betrifft den Fall, dass ein Totalschaden an einem Neufahrzeug entsteht oder an einem **251** Fahrzeug, dass der Fahrzeughändler wiederum mit ausgewiesener Regelumsatzsteuer von 19 % erworben hat.

In der Regel wird der Sachverständige hier den Wiederbeschaffungswert brutto inklusive 19 % MwSt oder aber auch den Händlereinkaufswert netto, also ohne Mehrwertsteuer als Wiederbeschaffungswert in seinem Gutachten ausweisen.

Fallbeispiel:
Totalschadenbetrag brutto inkl. 19 % MwSt   23.800 EUR
bzw. Händlereinkaufswert netto   20.000 EUR
Der Sachverständige weist in seinem Gutachten den Händlereinkaufswert netto = 20.000 EUR aus.
Die Versicherung hat hier den Händlernettoeinkaufswert von 20.000 EUR zu leisten und kann hiervon nicht nochmals 19 % MwSt oder einen sonstigen Mehrwertsteuerbetrag in Abzug bringen.

Für den Fall, dass der Sachverständige den Wiederbeschaffungswert brutto, also inklusive 19 % MwSt und somit dann mit 23.800 EUR ausweist, kann die Versicherung aufgrund der Vorsteuerabzugsberechtigung des Fahrzeughändlers diesen Mehrwertsteuerbetrag in Abzug bringen, so dass auch hier nur der Händlereinkaufswert netto in Höhe von 20.000 EUR zu erstatten ist.

b) Händlerfahrzeug differenzbesteuert
aa) bei Ankauf von Privat

Dies betrifft den Fall, dass das Fahrzeug von einem Fahrzeughändler von Privat, ohne **252** Mehrwertsteuer absetzen zu können, angekauft wurde (Händlereinkaufswert) und mit einer Handelsspanne weiterverkauft wird (Händlerverkaufswert). Aus der Handelsspanne ist ein Mehrwertsteueranteil von 19 % vom Fahrzeughändler an das Finanzamt zu entrichten, der sog. Differenzumsatzsteueranteil.

Fallbeispiel:
Ein Fahrzeughändler kauft ein Fahrzeug ohne ausgewiesene Mehrwertsteuer von Privat zu einem Preis von 2.000 EUR an. Der Weiterverkauf soll für 2.300 EUR mit ausgewiesener Differenzumsatzsteuer erfolgen. Bei einem unverschuldetem Totalschaden dieses Fahrzeugs stellt der beauftragte Sachverständige einen Wiederbeschaffungswert

§ 4 Praxisfälle und Berechnungsbeispiele

> 1. von 2.000 EUR fest, wobei er in dem Sachverständigengutachten angibt, dass ein derartiges Fahrzeug nur noch überwiegend auf dem Privatmarkt zu erhalten ist;
> 2. von 2.300 EUR brutto inkl. Differenzumsatzsteuer fest.
>
> *Schadensberechnung zu 1.:*
> Der Wiederbeschaffungswert, der hier identisch mit dem Händlereinkaufswert netto ist, stellt den tatsächlichen Schaden des Händlers dar, der auch nicht um einen Mehrwertsteueranteil von 2,4 % oder sogar 19 % von der Versicherung gekürzt werden darf.
>
> *Schadensberechnung zu 2.:*
> Soweit der Sachverständige hier den Händlerverkaufswert, also einen Bruttowert, feststellt, kann allenfalls, meiner Auffassung nach, im Wege einer Schätzung ein Differenzumsatzsteuerbetrag von 2,4 %, somit ein solcher von 53,90 EUR, in Abzug gebracht werden, so dass sich ein Schadensersatzbetrag in Höhe von 2.246,10 EUR ergibt; keinesfalls kann von der Versicherung in diesem Fall ein Mehrwertsteuerbetrag von 19 % aus dem Betrag von 2.300 EUR (367,22 EUR) in Abzug gebracht werden (s. hierzu auch BGH-Beschluss unter § 3 Rdn 88 ff.).

253 Soweit ein Sachverständiger bei der Feststellung des Wiederbeschaffungswertes diesen regelbesteuert mit 19 % MwSt angibt, kann die Versicherung grundsätzlich 19 % MwSt vom so ermittelten Wiederbeschaffungswert in Abzug bringen, so dass es in solchen Fällen ratsam ist, hier den Sachverständigen anzuhalten, einen Netto-Händlereinkaufswert im Gutachten anzugeben, der dann der Schadensberechnung zugrunde zu legen ist.

bb) bei Ankauf von anderem Händler differenzbesteuert

254 Dies betrifft den Fall, dass das Fahrzeug von einem Fahrzeughändler von einem anderen Fahrzeughändler, in der Rechnung mit Differenzumsatzsteuer ausgewiesen, angekauft wird.

> *Fallbeispiel:*
> Ein Fahrzeughändler kauft ein Fahrzeug von einem anderen Fahrzeughändler an, wobei sich aus der Rechnung über 2.500 EUR ergibt, dass das verkaufte Fahrzeug der Differenzumsatzsteuer unterliegt. Ein Differenzumsatzsteueranteil ist weder in Prozenten noch in einem Betrag angegeben.
> Der Fahrzeughändler, der das Fahrzeug für 3.000 EUR weiterverkaufen will, erleidet mit dem Fahrzeug einen unverschuldeten Totalschaden.
> Der beauftragte Sachverständige stellt als Wiederbeschaffungswert
> 1. einen Privatmarkt-Wiederbeschaffungswert von 2.500 EUR fest;
> 2. einen Wiederbeschaffungswert mit Differenzumsatzsteuerausweis in Höhe von insgesamt 2.600 EUR fest;

3. einen regelbesteuerten Wiederbeschaffungswert von insgesamt 2.900 EUR fest.

Schadensberechnung zu 1.:
Auch hier stellt der Händlereinkaufswert netto den tatsächlichen Schaden des Händlers dar, der auch nicht um einen Mehrwertsteueranteil (Differenzumsatzsteueranteil) von 2,4 % oder sogar 19 % von der Versicherung gekürzt werden darf.

Schadensberechnung zu 2.:
Nachdem hier ca. 2,4 % Differenzumsatzsteuer, insoweit ein Betrag von 60,94 EUR vom Fahrzeughändler als Differenzumsatzsteuer als Vorsteuer gegenüber dem Finanzamt geltend gemacht werden kann, stellt dieser Betrag die Abzugsmöglichkeit für die Versicherung dar, so dass der Fahrzeughändler einen Betrag als Schadensersatz in Höhe von 2.539,06 EUR (2.600,00 EUR abzüglich Differenzumsatzsteueranteil von 2,4 % = 60,94 EUR) erhält.

Schadensberechnung zu 3.:
Nachdem das Fahrzeug nach Angaben des Sachverständigen noch regelbesteuert erhältlich ist, hat sich der Fahrzeughändler einen Betrag von 463,02 EUR (19 % MwSt aus 2.900 EUR) in Abzug bringen zu lassen, so dass er einen Schadensersatzbetrag in Höhe von 2.436,98 EUR erhält (s. hierzu auch BGH-Beschluss unter § 3 Rdn 88 ff.).

c) Praxishinweis

Soweit die anwaltliche Vertretung eines Fahrzeughändlers bzw. Gebrauchtwagenhändlers erfolgt, ist bei einer Schadenskalkulation in einem Sachverständigengutachten bei Feststellung des Wiederbeschaffungswertes sorgfältig darauf zu achten, zu welchen Konditionen der Einkauf des Fahrzeugs erfolgte (Ankauf von Privat, mit Differenzumsatzsteuerausweis oder Regelsteuerausweis) und ob das Sachverständigengutachten den Händlereinkaufswert netto oder einen Wiederbeschaffungswert brutto angibt; des Weiteren ist von Bedeutung, dass das Sachverständigengutachten eindeutig angibt, ob das Fahrzeug zum ermittelten Wiederbeschaffungswert nur noch ohne Mehrwertsteuer auf dem Privatmarkt, mit ausgewiesener Differenzumsatzsteuer auf dem Händlermarkt, oder letztlich mit ausgewiesener Regelumsatzsteuer auf dem Händlermarkt erhältlich ist.

Je nach dem ist dann bei einer Zahlung der Versicherung der mögliche Mehrwertsteuer- bzw. Differenzumsatzsteuerabzug zu überprüfen.

Teil 2: Die Mehrwertsteuer bei Fahrzeugleasing, -finanzierung und -kauf

§ 5 Einleitung

Scheinen inzwischen die Umsatzsteuerprobleme bei der Unfallschadenabwicklung im Hinblick auf die schadensersatzrechtliche Behandlung der Umsatzsteuer sowohl bei der Haftpflichtschadenabrechnung als auch bei der Kaskoversicherungsabrechnung bei Beschädigung eines Fahrzeugs weitestgehend geklärt – es besteht hier eine relativ gefestigte Rechtsprechung zu § 249 Abs. 2 S. 2 BGB („Bei der Beschädigung einer Sache schließt der nach Satz 1 erforderliche Geldbetrag die Umsatzsteuer nur mit ein, wenn und soweit sie tatsächlich angefallen ist") und zu teilweise wortgleichen Kaskoversicherungsbedingungen – ist die Umsatzsteuerproblematik gerade bei Beendigung von Kfz-Leasingverträgen und zu verschiedenen Sachmängelfragen im Fahrzeugkaufrecht nicht in allen Punkten höchstrichterlich geklärt.

Dies liegt unter anderem auch an möglichen bzw. tatsächlichen Abweichungen der Zivilgerichtsrechtsprechung von der Praxis oder Auffassung der Finanzverwaltung, wenn die Zivilrechtsprechung – wegen fehlender Zuständigkeit der Zivilgerichte für Steuerfragen – keine Bindungswirkung für die Verwaltung entfaltet.[1]

Die nachstehenden Ausführungen befassen sich im Wesentlichen mit der vertragsgerechten und vorzeitigen Beendigung von Leasingverträgen unter Berücksichtigung der Rechtsprechung des Bundesgerichtshofes sowie des Bundesfinanzhofes sowie der höchstrichterlichen Rechtsprechung zu sachmängelrechtlichen Umsatzsteuerfragen im Fahrzeugkaufrecht.

Bei der Klärung der jeweiligen Umsatzsteuerfragen bezieht sich der BGH nahezu ausschließlich auf die Rechtsprechung des Gerichtshofs der Europäischen Union und des Bundesfinanzhofes[2] und führt in nahezu sämtlichen Urteilen zu der entsprechenden Problematik immer wieder formelhaft aus:[3]

„… a) Nach § 1 Abs. 1 Nr. 1 UStG unterliegen der Umsatzsteuer die Lieferungen und sonstigen Leistungen, die ein Unternehmer im Inland gegen Entgelt im Rahmen seines Unternehmens ausführt. Entgelt ist gem. § 10 Abs. 1 Satz 2 UStG grundsätzlich alles, was der Leistungsempfänger aufwendet, um die Leistung zu erhalten, jedoch abzüglich der Umsatzsteuer. Für die Beurteilung, ob eine entgeltliche Leistung vorliegt, die in Übereinstimmung mit Art. 2 Nr. 1 der Sechsten Richtlinie 77/388/EWG des Rates vom 17. Mai

---

1 Siehe hierzu exemplarisch BGH, Urt. v. 18.4.2012, AZ: VIII ZR 253/11.
2 Vgl. BFHE 241, 191, 195 m.w.N.
3 Siehe dazu beispielhaft die BGH-Urteile vom 28.5.2014, AZ: VIII ZR 179/13 sowie VIII ZR 241/13.

1977 zur Harmonisierung der Rechtsvorschriften der Mitgliedsstaaten über die Umsatzsteuern (ABl. Nr. L 145 S) nach § 1 Abs. 1 Nr. 1 UStG steuerbar ist, sind nach der Rechtsprechung des Gerichtshofs der Europäischen Union, der sich der Bundesfinanzhof (BFHE 241, 191, 195 mwN) und der Bundesgerichtshof (Senatsurteil vom 18. Mai 2011 – VIII ZR 260/10, WM 2011, 2142 Rn. 11 mwN) angeschlossen haben, im Wesentlichen folgende unionsrechtlich geklärte Grundsätze zu berücksichtigen:

Zwischen der Leistung und dem erhaltenen Gegenwert muss ein unmittelbarer Zusammenhang bestehen, wobei die gezahlten Beträge die tatsächliche Gegenleistung für eine bestimmte Leistung darstellen, die im Rahmen eines zwischen dem Leistenden und dem Leistungsempfänger bestehenden Rechtsverhältnisses, in dem gegenseitige Leistungen ausgetauscht werden, erbracht wurde. Dabei bestimmt sich in erster Linie nach dem der Leistung zugrunde liegenden Rechtsverhältnis, ob die Leistung des Unternehmers derart mit der Zahlung verknüpft ist, dass sie sich auf die Erlangung einer Gegenleistung (Zahlung) richtet. Echte Entschädigungs- oder Schadensersatzleistungen sind demgegenüber kein Entgelt im Sinne des Umsatzsteuerrechts, wenn die Zahlung nicht für eine Lieferung oder sonstige Leistung an den Zahlungsempfänger erfolgt, sondern weil der Zahlende nach Gesetz oder Vertrag für den Schaden und seine Folgen einzustehen hat. In diesen Fällen besteht kein unmittelbarer Zusammenhang zwischen der Zahlung und der Leistung (zum Ganzen BFHE, aaO mwN). ...".

Nach diesen Grundsätzen liegen zwischenzeitlich Entscheidungen zu verschiedenen Problembereichen vor, die nachfolgend dargestellt werden sollen.

§ 6 Umsatzsteuerprobleme bei Kfz-Leasingverträgen und im Kfz-Kaufrecht

A. Vertragsgerechte Beendigung von Leasingverträgen

I. Minderwertausgleich wegen Schäden am Leasingfahrzeug

Das einschlägige BFH-Urteil vom 20.3.2013, AZ: XI R 6/11, führt hierzu in seinem Leitsatz aus:

> „*Verpflichtet sich der Leasingnehmer im Leasingvertrag, für am Leasingfahrzeug durch eine nicht vertragsgemäße Nutzung eingetretene Schäden nachträglich einen Minderwertausgleich zu zahlen, ist diese Zahlung beim Leasinggeber nicht der Umsatzsteuer zu unterwerfen.*"

Der Frage, ob auf den Minderwertausgleich Umsatzsteuer zu entrichten ist, lag im Fall des BFH folgende Leasingvertragsklausel zugrunde:

„2. Bei Rückgabe muss das Fahrzeug in einem dem Alter und der vertragsgemäßen Fahrleistung entsprechenden Erhaltungszustand, frei von Schäden sowie verkehrs- und betriebssicher sein. Normale Verschleißspuren gelten nicht als Schaden. ...

3. Bei Rückgabe des Fahrzeuges nach Ablauf der bei Vertragsabschluss vereinbarten Leasing-Zeit gilt folgende Regelung:

Entspricht das Fahrzeug bei Verträgen ohne Gebrauchtwagenabrechnung nicht dem Zustand gemäß Ziffer 2 Absatz 1, ist der Leasing-Nehmer zum Ersatz des entsprechenden Schadens verpflichtet..."

Im zugrundeliegenden Fall machte das Leasingunternehmen gegenüber dem Leasingnehmer nach Ablauf des Leasingvertrages einen Anspruch auf Minderwertausgleich für über den vertragsgemäßen Gebrauch hinausgehende Schäden an dem geleasten Fahrzeug geltend, die laut einem entsprechendem Prüfgutachten unter anderem Lackschäden, eine fehlende Funktion der Lenkhilfe sowie eine Beschädigung des Panzerrohres umfassten; der Leasingnehmer leistete daraufhin den entsprechenden Minderwertausgleichsbetrag, unterwarf diesen allerdings nicht in der maßgebenden Umsatzsteuervoranmeldung der Umsatzsteuer und teilte dies dem Finanzamt mit.

Das Finanzamt erließ daraufhin einen geänderten Vorauszahlungsbescheid und erhöhte die Umsatzerlöse um den Minderwertausgleich; in der Begründung des Bescheids wies das Finanzamt darauf hin, dass der Minderwertausgleich als eine leasingtypische vertragliche Gegenleistung für die Überlassung des Leasinggegenstandes durch den Leasinggeber zu behandeln sei.

§ 6 Umsatzsteuerprobleme bei Kfz-Leasingverträgen und im Kfz-Kaufrecht

Der sogenannten Sprungklage des Leasingnehmers gab das Finanzgericht statt und ließ die Revision wegen grundsätzlicher Bedeutung der Rechtssache zum Bundesfinanzhof zu.

3 Das Finanzgericht führte im Wesentlichen aus, dass der leasingtypische Minderwertausgleich, den der Leasingnehmer nach Ablauf der vereinbarten Vertragslaufzeit leistet, nicht der Umsatzsteuer unterliege; maßgebend sei insoweit, dass die Ausgleichszahlung nicht im Leistungsaustausch mit Leistungen der Leasinggeberin stehe. Die Leistung der Leasinggeberin sei die Gebrauchsüberlassung des Leasinggegenstandes auf Zeit. Nach Ablauf der vereinbarten Leasingzeit habe die Leasinggeberin ihre vertragliche Hauptleistungspflicht erfüllt. Die Leasinggeberin habe dem Leasingnehmer keine darüber hinaus gehende Leistung „willentlich" zugewandt. Der Leasingnehmer erbringe die von ihm noch geschuldete Ausgleichszahlung nicht, um eine Leistung zu erhalten, sondern weil er vertraglich dazu verpflichtet ist.

4 Der BFH sieht die Minderwertausgleichszahlung als **nicht umsatzsteuerpflichtig** an und führt hierzu folgende Argumente an:

Kein unmittelbarer Zusammenhang zwischen Leistung und Gegenleistung, soweit der Leasingnehmer gemäß den einschlägigen Leasingbedingungen den vereinbarten Schadensersatz gerade deshalb schuldete, weil der Erhaltungszustand des Fahrzeugs bei dessen Rückgabe nicht seinem Alter und der vertragsgemäßen Fahrleistung entsprach.

Ein leasingtypischer Minderwertausgleich, den der Leasingnehmer nach der vereinbarten Vertragslaufzeit leistet, ist keine Ausgleichszahlung, die im Leistungsaustausch mit Leistungen der Leasinggeberin steht (§ 1 Abs. 1 Nr. 1 UStG).

Echte Entschädigungs- oder Schadensersatzleistungen sind (demgegenüber) kein Entgelt im Sinne des Umsatzsteuerrechts, wenn die Zahlung nicht für eine Lieferung oder sonstige Leistung an den Zahlungsempfänger erfolgt, sondern weil der Zahlende nach Gesetz oder Vertrag für den Schaden und seine Folgen einzustehen hat.

5 Im gleichen Sinn hatte bereits zuvor der BGH mit seinem Urteil vom 18.5.2011, AZ: VIII ZR 260/10, entschieden. Der dortige Leitsatz lautet:

„Ein Minderwertausgleich, den der Leasinggeber nach regulärem Vertragsablauf wegen einer über normale Verschleißerscheinungen hinausgehenden Verschlechterung der zurückzugebenden Leasingsache vom Leasingnehmer beanspruchen kann, ist ohne Umsatzsteuer zu berechnen, weil ihm eine steuerbare Leistung des Leasinggebers (§ 1 Abs. 1 Nr. 1 UStG) nicht gegenübersteht und der Leasinggeber deshalb darauf keine Umsatzsteuer zu entrichten hat (Fortführung des Senatsurteils vom 14.3.2007 – VIII ZR 68/06, WM 2007, 990)."

Im Fall des BGH schloss eine Leasinggesellschaft, die spätere Klägerin, mit dem beklagten Leasingnehmer für eine Vertragsdauer von 36 Monaten und einer jährlichen Fahrleistung von 20.000 Kilometern mit darüber hinausgehender Kilometerabrechnung einen

A. Vertragsgerechte Beendigung von Leasingverträgen § 6

Leasingvertrag über einen Pkw Audi Q7 ab. Die diesem Vertrag zugrundeliegenden Leasingbedingungen waren identisch mit den dem oben erläuterten BFH-Urteil zugrundeliegenden Leasingbedingungen.

An dem zum Ablauf der vereinbarten Leasingdauer zurückgegebenen Fahrzeug stellte die Leasinggesellschaft über normale Verschleißspuren hinausgehende (Unfall)Schäden fest, deren Beseitigungskosten/Minderwert ein von ihr beauftragter Sachverständiger auf 6.817,54 EUR netto schätzte.

Der Leasingnehmer weigerte sich insgesamt, den Minderwert zu bezahlen; die Klage der Leasinggesellschaft auf Ausgleich dieses Minderwertbetrags zzgl. Umsatzsteuer in Höhe von 1.295,33 EUR hatte in beiden Vorinstanzen nur hinsichtlich des Nettobetrages Erfolg.

In diesem Urteil setzte sich der BGH mit der damals noch entgegenstehenden Auffassung der Finanzverwaltung sowie der zivilgerichtlichen Instanzrechtsprechung, die ebenso wie der BGH argumentierte, auseinander.

Er stellte auf den erforderlichen unmittelbaren Zusammenhang der Leistung des Leasinggebers (zeitweilige Gebrauchsüberlassung des Fahrzeugs bzw. Bereitstellung des dafür erforderlichen Kapitals auf Zeit) und dem erhaltenen Gegenwert (vom Leasingnehmer auszugleichenden Minderwert) ab und kommt mit nachfolgendem Wortlaut ebenfalls zu dem Ergebnis, dass Minderwertausgleichszahlungen **nicht umsatzsteuerpflichtig** sind:

„... aa) Die Leistung der Klägerin als Leasinggeberin war nicht derart mit der vom Beklagten zu erbringenden Zahlung verknüpft, dass sie auf die Erlangung einer solchen Gegenleistung gerichtet war. Vielmehr war die vertragliche Hauptleistungspflicht der Klägerin beendet, nachdem sie das Fahrzeug – hier aus Anlass des Ablaufs der Leasingdauer – zurückerlangt und auf diese Weise zugleich die dem Beklagten eingeräumte Kapitalnutzung geendet hatte. Damit fehlt es – ähnlich wie bei Schadensersatzzahlungen, die der Leasingnehmer für den Ausfall seiner Leasingraten zu erbringen hat (vgl. BGH, Urteil vom 11.2.1987 – VIII ZR 27/86, a.a.O.) – zwischen den Leistungspflichten der Klägerin und der Ausgleichspflicht des Beklagten an der für den erforderlichen unmittelbaren Zusammenhang dauerhaften Abhängigkeit in Entstehung und Fortbestand dieser Pflichten (Senatsurteil vom 14.3.2007 – VIII ZR 68/06, a.a.O. Rn 16). ..."

Der BGH ist ebenfalls der Auffassung, dass leasingtypische Ausgleichsansprüche wie der vorliegend geltend gemachte Minderwertausgleich nicht nur bei vorzeitiger, sondern auch bei ordentlicher Beendigung des Leasingverhältnisses nach Ablauf der vereinbarten Leasingdauer ohne Umsatzsteuer zu berechnen sind, weil ihnen eine steuerbare Leistung im Sinne von § 1 Abs. 1 Nr. 1 UStG nicht gegenübersteht und der Leasinggeber deshalb Umsatzsteuer auf sie nicht zu entrichten hat.

§ 6 Umsatzsteuerprobleme bei Kfz-Leasingverträgen und im Kfz-Kaufrecht

7 Der BGH behandelt diesen Schadensersatzanspruch wie Schadensersatzleistungen, die der Leasingnehmer nach außerordentlicher Kündigung des Leasingvertrages zu erbringen hat, bei denen in der höchstrichterlichen Rechtsprechung angenommen wird, dass diese ohne Umsatzsteuer zu berechnen sind; der Grund liegt laut dem BGH darin, weil ihnen – in Folge der durch die Kündigung des Leasingvertrages bewirkten Beendigung der vertraglichen Hauptleistungspflicht des Leasinggebers – eine steuerbare Leistung im Sinne von § 1 Abs. 1 Nr. 1 UStG nicht gegenübersteht und der Leasinggeber deshalb Umsatzsteuer auf sie nicht zu entrichten hat.[1]

Nach dem BGH gilt allerdings nach der Rechtsprechung des 8. Zivilsenats nichts anderes für eine Schadensersatzzahlung, die der Leasingnehmer in diesem Zusammenhang für den Minderwert der zurückgegebenen Leasingsache zu leisten hat. Daran ändert auch nichts, dass die Schadensersatzzahlung auf den Ausgleich der noch nicht amortisierten Anschaffungs- und Finanzierungskosten des Leasinggebers geht. Zwar besteht die Vertragsleistung des Leasinggebers leasingtypisch nicht nur in der zeitweiligen Gebrauchsüberlassung eines Sachguts, sondern – wirtschaftlich gesehen – auch in der Bereitstellung des dafür erforderlichen Kapitals auf Zeit mit dem Ziel einer Amortisation dieses Kapitaleinsatzes durch die vom Leasinggeber zu erbringenden Leistungen.

8 Nach dem BGH kommt es auch für die umsatzsteuerliche Beurteilung aber nicht auf die zivilrechtliche Einordnung als Schadensersatz- oder Ausgleichsanspruch entscheidend an; diese Einordung kann nach dem BGH schon deswegen nicht entscheidend sein, weil die Frage der Umsatzsteuerpflicht nach Maßgabe der Umsatzsteuer-Richtlinie in allen Mitgliedsstaaten einheitlich zu beantworten ist.

Insoweit ist vielmehr maßgebend, dass der Ausgleichszahlung, nicht anders als der Schadensersatzzahlung, nach Beendigung des Leasingvertrages und Rückgabe, Verlust oder Untergang der Leasingsache keine steuerbare Leistung des Leasinggebers mehr gegenüber steht.

Demgemäß gilt das Gleiche bzw. gelten die gleichen Entscheidungsgrundsätze für einen Minderwertausgleich, den der Leasinggeber nach regulärem Vertragsablauf wegen einer über normale Verschleißerscheinungen hinausgehenden Verschlechterung der zurückzugebenden Leasingsache beanspruchen kann.

9 Auch die zivilgerichtliche Instanzrechtsprechung urteilte überwiegend, dass der Minderwertausgleich im Falle einer regulären Vertragsbeendigung nach Ablauf der vereinbarten Leasingzeit nicht der Umsatzsteuer unterliegt.

An zivilgerichtlicher Instanzrechtsprechung ist hier zu nennen:
- OLG Stuttgart, JurBüro 2010, 209
- OLG Koblenz, NJW-RR 2010, 778 f.

---

1 Vgl. z.B. BGH, Urt. v. 14.3.2007, AZ: VIII ZR 68/06, a.a.O. Rn 14f m.w.N.

A. Vertragsgerechte Beendigung von Leasingverträgen § 6

- OLG Düsseldorf, Beschl. v. 2.9.2010, AZ: 24 U 15/10, juris Rn 6
- LG München I, Urt. v. 7.8.2008, AZ: 34 S 24052/07, DAR 2008, 591
- OLG Stuttgart, Urt. v. 5.10.2010, AZ: 6 U 115/10, Deutsches Steuerrecht/Entscheidungsdienst 2010, 1514
- OLG Koblenz, Urt. v. 10.12.2009, AZ: 2 U 887/08, NJW-RR 2010, 778

Auch das überwiegende Schrifttum war dieser Auffassung.[2]

II. Mehr- oder Minderkilometerzahlungen

Ein Urteil des OLG Stuttgart vom 5.10.2010, AZ: 6 U 115/10, das sich im Wesentlichen mit dem Ausgleich eines Fahrzeugminderwerts bei vertragsgemäßer Beendigung des Leasingvertrages befasst und diese Leistung als **nicht umsatzsteuerpflichtig** ansieht, geht am Ende auf die in diesem Verfahren nicht zu entscheidende Frage der Umsatzsteuerpflicht beim Ausgleich von Mehrkilometern ein. 10

Es führt hierzu allerdings aus, dass solche Ansprüche mit dem Anspruch auf Minderwertausgleich nicht vergleichbar sind; demnach ist die Vergütung von Mehrkilometern nach der vertraglichen Gestaltung neben der Zahlung der Leasingraten als Entgelt für die Gebrauchsüberlassung zu werten. Nach dem OLG Stuttgart ist der Anspruch auf Vergütung bei verspäteter Rückgabe des Leasingfahrzeugs (§ 546 a BGB) kein Schadensersatzanspruch, sondern ein vertraglicher Anspruch eigener Art, der steuerrechtlich wie eine Mietzinszahlung zu beurteilen ist, sodass ihm eine Gebrauchsüberlassung als steuerbare Handlung zugrunde liegt. Insoweit sieht das OLG Stuttgart Ansprüche auf Ausgleich von Mehrkilometern als **umsatzsteuerpflichtig** an.

Mit ähnlichen Argumenten kommen Urteile des LG Krefeld vom 29.10.2009, AZ: 5 O 414/08, sowie des AG Köln, Urteil vom 20.3.2012, AZ: 124 C 12/12, zu demselben Ergebnis: 11

Im Fall der Entscheidung des LG Krefeld machte das Leasingunternehmen als Klägerin gegen den beklagten Leasingnehmer unter anderem Vergütungsansprüche für gefahrene Mehr-Kilometer in Höhe von 845,88 EUR brutto, also inkl. Mehrwertsteuer geltend; der beklagte Leasingnehmer wandte ein, dass das Leasingunternehmen den Ersatz der Mehrwertsteuer nicht beanspruchen könne, da kein Vortrag erfolgt sei, dass das Fahrzeug tatsächlich repariert wurde und das Leasingunternehmen zudem vorsteuerabzugsberechtigt sei.

Das LG Krefeld spricht ohne weitere Begründung in seinen Entscheidungsgründen den Mehrkilometerbetrag brutto, also inkl. Umsatzsteuer, zu und geht somit von **Umsatzsteuerpflicht** aus. 12

---

2 *Vogler*, MWStR 2014, 6 ff.; *Schrader*, MWStR 2013, 115 ff. m.w.N.

§ 6 Umsatzsteuerprobleme bei Kfz-Leasingverträgen und im Kfz-Kaufrecht

Das LG Krefeld nimmt laut den im Leasingvertrag und den diesem zugrundeliegenden Bedingungen zur Mehrkilometerberechnung eine Berechnung der Mehrkilometer wie folgt vor:

Ausgehend von 16.082 Anfangskilometern zu Beginn des Leasingzeitraumes und vereinbarter 25.000 Freikilometer für 32 Monate Leasingzeit und einem zulässigen Überschreitungslimit von 2.500 Kilometer ergeben sich zunächst 43.582 zulässige Kilometer während des vereinbarten Leasingzeitraumes.

Nachdem das Leasingunternehmen für eine unstreitige Überschreitungszeit der vertragsgemäßen Leasingzeit im Verfahren vor dem LG Krefeld auch die weiteren vereinbarten Leasingraten als Nutzungsentschädigung geltend macht, rechnet es dem Leasingnehmer für diesen Zeitraum weitere Freikilometer zu. Ausgehend von einer vereinbarten jährlichen Kilometerleistung von 10.000 Kilometern ergibt sich eine tägliche Kilometerleistung von 27,4 Kilometern (10.000 Kilometer : 365 Tage). Multipliziert man diesen Betrag mit der Leasingzeitüberschreitung von 258 Tagen so ermitteln sich zusätzliche 7.069 Freikilometer.

Der zulässige Kilometerstand während der gesamten Nutzungszeit erhöht sich demgemäß auf 50.651 Kilometer.

Das LG Krefeld zieht nunmehr diesen Kilometerstand von der tatsächlich am Ende der Leasingzeit vorliegenden Kilometerleistung von 67.282 Kilometern ab und kommt demgemäß zu vergütenden Mehrkilometern in Höhe von 16.631 Kilometern, die es mit dem vereinbarten Satz pro Mehrkilometer multipliziert.

13 Im Urteilsfall des AG Köln ging es um eine leasingvertragliche Mehrkilometervereinbarung unstreitig zurückgelegter Mehrkilometer bei übereinstimmender vorzeitiger Leasingvertragsbeendigung.

Ausgehend von der sich aus dem Vertrag ergebenden Mehrkilometervergütung multipliziert mit den unstreitig zu viel zurückgelegten Kilometern, berechnete das Leasingunternehmen als Klägerin dem Leasingnehmer einen Betrag von 87,32 EUR netto zzgl. Mehrwertsteuer, also einen Bruttogesamtbetrag von 103,91 EUR.

14 Auch das Amtsgericht Köln geht ohne nähere Begründung davon aus, dass der Ausgleich von Mehrkilometern **umsatzsteuerpflichtig** ist.

Das Amtsgericht Köln führt zu dieser Anspruchsposition lediglich wörtlich aus:

„… Soweit der Beklagte der Auffassung ist, dass sich aus dem Abrechnungsschreiben der Klägerin eine Mehrkilometerbelastung nur in Höhe von 87,32 EUR ergebe, hat die Klägerin nachvollziehbar dargelegt, dass insoweit noch die Mehrwertsteuer hinzuzusetzen ist, so dass sich der mit der Klage geltend gemachte Betrag ergibt…"

15 **Argumente für eine Umsatzsteuerpflicht von Mehr- oder Minderkilometerzahlungen** lassen sich wie folgt zusammenfassen:

A. Vertragsgerechte Beendigung von Leasingverträgen § 6

- Es handelt sich um ein Vertragsüberschreitungsentgelt im Sinne von § 546a BGB (danach kann der Vermieter vom Mieter, der die Mietsache nach Beendigung des Mietverhältnisses nicht zurückgibt, für die Dauer der Vorenthaltung der Mietsache als Entschädigung die vereinbarte Miete oder die Miete verlangen, die für vergleichbare Sachen ortsüblich ist).
- Es geht um leasingvertragliche Vereinbarungen einer „vertragsgemäßen Fahrleistung".
- Mehr- oder Minderkilometerzahlungen stellen ein Entgelt für die Gebrauchsüberlassung neben der Zahlung der Leasingraten dar.
- Insgesamt handelt es sich um ein Leistungsaustauschverhältnis, da ein unmittelbarer Zusammenhang zwischen entsprechender Leistung und Gegenleistung besteht.

III. Restwert bzw. Restwertausgleich beim Restwertleasingvertrag

Hierzu liegen aktuell zwei Entscheidungen des BGH vom 28.5.2014, AZ: VIII ZR 179/13 sowie VIII ZR 241/13, vor. **16**

Der BGH befasst sich in diesen Urteilen zwar vorrangig mit einer Formularklausel in Leasingverträgen, wonach dann, wenn der Leasinggeber beim Kfz-Handel einen für den kalkulierten Restwert nicht ausreichenden Gebrauchtwagenerlös erzielt, der Leasingnehmer dem Leasinggeber den Ausgleich des Differenzbetrages einschließlich Umsatzsteuer schuldet.

Weiterhin befassen sich die Urteile allerdings auch mit der Frage, ob auf den vom Leasinggeber beanspruchten Differenzbetrag zwischen dem kalkulierten Restwert und zum erzielten Verwertungserlös Umsatzsteuer geschuldet ist.

Das vorinstanzliche Berufungsgericht zum BGH-Urteil vom 28.5.2014, AZ: VIII ZR 241/13, das OLG Saarbrücken, ging in seiner Entscheidung vom 10.7.2013, AZ: 2 U 35/13, von einer **Umsatzsteuerpflicht** aus. **17**

Im Fall des OLG Saarbrücken ging es um eine Restwertabrechnung eines ordnungsgemäß beendeten Kfz-Leasingvertrags. Unter Berücksichtigung eines entsprechenden Restwertes unter Anrechnung eines Gebrauchtwagenverkaufserlöses errechnete das klägerische Leasingunternehmen einen Differenzbetrag in Höhe von 12.319,93 EUR ohne Umsatzsteuer und einen Differenzbetrag in Höhe von 14.660,72 EUR einschließlich 19 % Umsatzsteuer.

Das LG Saarbrücken hatte mit Urteil vom 30.12.2011, AZ: 6 O 216/11, entschieden, dass der Differenzbetrag ohne Umsatzsteuer zu berechnen sei und verurteilte den beklagten Leasingnehmer lediglich zur Zahlung des Nettodifferenzbetrages in Höhe von 12.319,93 EUR.

§ 6 Umsatzsteuerprobleme bei Kfz-Leasingverträgen und im Kfz-Kaufrecht

Auf die Berufung des klägerischen Leasingunternehmens verurteilte das OLG Saarbrücken den Leasingnehmer auch zur Zahlung des Mehrwertsteuerbetrages, geht also diesbezüglich von einer **Umsatzsteuerpflicht** aus.

18 Das OLG Saarbrücken nimmt Bezug auf die Entscheidung des BGH vom 18.5.2011 zum Minderwertausgleich, den der Leasinggeber nach regulärem Vertragsablauf wegen einer über normale Verschleißerscheinungen hinausgehenden Verschlechterung der zurückzugebenden Leasingsache beanspruchen kann, entscheidet allerdings, dass diese Rechtsprechung nicht auf Fallgestaltungen Anwendung finden kann, in denen kein Minderwert, sondern nach regulärer Vertragsbeendigung ein Mindererlös ausgeglichen werden soll.

Das OLG Saarbrücken schließt sich insoweit der Rechtsprechung des OLG Hamm in seinem Urteil vom 29.5.2013, AZ: I-30 U 166/12 (siehe hierzu unten Rdn 19 ff.) an und führt aus,

„… dass unbeschadet der in der Vereinbarung ausbedungenen Umsatzsteuer auf den Differenzbetrag zwischen kalkuliertem Restwert und Verwertungserlös sowie deren in Rechnungstellung den Restwertabrechnungsansprüchen eine steuerbare Leistung der Klägerin als Leasinggeberin im Sinne des § 1 Abs. 1 Nr. 1, § 3 Abs. 9 Satz 1 UStG gegenübersteht, die zur Abführung der Umsatzsteuer verpflichtet…"

Auch wenn, so das OLG Saarbrücken, der Leasinggeber nach Ablauf der vereinbarten Leasingzeit seine vertragliche Hauptleistungspflicht erfüllt hat, richtet sich die vertragliche Leistung der Klägerin als Leasinggeberin auch auf die vertragliche Verpflichtung der Beklagten zur Zahlung eines dem kalkuliertem Restwert abzgl. eines Verwertungserlöses entsprechenden Betrages als Gegenleistung.

Laut dem OLG Saarbrücken überdauern insoweit die beiderseitigen Leistungspflichten das reguläre Leasingvertragsende, sodass, anders als bei einem Minderwertausgleich, noch eine Konnexität zwischen der vom Leasingnehmer über die umsatzsteuerpflichtigen Leasingraten und evtl. umsatzsteuerpflichtigen Sonderzahlungen hinaus zu leistenden Ausgleichszahlung und der Finanzierung des Leasingvertrages durch den Leasinggeber besteht.

Aus all diesen Gründen kommt das OLG Saarbrücken zu dem Ergebnis, dass auf den Mindererlös die **Umsatzsteuer** zu entrichten ist.

19 Ebenso entschieden zum Beispiel das OLG Hamm, Urteil vom 29.5.2013, AZ: I-30 U 166/12, sowie das OLG Frankfurt, Urteil vom 21.2.2013, AZ: 12 U 211/11.

20 Auch im Fall des OLG Hamm hatte zunächst das vorinstanzliche Gericht, das LG Essen mit Urteil vom 26.9.2012, AZ: 41 O 3/12, zwar die Differenz zu vereinbarten Restwertbeträgen zugesprochen, diese allerdings ohne Umsatzsteuer.

In dem Berufungsverfahren vor dem OLG Hamm ging es nach ordentlicher Vertragsbeendigung von zwei Leasingverträgen um folgende Restwertklausel:

A. Vertragsgerechte Beendigung von Leasingverträgen § 6

„Nach Zahlung sämtlicher Leasing-Raten und einer eventuellen Sonderzahlung verbleibt zum Vertragsende ein Betrag von EUR ... (zzgl. USt), der durch die Fahrzeugverwertung zu tilgen ist (Restwert). Reicht dazu der vom Leasinggeber beim Kfz-Handel tatsächlich erzielte Gebrauchtwagenerlös nicht aus, garantiert der Leasingnehmer dem Leasinggeber den Ausgleich des Differenzbetrages (zzgl. USt). Ein Mehrerlös wird dem Leasingnehmer zu 75 % (zzgl. USt) erstattet. 25 % (zzgl. USt) werden auf die Leasing-Raten eines bis zu 3 Monaten nach Vertragsende neu zugelassenen Fahrzeugs angerechnet. Die Kalkulation erfolgt auf Basis einer jährlichen Fahrleistung von 10.000 Kilometer. Die Gebrauchtwagenabrechnung erfolgt unabhängig von den gefahrenen Kilometern."

Der beklagte Leasingnehmer gab die beiden Fahrzeuge nach Ablauf der Leasingdauer zurück. Später veräußerte die Klägerin, das Leasingunternehmen, die Fahrzeuge für Beträge unterhalb des vereinbarten Restwertbetrages und beanspruchte im Klageweg jeweils die Differenz zu den vereinbarten Restwerten von 3.206,78 EUR und 4.006,00 EUR jeweils zzgl. Umsatzsteuer.

Das OLG Hamm kam zu dem Ergebnis, dass den Restwertabrechnungsansprüchen in Verbindung mit den leasingvertraglichen Vereinbarungen eine steuerbare Leistung der Klägerin als Leasinggeberin im Sinne des § 1 Abs. 1 Nr. 1, § 3 Abs. 9 S. 1 UStG gegenübersteht, die zur Abführung der Umsatzsteuer verpflichtet. 21

Nach dem OLG Hamm hängt die Entscheidung darüber, ob es sich steuerrechtlich um nicht umsatzsteuerpflichtigen echten Schadensersatz oder um eine steuerbare sonstige Leistung handelt, davon ab, ob die Zahlung mit einer Leistung des Steuerpflichtigen in Wechselbeziehung steht, ob also ein Leistungsaustausch stattgefunden hat.

Grundlage des Leistungsaustauschs ist dabei eine innere Verknüpfung von Leistung und Gegenleistung im Sinne eines unmittelbaren Zusammenhangs zwischen der Leistung und dem erhaltenen Gegenwert.

Maßgebend ist insoweit der tatsächliche Geschehensablauf. Lässt dieser erkennen, dass die „Ersatzleistung" die Gegenleistung für eine empfangene Lieferung oder sonstige Leistung im Sinne des § 1 Abs. 1 Nr. 1 UStG darstellt, liegt keine nicht steuerbare Schadensersatzleistung, sondern **steuerpflichtiges Entgelt** vor.

Das OLG Hamm kommt in seinen Entscheidungsgründen zu dem Ergebnis, dass die dem Restwertabrechnungsanspruch zugrundeliegende Leistung des Leasinggebers in dem erforderlichen unmittelbaren Zusammenhang mit der Gegenleistung des Leasingnehmers steht und dass der Umstand, dass eine vertraglich vereinbarte Leistung erst nach Abschluss ihrer Gegenleistung zu erbringen ist, nichts an diesem Verhältnis – nämlichen demjenigen von Leistung und Gegenleistung – ändert; insgesamt kommt das OLG Hamm diesbezüglich zu einer **Umsatzsteuerpflicht**.

22 Das OLG Frankfurt hatte sich ebenfalls mit einer Restwertabrechnung nach ordnungsgemäßer Leasingvertragsbeendigung zu befassen. Es ging ebenfalls um zwei Leasingfahrzeuge und die unterschiedlichen Auffassungen der Parteien zur Restwertabrechnung. Das OLG Frankfurt problematisiert allerdings die Frage der Hinzurechnung von Umsatzsteuer auf den Restwert und Händlerverkaufswert jeweils netto nicht, sondern geht bei seiner Anspruchsberechnung sowohl beim Restwert laut Vertrag auf der einen Seite als auch beim Händlerverkaufswert laut Gutachten auf der anderen Seite von Bruttowerten aus, sodass es auch von einer **Umsatzsteuerpflicht** ausgeht.

23 An weiteren oberlandesgerichtlichen Urteilen die die Umsatzsteuer auch beim Restwertabrechnungsanspruch zusprechen, wobei in diesen Urteilen die Umsatzsteuerpflicht in den Entscheidungen nicht weiter begründet wurde, sind zu nennen:
- OLG Hamm, Urt. v. 23.10.1996, AZ: 30 U 76/96
- OLG Braunschweig, Urt. v. 6.1.1997, AZ: 6 U 38/96

24 Gegenteilig entschied das vorinstanzliche Gericht zum BGH-Urteil vom 28.5.2014, AZ: VIII ZR 179/13, nämlich das OLG Düsseldorf in seiner Entscheidung vom 18.6.2013, AZ: I-24 U 148/12; derselbe Senat des OLG Düsseldorf entschied ebenfalls bereits mit Urteil vom 15.12.2011, AZ: I-24 U 111/11, dass das Leasingunternehmen vom Leasingnehmer nach ordnungsgemäßer Beendigung des Leasingvertrages die Zahlung des Restwerts nur ohne Umsatzsteuer verlangen kann.

25 Beide Entscheidungen des OLG Düsseldorf gehen davon aus, dass der vom Leasingunternehmen verfolgte Anspruch auf Zahlung des Restwerts vom Leasingnehmer ohne Umsatzsteuer geschuldet ist; laut den beiden Entscheidungen soll der Vollamortisationsanspruch des Leasinggebers nach vertragsgemäßer Beendigung kein steuerbarer Umsatz im Sinne von § 1 Abs. 1 Nr. 1 UStG sein, weshalb auch eine etwaige Ausgleichszahlung des Leasingnehmers ebenfalls kein steuerbarer Umsatz ist.

26 In seinem Urteil stellt der BGH allerdings klar, dass nach dem in der Einleitung § 1 zitierten Maßstäben der im Streit stehende Restwertausgleich des Leasingnehmers ein steuerbares Entgelt im Sinne von § 10 Abs. 1 S. 2 UStG darstellt.

Das BGH-Urteil vom 28.5.2014, AZ: VIII ZR 241/13, führt hierzu sehr anschaulich und wörtlich aus:

„... aa) Es unterliegt keinem Zweifel, dass der geforderte unmittelbare Zusammenhang zwischen der Leistung und dem erhaltenen Gegenwert insofern zu bejahen ist, als der Leasingnehmer aufgrund der vom Leasinggeber erbrachten Nutzungsüberlassung des Fahrzeugs im Rahmen des vertraglich vereinbarten Verwendungszwecks die Leasingraten entrichtet hat (BFHE, a.a.O. S. 196). Für den geschuldeten Restwertausgleich kann nichts anderes gelten. Denn auch dabei handelt es sich – wie ausgeführt – um eine in diesem Vertragstyp angelegte Hauptleistungspflicht des Leasingnehmers. Der hier in Form einer Garantie vereinbarte Restwertausgleich war deshalb von vornherein integraler Bestandteil des im Vertrag vorgesehenen Leistungsaustauschs und mit der geschuldeten Gebrauchsüberlassung des Leasingfahrzeugs als deren Gegenleistung innerlich untrennbar verknüpft (vgl. Senatsurteile vom 18.5.2011 – VIII ZR 260/10, a.a.O. Rn 12, 20; vom 14.3.2007 – VIII ZR 68/06, WM 2007, 990 Rn 13).

bb) Dem Entgeltcharakter einer solchen Verpflichtung zum Restwertausgleich steht entgegen der Auffassung der Revision nicht entgegen, dass die Gebrauchsüberlassung bei Anfall der Zahlungspflicht schon beendet war. Denn anders als bei dem Anspruch auf Minderwertausgleich bei einem Kilometerleasingvertrag (vgl. hierzu Senatsurteil vom 18.5.2011 – VIII ZR 260/10, a.a.O.) handelt es sich bei der Restwertgarantie der vorliegenden Art nicht um einen Anspruch, der ein bei Vertragsbeendigung bestehendes Leistungsungleichgewicht ausgleichen will. Die Restwertgarantie ist vielmehr ein bereits bei Vertragsschluss vereinbarter, dem Grunde nach bestimmter Teil des Leasingentgelts; sie stellt sicher, dass der gesamte Anschaffungs- und Finanzierungsaufwand (zuzüglich des Geschäftsgewinns) des Leasinggebers amortisiert wird (vgl. dazu Senatsurteil vom 22.1.1986 – VIII ZR 318/84, a.a.O. S. 71 f.). Dieser Hauptleistungspflicht des Leasingnehmers steht die Gebrauchsüberlassungspflicht des Leasinggebers, auch wenn sie bereits erfüllt ist, gegenüber. Der Restwertausgleich ist daher ein steuerbares Entgelt des Leasingnehmers im Sinne von § 10 Abs. 1 Satz 2 UStG für die bereits erhaltene Gebrauchsüberlassung. ..."

Die **Hauptargumente zur Umsatzsteuerpflicht** lauten zusammengefasst: 27

- Es handelt sich um einen Entgeltbestandteil für die Nutzungsüberlassung an den Leasingnehmer.
- Weiterhin handelt es sich um einen Teil der Gegenleistungen für die Nutzungsüberlassung neben den laufenden Leasingraten.
- Der Restwert ist als variabler Entgeltbestandteil zu werten.
- Zwischen kalkuliertem Restwert und Verwertungserlös sowie deren Inrechnungstellung steht den Restwertabrechnungsansprüchen eine steuerbare Leistung des Leasinggebers im Sinne von § 1 Abs. 1 Nr. 1, § 3 Abs. 9 S. 1 UStG gegenüber.

IV. Ausgleichszahlung/Schadensersatz bei nichtvertragsgemäßer Nutzung des Leasingfahrzeugs

Beispielhaft können für solche Ausgleichszahlungen bzw. Schadensersatzunfälle bzw. sonstige Fahrzeugschäden, fehlende Teile/fehlendes Zubehör oder nicht durchgeführte Wartungen bzw. Inspektionen genannt werden. 28

Nachdem bei der vertragsgerechten Beendigung des Leasingvertrages, ebenso allerdings auch bei fristloser Kündigung oder einvernehmlicher Vertragsaufhebung mit dem Lea- 29 singvertrag auch der für die Umsatzbesteuerung erforderliche Leistungsaustausch endet, sind derartige Ausgleichszahlungen bzw. der Schadensersatz hierfür **nicht umsatzsteuerpflichtig**.

Derartige Fallkonstellationen sind allerdings immer abzugrenzen zur vertragsgemäßen Nutzung bzw. dem normalen altersgerechten Verschleiß bzw. zu den üblichen Gebrauchsspuren.

V. Reparaturaufwand

30 Wenn der Leasinggeber Reparaturkosten **im Zuge der Verwertung** aufwendet, um einen höheren Erlös zu erzielen, der letztendlich die Ausgleichszahlung, zu der der Leasingnehmer verpflichtet ist, vermindert, handelt es sich um **umsatzsteuerpflichtige Leistungen**, da letztendlich auch die Ausgleichszahlung mit Umsatzsteuer erfolgt und es somit widersinnig wäre, die vorangegangene Reparatur davon auszuklammern.[3]

Dies dürfte immer der Fall bei Reparaturaufwendungen sein, die der Leasinggeber gemacht hat, um das Fahrzeug überhaupt veräußern zu können oder um einen vergleichbar höheren Preis zu erzielen.[4]

B. Vorzeitige Vertragsbeendigung von Leasingverträgen

I. Minderwertausgleich

31 Hierzu ist auf Urteile des BGH sowie des BFH zu verweisen.

32 Die Leitsätze des BGH-Urteils vom 14.3.2007, AZ: VIII ZR 68/06, lauten:

„Es wird daran festgehalten, dass Schadensersatzleistungen, die der Leasingnehmer nach einer von ihm schuldhaft veranlassten außerordentlichen Kündigung des Leasingvertrages zu erbringen hat, ohne Umsatzsteuer zu berechnen sind, weil ihnen eine steuerbare Leistung (§ 1 Abs. 1 Nr. 1 UStG) nicht gegenübersteht und der Leasinggeber deshalb Umsatzsteuer auf sie nicht zu entrichten hat (Senatsurteil vom 11.2.1987 – VIII ZR 27/86, WM 1987, 562 = NJW 1987, 1690).

Nichts anderes gilt für den leasingtypischen Ausgleichsanspruch des Leasinggebers, der auf Ausgleich seines noch nicht amortisierten Gesamtaufwandes zum Zeitpunkt einer ordentlichen Kündigung, einer nicht durch den Leasingnehmer schuldhaft veranlassten außerordentlichen Kündigung oder einer einvernehmlichen vorzeitigen Beendigung des Leasingvertrages gerichtet ist."

---

3 *Reinking/Eggert*, Rn L37; *Reinking*, jM 2014, 433, 435.
4 Siehe BGH-Entscheidung v. 27.11.1991, NJW-RR 1992, 378 ff.

B. Vorzeitige Vertragsbeendigung von Leasingverträgen § 6

In diesem Fall des BGH ging es um eine fristlose Kündigung des Leasingnehmers wegen eines am Leasingfahrzeugs eingetretenen Totalschadens. Die für das Verfahren einschlägige Leasingbedingung zum Schadensersatzanspruch des Leasinggebers lautete wörtlich:

„7. Kündigung und vorzeitige Vertragsbeendigung

(1) ...

(2) Der Leasinggeber kann den Leasingvertrag insbesondere fristlos kündigen:

...

e) bei Untergang, Verlust (Diebstahl) oder Totalschaden des Leasinggegenstandes,

...

(3) Im Falle der vorzeitigen Kündigung oder im Falle der vorzeitigen Beendigung des Vertrages wegen Totalschadens des Fahrzeuges sowie in allen anderen Fällen einer vorzeitigen Vertragsbeendigung hat der Leasinggeber gegen den Leasingnehmer einen Anspruch auf Ersatz des Schadens, der dem Leasinggeber durch das vorzeitige Vertragsende entsteht. Dieser Ersatzanspruch berechnet sich aus den zum Zeitpunkt der vorzeitigen Vertragsauflösung bis zum Ablauf der zunächst vertraglich vereinbarten Leasingzeit noch ausstehenden abgezinsten Leasingraten zuzüglich des ebenfalls abgezinsten Wertes des Fahrzeuges bei Rückgabe in vertragsgemäßen Zustand nach Ablauf der zunächst vertraglich vereinbarten Leasingzeit sowie abzüglich des tatsächlichen Rückgabewertes bzw. eines höheren Verkaufserlöses des zurückgegebenen Fahrzeuges zuzüglich einer Bearbeitungsgebühr für die vorzeitige Auflösung des Vertrages in Höhe von EUR 100,00 sowie zuzüglich etwaiger Schätzkosten, Mahnkosten und Besuchsgebühren, es sei denn, der Leasingnehmer weist nach, dass dem Leasinggeber ein Schaden in dieser Höhe überhaupt nicht oder nur in wesentlich geringerer Höhe entstanden ist. ...".

Nachdem das Leasingunternehmen als Klägerin aufgrund eines am Leasingfahrzeug durch einen Verkehrsunfall eingetretenen wirtschaftlichen Totalschadens schriftlich die Kündigung des Leasingvertrages erklärt hatte, berechnete sie ihre Forderungen gemäß den Leasingbedingungen. Sie forderte unter anderem abgezinste Netto-Leasingraten, den abgezinsten fiktiven Restwert des Fahrzeugs nach Ablauf der Vertragsdauer abzüglich des tatsächlichen Restwerts bei Rückgabe.

Sämtlichen Abrechnungsposten setzte das Leasingunternehmen Umsatzsteuer hinzu und zog erhaltene Versicherungsleistungen ab.

Das vorinstanzliche Berufungsgericht, das LG Potsdam sprach in seiner Entscheidung vom 2.3.2006, AZ: 12 S 37/05, dem Leasingunternehmen Umsatzsteuer zu, da die Forderung auf Schadensersatz wegen Nichterfüllung einen steuerbaren Umsatz im Sinne des § 1 Abs. 1 Nr. 1 des Umsatzsteuergesetzes darstellt, soweit mit ihr als Schaden die in Folge

§ 6 Umsatzsteuerprobleme bei Kfz-Leasingverträgen und im Kfz-Kaufrecht

des Schadensersatzverlangens untergegangene Vergütungsforderung für tatsächlich erbrachte Leistungen verfolgt werde.

35 Im Revisionsverfahren folgte der BGH dieser Auffassung nicht.

Der BGH nimmt zunächst auf die immer wiederholte 6. Richtlinie des Europäischen Rates vom 17.5.1977 und den dort immer wieder angeführten gegenseitigen Leistungsaustausch Bezug.

Danach sind sogenannte Entschädigungen oder Schadensersatzzahlungen kein Entgelt im Sinne des Umsatzsteuerrechts, wenn die Zahlung nicht für eine Lieferung oder sonstige Leistung an den Zahlenden erfolgt, sondern weil der Zahlende nach Gesetz oder Vertrag für einen Schaden und seine Folgen einzustehen hat.

Maßgebend ist der tatsächliche Geschehensablauf. Lässt dieser erkennen, dass die „Ersatzleistung" die Gegenleistung für eine empfangene Lieferung oder sonstige Leistung im Sinne des § 1 Abs. 1 Nr. 1 UStG darstellt, liegt keine nicht steuerbare Schadensersatzleistung, sondern steuerpflichtiges Entgelt vor.

Der BGH nimmt hierzu auf frühere Entscheidungen Bezug, bei denen er entschieden hat, dass Schadensersatzleistungen, die der Leasingnehmer nach außerordentlicher Kündigung des Leasingvertrages zu erbringen hat, ohne Umsatzsteuer zu berechnen sind, weil ihnen – in Folge der durch die Kündigung des Leasingvertrages bewirkten Beendigung der vertraglichen Hauptleistungspflicht des Leasinggebers – eine steuerbare Leistung im Sinne von § 1 Abs. 1 Nr. 1 UStG nicht gegenübersteht und der Leasinggeber deshalb Umsatzsteuer auf sie nicht zu entrichten hat.

36 Der BGH führt zu diesem Problembereich wörtlich aus:

„ ... Der Schadensersatz, den der Leasingnehmer nach einer von ihm schuldhaft veranlassten außerordentlichen Kündigung des Leasingvertrags durch den Leasinggeber zu leisten hat, stellt nicht die Vergütung für eine vom Leasinggeber bereits tatsächlich erbrachte Leistung dar. Steuerpflichtige Leistung des Leasinggebers nach § 1 Abs. 1 Nr. 1, § 3 Abs. 9 UStG ist die Gebrauchsüberlassung der Leasingsache auf Zeit (Senatsurteil vom 11.2.1987, a.a.O., unter 1 c). Ist der Vertrag wegen Zahlungsverzugs des Leasingnehmers oder einer anderen Pflichtverletzung des Leasingnehmers gekündigt und die Leasingsache deswegen an den Leasinggeber zurückgegeben oder verwertet worden, ist die vertragliche Hauptleistungspflicht des Leasinggebers beendet. Eine Schadensersatzzahlung, die der Leasingnehmer für den Ausfall seiner Leasingraten zu erbringen hat, steht deshalb nicht mehr im Austauschverhältnis mit einer Leistung des Leasinggebers und begründet für diesen, wie bereits ausgeführt, keinen steuerpflichtigen Umsatz (Senat, a.a.O.). Nichts anderes gilt für die Schadensersatzzahlung, die der Leasingnehmer für den Minderwert der zurückgegebenen Leasingsache zu leisten hat. Daran ändert entgegen der Auffassung des Berufungsgerichts auch nichts, dass die Schadensersatzzahlung dem Ausgleich der noch nicht amortisierten Anschaffungs- und Finanzierungskosten des

B. Vorzeitige Vertragsbeendigung von Leasingverträgen § 6

Leasinggebers dient. Zwar besteht dessen Vertragsleistung leasingtypisch nicht nur in der zeitweiligen Gebrauchsüberlassung eines Sachgutes, sondern – wirtschaftlich gesehen – auch in der Bereitstellung des dafür erforderlichen Kapitals auf Zeit (Senatsurteil vom 19.3.1986 – VIII ZR 81/85, NJW 1986, 1746 = WM 1986, 673, unter III 3 b; vgl. auch BGHZ 118, 282, 290 f. m.w.N.). Wird der Vertrag jedoch vorzeitig beendet und die Leasingsache zurückgegeben oder verwertet, ist dem Leasingnehmer nicht nur der weitere Sachgebrauch, sondern auch die mittelbare Kapitalnutzung entzogen (vgl. Senatsurteil vom 19.3.1986, a.a.O.). Der Leasinggeber führt daher auch hinsichtlich der mit der Schadensersatzzahlung ausgeglichenen Anschaffungs- und Finanzierungskosten keine der Umsatzsteuer unterliegende Leistung mehr aus.

3. Nichts anderes gilt für den leasingtypischen Ausgleichsanspruch des Leasinggebers, der nach der ständigen Senatsrechtsprechung auf Ausgleich seines noch nicht amortisierten Gesamtaufwandes zum Zeitpunkt einer ordentlichen Kündigung, einer nicht durch den Leasingnehmer schuldhaft veranlassten außerordentlichen Kündigung oder einer einvernehmlichen vorzeitigen Beendigung des Leasingvertrages gerichtet ist (vgl. BGHZ 95, 39, 46 ff.; 97, 65, 71 ff.; Urteil vom 29.1.1986 – VIII ZR 49/85, WM 1986, 480 = NJW-RR 1986, 594, unter III 3 b; Urteil vom 15.Oktober 1986 – VIII ZR 319/85, WM 1987, 38 = NJW 1987, 377, unter I 2 a bb; Urteil vom 8.10.2003 – VIII ZR 55/03, WM 2004, 1179 = NJW 2004, 1041, unter II 1). Daher kann, auch in Anbetracht der insoweit unzureichenden Feststellungen und nicht eindeutigen Ausführungen des Berufungsgerichts, dahingestellt bleiben, ob der dem Grunde und der Höhe nach unstreitigen Abrechnungsforderung der Klägerin (vgl. oben unter II), für die sie Erstattung der Umsatzsteuer begehrt, ein Schadensersatz- oder ein Ausgleichsanspruch zugrunde liegt.

Auch der leasingtypische Ausgleichsanspruch des Leasinggebers unterliegt entgegen der herrschenden Meinung in der obergerichtlichen Rechtsprechung (OLG Frankfurt, FLF 1999, 82, 83 mit Anm. Struppek, a.a.O., 83; OLG 18 Düsseldorf, NJW-RR 2003, 775, 776) und der Literatur (Beckmann, a.a.O., Rn 39; Engel, a.a.O.; MüKoBGB/Habersack, a.a.O., Rn 114; Staudinger/Stoffels, Leasing (2004), Rn 292; Graf von Westphalen, a.a.O., Rn 1107) nicht der Umsatzsteuer (so auch Mainzer, UR 1996, 245, 246 f.). Zwar handelt es sich dabei nach der Senatsrechtsprechung um einen vertraglichen Erfüllungsanspruch (BGHZ 97, 65, 72, 78; Urteil vom 10.7.1996 – VIII ZR 282/95, WM 1996, 1690 = NJW 1996, 2860, unter III 2; Urteil vom 1.3.2000 – VIII ZR 177/99, WM 2000, 1009 = NJW-RR 2000, 1303, unter II 2 d).

Für die umsatzsteuerliche Beurteilung kommt es jedoch auf die zivilrechtliche Einordnung als Schadensersatz- oder Ausgleichsanspruch nicht entscheidend an (vgl. BGH, Urteil vom 17.7.2001, a.a.O.; Urteil vom 3.11.2005, a.a.O.). Diese Einordnung kann schon deswegen nicht entscheidend sein, weil die Frage der Umsatzsteuerpflichtigkeit nach Maßgabe der oben (unter II 1) bezeichneten Umsatzsteuer-Richtlinie in allen Mitgliedsstaaten einheitlich zu beantworten ist (vgl. Martin, UR 2006, 56, 56/57). Insoweit ist vielmehr entscheidend, dass der Ausgleichszahlung, nicht anders als der Schadensersatzzahlung (dazu oben unter II 2), nach Beendigung des Leasingvertrages und Rückgabe, Verlust oder Untergang der Leasingsache keine steuerbare Leistung des Leasinggebers mehr gegenübersteht. Unterliegt mithin auch der leasingtypische Ausgleichsanspruch des Leasinggebers nicht der Umsatzsteuer, kommt es nicht zu der „Kuriosität" (Müller-Sarnowski, a.a.O.), dass der Leasingnehmer im Fall einer von ihm schuldhaft veranlassten Kündigung des Leasingvertrages besser steht als im Fall einer nicht schuldhaft veranlassten Beendigung, weil nämlich im ersten Fall keine Umsatzsteuer auf seine Schadensersatzzahlung anfällt, während er im zweiten Fall Umsatzsteuer auf die Ausgleichszahlung zu leisten hat. Soweit sich aus früheren beiläufigen Äußerungen des Senats (BGHZ 95, 39, 59/60; Urteil vom 19.3.1986 – VIII ZR 81/85, WM 1986, 673 = NJW 1986, 1746, unter III 4 c) etwas anderes ergibt, wird daran nicht festgehalten..."

37 Der Leitsatz des BFH-Urteils vom 20.3.2013, AZ: 11 R 6/11, lautet:

„Verpflichtet sich der Leasingnehmer im Leasingvertrag, für am Leasingfahrzeug durch eine nicht vertragsgemäße Nutzung eingetretene Schäden nachträglich einen Minderwertausgleich zu zahlen, ist die Zahlung beim Leasinggeber nicht der Umsatzsteuer zu unterwerfen."

38 Nachdem es sich nach beiden Urteilen beim Minderwertausgleich nicht um einen steuerbaren Leistungsaustausch handelt, ist der Minderwertausgleich demnach **nicht umsatzsteuerpflichtig**.

II. Rückständige Leasingraten

1. Für den tatsächlichen Nutzungszeitraum, d.h. bereits durchgeführte Nutzung

39 In diesem Fall handelt es sich um ein Entgelt für eine steuerbare Gebrauchsüberlassung, die **umsatzsteuerpflichtig** ist.

2. Für künftige Leasingraten

40 Bei diesen handelt es sich als Ausgleichszahlungen um echten Schadensersatz und es besteht kein Austauschverhältnis mit einer steuerbaren Leistung des Leasinggebers (mehr). Derartige Beträge sind demnach **nicht umsatzsteuerpflichtig**.

B. Vorzeitige Vertragsbeendigung von Leasingverträgen § 6

Zur Rechtsprechung hierzu kann Bezug genommen werden auf die BGH-Urteile vom 11.2.1987, AZ: VIII ZR 27/86, vom 14.3.2007, AZ: VII ZR 68/06 sowie vom 18.5.2011, AZ: VIII ZR 260/10, und letztlich das Urteil des BFH vom 24.5.1995, AZ: VI R 55/94.

III. Vorzeitige Rückgabe und Mehrerlös

Durch die vorzeitige Rückgabe des Leasingfahrzeugs erhält der Leasinggeber einen Vorteil, nämlich die Möglichkeit, das Fahrzeug früher als ursprünglich vereinbart, in der Regel mit einem Mehrerlös zu verwerten, wobei der Leasinggeber diesen dem Leasingnehmer gegenüber regelmäßig auszugleichen hat. 41

Der Vorteilsausgleich ergibt sich aus der Differenz zwischen dem Wert des Fahrzeugs zum Zeitpunkt der vorzeitigen Rückgabe und dem kalkulierten (Rest-)Wert des Fahrzeugs zum Zeitpunkt der vertragsgemäßen Rückgabe.

Bei einer entsprechenden Abrechnung des Leasingvertrages bei vorzeitiger Vertragsbeendigung wird dieser Ausgleichsanspruch des Leasingnehmers mit dem Ausgleich für zukünftige Leasingraten verrechnet. Es handelt sich hierbei dann um keine eigenständige Leistung des Leasingnehmers, sondern es wird der Schadensersatzanspruch aus den in die Berechnung einbezogenen zukünftigen Leasingraten lediglich gemindert, demgemäß besteht in diesem Fall **keine Umsatzsteuerpflicht**. 42

Anders liegt der Fall dann, wenn der erzielte Mehrerlös mit dem Restwertabrechnungsanspruch verrechnet wird; für diesen Fall besteht **Umsatzsteuerpflicht**. 43

IV. Totalschaden bzw. Diebstahl des Leasingfahrzeugs, endgültiger Untergang des Leasingfahrzeuges

Bei derartigen Fällen besteht in der Regel für jeden Vertragspartner des Leasingvertrages ein Kündigungsrecht bei Totalschaden oder Verlust des Fahrzeugs. 44

Darüber hinaus kann der Leasingnehmer in der Regel gemäß den Leasingbedingungen auch bei schadenbedingten Reparaturkosten von mehr als 60 % bezogen auf den Wiederbeschaffungswert des Fahrzeugs den Leasingvertrag kündigen. In diesen Fällen besteht grundsätzlich kein Leistungsaustausch.

Nachdem die Rechtsprechung Ausgleichszahlungen (siehe hierzu oben Rdn 16 ff. und 28 f.) für einen Reparaturaufwand zur Schadensbeseitigung als echte Schadensersatzleistungen qualifiziert, besteht demgemäß erst recht im Totalschadensfall bzw. beim endgültigen Verlust des Leasingfahrzeugs, z.B. durch Diebstahl, **keine Umsatzsteuerpflicht**. 45

Der Umstand, dass für derartige Fallkonstellationen keine Umsatzsteuerpflicht besteht, kann auch mit dem Urteil des BGH vom 14.3.2007, AZ: VIII ZR 68/06, begründet werden.

C. Nicht vertragsgerechte Beendigung des Leasingvertrages

I. Vertragsüberschreitung

46 Bei einer Vertragsüberschreitung und Weiternutzung des Leasingfahrzeugs ist nicht von einer Fortsetzung des beendeten Vertragsverhältnisses auszugehen.

Vielmehr hat der Leasinggeber gemäß den Leasingbedingungen in Anlehnung an die gesetzlichen Vorschriften Anspruch auf Nutzungsentschädigung in Höhe von bzw. in anteiliger Höhe der im Leasingvertrag vereinbarten monatlichen Leasingrate(n).

47 Nachdem es sich hier um einen schadensersatzrechtlichen Anspruch handeln dürfte, ist unter anderem einem Urteil des OLG Koblenz vom 10.12.2009, AZ: 2 U 887/09, zuzustimmen, wonach diese Nutzungsentschädigungsbeträge **nicht umsatzsteuerpflichtig** sind.

Nichts anderes lässt sich wohl auch dem Urteil des OLG Stuttgart vom 5.10.2010, AZ: 6 U 115/10, entnehmen, das diese Frage nicht derart eindeutig wie das Urteil des OLG Koblenz, entscheidet.

48 Auch einem Urteil des LG Krefeld vom 29.10.2009, AZ: 5 O 414/08, ist zu entnehmen, dass derartige Nutzungsentschädigungsbeträge wegen Vertragsüberschreitung und Weiternutzung des Leasingfahrzeugs **nicht umsatzsteuerpflichtig** sind. Maßgebend für das Verfahren vor dem LG Krefeld war nachfolgende Leasingvertragsklausel:

„... wird das Fahrzeug nicht termingemäß zurückgegeben, werden dem Leasingnehmer für jeden überschrittenen Tag als Grundbetrag 1/30 der für die Vertragszeit vereinbarten monatlichen Leasingrate... und die durch die Rückgabeverzögerung verursachten Kosten berechnet. ..."

Im Fall des LG Krefeld hatte ein Leasingnehmer unstreitig gegenüber dem Leasinggeber auf seinen Wunsch hin das Vertragsverhältnis noch vor Ablauf der ursprünglich vereinbarten Vertragslaufzeit mit gleichbleibenden Konditionen bis zum 27.1.2007 verlängert. Ab 28.1.2007 benutzte der Leasingnehmer das Leasingfahrzeug vertragswidrig; das Fahrzeug wurde durch die vom Leasinggeber beauftrage Firma X am 12.10.2007 sichergestellt und wieder in den Besitz der Leasinggeberin überführt.

Die Leasinggeberin begehrte eine Nutzungsentschädigung in Höhe der vereinbarten Leasingraten vom 28.1.2007 bis 12.10.2007, demgemäß in Höhe von 2.345,10 EUR inkl. der Mehrwertsteuer, die auch vorher auf die vereinbarten Leasingraten zu bezahlen war.

Das LG Krefeld wendet in Übereinstimmung mit der höchstrichterlichen Rechtsprechung die Vorschrift des § 546a BGB auf Finanzierungsleasingverträge an und sieht dessen Voraussetzungen auf einen Anspruch auf Nutzungsentschädigung als erfüllt an. Es geht auch von einem Vorenthalten im Sinne des § 546a BGB aus. 49

Das LG Krefeld hatte sich überhaupt nicht mit der Frage zu befassen, ob auf die „Bruttoleasingraten" für den Zeitraum des Vorenthaltens noch Mehrwertsteuer aufzuschlagen ist.

Demgemäß kann wie mit den anderen vorgenannten Urteilen davon ausgegangen werden, dass derartige Nutzungsentschädigungsbeträge **nicht umsatzsteuerpflichtig** sind.

II. Ausgleichszahlungen bei Vertragsaufhebung

Nach einem Urteil des BFH vom 7.7.2005[5] ist eine Ausgleichszahlung **umsatzsteuerpflichtig** wenn die Vertragsaufhebung zwischen Leasinggeber und Leasingnehmer einvernehmlich erfolgt, ohne dass hierfür eine vertragliche Grundlage vorliegt. 50

Mit einer anders gearteten Vertragsaufhebung ohne vertragliche Grundlage hatte sich das LG München I in seinem Urteil vom 14.12.2015, 14 HKO 11737/15 zu befassen. 51

Im Fall des LG München I hatten die Leasingvertragsparteien Leasingverträge aufgehoben und Kaufverträge über die verleasten Gegenstände abgeschlossen.

Zur Begründung der **Umsatzsteuerpflicht** derartiger Vertragsaufhebungsvereinbarungen zwischen den Leasingvertragsparteien führte das LG München I aus, dass bei der Zahlung ausstehender Leasingraten es sich nicht um eine Schadensersatzleistung, sondern um die Gegenleistung für die Aufhebung der Leasingverträge handelt.

D. Umsatzsteuer beim beschädigten Leasingfahrzeug

Anders als bei der vertragsgerechten bzw. vorzeitigen Beendigung eines Leasingvertrages durch Kündigung, bei der es grundsätzlich auf die vertragliche Gestaltung des Leasingvertrages zwischen Leasinggeber und Leasingnehmer ankommt, bestimmt sich eine Schadensersatz- oder Versicherungsleistung am beschädigten Leasingfahrzeug entweder nach der gesetzlichen Regelung des § 249 Abs. 2 S. 2 BGB oder aber im Kaskoversicherungsfall nach den jeweils zugrundeliegenden Kaskoversicherungsbedingungen zur Versicherung des beschädigten Leasingfahrzeugs. 52

---

5 DStR 2005, 1730.

§ 6 Umsatzsteuerprobleme bei Kfz-Leasingverträgen und im Kfz-Kaufrecht

I. Umsatzsteuer und Schadensersatz beim Haftpflichtschadenfall

1. Im Reparaturfall

a) Bei fiktiver Abrechnung

53 Im Fall einer fiktiven Abrechnung greift die Vorschrift des § 249 Abs. 2 S. 2 BGB, wonach Umsatzsteuer vom Schädiger bzw. dessen Kfz-Haftpflichtversicherung nur zu bezahlen ist, wenn sie auch tatsächlich angefallen ist.

Für den nicht vorsteuerabzugsberechtigten Leasingnehmer bedeutet dies, dass er den Schadensersatzbetrag in Form der festgestellten Reparaturkosten nur netto ohne Umsatzsteuer erhält.

Der vorsteuerabzugsberechtigte Leasingnehmer erhält diese Umsatzsteuer aufgrund seiner Vorsteuerabzugsberechtigung unabhängig von der Vorschrift des § 249 Abs. 2 S. 2 BGB sowieso nicht.

b) Bei konkreter Abrechnung mit Reparaturrechnung bzw. Teilerechnung

54 Der vorsteuerabzugsberechtigte Leasingnehmer erhält hier wiederum aufgrund seiner Vorsteuerabzugsberechtigung die jeweiligen Rechnungsbeträge nur netto ohne Umsatzsteuer.

Der nicht vorsteuerabzugsberechtigte Leasingnehmer hat, nachdem grundsätzlich er der Anspruchsberechtigte und Geschädigte ist, einen Zahlungsanspruch auf die Umsatzsteuer aus der Reparatur- oder Teilerechnung.

2. Im Totalschadenfall

a) Bei fiktiver Abrechnung

55 Auch hier kann der nicht vorsteuerabzugsberechtigte Leasingnehmer wiederum nur Nettobeträge ohne Umsatzsteuer geltend machen.

Beim nicht vorsteuerabzugsberechtigten Leasingnehmer ist wie im Haftpflichtschadenfall ohne Einfluss eines Leasingvertrages zu unterscheiden, ob das totalbeschädigte Fahrzeug im Rahmen einer Wiederbeschaffung nur bzw. überwiegend regelbesteuert, differenzumsatzbesteuert oder ohne Umsatzsteuer auf dem Privatmarkt wiederbeschafft werden kann.

b) Bei konkreter Abrechnung

aa) Alternative 1: Ersatzbeschaffung durch den Leasingnehmer mit ausgewiesener Umsatzsteuer ohne den Abschluss eines neuen Leasingvertrages

56 Hier ist die Umsatzsteuer beim nicht vorsteuerabzugsberechtigten geschädigten Leasingnehmer wiederum gemäß § 249 Abs. 2 S. 2 BGB zu erstatten.

D. Umsatzsteuer beim beschädigten Leasingfahrzeug §6

Beim vorsteuerabzugsberechtigten Leasingnehmer erfolgt eine Umsatzsteuererstattung nicht.

bb) Alternative 2: Ersatzbeschaffung durch Abschluss eines neuen Leasingvertrages mit ausgewiesener Umsatzsteuer

In diesem Problembereich stellt sich die Frage, ob die reine Verpflichtung zur Zahlung von Umsatzsteuer in einer Sonderzahlung oder aber in den einzelnen monatlichen Leasingraten für den Nachweis des tatsächlichen Anfalles von Umsatzsteuer für den gesamten Leasingzeitraum zzgl. der Sonderzahlung ausreicht, oder aber sozusagen „pro rata temporis" der Leasingnehmer je nach nachgewiesener Umsatzsteuerzahlung auf die Sonderzahlung oder die einzelnen Leasingraten die Mehrwertsteuer Monat für Monat erhält. 57

Neben der Gesetzesbegründung, die für den tatsächlichen Anfall der Mehrwertsteuer die Verpflichtung zu deren Zahlung ausreichen lässt, ist zu dieser Problemfrage auch auf ein Urteil des LG München I vom 2.11.2012, AZ: 17 O 769/11, zu verweisen, das zu einer vollständigen Mehrwertsteuerzahlung in solchen Fällen bis zum ersatzfähigen Mehrwertsteueranteil gelangt. 58

Wörtlich führt das LG München I hierzu aus:

„… cc) die Mehrwertsteuer ist beim Kläger gem. § 249 Abs. 2 Satz 2 BGB auch angefallen. Ausreichend für den Anfall der Mehrwertsteuer im Sinne von § 249 Abs. 2 Satz 2 BGB ist dabei die vertragliche Verpflichtung zur Zahlung der Mehrwertsteuer unabhängig davon, ob die Mehrwertsteuer tatsächlich bereits (in voller Höhe) gezahlt wurde. (Palandt, Bürgerliches Gesetzbuch, 71. Auflage 2012, § 249 BGB Rn 27 m.w.N.). Im vorliegenden Fall liegt der Anfall der Mehrwertsteuer im Abschluss des neuen Leasingvertrages vom 26.6.2009, durch welchen sich der Kläger zur Zahlung eines Mehrwertsteueranteils in Höhe von 4.762,77 EUR, und somit eines den ersatzfähigen Mehrwertsteueranteil in Höhe von 2.738,24 EUR übersteigenden Betrags verpflichtete…"

c) Offener Problembereich: Vorteilsausgleich

In der Regel wird der Totalschadenfall dazu führen, dass es zu einer Kündigung bzw. Auflösung des ursprünglichen Leasingvertrags für das beschädigte Fahrzeug kommt, wie dies auch in den Leasingbedingungen vorgesehen ist. 59

Hat beispielsweise der Leasingnehmer einen Leasingvertrag für einen Zeitraum von 36 Monaten abgeschlossen und kommt es nach 26 Monaten zum Totalschaden, ist der Leasingnehmer durch die Vertragskündigung bzw. -auflösung von der Bezahlung der restlichen zehn Leasingraten zwar zunächst befreit, muss sich diese aber gegebenenfalls in einer Leasingabrechnung nach den Bedingungen des Leasingvertrages berechnen lassen, da die Amortisation des Leasinggegenstandes für den Leasinggeber noch nicht vollständig erfolgt ist. Kommt es bei dieser Leasingabrechnung nicht zu einer Berechnung der

§ 6 Umsatzsteuerprobleme bei Kfz-Leasingverträgen und im Kfz-Kaufrecht

Umsatzsteuer auf die einzelnen Leasingraten, stellt sich die Frage, ob der Leasingnehmer sich diesen Vorteil nicht beim Abschluss eines neuen Leasingvertrages, bei dem er ja die vollständige Mehrwertsteuer bereits durch die Verpflichtung zum Abschluss des Leasingvertrages erhalten hat, gegenrechnen lassen muss.

Es handelt sich hier sozusagen um Ersparnisse des Leasingnehmers die dieser erst durch den Eintritt des Totalschadenfalles erzielt.

Insoweit müssten meiner Auffassung nach diese ersparten Umsatzsteueranteile als Vorteilsausgleich im Wege der Schadensersatzabrechnung angerechnet und in Abzug gebracht werden.

60   *Beispielsberechnung:*

Leasingvertrag zum total beschädigten Fahrzeug:	
36 monatliche Leasingraten á 100,00 EUR netto =	100,00 EUR
zzgl. 19 % Umsatzsteuer =	19,00 EUR
Gesamtleasingratenbetrag monatlich =	119,00 EUR
Totalschaden nach 26 Monaten der Leasingvertragszeit von 36 Monaten	
Ersparnis 10 Monate á 19,00 EUR Umsatzsteuer =	190,00 EUR
Abschluss eines neuen Leasingvertrages mit monatlichen Leasingraten von 200,00 EUR netto =	200,00 EUR
zzgl. 19 % Umsatzsteuer =	38,00 EUR
Gesamtleasingrate für neues Leasingfahrzeug somit	238,00 EUR
Bei 36 Monate Vertragslaufzeit á 38,00 EUR ergibt sich ein Umsatzsteuerbetrag für die gesamte Leasinglaufzeit, zu der sich der Leasingnehmer verpflichtet hat in Höhe =	1.368,00 EUR
abzgl. Ersparnis aus altem Leasingvertrag =	190,00 EUR
verbleibt an zu erstattender Umsatzsteuer vom Schädiger/der Kfz-Haftpflichtversicherung des Schädigers =	1.178,00 EUR

II. Umsatzsteuer beim Kaskoschadenfall

1. Beim Reparaturfall

a) Bei fiktiver Abrechnung

61   Da durchwegs in den Kaskoversicherungsbedingungen eine Mehrwertsteuerklausel derart aufgenommen ist, dass der Kaskoversicherungsnehmer die Mehrwertsteuer nur ausgeglichen erhält, wenn sie tatsächlich angefallen oder durch eine Rechnung nachgewiesen

D. Umsatzsteuer beim beschädigten Leasingfahrzeug § 6

ist, wird der nicht vorsteuerabzugsberechtigte Kaskoversicherungsnehmer bei rein fiktiver Abrechnung die Mehrwertsteuer auch nicht als Versicherungsleistung erhalten.
Der vorsteuerabzugsberechtigte Versicherungsnehmer erhält diese aufgrund seiner Vorsteuersteuerabzugsberechtigung sowieso nicht.

b) Bei konkreter Abrechnung
Gemäß den Kaskoversicherungsbedingungen wird der Kaskoversicherungsnehmer hier je nach Anfall der tatsächlichen Mehrwertsteuer diese für eine Reparaturrechnung oder zum Beispiel auch Teilerechnung, etc. erhalten. 62
Der nicht vorsteuerabzugsberechtigte Kaskoversicherungsnehmer wiederum nicht.

2. Beim Totalschadenfall

a) Bei fiktiver Abrechnung
Der nicht vorsteuerabzugsberechtigte Kaskoversicherungsnehmer wird hier nur maximal den ermittelten Nettowiederbeschaffungswert, also ohne Umsatzsteuer erhalten. 63

Beim nicht vorsteuerabzugsberechtigten Leasingnehmer ist wiederum beim Wiederbeschaffungswert, der für das total beschädigte Fahrzeug ermittelt wurde, zu unterscheiden, ob die Wiederbeschaffung sich auf ein überwiegend der Regelumsatzsteuer oder aber der Differenzumsatzsteuer unterfallendes Fahrzeug bezieht oder aber, ob keinerlei Umsatzsteuer auf den Wiederbeschaffungswert zu entrichten ist, da vergleichbare Fahrzeuge überwiegend nur auf dem Privatmarkt zu erhalten sind.

Je nach dem Mehrwertsteueranteil erhält der Kaskoversicherungsnehmer dann den um den Mehrwertsteuerbetrag reduzierten Umsatzsteuerbetrag.

b) Bei konkreter Abrechnung

aa) Alternative 1: Ersatzbeschaffung mit ausgewiesener Umsatzsteuer ohne den Abschluss eines neuen Leasingvertrages
Für diesen Fall bekommt der Kaskoversicherungsnehmer gemäß den ausgeführten üblichen Kaskoversicherungsbedingungen wegen des tatsächlichen Anfalls von Umsatzsteuer den sich aus der Ersatzbeschaffung ergebenden Umsatzsteueranteil erstattet, dies begrenzt durch die im Wiederbeschaffungswert ausgewiesene Umsatzsteuer. 64

bb) Alternative 2: Ersatzbeschaffung mit ausgewiesener Umsatzsteuer und Abschluss eines neuen Leasingvertrages über Ersatzfahrzeug
Findet sich in Leasingvertragsbedingungen die Mehrwertsteuerklausel, wonach eine solche, um zur Auszahlung zu kommen, tatsächlich angefallen sein muss, dürfte nach dem 65

§ 6 Umsatzsteuerprobleme bei Kfz-Leasingverträgen und im Kfz-Kaufrecht

Wortlaut der Kaskoversicherungsbedingungen die Umsatzsteuer nur pro rata temporis auf die Sonderzahlung bzw. die einzelnen Leasingraten zu zahlen sein.

66 Sieht eine Kaskoversicherungsbedingung allerdings sogar vor, dass die Umsatzsteuer nur gegen Rechnungsvorlage zu bezahlen ist, besteht die Problematik, dass der Leasingnehmer in der Regel keine Rechnung über das Fahrzeug erhält, da er ja das Fahrzeug im Rahmen eines Leasingvertrages anmietet und es somit nur zum Abschluss eines Leasingvertrages mit der Verpflichtung zur Zahlung von Umsatzsteuer auf Leasingraten und auf eine etwaige Sonderzahlung kommt.

Sieht eine Kaskoversicherungsbedingung als Voraussetzung zur Zahlung von Umsatzsteuer vor, dass diese durch eine Rechnung nachgewiesen werden muss, müsste der Leasingnehmer sozusagen über die Sonderzahlung eine Rechnung erhalten und über jede einzelne Leasingrate eine Rechnung inkl. Umsatzsteuer.

Dies ist im Leasingvertrag nicht vorgesehen und auch äußerst unpraktikabel.

Insoweit bin ich der Auffassung, dass hier, gestützt durch den Rechtsgedanken und die Rechtsausführungen des BGH-Urteils vom 11.11.2015, AZ: IV ZR 426/14, ein Kaskoversicherungsnehmer in analoger Anwendung des § 249 Abs. 2 S. 2 dem Haftpflichtgeschädigten gleichgestellt werden sollte, sodass hier die Verpflichtung zur Zahlung von Umsatzsteuer im Leasingvertrag für die einzelnen Leasingraten oder auch eine Sonderzahlung ausreichend sein müsste, um den vollständigen Umsatzsteuerbetrag durch Nachweis des Abschlusses eines Leasingvertrages zu erhalten.

c) Offener Problembereich: Vorteilsausgleich

67 Auch in diesem Bereich dürfte weder die Problematik des Vorteilsausgleichs wegen ersparter Leasingraten für den Leasingvertrag des totalbeschädigten Fahrzeugs auftreten (s. hierzu oben Rdn 59).

E. Umsatzsteuerprobleme im Kfz-Kaufrecht

I. Nutzungsentschädigungsberechnung beim rückabgewickelten Kaufvertrag

68 Ein Problem bei der Rückabwicklung von Fahrzeugkaufverträgen trat bei der Frage auf, ob die sogenannte Nutzungsentschädigungsberechnung noch um die Umsatzsteuer zu erhöhen ist oder nicht.

Bei der Rückabwicklung eines Kaufvertrages hat der Verkäufer grundsätzlich die Verpflichtung, dem Fahrzeugkäufer den vom Fahrzeugkäufer bezahlten Kaufpreis zu erstatten; demgegenüber hat der Fahrzeugkäufer die Verpflichtung, dem Fahrzeugverkäufer das Fahrzeug Zug um Zug gegen Rückzahlung des Kaufpreises zurückzugeben.

E. Umsatzsteuerprobleme im Kfz-Kaufrecht § 6

Allerdings hat der Fahrzeugkäufer dem Fahrzeugverkäufer Wertersatz für die Verschlechterung des Fahrzeugs, sozusagen also eine Nutzungsvergütung bzw. eine Nutzungsentschädigung für mit dem Fahrzeug zurückgelegte Kilometer zu bezahlen (§ 346 BGB).

Die Praxis und die Rechtsprechung unterscheiden hier bei der Nutzungsentschädigungsberechnung zwischen dem Rücktritt beim Neufahrzeugkauf und dem beim Gebrauchtfahrzeugkauf. 69

Beim **Neufahrzeugkauf** wird ausgehend von einer unterstellten bzw. geschätzten Lebenslaufleistung des Fahrzeugs in Kilometern ein Prozentanteil pro gefahrener 1.000 Kilometer gebildet; je nach Fahrzeugtyp und Fahrzeugklasse kann man davon ausgehen, dass Fahrzeuge heute eine Lebenslaufleistung von mindestens 150.000 Kilometern, aber auch bis zu 300.000 Kilometern und bei besonderen Fahrzeugtypen und Fahrzeugklassen auch darüber hinaus haben. 70

Nicht ungewöhnlich ist hierbei der Ansatz der Rechtsprechung, grundsätzlich von einer Lebenslaufleistung von 200.000 Kilometern auszugehen und je nach schlüssigem Sachvortrag der Parteien zu einer niedrigeren oder höheren Lebenslaufleistung diese herabzusetzen oder zu erhöhen.

Ausgehend von einer Lebenslaufleistung von 200.000 Kilometer soll hier eine Beispielsrechnung vorgenommen werden: 71

Beispielrechnung:
Neukaufpreis des Fahrzeugs = 30.000,00 EUR
unterstellte/geschätzte Lebenslaufleistung = 200.000 Kilometer
Prozentanteil somit 0,5 % des Kaufpreises pro gefahrener 1.000 Kilometer
zurückgelegte Kilometer bei Rückabwicklung und Rückgabe des Fahrzeugs = 40.000
0,5 % des Kaufpreises entspricht = 150,00 EUR
150,00 EUR x 40 und somit Nutzungsvergütung = 6.000,00 EUR

Beim Rückabwicklungsverhältnis über ein Gebrauchtfahrzeug greift diese Formel nicht, da das Gebrauchtfahrzeug bei Übergabe durch den Fahrzeugverkäufer an den Fahrzeugkäufer bereits eine gewisse Fahrtstrecke zurückgelegt hat. 72

Diese muss als Berechnungsposition mit aufgenommen werden, sodass sich letzten Endes ein Eurobetrag für jeden einzelnen gefahrenen Kilometer ergibt.

Dies soll ebenfalls ein Berechnungsbeispiel verdeutlichen:

Berechnungsbeispiel:
Der Kaufpreis des Gebrauchtfahrzeugs betrug 15.000,00 EUR.

§ 6 Umsatzsteuerprobleme bei Kfz-Leasingverträgen und im Kfz-Kaufrecht

Bei Übergabe wies das Gebrauchtfahrzeug eine Laufleistung von 50.000 Kilometer auf.
Die Lebenslaufleistung wird unterstellt/geschätzt mit = 200.000 Kilometer.
Restlebenslaufleistung somit = 150.000 Kilometer.
Die Laufleistung des Gebrauchtfahrzeugs bei Rückgabe nach Rücktrittserklärung betrug 80.000 Kilometer.
Gefahrene Kilometer somit = 30.000 Kilometer.
Berechnungsformel:
Kaufpreis 15.000,00 EUR : verbleibende Restlauflebensleistung 150.000 Kilometer = 0,10 EUR pro Kilometer
multipliziert mit tatsächlich gefahrenen Kilometern 30.000
Nutzungsentschädigungsbetrag somit = 3.000,00 EUR

73 Die längere Zeit sehr streitige Frage, nämlich ob auf derart berechnete Nutzungsentschädigungsbeträge noch Mehrwertsteuer hinzugerechnet wird, entschied der BGH nunmehr mit Urteil vom 9.4.2014, AZ: VIII ZR 215/13.[6]

Das Ausgangsgericht des BGH, das LG Hamburg, hatte am 28.6.2013, AZ: 320 S 142/12, entschieden, dass aufgrund der Berechnung der Gebrauchsvorteile auf Basis des Bruttokaufpreises der Umsatzsteuer bereits Rechnung getragen ist und diese nicht nochmals hinzuzurechnen ist. Es sah die Vergütung für gezogene Nutzungen als Gegenleistung für die Gebrauchsüberlassung durch den Verkäufer und damit als Entgelt im Sinne von § 1 Abs. 1 Nr. 1 UStG an.

Demgemäß führt es aus:

„... Deshalb ist den auf Grundlage des Nettokaufpreises berechneten Gebrauchsvorteilen die Umsatzsteuer hinzuzurechnen. Ob man dies in einem zweiten Schritt tut oder diesen Gesichtspunkt bereits durch Berechnung der Gebrauchsvorteile auf Basis des Bruttokaufpreises Rechnung trägt, spielt für das Rechenergebnis keine Rolle."

74 Auch nach dem Urteil des LG Marburg vom 28.1.2013, AZ: 1 O 65/12, ist die Umsatzsteuer bei der Ermittlung der Nutzungsvergütung ebenfalls nur einmal – nämlich bei der Größe „Kaufpreis" – zu veranschlagen.

Das LG Marburg führt hierzu wörtlich aus:

„... mit der Anknüpfung an den Kaufpreis als Bemessungsgrundlage, der als Entgelt angesehen wird für die Nutzbarkeit des Fahrzeugs bis zur Gebrauchsuntauglichkeit (vgl. Reinking/Eggert, a.a.O. Rz. 618m), ist der Umsatzsteuerpflichtigkeit bereits dadurch ge-

---

6 Zum ursprünglichen Streitstand darf auf die Ausführungen bei *Reinking/Eggert* unter Rn 1179, verwiesen werden.

E. Umsatzsteuerprobleme im Kfz-Kaufrecht §6

nüge getan, dass der Bruttokaufpreis zugrunde gelegt wird. Damit ist die auf den Wert der Nutzungen entfallende Umsatzsteuer bereits umfasst ... bezogen auf die konkrete Berechnung der der Klägerin zustehende Nutzungsvergütung bedeutet dies, dass ausgehend von einem Bruttokaufpreis von 63.034,98 EUR, einem Wert von 0,67 % und einer Fahrleistung von 55.303 Kilometern als Nutzungswert ein Betrag von 23.356,36 EUR anzunehmen ist. ..."

Auch das brandenburgische Oberlandesgericht, Urteil vom 28.11.2007, AZ: 4 U 68/07, legt den Bruttokaufpreis zugrunde und sieht damit die auf den Wert der Nutzungen entfallende Umsatzsteuer ebenfalls als bereits umfasst an. **75**

Ebenso kommt das Kammergericht Berlin in seinem Urteil vom 23.5.2013, AZ: 8 U 58/12, zu dem Ergebnis, dass auf den Anspruch des Verkäufers auf Wertersatz für die gezogenen Nutzungen nach § 346 Abs. 1, Abs. 2, S. 1 Nr. 1 BGB keine Mehrwertsteuer aufzuschlagen ist. **76**

Es geht ebenfalls von einer Bruttoabrechnung aus, wonach dann die Nutzungsherausgabe durch den Käufer keinen umsatzsteuerpflichtigen Vorgang darstellt in dem Sinne, dass quasi noch einmal Umsatzsteuer aufzuschlagen wäre.

Es führt weiterhin aus:

„Sie (*Anm.: die Umsatzsteuer*) beruht nicht unmittelbar auf einem Leistungsaustausch. Die Gebrauchsüberlassung durch den Verkäufer erfolgt nicht in der Erwartung eines „Entgelts" für die Nutzung. Es handelt sich wirtschaftlich lediglich um die Berücksichtigung eines „Wertverzehrs", der im Zuge der Rückabwicklung des beiderseits bereits erfüllten Kaufvertrages auszugleichen ist und der dementsprechend auch nicht nach den Grundsätzen einer fiktiven Mietzahlung zu bemessen ist. ..."

Nachdem die Revision zum Urteil des LG Hamburg (siehe oben Rdn 73) gegenteilig vorträgt, d.h. auf den bereits durchgeführten „Bruttonutzungswertersatz" nochmals Umsatzsteuer aufschlagen will, nimmt der BGH klar Stellung zum Streitstand und zu dieser Revisionsbegründung und führt bereits in seinem Leitsatz aus: **77**

„*Bei der Rückabwicklung eines Gebrauchtwagenkaufs ist der Wertersatz nach § 346 Abs. 2 Satz 1 Nr. 1 BGB für herauszugebende Nutzungen auf der Grundlage des Bruttokaufpreises zu schätzen; der so ermittelte Nutzungswertersatz ist nicht um die Mehrwertsteuer zu erhöhen (im Anschluss an Senatsurteil vom 26.6.1991 – VIII ZR 198/90, BGHZ 115, 47).*"

Unter Bezugnahme auf frühere Urteile, unter anderem vom 2.6.2004, AZ: VIII ZR 329/03, sowie insbesondere vom 26.6.1991, AZ: VIII ZR 198/90, billigt der BGH auch die vom Berufungsgericht durchgeführte Berechnung, nämlich – im Wege einer Kontrollrechnung – den Nutzungswert auf der Grundlage des Nettokaufpreises zu berechnen und den so ermittelten Betrag um die Mehrwertsteuer zu erhöhen. **78**

79 Nach dem BGH führen beide Berechnungsweisen, also die vorgenannte aber auch die reine Bruttokaufpreisberechnung, zum selben Ergebnis.
Sehr einprägsam begründet der BGH seine Entscheidung auch mit einem bereits im Urteil vom 26.6.1991 gebildeten Beispiel und führt wörtlich aus:
„... Würde nämlich, wie die Revision meint, der nach der Formel errechnete Nutzungswert um die Mehrwertsteuer erhöht, könnte der Verkäufer vom Käufer, wenn dieser die mögliche Nutzungszeit vollständig ausgeschöpft hätte, für die erlangten Gebrauchsvorteile einen höheren Betrag beanspruchen als den Bruttokaufpreis, den der Käufer seinerzeit gezahlt und der Verkäufer dem Käufer zu erstatten hat. Der Käufer hätte in diesem Fall als Nutzungswertersatz den vollen Bruttokaufpreis zuzüglich der Mehrwertsteuer aus diesem Betrag zu erstatten. Er würde damit im Zuge der Rückabwicklung, soweit es um den Wertersatz für die Gebrauchsvorteile geht, mit der Mehrwertsteuer doppelt belastet. Dass dies nicht richtig wäre, liegt auf der Hand. Das Berufungsgericht hatte einen zweimaligen Ansatz der Mehrwertsteuer deshalb mit Recht abgelehnt (ebenso KG, a.a.O.). ..."

80 Insoweit ist nunmehr geklärt, dass in diesen Fällen auf der Grundlage des Bruttokaufpreises zu schätzen ist und der so ermittelte Nutzungswertersatz nicht (nochmals) um die Umsatzsteuer zu erhöhen ist. Diesbezüglich besteht also **keine Umsatzsteuerpflicht**.[7]

II. Kaufvertragsrechtlicher Schadensersatzanspruch

81 Im kaufrechtlichen Bereich stellt sich die Frage, ob der Käufer eines Fahrzeugs gegenüber dem Verkäufer einen Anspruch auf Zahlung der auf die voraussichtlichen Mängelbeseitigungskosten entfallenden Umsatzsteuer hat.

82 Das LG Verden hat in seiner Entscheidung vom 18.5.2012, AZ: 3 S 28/11, als Revisions-Vorinstanz des BGH diesen Anspruch ebenso wie das erstinstanzliche Amtsgericht abgewiesen.
In seiner Revisionsentscheidung vom 29.5.2013, AZ: VIII ZR 174/12, NJW 2013, 2584, musste der BGH über den Revisionsantrag hinsichtlich der Abweisung des Anspruchs auf Zahlung der auf die voraussichtlichen Mangelbeseitigungskosten entfallenden Umsatzsteuer nicht entscheiden, da diesbezüglich die Berufung unzulässig war.
Der Kläger hatte hier entgegen dem Gebot des § 520 Abs. 3 S. 2 Nr. 2 ZPO seinen Angriff gegen die Entscheidung des Amtsgerichts nicht begründet.

83 Das Amtsgericht Nienburg entschied mit Urteil vom 5.4.2011, AZ: 6 C 415/10, dass dem Käufer kein Anspruch auf Zahlung voraussichtlicher Mangelbeseitigungskosten zusteht,

---

7 Siehe zum gesamten Problembereich auch *Reinking/Eggert*, Rn 1178 f.

E. Umsatzsteuerprobleme im Kfz-Kaufrecht § 6

soweit er sich auf die Zahlung der Umsatzsteuer bezieht, weil die Umsatzsteuer unstreitig noch nicht angefallen ist und daher nicht erstattet werden kann.

Der Käufer hatte zwar im Verfahren Ausführungen zur Verjährung gemacht, aber nicht dargelegt, woraus sich entgegen der Auffassung des Amtsgerichts ein Anspruch auf Zahlung der Umsatzsteuer ergeben soll. Nach dem BGH reicht dafür auch die Angabe nicht aus, dass die Bruttomängelbeseitigungskosten „als Vorschuss" gezahlt werden sollen; der BGH führt hierzu aus, dass ein – die Umsatzsteuer umfassender – Vorschussanspruch vom Gesetzgeber zwar gemäß § 637 Abs. 3 BGB für das Werkvertragsrecht vorgesehen ist, aber bewusst nicht in das Kaufrecht aufgenommen wurde.[8]

Nach dem BGH hätte der Käufer ausführen müssen, warum ein solcher Anspruch dennoch im konkreten Fall in Betracht kommt; nachdem hierzu jeglicher Sachvortrag fehlte, war die Revision diesbezüglich unzulässig und der BGH musste nicht über diese im Kaufrechtsbereich noch strittige Frage entscheiden.

Die besseren Gründe sprechen m.E. dafür, den Anspruch auf voraussichtliche Mangelbeseitigungskosten als Schadensersatzanspruch ebenfalls der Umsatzsteuerpflicht des Verkäufers zu unterwerfen. **84**

Zum einen schuldet der Verkäufer eines Fahrzeugs nicht Ersatz wegen der Beschädigung dieses Fahrzeugs und hat auch keine Naturalrestitution gemäß § 249 BGB zu leisten, sondern schuldet Ersatz des Erfüllungsinteresses.

Zum anderen scheidet wohl eine analoge Anwendung des § 249 Abs. 2 S. 2 BGB aus, da der Gesetzgeber mit dieser ab dem 1.8.2002 geltenden neuen Regelung andere Zwecke verfolgte.

Schließlich dürften einer Analogie auch gewichtige rechtssystematische Gründe entgegenstehen.[9]

Dies sieht ebenfalls bereits der BGH im Urteil vom 23.2.2005, AZ: VIII ZR 100/04, so. **85**

In diesem Fall hatte ein Käufer einen Mangel der Kaufsache beseitigt, ohne dass er dem Verkäufer zuvor eine erforderliche Frist zur Nacherfüllung gesetzt hatte; der Käufer war der Auffassung, dass er die Kosten der Mängelbeseitigung gemäß § 326 Abs. 2 S. 2, Abs. 4, BGB analog erstattet verlangen kann.

Der BGH führt hierzu aus, dass die §§ 437 ff. BGB insoweit abschließende Regelungen enthalten, die auch einen Anspruch auf Herausgabe ersparter Aufwendungen in unmittelbarer bzw. analoger Anwendung des § 326 Abs. 2 S. 2 BGB ausschließen; andernfalls würde – so der BGH – dem Käufer im Ergebnis ein Selbstvornahmerecht auf Kosten

---

[8] Siehe hierzu BT-Brucks 14/6040, S. 229 und vgl. hierzu auch BGH-Urt. v. 23.2.2005, AZ: VIII ZR 100/04.
[9] *Reinking/Eggert*, Rn 3734.

§ 6 Umsatzsteuerprobleme bei Kfz-Leasingverträgen und im Kfz-Kaufrecht

des Verkäufers zugebilligt, auf das der Gesetzgeber bewusst verzichtet hat; zudem würde der Vorrang des Nacherfüllungsanspruchs unterlaufen, der den §§ 437 ff. BGB zugrunde liegt.

Zutreffend führt der BGH hierzu wörtlich aus:

„...aa) Das Gesetz räumt dem Käufer – im Gegensatz zum Mieter(§ 536a Abs. 2 BGB) und zum Besteller beim Werkvertrag (§§ 634 Nr. 2, 637 BGB) – keinen Aufwendungsersatzanspruch im Falle der Selbstbeseitigung von Mängeln ein. Der Gesetzgeber hat bei der Neuregelung der Mängelrechte des Käufers durch das Schuldrechtsmodernisierungsgesetz bewusst von einem Selbstvornahmerecht auf Kosten des Verkäufers abgesehen, wie sich insbesondere aus dem Vergleich der in § 437 Nr. 1 bis 3 BGB aufgeführten Rechte des Käufers mit den ebenfalls neu gefassten und im Übrigen im wesentlichen übereinstimmenden Rechten des Bestellers beim Werkvertrag (§ 634 Nr. 1 bis 4 BGB) ergibt (vgl. auch Entwurfsbegründung, BT-Drucks 14/6040, S. 229). Aus diesem Grunde besteht auch keine planwidrige Regelungslücke, die Voraussetzung einer analogen Anwendung des § 326 Abs. 2 Satz 2 BGB wäre..."

86 Auch diese Begründung widerspricht einer analogen Anwendung des § 249 Abs. 2 BGB, sodass davon auszugehen ist, dass Käufer, die nicht vorsteuerabzugsberechtigt sind, zutreffender Weise einen Anspruch auf Ersatz der voraussichtlichen Brutto-Reparaturkosten haben; dies konsequenterweise auch dann, wenn sie den Anfall von Umsatzsteuer (noch) nicht belegen können.[10]

In der Praxis wird aufgrund des Umstandes, dass noch keine konkrete BGH-Rechtsprechung zu dieser Problematik vorliegt, empfohlen, eine Zahlungsklage auf den Nettobetrag mit einem entsprechenden Feststellungsantrag zu kombinieren.[11]

F. Abwicklung bei der Fahrzeugfinanzierung

87 Zur Abwicklung bei der Fahrzeugfinanzierung kann auf die Grundsätze und Grundgedanken der Rechtsprechung zur Leasingproblematik und die dortige jeweilige umsatzsteuerliche Behandlung verwiesen werden.

---

10 Vgl. u.a. OLG Braunschweig, Entscheidung v. 22.12.2004, AZ: 2 U 125/04 und OLG Frankfurt am Main, Entscheidung v. 14.2.2008, AZ: 15 U 5/07.
11 *Reinking/Eggert*, Rn 3734.

G. Exkurs: Umsatzsteuerprobleme beim Werkvertrag – Voraussichtliche Mängelbeseitigungskosten beim Anspruch auf Schadensersatz statt der Leistung

Zum Bauvertragsrecht entschied der BGH zu der Frage, ob ein Anspruch auf voraussichtliche Mängelbeseitigungskosten an dem Bauwerk die Umsatzsteuer mit umfasst oder aber im Sinne einer fiktiven Abrechnung nur Ersatz der Nettokosten durch den Unternehmer geschuldet ist, wörtlich wie folgt in seinem Leitsatz im Urteil vom 22.7.2010, AZ: VII ZR 176/09:

88

„...Ein vor der Mängelbeseitigung geltend gemachter Anspruch auf Schadensersatz statt der Leistung wegen der Mängel an einem Bauwerk umfasst nicht die auf die voraussichtlichen Mängelbeseitigungskosten entfallende Umsatzsteuer..."

Der BGH führt entscheidungserheblich weiter hierzu wörtlich aus:

89

„... Bei der Bemessung der Höhe des Schadensersatzanspruches der Kläger ist die Umsatzsteuer nicht zu berücksichtigen, die die Kläger aufwenden müssten, wenn sie die Mängel durch Dritte beseitigen ließen.

a) Der Anspruch auf Schadensersatz statt der Leistung wegen Mängeln eines Werkes ist abweichend von § 249 Satz 1 BGB nicht auf Naturalrestitution in Form der Mängelbeseitigung, sondern auf Zahlung eines Geldbetrages gerichtet. Das folgt daraus, dass nach § 281 Abs. 4 BGB der Anspruch auf die Leistung, der hier in der Herstellung der Mangelfreiheit besteht, ausgeschlossen ist. Die Rechtslage unterscheidet sich insofern nicht von derjenigen, die bis zum 31.12.2001 galt (vgl. hierzu BGH, Urteil vom 28.6.2007 – VII ZR 8/06 Tz. 10 ff., BauR 2007, 1567 = NZBau 2007, 580 = ZfBR 2007, 677 m.w.N.).

b) Nach der Rechtsprechung des Senats kann dieser auf Zahlung eines Geldbetrages gerichtete Schadensersatzanspruch nach Wahl des Bestellers entweder nach dem mangelbedingten Minderwert des Werkes oder nach den Kosten berechnet werden, die für eine ordnungsgemäße Mängelbeseitigung erforderlich sind (BGH, Urteil vom 11.7.1991 – VII ZR 301/90, BauR 1991, 744 = ZfBR 1991, 265 m.w.N.). Letzteres gilt unabhängig davon, ob und in welchem Umfang der Besteller den Mangel tatsächlich beseitigen lässt (vgl. BGH, Urteil vom 28.6.2007 – VII ZR 8/06 Tz. 10, 13 a.a.O. zur bis zum 31.12.2001 geltenden Rechtslage). Nach der bisherigen Rechtsprechung des Senats, von der das Berufungsgericht zutreffend ausgeht, gehört zu den Kosten, die für eine ordnungsgemäße Mängelbeseitigung in diesem Sinne erforderlich sind, auch die von einem nicht vorsteuerabzugsberechtigten Besteller an dritte Unternehmer zu zahlende Umsatzsteuer (vgl. BGH, Urteil vom 18.1.1990 – VII ZR 171/88, BauR 1990, 360, 361 = ZfBR 1990, 171, 172 unter II. 3. b). Hieran hält der Senat nicht mehr uneingeschränkt fest.

aa) Zwar ist, wie das Berufungsgericht ebenfalls zutreffend annimmt, die Berücksichtigung der Umsatzsteuer nicht nach § 249 Abs. 2 Satz 2 BGB ausgeschlossen, wenn und soweit sie tatsächlich (noch) nicht angefallen ist. Diese Vorschrift findet auf den werkvertraglichen Schadensersatzanspruch keine Anwendung. Sie gilt nach Wortlaut und systematischer Stellung nur in den Fällen, in denen wegen Beschädigung einer Sache Schadensersatz zu leisten ist. Dies ist bei dem Schadensersatzanspruch, der wegen Mängeln und damit wegen nicht ordnungsgemäßer Herstellung des geschuldeten Werkes besteht, nicht der Fall. § 249 Abs. 2 Satz 2 BGB bezieht sich zudem ausdrücklich nur auf den nach Satz 1 erforderlichen Geldbetrag.

Dieser kann statt der nach § 249 Abs. 1 BGB auch geschuldeten Herstellung verlangt werden. Bei dem Schadensersatzanspruch wegen Mängeln eines Werkes schuldet der Unternehmer den Schadensersatz jedoch nicht wegen der Vorschrift des § 249 Abs. 2 Satz 1 BGB in Geld, sondern ausschließlich deshalb, weil er an die Stelle des Erfüllungsanspruches tritt (vgl. oben unter a).

bb) Nach Auffassung des Senats ist die Bemessung des Vermögensschadens des Bestellers in Fällen, in denen er den Mangel nicht hat beseitigen lassen, nach den erforderlichen Mängelbeseitigungskosten unter Einschluss einer zu zahlenden Umsatzsteuer jedoch nicht gerechtfertigt.

Im Lichte der Erwägungen, die den Gesetzgeber bei Schadensersatzansprüchen wegen Beschädigung einer Sache bewogen haben, die Umsatzsteuer aus der Berechnung des zur Herstellung erforderlichen Geldbetrages herauszunehmen, sofern sie nicht tatsächlich angefallen ist (vgl. BT-Drucks 14/7752 S. 13), hält es der Senat auch bei einem werkvertraglichen Anspruch auf Schadensersatz statt der Leistung gemäß § 634 Nr. 4, § 280 Abs. 1, Abs. 3, § 281 BGB für eine Überkompensation des Schadens des Bestellers, wenn die nicht angefallene Umsatzsteuer berücksichtigt wird.

Die Bemessung eines bereits durch den Mangel des Werkes und nicht erst durch dessen Beseitigung entstandenen Schadens kann nicht ohne eine Wertung vorgenommen werden. Diese muss zum einen die berechtigte Erwartung des Bestellers berücksichtigen, den Schaden – nach seiner Wahl – an den Kosten bemessen zu können, die eine Mängelbeseitigung erfordern, weil der Anspruch an die Stelle des geschuldeten Erfüllungsanspruchs tritt. Gerade die Erfahrungen im Bauvertragsrecht zeigen jedoch, dass die Schadensberechnung nach geschätzten Mängelbeseitigungskosten häufig insoweit zu einer Überkompensation führt, als dem Geschädigten rechnerische Schadensposten ersetzt werden, die nach dem von ihm selbst gewählten Weg zur Schadensbeseitigung gar nicht anfallen. Der Senat hält es deshalb für gerechtfertigt, den Umfang des Schadensersatzes stärker als bisher auch daran auszurichten, welche Dispositionen der Geschädigte tatsächlich zur Schadensbeseitigung trifft. Dies gilt jedenfalls für den Anteil, der wie die Umsatzsteuer einen durchlaufenden Posten darstellt, der keinem der an einer Mängelbeseitigung

Beteiligten zugutekommt und der in seiner Entstehung von steuerrechtlichen Vorgaben abhängt. Es ist gerechtfertigt, gerade bei der Umsatzsteuer eine derartige Einschränkung zu machen, weil dieser Anteil eindeutig und leicht feststellbar und abgrenzbar ist und den größten preisbildenden Faktor unter den durchlaufenden Posten der Mängelbeseitigungskosten darstellt (vgl. BT-Drucks 14/7752). Schutzwürdige Interessen des Bestellers werden durch diese Einschränkung nicht beeinträchtigt. Unbeschadet bleibt die Ersatzfähigkeit eines Betrages in Höhe der Umsatzsteuer, wenn der Besteller diese tatsächlich aufgewendet hat und nicht im Rahmen eines Vorsteuerabzugs erstattet bekommt. Einer Vorleistungspflicht in dieser Höhe kann der Besteller entgehen, indem er einen Vorschussanspruch nach § 637 Abs. 3 BGB geltend macht. Beabsichtigt er zunächst keine Mängelbeseitigung, ist es ihm zumutbar, einer drohenden Verjährung durch Erhebung einer Feststellungsklage zu begegnen, falls er sich die Möglichkeit einer späteren Mängelbeseitigung auf Kosten des Unternehmers erhalten will…"

Der BGH sieht demgemäß in der Berücksichtigung einer (noch) nicht angefallenen Umsatzsteuer eine „Überkompensation" des Schadens des Bestellers, wenn die nicht angefallene Umsatzsteuer berücksichtigt wird.

Diese Auffassung bestätigt der BGH nochmals in seinem Beschluss vom 11.3.2015, AZ: VII ZR 270/14.

H. Fazit

Nachdem in den letzten Jahren auch Einzelfragen zur Umsatzsteuerproblematik bei vorzeitiger, vertragsgerechter und nicht vertragsgerechter Beendigung von Leasingverträgen entschieden wurden, bei denen gleichwohl in jedem Einzelfall eine genaue Überprüfung im Hinblick auf den vergleichbaren bzw. den gleichen Sachverhalt vorzunehmen ist, befasst sich die Rechtsprechung, wie das aktuelle Urteil des BGH zur Berechnung von Umsatzsteuer bei Nutzungsvergütung zeigt, nunmehr anscheinend vermehrt mit kaufrechtlichen Umsatzsteuerproblemen. Insgesamt scheint die Finanzverwaltung auf die von der Zivilrechtsrechtsprechung teilweise erst aufgeworfenen Probleme mit entsprechenden Anordnungen zu reagieren.

Anhang zu Teil 1

A. Vorschriften des BGB

I. § 249 BGB alte Fassung

¹Wer zum Schadensersatz verpflichtet ist, hat den Zustand herzustellen, der bestehen würde, wenn der zum Ersatz verpflichtende Umstand nicht eingetreten wäre. ²Ist wegen Verletzung einer Person oder wegen Beschädigung einer Sache Schadensersatz zu leisten, so kann der Gläubiger statt der Herstellung den dazu erforderlichen Geldbetrag verlangen.

II. § 249 BGB neue Fassung

Art und Umfang des Schadensersatzes

(1) Wer zum Schadensersatz verpflichtet ist, hat den Zustand herzustellen, der bestehen würde, wenn der zum Ersatz verpflichtende Umstand nicht eingetreten wäre.

(2) ¹Ist wegen Verletzung einer Person oder wegen Beschädigung einer Sache Schadensersatz zu leisten, so kann der Gläubiger statt der Herstellung den dazu erforderlichen Geldbetrag verlangen. ²*Bei der Beschädigung einer Sache schließt der nach Satz 1 erforderliche Geldbetrag die Umsatzsteuer nur mit ein, wenn und soweit sie tatsächlich angefallen ist.*

III. § 251 BGB

Schadensersatz in Geld ohne Fristsetzung

(1) Soweit die Herstellung nicht möglich oder zur Entschädigung des Gläubigers nicht genügend ist, hat der Ersatzpflichtige den Gläubiger in Geld zu entschädigen.

(2) ¹Der Ersatzpflichtige kann den Gläubiger in Geld entschädigen, wenn die Herstellung nur mit unverhältnismäßigen Aufwendungen möglich ist. ²Die aus der Heilbehandlung eines verletzten Tieres entstandenen Aufwendungen sind nicht bereits dann unverhältnismäßig, wenn sie dessen Wert erheblich übersteigen.

B. Vorschriften des UStG

I. § 10 UStG Bemessungsgrundlage für Lieferungen, sonstige Leistungen und innergemeinschaftliche Erwerbe

4   (1) [1]Der Umsatz wird bei Lieferungen und sonstigen Leistungen (§ 1 Abs. 1 Nr. 1 S. 1) und bei dem innergemeinschaftlichen Erwerb (§ 1 Abs. 1 Nr. 5) nach dem Entgelt bemessen. [2]Entgelt ist alles, was der Leistungsempfänger aufwendet, um die Leistung zu erhalten, jedoch abzüglich der Umsatzsteuer. [3]Zum Entgelt gehört auch, was ein anderer als der Leistungsempfänger dem Unternehmer für die Leistung gewährt. [4]Bei dem innergemeinschaftlichen Erwerb sind Verbrauchsteuern, die vom Erwerber geschuldet oder entrichtet werden, in die Bemessungsgrundlage einzubeziehen. [5]Bei Lieferungen und dem innergemeinschaftlichen Erwerb im Sinne des § 4 Nr. 4a S. 1 Buchstabe a S. 2 sind die Kosten für die Leistungen im Sinne des § 4 Nr. 4a S. 1 Buchstabe b und die vom Auslagerer geschuldeten oder entrichteten Verbrauchsteuern in die Bemessungsgrundlage einzubeziehen. [6]Die Beträge, die der Unternehmer im Namen und für Rechnung eines anderen vereinnahmt und verausgabt (durchlaufende Posten), gehören nicht zum Entgelt.

(…)

(4) [1] Der Umsatz wird bemessen

1. bei dem Verbringen eines Gegenstands im Sinne des § 1a Abs. 2 und des § 3 Abs. 1a sowie bei Lieferungen im Sinne des § 3 Abs. 1b nach dem Einkaufspreis zuzüglich der Nebenkosten für den Gegenstand oder für einen gleichartigen Gegenstand oder mangels eines Einkaufspreises nach den Selbstkosten, jeweils zum Zeitpunkt des Umsatzes;

2. bei sonstigen Leistungen im Sinne des § 3 Abs. 9a Nr. 1 nach den bei der Ausführung dieser Umsätze entstandenen Ausgaben, soweit sie zum vollen oder teilweisen Vorsteuerabzug berechtigt haben. [2]Zu diesen Ausgaben gehören auch die Anschaffungs- oder Herstellungskosten eines Wirtschaftsguts, soweit das Wirtschaftsgut dem Unternehmen zugeordnet ist und für die Erbringung der sonstigen Leistung verwendet wird. [3]Betragen die Anschaffungs- oder Herstellungskosten mindestens 500 EUR, sind sie gleichmäßig auf einen Zeitraum zu verteilen, der dem für das Wirtschaftsgut maßgeblichen Berichtigungszeitraum nach § 15a entspricht;

3. bei sonstigen Leistungen im Sinne des § 3 Abs. 9a Nr. 2 nach den bei der Ausführung dieser Umsätze entstandenen Ausgaben. Satz 1 Nr. 2 Sätze 2 und 3 gilt entsprechend.

Die Umsatzsteuer gehört nicht zur Bemessungsgrundlage

(…)

B. Vorschriften des UStG

II. § 15 UStG Vorsteuerabzug

(1) ¹Der Unternehmer kann die folgenden Vorsteuerbeträge abziehen:
1. die gesetzlich geschuldete Steuer für Lieferungen und sonstige Leistungen, die von einem anderen Unternehmer für sein Unternehmen ausgeführt worden sind. ²Die Ausübung des Vorsteuerabzugs setzt voraus, dass der Unternehmer seine nach den §§ 14, 14 a ausgestellte Rechnung besitzt. ³Soweit der gesondert ausgewiesene Steuerbetrag auf eine Zahlung vor Ausführung dieser Umsätze entfällt, ist er bereits abziehbar, wenn die Rechnung vorliegt und die Zahlung geleistet worden ist;
2. die entrichtete Einfuhrumsatzsteuer für Gegenstände, die für sein Unternehmen nach § 1 Abs. 1 Nr. 4 eingeführt worden sind;
3. die Steuer für den innergemeinschaftlichen Erwerb von Gegenständen für sein Unternehmen
(...)
²Nicht als für das Unternehmen ausgeführt gilt die Lieferung, die Einfuhr oder der innergemeinschaftliche Erwerb eines Gegenstandes, den der Unternehmer zu weniger als 10 Prozent für sein Unternehmen nutzt.
(...)
(4) Verwendet der Unternehmer einen für sein Unternehmen gelieferten, eingeführten oder innergemeinschaftlich erworbenen Gegenstand oder eine von ihm in Anspruch genommene sonstige Leistung nur zum Teil zur Ausführung von Umsätzen, die den Vorsteuerabzug ausschließen, so ist der Teil der jeweiligen Vorsteuerbeträge nicht abziehbar, der den zum Ausschluss vom Vorsteuerabzug führenden Umsätzen wirtschaftlich zuzurechnen ist. Der Unternehmer kann die nicht abziehbaren Teilbeträge im Wege einer sachgerechten Schätzung ermitteln. ³Eine Ermittlung des nicht abziehbaren Teils der Vorsteuerbeträge nach dem Verhältnis der Umsätze, die den Vorsteuerabzug ausschließen, zu den Umsätzen, die zum Vorsteuerabzug berechtigen, ist nur zulässig, wenn keine andere wirtschaftliche Zurechnung möglich ist.
(4a) Für Fahrzeuglieferer (§ 2a) gelten folgende Einschränkungen des Vorsteuerabzugs:
1. Abziehbar ist nur die auf die Lieferung, die Einfuhr oder den innergemeinschaftlichen Erwerb des neuen Fahrzeugs entfallende Steuer.
2. Die Steuer kann nur bis zu dem Betrag abgezogen werden, der für die Lieferung des neuen Fahrzeugs geschuldet würde, wenn die Lieferung nicht steuerfrei wäre.
3. Die Steuer kann erst in dem Zeitpunkt abgezogen werden, in dem der Fahrzeuglieferer die innergemeinschaftliche Lieferung des neuen Fahrzeugs ausführt.
(...)

III. § 25a UStG Differenzbesteuerung

6 (1) Für die Lieferungen im Sinne des § 1 Abs. 1 Nr. 1 von beweglichen körperlichen Gegenständen gilt eine Besteuerung nach Maßgabe der nachfolgenden Vorschriften (Differenzbesteuerung), wenn folgende Voraussetzungen erfüllt sind:

1. Der Unternehmer ist ein Wiederverkäufer. Als Wiederverkäufer gilt, wer gewerbsmäßig mit beweglichen körperlichen Gegenständen handelt oder solche Gegenstände im eigenen Namen öffentlich versteigert.

2. Die Gegenstände wurden an den Wiederverkäufer im Gemeinschaftsgebiet geliefert. Für diese Lieferung wurde

a) Umsatzsteuer nicht geschuldet oder nach § 19 Abs. 1 nicht erhoben oder

b) die Differenzbesteuerung vorgenommen.

(…)

(3) Der Umsatz wird nach dem Betrag bemessen, um den der Verkaufspreis den Einkaufspreis für den Gegenstand übersteigt; … Die Umsatzsteuer gehört nicht zur Bemessungsgrundlage.

(…)

(5) Die Steuer ist mit dem allgemeinen Steuersatz nach § 12 Abs. 1 zu berechnen.

(…)

(6) § 22 gilt mit der Maßgabe, dass aus den Aufzeichnungen des Wiederverkäufers zu ersehen sein müssen

1. die Verkaufspreise oder die Werte nach § 10 Abs. 4 Nr. 1,

2. die Einkaufspreise und

3. die Bemessungsgrundlagen nach den Absätzen 3 und 4

Wendet der Wiederverkäufer neben der Differenzbesteuerung die Besteuerung nach den allgemeinen Vorschriften an, hat er getrennte Aufzeichnungen zu führen.

(…)

C. Die Gesetzesbegründung zum neuen § 249 Abs. 2 S. 2 BGB

7 Auszug aus der BT-Drucks 14/7752:

Gesetzentwurf der Bundesregierung

Entwurf eines Zweiten Gesetzes zur Änderung schadensersatzrechtlicher Vorschriften

(…)

C. Die Gesetzesbegründung zum neuen § 249 Abs. 2 S. 2 BGB

A. Allgemeines

(…)

III. Regelungsschwerpunkte:

(…)

2. Änderung der Sachschadensabrechnung

Ein weiterer Schwerpunkt des Entwurfs liegt in einer Modifizierung der Abrechnung von Sachschäden. Ausgangspunkt der Überlegungen sind die drei wesentlichen Grundsätze, die das Schadensersatzrecht bestimmen: der Grundsatz der Totalreparation, der einen vollständigen Schadensausgleich für den Geschädigten vorsieht, der Grundsatz der Wirtschaftlichkeit, nach dem von mehreren gleichwertigen Wegen zur Schadensbeseitigung der wirtschaftlich vernünftigste zu wählen ist und das Verbot einer Überkompensation, nach dem der Schadensersatz nicht über die Wiederherstellung des ursprünglichen Zustands hinausgehen und zu einer Bereicherung des Geschädigten führen darf. Der Entwurf verfolgt bei Erhaltung der Dispositionsfreiheit des Geschädigten das Anliegen, den Grundgedanken einer konkreten Schadensabrechnung wieder stärker in den Mittelpunkt zu rücken und die Gefahr einer Überkompensation dadurch zu verringern, dass der Umfang des Schadensersatzes stärker als bisher daran ausgerichtet wird, welche Dispositionen der Geschädigte tatsächlich zur Schadensbeseitigung trifft. Zu diesem Zweck soll Umsatzsteuer nur noch dann und in dem Umfang als Schadensersatz erstattet werden, als sie zur Schadensbeseitigung tatsächlich angefallen ist. Der Ersatz „fiktiver" Umsatzsteuer wird ausgeschlossen.

Nach derzeitiger Rechtslage (§ 249 BGB) kann der Geschädigte, der einen Körper- oder Sachschaden erlitten hat, frei darüber entscheiden, ob er die Herstellung des ursprünglichen Zustands durch den Schädiger ausführen lässt (das wäre nach § 249 Satz 1 BGB der gesetzliche Regelfall, der aber keine praktische Bedeutung mehr hat) oder ob er statt der Herstellung durch den Schädiger den dafür erforderlichen Geldbetrag verlangt. Dem Gesetzeswortlaut kann nicht eindeutig entnommen werden, ob unter dem „dafür erforderlichen Geldbetrag" der Betrag für eine wirklich durchgeführte oder auch der Betrag für eine nur gedachte Schadensbeseitigung zu verstehen ist. Die höchstrichterliche Rechtsprechung hat sich bei der Abrechnung des reinen Sachschadens, im Unterschied zu der Abrechnung von Personenschäden und Sachfolgeschäden (z.B. Sachverständigenkosten, Kosten für die Anmietung einer Ersatzsache während der Dauer der Schadensbeseitigung), für die zuletzt genannte Betrachtungsweise entschieden und räumt dem Geschädigten insoweit die Möglichkeit einer fiktiven Schadensabrechnung ein (BGHZ 54, 82; 61, 56; 61, 346; 63, 184; 66, 241). Hier kann der Geschädigte – unabhängig von seinem Umgang mit der beschädigten Sache – fiktiv auf Gutachtenbasis abrechnen und erhält z.B. die Kosten, die bei einer Reparatur in einer Fachwerkstatt anfallen würden auch dann ersetzt, wenn er eine Reparatur billiger durchführen lässt, selbst repariert oder sogar ganz auf eine Behebung des Sachschadens verzichtet.

10 Diese Form der abstrakten Schadensabrechnung kann insoweit zu einer Überkompensation führen, als dem Geschädigten Schadensposten ersetzt werden, die nach dem von ihm selbst gewählten Weg zur Schadensbeseitigung gar nicht angefallen sind. Das liegt an der Bezugsgröße, die die Rechtsprechung der fiktiven Abrechnung von Sachschäden zugrunde legt, nämlich die „für die Behebung des Schadens üblicherweise erforderlichen Reparaturkosten" (vgl. z.B. BGH NJW 1973, 1647; BGH VersR 1985, 865; BGH NJW 1989, 3009; BGH NJW 1992, 1618). Diese Kosten werden zu einem erheblichen Teil durch preisbildende Faktoren geprägt, deren Wert den an dem Reparaturvorgang direkt Beteiligten in keiner Weise zugutekommt, da es sich um „durchlaufende Posten" in Form von Steuern, Abgaben und Lohnnebenkosten handelt. Als Bestandteile des Preises gehen sie in die Schadensersatzsumme ein. Der Geschädigte hat jedoch, wenn er selbst repariert oder auf eine Beseitigung des Sachschadens ganz verzichtet, aus dem ihm zufließenden Schadensersatz keinerlei Ausgaben dieser Art zu entrichten. Sieht man einmal von den reinen Sachkosten einer Reparatur ab, so steht fest, dass der Geschädigte, der seinen Schaden selbst repariert, für seine Mühewaltung in Form dieses Schadensersatzes einen ungleich höheren Betrag vereinnahmt, als der mit der Reparatur beauftragte Arbeitnehmer netto erhält sowie das Reparaturunternehmen an Gewinn aus diesem Geschäft erzielt.

11 Aus diesem Grund sah der Entwurf eines 2. Schadensersatzrechtsänderungsgesetzes aus der 13. Legislaturperiode vor, dass bei einer fiktiven Abrechnung von Sachschäden die öffentlichen Abgaben außer Ansatz bleiben sollten. Dieser Vorschlag ist indes auf vielfältige Kritik gestoßen. Dabei wurde vor allem bemängelt, dass der Begriff der „öffentlichen Abgaben" zu unbestimmt und für die Rechtspraxis nicht handhabbar sei. Der Entwurf trägt dieser Kritik Rechnung und verzichtet auf einen Abzug sämtlicher öffentlicher Abgaben. Er sieht stattdessen vor, dass die gesetzliche Umsatzsteuer nur dann und nur insoweit zu ersetzen ist, als sie zur Schadensbeseitigung tatsächlich anfällt. Im Gegensatz zu dem Begriff der „öffentlichen Abgaben" ist der Verweis auf die gesetzliche Umsatzsteuer eindeutig und von der Praxis leicht zu handhaben. Die Umsatzsteuer bildet auch den größten Faktor unter den „durchlaufenden Posten", der bei dem Geschädigten nur dann verbleiben soll, wenn er tatsächlich zur Schadensbeseitigung angefallen ist.

12 Die Neuregelung beschränkt sich auf die Restitutionsfälle des § 249 BGB und bezieht die Kompensationsfälle des § 251 BGB nicht ein. Beide Fälle sind im Hinblick auf ihre Voraussetzungen und Rechtsfolgen, wie sie von der Rechtsprechung konkretisiert worden sind (vgl. Haug, VersR 2000, 1329 ff.; 1471 ff.), zu unterscheiden: § 249 BGB wird von der Rechtsprechung (BGHZ 92, 85, 87 f.) – unabhängig davon, ob es sich um die Beschädigung eines Kfz oder einer anderen Sache handelt – immer dann herangezogen,

C. Die Gesetzesbegründung zum neuen § 249 Abs. 2 S. 2 BGB

wenn eine Herstellung der beschädigten Sache selbst oder die Beschaffung einer gleichartigen und gleichwertigen Ersatzsache möglich ist. Hier erhält der Geschädigte das Integritätsinteresse ersetzt, d.h. er erhält die für die Herstellung erforderlichen Kosten (Staudinger-Schiemann, BGB, § 249, Rn 211). § 251 BGB wird von der Rechtsprechung (BGHZ 92, 85) nur in den seltenen Fällen herangezogen, in denen die Sache zerstört und auch die Beschaffung einer gleichartigen und gleichwertigen Ersatzsache nicht oder nur mit unverhältnismäßigem Aufwand möglich ist. Hier erhält der Geschädigte das Wertinteresse ersetzt, d.h. er erhält Ersatz für die Wertminderung, die sein Vermögen durch das Schadensereignis erlitten hat (Staudinger-Schiemann, BGB, § 249, Rn 211).

Vor diesem Hintergrund kann eine Einschränkung der Sachschadensabrechnung durch einen Ausschluss fiktiver Umsatzsteuer nur für die Restitutionsfälle des § 249 BGB in Betracht kommen: Nur wenn die Voraussetzungen des § 249 BGB vorliegen, eine Herstellung also möglich ist, kann der Geschädigte auf sie verwiesen werden, will er sich nicht einen Umsatzsteuerabzug gefallen lassen. Und nur wenn der Geschädigte den Schadensersatz in Geld zur Wiederherstellung des ursprünglichen Zustands erhält, ist es gerechtfertigt, ihn einzuschränken, falls er ihn hierzu nicht verwendet. Ist indes die Herstellung nicht oder nur mit unverhältnismäßigem Aufwand möglich, wie dies § 251 BGB voraussetzt, kann der Geschädigte hierauf auch nicht verwiesen werden. Erhält er den Schadensersatz in Geld nicht zur Wiederherstellung des ursprünglichen Zustands, sondern – gerade weil der ursprüngliche Zustand nicht wiederhergestellt werden kann – zum Ausgleich seiner Vermögensminderung, wäre eine Einschränkung dieses Ausgleichsanspruchs nicht sachgerecht.

13

Bei Erarbeitung des Gesetzentwurfs ist auch eine noch grundlegendere Reform des Sachschadensrechts erwogen worden. Dabei stellte sich insbesondere die Frage, ob der gedankliche Ausgangspunkt der derzeitigen Schadensersatzpraxis, nach dem die fiktiven Reparaturkosten auch dann den Maßstab für die Berechnung der Schadenshöhe bilden, wenn der Geschädigte eine Reparatur gar nicht vornimmt, sondern einen anderen Weg zur Schadensbeseitigung wählt, ganz aufgegeben werden soll. Man könnte stattdessen überlegen, ob der Maßstab für die Höhe des Sachschadensersatzes nicht in allen Fällen danach bestimmt werden sollte, welche Maßnahmen der Geschädigte konkret zur Schadensbeseitigung ergreift. Im Falle einer durchgeführten Reparatur könnten dies z.B. die tatsächlichen Reparaturkosten, im Falle einer Ersatzbeschaffung die Differenz zwischen dem Wiederbeschaffungswert der Sache vor der Beschädigung und dem Restwert der Sache nach der Beschädigung sein. Und wenn der Geschädigte auf eine Reparatur oder Ersatzbeschaffung ganz verzichtet und sich damit gegen die Wiederherstellung des ursprünglichen Zustands entscheidet, könnte es unter rechtssystematischen Gesichtspunkten konsequenter sein, nur das Wertsummeninteresse zu ersetzen, nämlich die Differenz zwischen dem Verkehrswert der Sache im unbeschädigten und im beschädigten Zustand.

14

15 Eine derart umfassende Reform des Sachschadensrechts hätte allerdings den Nachteil, dass dadurch eine langjährige und bis ins einzelne ausdifferenzierte Rechtsprechung grundlegend in Frage gestellt würde. Für die erreichte Rechtssicherheit in diesem Bereich hätte das kaum abschätzbare Folgen. Dabei war auch zu berücksichtigen, dass das derzeitige System der Schadensabwicklung auf der Grundlage fiktiver Reparaturkosten den Verkehrskreisen wohl vertraut ist und – was seine technische Abwicklung betrifft – im Wesentlichen reibungslos funktioniert. Vor diesem Hintergrund wurden die Überlegungen für eine umfassendere Reform des Sachschadensrechts zurückgestellt. Es empfahl sich vielmehr, mit der Regelung zum Nichtersatz von fiktiver Umsatzsteuer eine behutsame Korrektur an dem bestehenden System vorzunehmen und es im Übrigen der Rechtsprechung zu überlassen, das Sachschadensrecht zu konkretisieren und weiterzuentwickeln.

(…)

B. Zu den einzelnen Vorschriften

(…)

Zu Artikel 2 – Änderung des Bürgerlichen Gesetzbuchs

16 Die Schwerpunkte der Änderungen im Bürgerlichen Gesetzbuch liegen in der Fortschreibung des Schadensersatzes bei Beschädigung einer Sache nach § 249 BGB (Nummer 1), der Neuordnung des Anspruchs auf Ersatz immateriellen Schadens (Schmerzensgeld, Nummer 2) und der Regelung einer besonderen Deliktsfähigkeit für Kinder im Bereich des motorisierten Verkehrs (Nummer 4): Mit der Änderung des § 249 BGB wird der Ersatz von Sachschäden dahin gehend geändert, dass Umsatzsteuer zukünftig nur noch dann und insoweit zu ersetzen ist, als sie zur Wiederherstellung des ursprünglichen Zustands tatsächlich anfällt. Mit der Umgestaltung des § 253 BGB und der Aufhebung des § 847 BGB wird das Recht auf Ersatz immateriellen Schadens bei Verletzungen des Körpers, der Gesundheit, der Freiheit und der sexuellen Selbstbestimmung umfassend neu geordnet: Der Schadensersatzanspruch soll hier künftig den Ausgleich immateriellen Schadens nicht nur in den Fällen der außervertraglichen Verschuldenshaftung, sondern auch in Fällen der (verschuldensunabhängigen) Gefährdungshaftung und der vertraglichen Haftung umfassen. Der Rechtsprechung soll auch die Möglichkeit an die Hand gegeben werden, die im Einzelfall angemessenen Höhen des immateriellen Schadensersatzes situationsgerecht neu zu überdenken, da nach der Neufassung bei einer unerheblichen Verletzung künftig ein Ersatz für die immaterielle Schädigung nicht mehr zuzubilligen ist. Zudem wird die Verantwortlichkeit von Kindern für Unfälle im motorisierten Verkehr im Rahmen des Verschuldens und des Mitverschuldens auf das vollendete 10. Lebensjahr heraufgesetzt. Ausgenommen sind vorsätzliche Schadenszufügungen, da sich in ihnen nicht die Überforderung des Kindes im Verkehr realisiert.

C. Die Gesetzesbegründung zum neuen § 249 Abs. 2 S. 2 BGB

Darüber hinaus werden § 825 als jedermann vor Beeinträchtigungen seiner sexuellen Selbstbestimmung schützenden Vorschrift formuliert, die Sonderregelung der Deliktsfähigkeit Gehörloser nach § 828 Abs. 2 Satz 2 aufgehoben und die Haftung des gerichtlichen Sachverständigen durch Einführung eines eigenständigen Haftungstatbestandes neu gestaltet.

Zu Artikel 2 Nr. 1a und b

Artikel 2 Nr. 1a und b enthalten ausschließlich redaktionelle Änderungen, die durch die weitere Änderung in Artikel 2 Nr. 1c veranlasst sind.

Zu Artikel 2 Nr. 1c

Mit Artikel 2 Nr. 1c soll der Umfang des Schadensersatzes neu gestaltet werden. Dabei bleibt der Grundsatz der Naturalrestitution das bestimmende Prinzip. Sowohl beim Personen- als auch beim Sachschaden soll der Geschädigte – wahlweise – weiterhin die Herstellung des ursprünglichen Zustands durch den Schädiger (§ 249 Abs. 1 BGB) oder den hierfür erforderlichen Geldbetrag (§ 249 Abs. 2 Satz 1 BGB) verlangen können.

Für den Ersatz von Personenschäden oder Sachfolgeschäden (wie z.B. Sachverständigenkosten oder Kosten für die Anmietung einer Ersatzsache während der Dauer der Reparatur des Sachschadens), ist anerkannt, dass der Geschädigte den für die Herstellung erforderlichen Geldbetrag stets nur dann und insoweit verlangen kann, als er zur Herstellung des ursprünglichen Zustands auch tatsächlich angefallen ist. Personen- und Sachfolgeschäden werden also konkret und nicht fiktiv abgerechnet. Hieran soll nichts geändert werden.

Anders sieht die Rechtslage nach inzwischen gefestigter Rechtsprechung bei reinen Sachschäden aus: Hier soll der Geschädigte seinen Schaden nach den nur gedachten Kosten abrechnen können, nämlich entweder den Kosten für eine Reparatur des Sachschadens in einer Fachwerkstatt oder – wenn die Reparaturkosten die Ersatzbeschaffungskosten unverhältnismäßig übersteigen würden – den Kosten für eine Ersatzbeschaffung bei einem Fachhändler. Die Abrechnung soll unabhängig davon möglich sein, ob und in welcher Höhe die Kosten zur Schadensbeseitigung tatsächlich angefallen sind. Sie erfolgt also – anders als bei Personenschäden und Sachfolgeschäden – fiktiv.

Hier setzt die Änderung an, indem sie bestimmt, dass Umsatzsteuer nur noch dann und insoweit zu ersetzen ist, als sie tatsächlich anfällt. Damit bleibt zwar die Möglichkeit einer fiktiven Abrechnung bei der Beschädigung von Sachen erhalten. Aber ihr Umfang mindert sich, da die fiktive Umsatzsteuer als zu ersetzender Schadensposten entfällt. Umsatzsteuer soll nur noch dann ersetzt verlangt werden können, wenn und soweit sie zur Wiederherstellung des ursprünglichen Zustands durch Reparatur oder Ersatzbeschaffung auch tatsächlich anfällt, d.h. wenn und soweit sie der Geschädigte zur Wiederherstellung aus seinem Vermögen aufgewendet hat oder er sich hierzu verpflichtet hat. Sie soll hingegen nicht mehr ersetzt verlangt werden können, wenn und soweit sie nur fiktiv anfällt, weil es zu einer umsatzsteuerpflichtigen Reparatur oder Ersatzbeschaffung bei einem Fachbetrieb oder einem anderen umsatzsteuerpflichtigen Unternehmer im Sinne des § 2 UStG nicht kommt.

23 Auf diese Weise wird der Ersatz des reinen Sachschadens ein Stück weit von einer zu abstrakten Berechnung gelöst und mehr an dem konkreten Schaden ausgerichtet, der davon abhängt, ob eine Beseitigung des Schadens erfolgt und welchen Weg der Geschädigte zur Schadensbeseitigung wählt. Ansätze dazu enthält bereits die Rechtsprechung: Der BGH (NJW 1985, 2469 f.) stellt bei Kfz-Schadensfällen, in denen die Reparaturkosten den Wiederbeschaffungswert bis zu 30 % überschreiten, auf den konkreten zur Schadensbeseitigung gewählten Weg ab, indem er den Differenzbetrag zwischen Wiederbeschaffungswert und Reparaturkosten nur dann gewährt, wenn die Reparatur tatsächlich erfolgt.

24 Mit der Neuregelung soll der Tatsache Rechnung getragen werden, dass im Falle eines Verzichts auf eine umsatzsteuerpflichtige Wiederherstellung Umsatzsteuer tatsächlich nicht anfällt und damit keinen Gegenwert in der wiederhergestellten Sache findet, sondern als bloßer Rechnungsposten in die Berechnung des zur Herstellung erforderlichen Geldbetrags eingeht. Andernfalls erhielte der Geschädigte einen Ausgleich für einen Schaden, der sich konkret bei ihm nicht so realisiert hat. Zwar ließe sich der Einwand erheben, dass der Geschädigte regelmäßig auch dann Umsatzsteuer entrichten muss, wenn er den als Schadensersatz erhaltenen Geldbetrag zu einem anderen Zweck als zur Schadensbeseitigung verwendet (so z.B. wenn der Geschädigte von dem Geld in den Urlaub fährt, anstatt die beschädigte Sache reparieren zu lassen). Dieser Einwand übersieht jedoch die originäre Funktion des Schadenersatzes, die in der Wiederherstellung des früheren Zustands liegt und nicht darin, dem Geschädigten anlässlich des Schadensfalles eine Neuverteilung seines Vermögens zu ermöglichen. Es steht deshalb im Einklang mit dem Restitutionsprinzip, die Umsatzsteuer nur dann zu ersetzen, wenn sie zur Wiederherstellung des früheren Zustands eingesetzt wird und nicht dann, wenn es um eine – aus der Sicht des Schadensersatzrechts – zweckfremde Verwendung geht.

25 Die Dispositionsfreiheit des Geschädigten bleibt damit innerhalb der Grenzen der Erforderlichkeit unangetastet. Er entscheidet, wie er mit der beschädigten Sache verfahren will, ob er sie in einer Fachwerkstatt reparieren lässt, ob er sie selbst repariert, ob er eine Ersatzbeschaffung vornimmt oder den Sachschaden überhaupt nicht behebt. Trifft er seine Disposition, wird er aber berücksichtigen müssen, dass er die in den Reparatur- oder Ersatzbeschaffungskosten enthaltene Umsatzsteuer nicht mehr unabhängig von ihrem tatsächlichen Anfall erhält.

26 Angefallen ist die Umsatzsteuer, wenn und soweit sie der Geschädigte zur Wiederherstellung aus seinem Vermögen aufgewendet hat oder er sich hierzu verpflichtet hat. Fehlen ihm die notwendigen Mittel zur Aufbringung des Umsatzsteueranteils der Wiederherstellung, kann er hierzu Fremdmittel aufnehmen und nach § 249 BGB auch diese Finanzierungskosten geltend machen, wenn der Schädiger keinen Vorschuss zur Verfügung ge-

C. Die Gesetzesbegründung zum neuen § 249 Abs. 2 S. 2 BGB

stellt hat. Dies hat die Rechtsprechung für die Abrechnung von Sachfolgeschäden, die sie bereits nach geltendem Recht konkret vornimmt, anerkannt (BGHZ 61, 346 ff., betr. Mietwagenkosten). Für die konkrete Abrechnung des Umsatzsteueranteils der Wiederherstellung kann dann nichts anderes gelten.

Die Neuregelung beschränkt sich auf die Restitutionsfälle des § 249 BGB. Eine Erstreckung auf die Kompensationsfälle des § 251 BGB, in denen nicht das Integritätsinteresse, sondern das Wertinteresse geschützt ist, wäre nicht sachgerecht (dazu bereits oben unter A III 2). 27

Im Einzelnen bedeutet die Neuregelung für die verschiedenen Dispositionsmöglichkeiten des Geschädigten Folgendes: 28

Wenn für eine Reparatur des Sachschadens Umsatzsteuer anfällt, ist diese in vollem Umfang zu ersetzen. Damit entstehen einem Geschädigten, der seine beschädigte Sache durch eine Fachwerkstatt oder einen anderen umsatzsteuerpflichtigen Unternehmer reparieren lässt, gegenüber der derzeitigen Rechtslage keine Nachteile. Neu ist für ihn lediglich, dass er im Bestreitensfalle nachzuweisen hat, dass die von ihm geforderte Umsatzsteuer zur Reparatur auch tatsächlich angefallen ist. Dazu genügt bei durchgeführter Reparatur die Vorlage einer entsprechenden Rechnung.

Entscheidet sich der Geschädigte dafür, die beschädigte Sache außerhalb einer Fachwerkstatt oder eines umsatzsteuerpflichtigen Unternehmens zu reparieren, sei es durch Eigenleistung, sei es unter Zuhilfenahme fremder Arbeitsleistung, erhält er die Umsatzsteuer genau in der Höhe ersetzt, in der sie zur Reparatur angefallen ist: Kauft er z.B. die zur Reparatur erforderlichen Ersatzteile und ist im Kaufpreis Umsatzsteuer enthalten, repariert die beschädigte Sache aber selbst, so kann er die Ersatzteilkosten in dem nachgewiesenen Umfang vollständig, also unter Einschluss der Umsatzsteuer, die Arbeitskosten indes nur in dem nach Satz 2 reduzierten Umfang ersetzt verlangen. 29

Diese Grundsätze gelten auch für den Fall, dass die Wiederherstellung durch Ersatzbeschaffung erfolgt. Wird eine gleichwertige Sache als Ersatz beschafft und fällt dafür Umsatzsteuer an, so ist die Umsatzsteuer im angefallenen Umfang zu ersetzen. Fällt für die Beschaffung einer gleichwertigen Ersatzsache – etwa beim Kauf von Privat – keine Umsatzsteuer an, ist sie auch nicht zu ersetzen. 30

Der Geschädigte kann auch wie bisher auf eine Reparatur oder Ersatzbeschaffung der beschädigten Sache ganz verzichten und stattdessen den hierfür erforderlichen Geldbetrag verlangen. In diesem Fall erhält er jedoch – entgegen der bisherigen Rechtslage – nicht mehr den vollen, sondern den um die Umsatzsteuer reduzierten Geldbetrag. Dies gilt sowohl für den Fall, dass sich der erforderliche Geldbetrag nach den fiktiven Reparaturkosten richtet als auch für den Fall, dass er sich nach den fiktiven Kosten für die Beschaffung einer gleichwertigen Ersatzsache richtet, weil die Reparaturkosten die Ersatzbeschaffungskosten unverhältnismäßig übersteigen würden. Wird in letzterem Fall der fiktiven 31

Anhang zu Teil 1

Abrechnung auf Ersatzbeschaffungsbasis eine Differenzbesteuerung nach § 25a UStG zugrunde gelegt, wie es heute insbesondere im Handel mit gebrauchten Kraftfahrzeugen weit verbreitet ist, so ist Bemessungsgrundlage für die bei Wiederherstellungsverzicht in Abzug zu bringende Umsatzsteuer die Differenz zwischen Händlereinkaufs- und Händlerverkaufspreis. Im Bereich der Kraftfahrzeugschäden finden sich die hierzu notwendigen Angaben über Händlereinkaufs- und Händlerverkaufspreise in den Veröffentlichungen der einschlägigen Informationsdienste (DAT, Schwacke usw.). Sie können dem Gutachten, das regelmäßig der fiktiven Abrechnung auf Ersatzbeschaffungsbasis zugrunde gelegt wird, als Orientierung dienen.

32 Nach der Neuregelung bleibt auch die Möglichkeit bestehen, dem von der Rechtsprechung konkretisierten Wirtschaftlichkeitspostulat nicht zu folgen, sondern eine andere Art der Wiederherstellung zu wählen und auf der Basis der wirtschaftlich gebotenen Wiederherstellung fiktiv abzurechnen. So kann der Geschädigte nach wie vor etwa eine höherwertige Ersatzsache anschaffen. Er kann auch statt einer wirtschaftlich gebotenen Reparatur Ersatz beschaffen oder statt einer wirtschaftlich gebotenen Ersatzbeschaffung eine Reparatur vornehmen. In jedem Fall kann er jedoch wie bisher nur die Kosten für die wirtschaftlich gebotene Wiederherstellung verlangen.

33 In diesen Fällen kommt es für den Ersatz der Umsatzsteuer nur darauf an, ob sie zur Wiederherstellung des ursprünglichen Zustands angefallen ist, nicht aber welchen Weg der Geschädigte zur Wiederherstellung beschritten hat. Auch wenn der Geschädigte das Gebot der Wirtschaftlichkeit verletzt und nicht den zumutbaren Weg zur Schadensbeseitigung wählt, der den geringeren Aufwand erfordert, so verliert er damit nicht den Anspruch auf Ersatz der Umsatzsteuer, wenn auf dem von ihm gewählten Weg Umsatzsteuer anfällt. Sein Anspruch ist jedoch auf den Umsatzsteuerbetrag begrenzt, der bei dem wirtschaftlich günstigeren Weg angefallen wäre:

34 Fällt bei der konkreten Wiederherstellung Umsatzsteuer auf das Entgelt für die Reparatur oder Ersatzbeschaffung an (§ 10 Abs. 1 UStG), kann sie bis zur Höhe des Umsatzsteuerbetrages verlangt werden, der bei der wirtschaftlich günstigeren Wiederherstellung angefallen wäre, gleichviel, ob bei dieser Abrechnung auf der Basis des wirtschaftlich günstigeren Weges ebenfalls das Entgelt für die Reparatur oder Ersatzbeschaffung (§ 10 Abs. 1 UStG) oder die Differenz zwischen Händlereinkaufs- und Händlerverkaufspreis (§ 25a UStG) als Bemessungsgrundlage der Umsatzsteuer zugrunde gelegt wird.

35 Gleiches gilt, wenn bei der konkreten Wiederherstellung Umsatzsteuer nur auf die Differenz zwischen Händlereinkaufs- und Händlerverkaufspreis anfällt (§ 25a UStG). Zwar lässt sich in diesem Fall die konkret angefallene Umsatzsteuer wegen § 25a Abs. 6 UStG nicht in einer Rechnung ausweisen. Sie kann aber gleichwohl im Rahmen der Schadensschätzung nach § 287 ZPO ermittelt werden. Als Orientierung kann die Umsatzsteuer auf die gutachterlich bestimmbare Differenz zwischen Händlereinkaufs- und Händlerver-

kaufspreis der konkret angeschafften Ersatzsache dienen. Der so ermittelte Betrag ist bis zur Höhe des Umsatzsteuerbetrages zu ersetzen, der bei dem wirtschaftlich günstigeren Weg angefallen wäre.

Fällt schließlich bei der konkreten Wiederherstellung überhaupt keine Umsatzsteuer an, ist Umsatzsteuer auch nicht ersetzbar.

Unbelassen bleibt dem Geschädigten schließlich die Möglichkeit, seinen Schadensersatzanspruch abzutreten. Die Geltendmachung der Umsatzsteuer durch den Zessionar richtet sich in diesem Falle danach, ob und in welchem Umfang dieser umsatzsteuerpflichtige Maßnahmen zur Wiederherstellung ergreift.

(…)

D. Musterschreiben und Musterklagen

I. Rechtsanwalt an Sachverständigenbüro

Fallgestaltung: Wenn das Sachverständigenbüro beim ermittelten Wiederbeschaffungswert im Gutachten keine konkreten Angaben zur Höhe des Mehrwertsteueranteils im ermittelten Wiederbeschaffungswert macht.

▼

Muster Anhang 1.1

Sehr geehrte(r) ▨,

in Ihrem vorgenannten Gutachten ermittelten Sie für Ihren Kunden und meinen Mandanten einen Wiederbeschaffungswert für dessen beschädigtes Fahrzeug.

Dieser sowie auch die näheren Ausführungen in Ihrem Gutachten enthalten keine konkrete Angabe zur Höhe des Mehrwertsteueranteiles, der in diesem Wiederbeschaffungswert gegebenenfalls enthalten ist.

Zur korrekten, sachgerechten und umfassenden Geltendmachung eines Schadensersatzanspruches meines Mandanten gegenüber der gegnerischen Haftpflichtversicherung ist die Angabe des konkreten Mehrwertsteueranteiles des Wiederbeschaffungswertes notwendig.

Bitte teilen Sie mir daher möglichst umgehend, zur Vermeidung wirtschaftlicher Nachteile meines Mandanten, mit, ob der von Ihnen ermittelte Wiederbeschaffungswert die Regelsteuer von 19 %, lediglich einen Differenzumsatzsteueranteil oder aber keinerlei Mehrwertsteuer enthält, falls vergleichbare Fahrzeuge, für die Sie den Wiederbeschaffungswert ermittelten, nur noch auf dem Privatmarkt erhältlich sind.

Sofern Ihnen bei der Ermittlung des Wiederbeschaffungswertes von einem Gebrauchtwagenhändler die exakte Höhe der bei dem ermittelten Wiederbeschaffungswert angefallenen Differenzumsatzsteuer bekannt gegeben worden ist, bitte ich mir diese mitzuteilen.

Ich bedanke mich für Ihre Bemühungen und verbleibe

mit freundlichen Grüßen

▬▬▬

Rechtsanwalt

▲

II. Rechtsanwalt an Versicherung

39 **1. Fallgestaltung**: Wenn diese bei Totalschadenabrechnung auf Gutachtenbasis vom Wiederbeschaffungswert laut Gutachten pauschal 19 % Mehrwertsteuer in Abzug bringt, der Wiederbeschaffungswert aber nur differenzbesteuert (2,4 %) sein kann und der Geschädigte (noch) kein Ersatzfahrzeug erworben hat.

▼

40 **Muster Anhang 1.2**

Sehr geehrte Damen und Herren,

in o.g. Angelegenheit zeige ich an, ▬▬▬ anwaltlich zu vertreten.

Unfallhergang und die Haftung Ihrerseits dem Grunde nach sind unstreitig. Weiter ist unstreitig, dass vorliegend auf Basis eines Totalschadens abzurechnen ist. Im Rahmen der Abrechnung des Schadens wurde durch Sie unter Berufung auf § 249 Abs. 2 S. 2 BGB der Wiederbeschaffungswert netto zugrunde gelegt. Hierbei haben Sie 19 % Mehrwertsteuer von dem gutachterlich ausgewiesenen Wiederbeschaffungswert brutto in Abzug gebracht.

Ein derartiger Abzug ist unzulässig.

Vorliegend wurde der Wiederbeschaffungswert mit ▬▬▬ EUR inkl. Mehrwertsteuer ermittelt. Der Wiederbeschaffungswert ist nach ganz herrschender Meinung der Wert, den der Geschädigte für ein vergleichbares Fahrzeug bei einem seriösen Kfz-Händler der Region aufwenden müsste. Gebrauchtfahrzeuge des Kfz-Handels werden üblicherweise als so genannte differenzbesteuerte Fahrzeuge gemäß § 25a UStG angeboten. Nach Branchenauskünften kann davon ausgegangen werden, dass mindestens 75 % der im Gebrauchtwagenhandel angebotenen Fahrzeuge differenzbesteuert sind, demnach die Differenzbesteuerung den Regelfall im Gebrauchtwagenhandel darstellt. Insoweit ist auch davon auszugehen, dass in dem im Gutachten vermerkten Wiederbeschaffungswert lediglich ein Mehrwertsteueranteil im Bereich der üblichen Differenzbesteuerung enthalten ist bzw. enthalten sein kann.

Im Rahmen der Differenzbesteuerung gemäß § 25a UStG fällt lediglich Mehrwertsteuer auf die Differenz zwischen Händlereinkaufs- und Händlerverkaufswert an. Selbst bei großzügigster Auslegung beträgt dieser Mehrwertsteueranteil (Differenzumsatzsteuer) bezogen auf den Wiederbeschaffungswert lediglich 2,4 %. Diese Thematik hat auch der Gesetzgeber gesehen, da in der Gesetzesbegründung zum Schadensersatzrechtsänderungsgesetz ausdrücklich auf die Problematik der Differenzbesteuerung hingewiesen wird und als Hilfsmittel für die Ermittlung der Mehrwertsteuer im Rahmen der Differenzbesteuerung auf die Möglichkeit der Schätzung gemäß § 287 ZPO bei Berücksichtigung der üblichen Marktspiegel Schwacke und DAT verwiesen wird; siehe hierzu auch die Schwacke-Liste Regel- und Differenzbesteuerung.

Von dem bereits mitgeteilten Wiederbeschaffungswert darf daher lediglich ein Betrag in Höhe von 2,4 % dieses Wiederbeschaffungswertes in Abzug gebracht werden. Der zu viel abgezogene Betrag ist demnach nachzuentrichten.

Ich habe Sie daher aufzufordern, unverzüglich unter Berücksichtigung der vorstehenden Ausführungen den noch offenen Betrag bis spätestens ▆▆▆ auszugleichen.

Mit freundlichen Grüßen

▆▆▆

Rechtsanwalt

[ggf. Stellungnahme des Sachverständigen beifügen]

▲

2. Fallgestaltung: Wenn diese beim Totalschaden bei Abrechnung auf Gutachtenbasis vom Wiederbeschaffungswert laut Gutachten pauschal 19 % Mehrwertsteuer in Abzug bringt, der Wiederbeschaffungswert aber nur differenzbesteuert (2,4 %) sein kann und der Geschädigte ein differenzbesteuertes Ersatzfahrzeug erworben hat.

▼

Muster Anhang 1.3

Sehr geehrte Damen und Herren,

in o.g. Angelegenheit zeige ich an, ▆▆▆ anwaltlich zu vertreten.

Unfallhergang und die Haftung Ihrerseits dem Grunde nach sind unstreitig. Weiter ist unstreitig, dass vorliegend auf Basis eines Totalschadens abzurechnen ist. Im Rahmen der Abrechnung des Schadens wurde durch Sie unter Berufung auf § 249 Abs. 2 S. 2 BGB der Wiederbeschaffungswert netto zugrunde gelegt. Hierbei haben Sie 19 % Mehrwertsteuer von dem gutachterlich ausgewiesenen Wiederbeschaffungswert brutto in Abzug gebracht.

Ein derartiger Abzug ist unzulässig.

Anhang zu Teil 1

Vorliegend wurde der Wiederbeschaffungswert mit ▓▓▓ EUR inkl. Mehrwertsteuer ermittelt. Der Wiederbeschaffungswert ist nach ganz herrschender Meinung der Wert, den der Geschädigte für ein vergleichbares Fahrzeug bei einem seriösen Kfz-Händler der Region aufwenden müsste. Gebrauchtfahrzeuge des Kfz-Handels werden üblicherweise als so genannte differenzbesteuerte Fahrzeuge gemäß § 25a UStG angeboten. Nach Branchenauskünften kann davon ausgegangen werden, dass mindestens 75 % der im Gebrauchtwagenhandel angebotenen Fahrzeuge differenzbesteuert sind, demnach die Differenzbesteuerung den Regelfall im Gebrauchtwagenhandel darstellt. Insoweit ist auch davon auszugehen, dass in dem im Gutachten vermerkten Wiederbeschaffungswert lediglich ein Mehrwertsteueranteil im Bereich der üblichen Differenzbesteuerung enthalten ist.

Mein Mandant hat im Übrigen inzwischen als Ersatzfahrzeug ein solches differenzbesteuertes Gebrauchtfahrzeug vom Händler gekauft, und zwar zum Kaufpreis von ▓▓▓ EUR inkl. Mehrwertsteuer; der Kaufvertrag liegt Ihnen bereits vor bzw. liegt hier in Kopie bei.

Nach dem Vorstehenden gehe ich davon aus, dass Sie Ihre Abrechnung entsprechend korrigieren und den sich ergebenden Differenzbetrag zwischen dem bisher auf den Fahrzeugschaden gezahlten Betrag und dem Bruttowiederbeschaffungswert laut Gutachten umgehend bis spätestens ▓▓▓ nachentrichten.

Dieser errechnet sich wie folgt:

Wiederbeschaffungswert brutto laut Gutachten	▓▓▓ EUR
zuzüglich 2,4 % Differenzumsatzsteuer aus Ersatzbeschaffung	
abzüglich 2,4 % Differenzumsatzsteuer hieraus	▓▓▓ EUR
Zwischensumme	▓▓▓ EUR
abzüglich ihre Zahlung/Nettowiederbeschaffungswert	▓▓▓ EUR
verbleibt als nachzuentrichtender Betrag	▓▓▓ EUR

Sollte ein entsprechender Zahlungseingang fristgerecht nicht zu verzeichnen sein, werde ich meinem Mandanten raten, den restlichen Schadensersatzanspruch gerichtlich geltend zu machen.

Mit freundlichen Grüßen

Rechtsanwalt

[ggf. Stellungnahme des Sachverständigen beifügen]
▲

D. Musterschreiben und Musterklagen

3. Fallgestaltung: Wenn diese beim Totalschaden bei Abrechnung auf Gutachtenbasis vom Wiederbeschaffungswert laut Gutachten Mehrwertsteuerbeträge in Abzug bringt und der Geschädigte ein Ersatzfahrzeug (regelbesteuert, differenzbesteuert, oder auch von privat) erworben hat, das mindestens so viel oder mehr kostete als der Wiederbeschaffungswert laut Gutachten (brutto). 43

▼

Muster Anhang 1.4 44

Sehr geehrte Damen und Herren,

in o.g. Angelegenheit zeige ich an, ▓▓▓ anwaltlich zu vertreten.

Unfallhergang und die Haftung Ihrerseits dem Grunde nach sind unstreitig. Weiter ist unstreitig, dass vorliegend auf Basis eines Totalschadens abzurechnen ist. Im Rahmen der Abrechnung des Schadens wurde durch Sie unter Berufung auf § 249 Abs. 2 S. 2 BGB der Wiederbeschaffungswert netto zugrunde gelegt. Hierbei haben Sie Mehrwertsteuerbeträge von dem gutachterlich ausgewiesenen Wiederbeschaffungswert brutto in Abzug gebracht.

Ein derartiger Abzug ist unzulässig.

Vorliegend wurde der Wiederbeschaffungswert zwar gegebenenfalls inklusive Mehrwertsteuer ermittelt.

Allerdings hat mein Mandant inzwischen ein Ersatzfahrzeug angeschafft, das im Kaufpreis gleich hoch bzw. höher als der im Gutachten ermittelte Wiederbeschaffungswert (brutto) liegt.

Insoweit erwarb mein Mandant ein gleichwertiges, gegebenenfalls auch gleichartiges Fahrzeug. Nach dem Urteil des BGH vom 1.3.2005, AZ: VI ZR 91/04 (u.a. abgedr. in VersR 2005, 994) kann mein Mandant demgemäß, da er ein Ersatzfahrzeug zu einem Preis erworben hat, der dem (Brutto-)Wiederbeschaffungswert des unfallbeschädigten Kraftfahrzeugs entspricht oder gegebenenfalls diesen übersteigt, im Wege konkreter Schadensabrechnung die Kosten der Ersatzbeschaffung in Höhe des (Brutto-)Wiederbeschaffungswertes des unfallbeschädigten Fahrzeugs (ggf. unter Abzug eines Restwerts) ersetzt verlangen.

Nach dem BGH kommt es in diesem Zusammenhang auf die Frage, ob und in welcher Höhe in dem im Gutachten ausgewiesenen (Brutto-)Wiederbeschaffungswert Umsatzsteuer enthalten ist, nicht an.

Nach den vorstehenden Ausführungen gehe ich davon aus, dass Sie Ihre Abrechnung entsprechend korrigieren und den sich aus nachstehender Berechnung ergebenden Differenzbetrag zwischen dem bisher auf den Fahrzeugschaden gezahlten Betrag und dem

Anhang zu Teil 1

Brutto-Wiederbeschaffungswert laut Gutachten umgehend bis spätestens ▬▬▬ nachentrichten.

Dieser errechnet sich wie folgt:

Wiederbeschaffungswert brutto lt. Gutachten	▬▬▬ EUR
abzüglich Ihre Zahlung/Netto-Wiederbeschaffungswert	▬▬▬ EUR
verbleibt als nachzuentrichtender Betrag	▬▬▬ EUR

Sollte ein entsprechender Zahlungseingang fristgerecht nicht zu verzeichnen sein, werde ich meinem Mandanten raten, den restlichen Schadensersatzanspruch gerichtlich geltend zu machen.

Mit freundlichen Grüßen

▬▬▬

Rechtsanwalt

[ggf. Rechnung über angeschafftes Ersatzfahrzeug bzw. Beleg über aufgewandten Betrag beifügen]

▲

45   **4. Fallgestaltung**: Bei Wiederbeschaffungswertermittlung von älteren, nicht mehr im Handel erhältlichen Fahrzeugen.

▼

46   **Muster Anhang 1.5**

Sehr geehrte Damen und Herren,

in o.g. Angelegenheit zeige ich an, ▬▬▬ anwaltlich zu vertreten.

Unfallhergang und die Haftung Ihrerseits dem Grunde nach sind unstreitig. Weiter ist unstreitig, dass vorliegend auf Basis eines Totalschadens abzurechnen ist. Im Rahmen der Abrechnung des Schadens wurde durch Sie unter Berufung auf § 249 Abs. 2 S. 2 BGB der Wiederbeschaffungswert netto zugrunde gelegt. Hierbei haben Sie **einen Mehrwertsteuerbetrag** von dem gutachterlich ausgewiesenen Wiederbeschaffungswert brutto in Abzug gebracht.

Ein derartiger Abzug ist unzulässig.

Der Wiederbeschaffungswert für das streitgegenständliches Fahrzeug beträgt ▬▬▬ EUR. Für derartige Fahrzeuge besteht üblicherweise kein so genannter Händlermarkt. Soweit der Sachverständige vorliegend den Wiederbeschaffungswert inklusive Mehrwertsteuer angegeben hat, ist diese Formulierung insofern missverständlich. Der Sachverständige hat den Wert ermittelt, den der Geschädigte für ein vergleichbares Fahrzeug aufwenden muss. Insoweit hat er den so genannten Privatmarkt berücksichtigt, da nur dort Fahrzeuge dieser Art angeboten werden. Nicht zuletzt die Einführung des Schuldrechtsmodernisierungsgesetzes mit der verschärften Sachmängelhaftung für den Kfz-Handel hat dazu geführt, dass Fahrzeuge ab einem bestimmten Lebensalter praktisch nicht mehr im Kfz-Handel zu finden sind.

Da demnach im Wiederbeschaffungswert kein Mehrwertsteueranteil enthalten ist und auch bei Anschaffung eines Ersatzfahrzeuges kein Mehrwertsteueranteil ausgewiesen werden kann, handelt es sich hier um einen mehrwertsteuerneutralen Vorgang, bei dem für einen Abzug von Mehrwertsteuer auch nach neuem Recht kein Raum besteht.

Da überdies der Wiederbeschaffungswert auch in der Höhe durch Sie nicht bestritten wird, habe ich Sie aufzufordern, nunmehr auch unverzüglich auf Basis des ausgewiesenen Wiederbeschaffungswertes zu regulieren und den Differenzbetrag gemäß nachstehender Berechnung bis spätestens   bei Klagevermeidung nachzuentrichten.

Mit freundlichen Grüßen

Rechtsanwalt

[ggf. Stellungnahme des Sachverständigen beifügen]
▲

III. Musterklagen zum § 249 Absatz 2 S. 2 BGB

1. **Klage auf Zahlung der Mehrwertsteuerdifferenz bei Totalschaden und Abrechnung auf Gutachtenbasis, wenn der Geschädigte kein oder aber ein differenzbesteuertes Ersatzfahrzeug erworben hat**

a) Für den Fall, dass der Fahrzeugpreis des als Ersatz angeschafften Fahrzeugs den (Brutto-)Wiederbeschaffungswert laut Gutachten nicht erreicht bzw. übersteigt
▼

Muster Anhang 1.6

Amtsgericht

Klage

des Herrn/der Frau

– Kläger/Klägerin –,

Prozessbevollmächtigter: Rechtsanwalt   ,

Anhang zu Teil 1

gegen

1. Halter ▉▉▉,

2. ggf. Fahrer,

3. Haftpflichtversicherung

– Beklagte –,

wegen Forderung.

Namens und in Vollmacht des Klägers/der Klägerin erhebe ich Klage und bitte um Anberaumung eines Termins zur mündlichen Verhandlung, in dem ich beantragen werde:

▉▉▉

▉▉▉

▉▉▉

Begründung:

I.

Der Kläger erlitt am ▉▉▉ in ▉▉▉ mit seinem Pkw ▉▉▉, amtliches Kennzeichen ▉▉▉, dessen Halter und Eigentümer er ist, einen unverschuldeten Verkehrsunfall.

Dieser ereignete sich wie folgt: ▉▉▉

Die Alleinhaftung der Beklagten ist zwischen den Parteien unstreitig.

Der Kläger ist nicht vorsteuerabzugsberechtigt.

Bei dem Unfall wurde das Fahrzeug des Klägers schwer beschädigt.

Zur Beweissicherung erstellte das Sachverständigenbüro ein Schadengutachten, das ich als Anlage K ▉▉▉ beifüge und auf das ich mich vollinhaltlich beziehe.

Der Sachverständige ermittelte für das streitgegenständliche Fahrzeug einen Wiederbeschaffungswert inklusive Mehrwertsteuer von ▉▉▉ EUR, voraussichtliche Reparaturkosten von ▉▉▉ EUR und einen Restwert inkl. Mehrwertsteuer von ▉▉▉ EUR; auch diese Werte sind unstreitig.

Danach handelt es sich vorliegend unstreitig um einen Totalschaden.

Der Kläger hat diesen gegenüber der Beklagten zu ▉▉▉ als regulierungspflichtiger KH-Versicherung auf Basis des Schadengutachtens abgerechnet.

Die Beklagte zu ▉▉▉ hat die auf den Fahrzeugschaden entfallende Schadensersatzforderung gemäß Schreiben vom ▉▉▉, Anlage K ▉▉▉, mit ▉▉▉ EUR bestimmt.

D. Musterschreiben und Musterklagen

Wie sich aus dem Abrechnungsschreiben ergibt, hat sie hierbei vom gutachterlich festgestellten Bruttowiederbeschaffungswert in Höhe von ▬▬▬ EUR zunächst 19 % Mehrwertsteuer in Abzug gebracht und sodann den vom Sachverständigen ermittelten Restwert in Höhe von ▬▬▬ EUR und den sich danach ergebenden Betrag zuzüglich Nutzungsausfall, Kostenpauschale, ▬▬▬, an den Kläger gezahlt.

Mit Schreiben vom ▬▬▬ habe ich die Beklagte zu ▬▬▬ darauf hingewiesen, dass und warum vorliegend ein Abzug von 19 % bezüglich der Mehrwertsteuer auch nach Inkrafttreten des Schadensrechtsänderungsgesetzes nicht in Betracht kommt, sondern allenfalls ein Abzug in Höhe von 2,4 %, und diese unter Fristsetzung bis zum ▬▬▬ zur Zahlung des Differenzbetrages aufgefordert.

Beweis: Schreiben vom ▬▬▬, Anlage K ▬▬▬

(*Ggf.*: Sodann habe ich mit Schreiben vom ▬▬▬ der Beklagten zu ▬▬▬ mitgeteilt, dass sich der Kläger zwischenzeitlich vom Händler ▬▬▬ ein differenzbesteuertes Ersatzfahrzeug zum Preis von ▬▬▬ gekauft hat, und diese unter Vorlage einer Kopie des Kaufvertrages unter Fristsetzung bis zum ▬▬▬ aufgefordert, auch die noch verbleibende Differenz bis zum Bruttowiederbeschaffungswert laut Gutachten auszugleichen.

Beweis: Schreiben vom ▬▬▬, Anlage K ▬▬▬.

Dies hat die Beklagte mit Schreiben vom ▬▬▬, Anlage K ▬▬▬ (und vom ▬▬▬ Anlage K ▬▬▬) endgültig abgelehnt, weshalb Klage geboten ist.

II.

Dem Kläger steht in Bezug auf den durch den Unfall vom ▬▬▬ an seinem Fahrzeug entstandenen Totalschaden gem. §§ ▬▬▬ ein weiterer Schadensersatzanspruch in Höhe der hier geltend gemachten ▬▬▬ EUR zu.

Vorliegend wurde der Wiederbeschaffungswert vom Sachverständigen wie gesagt mit ▬▬▬ EUR inkl. Mehrwertsteuer ermittelt.

Der Wiederbeschaffungswert ist nach ganz herrschender Meinung der Wert, den der Geschädigte für ein vergleichbares Fahrzeug bei einem seriösen Kfz-Händler der Region aufwenden müsste.

Gebrauchtfahrzeuge werden vom Kfz-Handel üblicherweise als so genannte differenzbesteuerte Fahrzeuge gem. § 25a UStG angeboten.

Nach Branchenauskünften kann davon ausgegangen werden, dass mindestens 75 % der im Gebrauchtwagenhandel angebotenen Fahrzeuge differenzbesteuert sind, die Differenzbesteuerung mithin im Gebrauchtwagenhandel allgemein den Regelfall darstellt.

Dies gilt auch für das hier in Rede stehende Fahrzeug.

(Ggf.: Das hat mir auch das Sachverständigenbüro mit Schreiben vom ▓▓▓, Anlage K ▓▓▓, bestätigt.)

Vorsorglich beziehe ich mich für den Bestreitensfall zum Beweis dafür, dass Gebrauchtfahrzeuge wie das streitgegenständliche vom Händler üblicherweise und regelmäßig mit Differenzbesteuerung verkauft werden, auf das sachverständige Zeugnis des Sachverständigen ▓▓▓, der das Schadengutachten erstellt hat; hilfsweise auf die Einholung eines Sachverständigengutachtens.

Deshalb ist vorliegend davon auszugehen, dass in dem im Gutachten des Sachverständigenbüros ▓▓▓ in Ansatz gebrachten Wiederbeschaffungswert lediglich ein Mehrwertsteueranteil im Bereich der üblichen Differenzbesteuerung enthalten ist.

Im Rahmen der Differenzbesteuerung gemäß § 25a UStG fällt Mehrwertsteuer bekanntlich lediglich auf die Differenz zwischen Händlereinkaufs- und Händlerverkaufswert, ggf. gemindert um etwaige Aufwendungen des Händlers bei der Aufbereitung des Fahrzeugs, an.

Was die exakte Bezifferung der Differenz-Mehrwertsteuer betrifft, so hat der Gesetzgeber diese Problematik erkannt und in seiner Gesetzesbegründung zum Schadensersatzrechtsänderungsgesetz darauf hingewiesen, dass diese ggf. gemäß § 287 ZPO bzw. anhand der üblichen Marktspiegel Schwacke und DAT zu schätzen ist.

Aus den Marktspiegeln ist ersichtlich, dass die so genannte Händlerspanne im Gebrauchtwagenbereich zwischen 0 und ca. 20 % angesiedelt ist, wobei in Einzelfällen der Verkaufs- sogar unter dem Einkaufspreis liegen kann.

Beweis im Bestreitensfall: wie vor.

Legt man als Mittelwert für die Händlerspanne einmal 10 % zugrunde, so ergibt sich bezogen auf den Bruttowiederbeschaffungswert laut Gutachten auch bei großzügigster Handhabung ein Mehrwertsteueranteil von maximal 2,4 %.

Im Rahmen der Totalschadenabrechnung auf Gutachtenbasis kommt also bezogen auf den vom Sachverständigen ermittelten Bruttowiederbeschaffungswert allenfalls ein Abzug von 2,4 % (Differenz-)Mehrwertsteuer in Betracht und nicht in Höhe von 19 %, wie ihn die Beklagte zu ▓▓▓ hier vorgenommen hat.

Beweis im Bestreitensfall: Wie vor.

Danach steht dem Kläger an weiterem Schadensersatz die Differenz zwischen dem von der Beklagten zu ▓▓▓ vorgenommenen Abzug von 19 % und dem nach dem Vorstehenden allenfalls gerechtfertigten Abzug von 2,4 %, mithin weitere ▓▓▓ EUR zu.

(Ggf.: Der Kläger hat im Übrigen wie unter Beweis gestellt zwischenzeitlich ein entsprechendes differenzbesteuertes Ersatzfahrzeug vom Händler gekauft; den Kaufvertrag füge ich als Anlage K ▓▓▓ bei.)

Da der Verkäufer die im Kaufpreis von ▮▮▮▮▮ EUR enthaltene Mehrwertsteuer im Kaufvertrag nicht ausgewiesen hat, wozu er gemäß § 25a Abs. 6 UStG auch nicht verpflichtet ist, ist diese wiederum wie vorstehend dargelegt auf 2,4 % zu schätzen.

Nachdem der Kaufpreis für das Ersatzfahrzeug nicht geringer ist als der vom Sachverständigen festgestellte Bruttowiederbeschaffungswert, haben die Beklagten dem Kläger demnach den vollen Bruttowiederbeschaffungswert laut Gutachten, gemindert um den Restwert, zu erstatten.)

Die Klage ist mithin in vollem Umfang begründet.

Mit der Zahlung befinden sich die Beklagten seit dem ▮▮▮▮▮ (ggf.: bzw. ▮▮▮▮▮) in Verzug, so dass auch der geltend gemachte Zinsanspruch begründet ist.

Beglaubigte und einfache Abschrift sowie Gerichtskostenvorschuss in Höhe von ▮▮▮▮▮ liegen bei.

Rechtsanwalt

▲

b) **Für den Fall, dass der Fahrzeugpreis des als Ersatz angeschafften Fahrzeugs den (Brutto-)Wiederbeschaffungswert laut Gutachten erreicht bzw. übersteigt**

▼

Muster Anhang 1.7   48

(Siehe Text zu III. 1.a), Rdn 47)

Ergänzend, was von Bedeutung ist, ist für den Kläger darauf hinzuweisen, dass dieser sich zwischenzeitlich ein Fahrzeug als Ersatzfahrzeug für das verunfallte Fahrzeug angeschafft hat, dessen Kaufpreis den Wiederbeschaffungswert brutto laut Gutachten erreicht bzw. übersteigt.

Für diesen Fall hat der BGH in seinem Urteil vom 1.3.2005, AZ: VI ZR 91/04 (abgedruckt u.a. in BGHZ 162, 270 oder VersR 2005, 994), eindeutig entschieden, dass es in diesem Zusammenhang nicht mehr auf die im Gutachten ausgewiesene Mehrwertsteuer in einem Brutto-Wiederbeschaffungswert ankommt; allein maßgebend ist, dass der Kläger als Geschädigter ein Ersatzfahrzeug zu einem Preis erworben hat, der dem im Sachverständigengutachten ausgewiesenen (Brutto-)Wiederbeschaffungswert des unfallbeschädigten Kraftfahrzeugs entspricht oder diesen sogar übersteigt.

Anhang zu Teil 1

In diesem Fall kann der Kläger im Wege konkreter Schadensabrechnung die Kosten der Ersatzbeschaffung bis zur Höhe des (Brutto-)Wiederbeschaffungswertes des unfallbeschädigten Kraftfahrzeuges – gegebenenfalls unter Abzug des Restwertes – ersetzt verlangen.

▲

2. **Klage auf Zahlung der Mehrwertsteuerdifferenz (bei Abzug von 19 % Mehrwertsteuer), wenn es sich bei dem total beschädigten Fahrzeug um ein älteres, im Handel nicht mehr erhältliches Fahrzeug handelt und der vom Sachverständigen im Gutachten angesetzte Wiederbeschaffungswert sich entsprechend auf den Erwerb von Privat bezieht**

▼

49   Muster Anhang 1.8

Amtsgericht

Klage

des Herrn/der Frau

– Kläger/Klägerin –,

Prozessbevollmächtigter: Rechtsanwalt   ,

gegen

1. Halter   ,

2. ggf. Fahrer,

3. Haftpflichtversicherung

– Beklagte –,

wegen Forderung.

Namens und in Vollmacht des Klägers/der Klägerin erhebe ich Klage und bitte um Anberaumung eines Termins zur mündlichen Verhandlung, in dem ich beantragen werde:

D. Musterschreiben und Musterklagen

Begründung:

I.

Der Kläger erlitt am ▓▓▓ in ▓▓▓ mit seinem Pkw ▓▓▓, amtliches Kennzeichen ▓▓▓, dessen Halter und Eigentümer er ist, einen unverschuldeten Verkehrsunfall.

Dieser ereignete sich wie folgt: ▓▓▓

Die Alleinhaftung der Beklagten ist zwischen den Parteien unstreitig.

Der Kläger ist nicht vorsteuerabzugsberechtigt.

Bei dem Unfall wurde das Fahrzeug des Klägers mit Erstzulassung am ▓▓▓ und einer Laufleistung von ▓▓▓ km schwer beschädigt.

Zur Beweissicherung erstellte das Sachverständigenbüro ein Schadengutachten, das ich als Anlage K ▓▓▓ beifüge und auf das ich mich vollinhaltlich beziehe.

Der Sachverständige ermittelte für das streitgegenständliche Fahrzeug einen Wiederbeschaffungswert inklusive Mehrwertsteuer von ▓▓▓ EUR, voraussichtliche Reparaturkosten von ▓▓▓ EUR und einen Restwert inkl. Mehrwertsteuer von ▓▓▓ EUR; auch diese Werte sind unstreitig.

Danach handelt es sich vorliegend unstreitig um einen Totalschaden.

Zum Wiederbeschaffungswert hat der Sachverständige in seinem Gutachten (bzw. auf Nachfrage) ausgeführt, dass es für Fahrzeuge wie das total beschädigte nach seinen Feststellungen einen Händlermarkt nicht gebe, so dass der ermittelte Wiederbeschaffungswert sich auf den Erwerb von Privat beziehe.

(Ggf. Beweis: Schreiben des Sachverständigenbüros ▓▓▓ vom ▓▓▓, Anlage K ▓▓▓).

Der Kläger hat den Totalschaden gegenüber der Beklagten zu ▓▓▓ als regulierungspflichtige KH-Versicherung auf Basis des dieser übersandten Schadengutachtens abgerechnet.

Die Beklagte zu ▓▓▓ hat die auf den Fahrzeugschaden entfallende Schadensersatzforderung gemäß Schreiben vom ▓▓▓, Anlage K ▓▓▓, mit ▓▓▓ EUR bestimmt.

Wie sich aus dem Abrechnungsschreiben ergibt, hat sie hierbei vom gutachterlich festgestellten Bruttowiederbeschaffungswert in Höhe von ▓▓▓ EUR zunächst 19 % Mehrwertsteuer in Abzug gebracht und sodann den vom Sachverständigen ermittelten Restwert in Höhe von ▓▓▓ EUR und den sich danach ergebenden Betrag zuzüglich Nutzungsausfall, Kostenpauschale, ▓▓▓, an den Kläger gezahlt.

Anhang zu Teil 1

Mit Schreiben vom ▓▓▓▓ habe ich die Beklagte zu ▓▓▓▓ unter Hinweis auf die diesbezüglichen Ausführungen des Sachverständigenbüros darauf hingewiesen, dass und warum vorliegend ein Abzug von 19 % bezüglich der Mehrwertsteuer auch nach Inkrafttreten des Schadensrechtsänderungsgesetzes nicht in Betracht kommt, und diese unter Fristsetzung bis zum ▓▓▓▓ zur Zahlung des Differenzbetrages aufgefordert.

Beweis: Schreiben vom ▓▓▓▓, Anlage K ▓▓▓▓.

(Ggf.: Sodann habe ich mit Schreiben vom ▓▓▓▓ der Beklagten zu ▓▓▓▓ mitgeteilt, dass sich der Kläger entsprechend zwischenzeitlich ein gleichwertiges Ersatzfahrzeug von Privat und entsprechend ohne Ausweis von Mehrwertsteuer gekauft hat.

Beweis: Schreiben vom ▓▓▓▓, Anlage K ▓▓▓▓).

Weitere Zahlungen hat die Beklagte mit Schreiben vom ▓▓▓▓, Anlage K ▓▓▓▓ endgültig abgelehnt, weshalb Klage geboten ist.

II.

Dem Kläger steht in Bezug auf den durch den Unfall vom ▓▓▓▓ an seinem Fahrzeug entstandenen Totalschaden gem. §§ ▓▓▓▓ ein weiterer Schadensersatzanspruch in Höhe der hier geltend gemachten ▓▓▓▓ EUR zu.

Vorliegend wurde der Wiederbeschaffungswert vom Sachverständigen wie gesagt mit ▓▓▓▓ EUR inkl. Mehrwertsteuer ermittelt.

Der Wiederbeschaffungswert ist nach ganz herrschender Meinung der Wert, den der Geschädigte für ein vergleichbares Fahrzeug bei einem seriösen Kfz-Händler der Region aufwenden müsste.

Wenn für ein bestimmtes Fahrzeug aufgrund seines Alters, seiner Laufleistung etc. ein so genannter Händlermarkt allerdings nicht mehr existiert, was nicht zuletzt auf die Einführung der verschärften Sachmängelhaftung auch im Gebrauchtwagenbereich durch das Schuldrechtsmodernisierungsgesetz zurückzuführen ist, bleibt nur, den Wiederbeschaffungswert notgedrungen anhand des privaten Gebrauchtwagenmarktes zu bestimmen.

Beweis im Bestreitensfall: Sachverständiges Zeugnis des Sachverständigen ▓▓▓▓, der vorliegend das Schadengutachten erstellt hat; hilfsweise Einholung eines Sachverständigengutachtens.

Soweit der Sachverständige in seinem Gutachten den Wiederbeschaffungswert inklusive Mehrwertsteuer angegeben hat, ist dies also nach dem Vorstehenden insofern missverständlich.

Tatsächlich hat der Sachverständige, wie sich seinen ergänzenden Angaben entnehmen lässt, den Wiederbeschaffungswert für das streitgegenständliche Fahrzeug bezogen auf

E. Sachgerechte Formulierungen im Sachverständigengutachten

den Erwerb von Privat ermittelt, da es auch für dieses Fahrzeug keinen gewerblichen Markt mehr gibt.

Beweis im Bestreitensfall: Wie vor.

Da demnach in dem im Gutachten angesetzten Wiederbeschaffungswert ein Mehrwertsteueranteil nicht enthalten ist und auch bei Anschaffung eines Ersatzfahrzeugs ein Mehrwertsteueranteil nicht ausgewiesen werden kann, ist auch nach § 249 BGB n.F. bei der vom Kläger gewählten Abrechnung des Totalschadens auf Gutachtenbasis für den von der Beklagten zu ▮ vorgenommenen Abzug von 19 % Mehrwertsteuer kein Raum und dieser ist unzulässig.

Danach steht dem Kläger an weiterem Schadensersatz die Differenz zwischen dem von der Beklagten zu ▮ auf den Fahrzeugschaden bisher gezahlten Betrag und dem vollen Wiederbeschaffungswert laut Gutachten, mithin die hier geltend gemachten weiteren ▮ EUR zu und die Klage ist in vollem Umfang begründet.

Mit der Zahlung befinden sich die Beklagten seit dem ▮ in Verzug, so dass auch der geltend gemachte Zinsanspruch begründet ist.

Beglaubigte und einfache Abschrift sowie Gerichtskostenvorschuss in Höhe von ▮ liegen bei.

▮

Rechtsanwalt

Hinweis:

Soweit ein Abzug einer Differenzumsatzsteuer von 2,4 %, oder auch zu einem höheren Prozentsatz erfolgt, ist die Klage entsprechend um diese Differenz-Prozentanteile zu berichtigen bzw. insoweit abzuändern.

▲

E. Sachgerechte Formulierungen im Sachverständigengutachten zur Angabe des Mehrwertsteueranteils beim Wiederbeschaffungswert

I. Differenzbesteuerung

Formulierungsbeispiel: **50**

Der Wiederbeschaffungswert für ein gleichwertiges Ersatzfahrzeug bei einem seriösen Kfz-Händler beträgt ▮ EUR inkl. Mehrwertsteuer. Der Wiederbeschaffungswert beinhaltet grundsätzlich die gesetzliche Mehrwertsteuer in Höhe der Regelbesteuerung bzw. unter Berücksichtigung der Differenzbesteuerung gemäß § 25a UStG. Der Wiederbeschaffungswert berücksichtigt das Fahrzeugalter, die Laufleistung, die Besitzverhältnisse, den festgestellten Fahrzeugzustand, evtl. festgestellte Alt- oder Vorschäden, Sonderausstattung und Zubehör. Die Fälligkeiten von Haupt- und Abgasuntersuchungen sowie alle übrigen im Wesentlichen den Wert des Fahrzeuges beeinflussenden Faktoren einschließlich der regionalen und saisonalen Marktlage sind in die Wertermittlung eingeflossen.

Es handelt sich vorliegend um ein Fahrzeug, das im Kfz-Handel überwiegend differenzbesteuert angeboten wird. Unter Berücksichtigung der üblichen Margen zwischen Händlereinkauf und Händlerverkauf bei derartigen Fahrzeugen, kann von einem Mehrwertsteueranteil bezogen auf den Wiederbeschaffungswert von 2,4 % (▇▇▇ EUR) (falls der exakte Mehrwertsteueranteil bekannt ist ▇▇▇ von ▇▇▇ % (▇▇▇ EUR) ausgegangen werden.

II. Regelbesteuerung

51   *Formulierungsbeispiel:*

Der Wiederbeschaffungswert für ein gleichwertiges Ersatzfahrzeug bei einem seriösen Kfz-Händler beträgt ▇▇▇ EUR inkl. Mehrwertsteuer. Der Wiederbeschaffungswert beinhaltet grundsätzlich die gesetzliche Mehrwertsteuer in Höhe der Regelbesteuerung bzw. unter Berücksichtigung der Differenzbesteuerung gemäß § 25a UStG. Der Wiederbeschaffungswert berücksichtigt das Fahrzeugalter, die Laufleistung, die Besitzverhältnisse, den festgestellten Fahrzeugzustand, evtl. festgestellte Alt- oder Vorschäden, Sonderausstattungen und Zubehör. Die Fälligkeit von Haupt- und Abgasuntersuchungen sowie alle übrigen im Wesentlichen den Wert des Fahrzeuges beeinflussenden Faktoren einschließlich der regionalen und saisonalen Marktlage sind in die Wertermittlung eingeflossen.

Es handelt sich vorliegend um ein Fahrzeug, das im Kfz-Handel überwiegend regelbesteuert angeboten wird. Im Wiederbeschaffungswert sind demnach 19 % Mehrwertsteueranteil [▇▇▇ EUR] enthalten.

III. Wiederbeschaffungswert bei Fahrzeugen, die aufgrund des Fahrzeugalters oder aufgrund des Fahrzeugzustandes im Kfz-Handel nicht mehr zu erwerben sind/Privatmarktfahrzeuge

Formulierungsbeispiel: 52

Der Wiederbeschaffungswert berücksichtigt das Fahrzeugalter, die Laufleistung, die Besitzverhältnisse, den festgestellten Fahrzeugzustand, evtl. festgestellte Alt- oder Vorschäden, Sonderausstattungen und Zubehör. Die Fälligkeit von Haupt- und Abgasuntersuchungen sowie alle übrigen im Wesentlichen den Wert des Fahrzeuges beeinflussenden Faktoren einschließlich der regionalen und saisonalen Marktlage sind in die Wertermittlung eingeflossen.

Üblicherweise sind vergleichbare Fahrzeuge aufgrund des Fahrzeugalters nicht im seriösen Kfz-Handel erhältlich. Berücksichtigt wurde daher der für derartige Fahrzeuge maßgebende so genannte Privatmarkt. Mehrwertsteuer fällt bei derartigen Fahrzeugen in der Regel nicht an.

Anhang zu Teil 2

A. Beispielhafte obergerichtliche Entscheidung des Bundesfinanzhofs: BFH, Urteil vom 20.3.2013, AZ: XI R 6/11

Zahlung eines Minderwertausgleichs wegen Schäden am Leasingfahrzeug nicht umsatzsteuerbar – Kein Leistungsaustausch im umsatzsteuerrechtlichen Sinne

Leitsätze:
Verpflichtet sich der Leasingnehmer im Leasingvertrag, für am Leasingfahrzeug durch eine nicht vertragsgemäße Nutzung eingetretene Schäden nachträglich einen Minderwertausgleich zu zahlen, ist diese Zahlung beim Leasinggeber nicht der Umsatzsteuer zu unterwerfen.

Tatbestand:
I. Die X-GmbH, eine Organgesellschaft der Klägerin und Revisionsbeklagten (Klägerin), schloss mit der Y-GmbH über ein Kfz vom Typ Z einen Leasingvertrag mit einer Laufzeit von 42 Monaten, der nach Ablauf von 12 Monaten von einem anderen Leasingnehmer übernommen wurde.

Die vertraglich vereinbarten „Leasing-Bedingungen für Geschäftsfahrzeuge" enthalten auszugsweise folgende Regelungen:

„IX. Halterpflichten

3. Der Leasing-Nehmer hat dafür zu sorgen, dass das Fahrzeug nach den Vorschriften der Betriebsanleitung des Herstellers behandelt wird. Das Fahrzeug ist im Rahmen des vertraglichen Verwendungszwecks schonend zu behandeln und stets in betriebs- und verkehrssicheren Zustand zu erhalten."

„XVI. Rückgabe des Fahrzeugs

(…)

2. Bei Rückgabe muss das Fahrzeug in einem dem Alter und der vertragsgemäßen Fahrleistung entsprechenden Erhaltungszustand, frei von Schäden sowie verkehrs- und betriebssicher sein. Normale Verschleißspuren gelten nicht als Schaden. …

3. Bei Rückgabe des Fahrzeuges nach Ablauf der bei Vertragsabschluss vereinbarten Leasing-Zeit gilt folgende Regelung:

Entspricht das Fahrzeug bei Verträgen ohne Gebrauchtwagenabrechnung nicht dem Zustand gemäß Ziffer 2 Absatz 1, ist der Leasing-Nehmer zum Ersatz des entsprechenden Schadens verpflichtet."

Nach Ablauf des Leasingvertrages im März 2009 machte die X-GmbH gegenüber dem Leasingnehmer einen Anspruch auf Minderwertausgleich für über den vertragsgemäßen Gebrauch hinausgehende Schäden an dem geleasten Fahrzeug geltend, die lt. dem entsprechenden Prüfgutachten u.a. Lackschäden, eine fehlende Funktion der Lenkhilfe sowie eine Beschädigung des Panzerrohres umfassten. Der Leasingnehmer leistete daraufhin letztendlich (…) EUR.

In der Umsatzsteuer-Voranmeldung für März 2009 unterwarf die Klägerin diesen Betrag nicht der Umsatzsteuer und teilte dies dem Beklagten und Revisionskläger (Finanzamt – FA –) mit. Am 22. Mai 2009 erging ein geänderter Vorauszahlungsbescheid unter Hinweis auf das Schreiben des Bundesministeriums der Finanzen (BMF) vom 22. Mai 2008 IV B 8 – S 7100/07/10007, 2008/0260780 (BStBl I 2008, 632), wonach der Minderwertausgleich als eine leasingtypische vertragliche Gegenleistung für die Überlassung des Leasinggegenstands durch den Leasinggeber zu behandeln sei. Darin erhöhte das FA die Umsatzerlöse um den Minderwertausgleich.

Hiergegen richtete sich die – mit Zustimmung des FA – erhobene Sprungklage, der das Finanzgericht (FG) stattgab. Das FG ließ die Revision wegen grundsätzlicher Bedeutung der Rechtssache zu.

Es führte im Wesentlichen aus, dass der leasingtypische Minderwertausgleich, den der Leasingnehmer nach Ablauf der vereinbarten Vertragslaufzeit leiste, nicht der Umsatzsteuer unterliege. Maßgebend sei insoweit, dass die Ausgleichszahlung nicht im Leistungsaustausch mit Leistungen der Leasinggeberin stehe. Die Leistung der Leasinggeberin sei die Gebrauchsüberlassung des Leasinggegenstandes auf Zeit. Nach Ablauf der vereinbarten Leasingzeit habe die Leasinggeberin ihre vertragliche Hauptleistungspflicht erfüllt. Die Leasinggeberin habe dem Leasingnehmer keine darüber hinausgehende Leistung „willentlich" zugewandt. Der Leasingnehmer erbringe die von ihm noch geschuldete Ausgleichszahlung nicht, um eine Leistung zu erhalten, sondern weil er vertraglich dazu verpflichtet sei. Das Urteil des FG ist in Entscheidungen der Finanzgerichte 2011, 1020 veröffentlicht.

Zur Begründung der hiergegen eingelegten Revision rügt das FA die Verletzung materiellen Rechts.

Das FG habe zu Unrecht einen Leistungswillen der X-GmbH hinsichtlich der über die im Leasingvertrag vereinbarte Fahrleistung hinausgehende Nutzung durch den Leasingnehmer verneint.

Der Leasingvertrag sehe vor, dass der Leasinggeber dem Leasingnehmer nach Vertragsablauf einen Zahlungsbetrag für eine von ihm für diesen Fall ausdrücklich geduldete übervertragliche Nutzung in Rechnung stelle. Es handele sich nicht um die vertragliche Verständigung über die Höhe eines Schadensersatzes, sondern um die Vereinbarung eines Entgelts. Der Höhe der Leasingraten liege eine bestimmte Fahrleistung des geleasten Fahrzeugs zugrunde. Diese Fahrleistung sei im Leasingvertrag benannt. Bei einem mehrjährigen Leasingvertrag, der wie im Streitfall über 42 Monate laufe, sei es sehr wahrscheinlich, dass die tatsächliche Fahrleistung bei Ablauf des Leasingvertrages von der

A. Beispielhafte obergerichtliche Entscheidung des Bundesfinanzhofs

vertraglich vereinbarten Fahrleistung abweiche. Es würden häufig Fälle auftreten, in denen der Leasingnehmer die Fahrleistung überschreite. Diese übervertragliche Nutzung durch den Leasingnehmer führe zu einem Minderwert für den jeweiligen Leasinggeber. Die Parteien hätten einen am Umfang des Minderwertes orientierten Ausgleich vereinbart, so dass der wirtschaftliche Gehalt der Vereinbarung darauf gerichtet sei, dass der Ersatz des Minderwerts in die Gegenleistung einfließe (vgl. Urteil des Bundesfinanzhofs BFH – vom 11. November 2004 V R 30/04, BFHE 207, 560, BStBl II 2005, 802). Die X-GmbH habe eine übervertragliche Nutzung billigend in Kauf genommen und dieser konkludent zugestimmt. Die Zahlung des Minderwertausgleichs durch den Leasingnehmer sei Entgelt für die Leistung der Leasinggeberin.

Selbst wenn ein Leistungswille der Leasinggeberin nicht vorliegen sollte, sei ein Leistungsaustausch i.S. von § 1 Abs. 1 Nr. 1 des Umsatzsteuergesetzes (UStG) gegeben. Schon wegen des Gebots der Gleichbehandlung in Art. 3 Abs. 1 des Grundgesetzes (GG) könne ein Verbrauchsakt gegen den Willen des Berechtigten nicht anders zu behandeln sein als ein Verbrauchsakt mit einem entsprechenden Willen. Denn wer sich einen verbrauchbaren Nutzen eigenmächtig verschaffe, könne nicht ohne Grund umsatzsteuerrechtlich gegenüber demjenigen privilegiert werden, der sich mit dem Willen des Berechtigten einen verbrauchbaren Nutzen verschaffen lasse. Das tatsächliche Ergebnis, die Erlangung eines verbrauchbaren Gutes, sei dasselbe (vgl. Hummel, Umsatzsteuer-Rundschau – UR – 2006, 614). Es sei folglich nicht entscheidungserheblich, ob der Leasingnehmer das Fahrzeug vertraglich nutze und die Nutzung über die Leasingrate bezahle, oder ob er das Fahrzeug übervertraglich nutze und anschließend einen Ausgleich für diese Nutzung zahlen müsse. Die Zahlung des Minderwertausgleichs nach Ablauf des Leasingvertrages sei mit der unfreiwilligen, aber umsatzsteuerrechtlich zu bejahenden Leistung der X-GmbH hinreichend verknüpft.

Das FA beantragt sinngemäß, das FG-Urteil aufzuheben und die Klage abzuweisen.

Die Klägerin beantragt, die Revision zurückzuweisen.

Sie hält die Entscheidung des FG für zutreffend und verweist insbesondere darauf, dass die Rechtsauffassung der Finanzverwaltung von der Zivilgerichtsbarkeit grundsätzlich nicht geteilt werde (vgl. z.B. zuletzt Urteil des Bundesgerichtshofs – BGH – vom 18. Mai 2011 VIII ZR 260/10, Höchstrichterliche Finanzrechtsprechung – HFR – 2011, 1156).

Entscheidungsgründe:

II. Die Revision des FA ist unbegründet. Sie war daher zurückzuweisen (§ 126 Abs. 2 der Finanzgerichtsordnung – FGO –).

Das FG hat zu Recht entschieden, dass hinsichtlich des vom Leasingnehmer entrichteten Minderwertausgleichs kein Leistungsaustausch i.S. von § 1 Abs. 1 Nr. 1 UStG vorliegt und die insoweit gegenüber der Klägerin vorgenommene Umsatzsteuerfestsetzung rechtswidrig war.

1. Nach § 1 Abs. 1 Nr. 1 UStG unterliegen der Umsatzsteuer die Lieferungen und sonstigen Leistungen, die ein Unternehmer im Inland gegen Entgelt im Rahmen seines Unternehmens ausführt. Entgelt ist gemäß § 10 Abs. 1 Satz 2 UStG grundsätzlich alles, was der Leistungsempfänger aufwendet, um die Leistung zu erhalten, jedoch abzüglich der Umsatzsteuer.

Für das Vorliegen einer entgeltlichen Leistung, die in Übereinstimmung mit Art. 2 Nr. 1 der Sechsten Richtlinie 77/388/EWG des Rates vom 17. Mai 1977 zur Harmonisierung der Rechtsvorschriften der Mitgliedstaaten über die Umsatzsteuern nach § 1 Abs. 1 Nr. 1 UStG steuerbar ist, sind nach der Rechtsprechung des Gerichtshofs der Europäischen Union (EuGH), der sich der BFH angeschlossen hat, im Wesentlichen folgende unionsrechtlich geklärten Grundsätze zu berücksichtigen:

a) Zwischen der Leistung und dem erhaltenen Gegenwert muss ein unmittelbarer Zusammenhang bestehen, wobei die gezahlten Beträge die tatsächliche Gegenleistung für eine bestimmbare Leistung darstellen, die im Rahmen eines zwischen dem Leistenden und dem Leistungsempfänger bestehenden Rechtsverhältnisses, in dem gegenseitige Leistungen ausgetauscht werden, erbracht wurde (vgl. z.B. EuGH-Urteile vom 21. März 2002 C-174/00 – Kennemer Golf & Country Club –, Slg. 2002, I-3293, BFH/NV Beilage 2002, 95, Rz 39; vom 18. Juli 2007 C-277/05 – Société thermale d'Eugénie-les-Bains –, Slg. 2007, I-6415, BFH/NV Beilage 2007, 424, Rz 19; BFH-Urteile vom 11. Februar 2010 V R 2/09, BFHE 228, 467, BStBl II 2010, 765, Rz 20, und vom 30. Juni 2010 XI R 22/08, BFHE 231, 248, BStBl II 2010, 1084, Rz 11 f., jeweils m.w.N.).

Dabei bestimmt sich in erster Linie nach dem der Leistung zugrunde liegenden Rechtsverhältnis, ob die Leistung des Unternehmers derart mit der Zahlung verknüpft ist, dass sie sich auf die Erlangung einer Gegenleistung (Zahlung) richtet (vgl. BFH-Urteile vom 18. Dezember 2008 V R 38/06, BFHE 225, 155, BStBl II 2009, 749, unter II.3.a bb, und in BFHE 231, 248, BStBl II 2010, 1084, Rz 13).

b) Echte Entschädigungs- oder Schadensersatzleistungen sind demgegenüber kein Entgelt im Sinne des Umsatzsteuerrechts, wenn die Zahlung nicht für eine Lieferung oder sonstige Leistung an den Zahlungsempfänger erfolgt, sondern weil der Zahlende nach Gesetz oder Vertrag für den Schaden und seine Folgen einzustehen hat (vgl. BFH-Urteile vom 10. Dezember 1998 V R 58/97, BFH/NV 1999, 987, und in BFHE 231, 248, BStBl II 2010, 1084, Rz 14). In diesen Fällen besteht kein unmittelbarer Zusammenhang zwischen der Zahlung und der Leistung (BFH-Urteil in BFHE 228, 467, BStBl II 2010, 765, Rz 20).

A. Beispielhafte obergerichtliche Entscheidung des Bundesfinanzhofs

2. Nach diesen Rechtsgrundsätzen stellt der im Streitfall vom Leasingnehmer gezahlte Minderwertausgleich an die X-GmbH eine nicht steuerbare Entschädigung dar und ist daher nicht als Entgelt i.S. von § 10 Abs. 1 Satz 2 UStG zu behandeln.

a) Bei dem zwischen der X-GmbH als Organgesellschaft der Klägerin – die Organträgerin i.S. von § 2 Abs. 1 i.V.m. Abs. 2 Nr. 2 UStG ist – und dem Leasingnehmer geschlossenen Leasingvertrag ergibt sich die fehlende Steuerbarkeit des Minderwertausgleichs indes nicht schon daraus, dass die Beteiligten die Zahlung des Leasingnehmers in Abschnitt XVI Ziffer 3 der Leasingbedingungen als „Schadensersatz" bezeichnet haben. Denn im Umsatzsteuerrecht, das von unionsrechtlich einheitlichen Begriffen ausgeht, ist die jeweilige von den Beteiligten verwendete Bezeichnung unmaßgeblich (z.B. BFH-Urteil vom 6. Mai 2004 V R 40/02, BFHE 205, 535, BStBl II 2004, 854, unter II.3.).

b) Im Streitfall ist der von der Rechtsprechung geforderte unmittelbare Zusammenhang zwischen der Leistung und dem erhaltenen Gegenwert insofern zu bejahen, als der Leasingnehmer aufgrund der von der X-GmbH erbrachten Nutzungsüberlassung des Fahrzeugs im Rahmen des vertraglich vereinbarten Verwendungszwecks die Leasingraten entrichtet hat.

Ein solcher unmittelbarer Zusammenhang zwischen Leistung und Gegenleistung ist jedoch nicht gegeben, soweit der Leasingnehmer gemäß Abschnitt XVI der Leasingbedingungen den vereinbarten Schadensersatz gerade deshalb schuldete, weil der Erhaltungszustand des Fahrzeugs bei dessen Rückgabe nicht seinem Alter und der vertragsgemäßen Fahrleistung entsprach.

Danach hat die X-GmbH bezogen auf den vom Leasingnehmer gezahlten Minderwertausgleich objektiv keine eigenständige Leistung erbracht.

c) Entgegen der Auffassung des FA liegt auch keine eigenständige Leistung der Leasinggeberin darin, dass sie die Nutzung des Leasingfahrzeugs über den vertragsgemäßen Gebrauch hinaus geduldet habe (vgl. auch BMF-Schreiben in BStBl I 2008, 632, unter 2.). Das FA meint insoweit, die Möglichkeit der Entschädigung sei bereits gedanklich wegen der geplanten „Vollamortisation" im Vertrag angelegt gewesen. Danach habe der Leasingnehmer dem Leasinggeber zivilrechtlich als Gegenleistung für die Gebrauchsüberlassung und die entsprechende Duldung der nicht vertragsgemäßen Nutzung grundsätzlich nicht nur die vereinbarten Leasingraten, sondern auch einen Ausgleich für den Ersatz des Minderwerts des Leasingfahrzeugs bei Rückgabe in nicht vertragsgemäßem Zustand geschuldet.

Diese Argumentation überzeugt aus folgenden Gründen nicht:

aa) Zwar kann ein „Dulden" im Rahmen eines Vertragsverhältnisses eine eigenständige sonstige Leistung i.S. von § 3 Abs. 9 UStG sein (vgl. z.B. BFH-Urteil in BFHE 207, 560, BStBl II 2005, 802, unter II.2.c; BGH-Urteil in HFR 2011, 1156, unter II.3.d, sowie allgemein z.B. Lippross, Umsatzsteuer, 23. Aufl., S. 217). Hier hat die Leasinggeberin aber nach den getroffenen schuldrechtlichen Vereinbarungen den Leasingnehmer ausdrücklich berechtigt und verpflichtet, das Fahrzeug „im Rahmen des vertraglichen Verwendungszwecks" schonend zu behandeln und „vertragsgemäß" zu nutzen. Anhaltspunkte für die vom FA angenommene „Duldung" einer darüber hinausgehenden nicht vertragsgemäßen Nutzung durch die Leasinggeberin ergeben sich daraus nicht.

Der dem Streitfall zugrunde liegende Sachverhalt unterscheidet sich insoweit maßgeblich von dem Fall, der dem BFH bei seinem Urteil in BFHE 207, 560, BStBl II 2005, 802 zugrunde lag. Der BFH hatte darin geklärt, dass die Ausgleichszahlung für beim Bau einer Überlandleitung entstehende Flurschäden durch deren Betreiber an den Grundstückseigentümer kein Schadensersatz ist, sondern Entgelt für die Duldung der Flurschäden durch den Eigentümer. Bestimmend dafür war, dass wenn ein wirtschaftliches Vorhaben, zu dessen Verwirklichung vertragliche Vereinbarungen geschlossen werden, zwangsläufig zu Schäden bei einem Vertragspartner führt und hierfür ein am Umfang der Schäden orientierter Ausgleich vereinbart wird, der wirtschaftliche Gehalt der Vereinbarung dann darauf gerichtet ist, dass der „Ersatz" in die Gegenleistung einfließt.

Demgegenüber zielte die Vereinbarung im Streitfall nicht darauf ab, einen „zwangsläufigen" Schaden im Sinne der vorgenannten BFH-Rechtsprechung auszugleichen. Die Absprache im Hinblick auf eine etwaige nicht vertragsgemäße Nutzung des Leasingfahrzeugs und den insoweit zu bezahlenden Minderwertausgleich hatten die Beteiligten vor diesem Hintergrund lediglich vorsorglich getroffen, so dass eine entsprechende „Duldungsleistung" der Leasinggeberin nicht angenommen werden kann. Der Senat folgt damit nicht der in der Literatur vertretenen Auffassung, wonach in vergleichbaren Fällen stets unabhängig von einem etwaigen Leistungswillen von einer „Duldung" der übervertraglichen Nutzung auszugehen ist (vgl. Hummel, UR 2006, 614; Stadie, UR 2011, 801; kritisch dazu Jacobs, Neue Wirtschafts-Briefe – NWB – 2011, 2700, unter VI.), weil auch aus Sicht des Leasingnehmers angesichts der im Streitfall getroffenen vertraglichen Vereinbarungen eine solche „Duldung" nicht gegeben war.

bb) Soweit das FA darüber hinaus maßgeblich die zitierte Rechtsprechung des BGH zur im Leasingvertrag angelegten „Vollamortisation" mit entsprechenden vertraglichen Erfüllungspflichten anwendet (vgl. z.B. BGH-Urteile in HFR 2011, 1156, unter II.2., und vom 14. November 2012 VIII ZR 22/12, Der Betrieb – DB – 2012, 2865, unter II.2.a), ist darauf hinzuweisen, dass die Frage, ob ein Leistungsaustausch im umsatzsteuerrechtlichen Sinne vorliegt, nicht nach zivilrechtlichen, sondern ausschließlich nach den vom Unionsrecht geprägten umsatzsteuerrechtlichen Vorgaben zu beantworten ist (vgl. z.B. BFH-Entscheidungen vom 17. Dezember 2009 V R 1/09, BFH/NV 2010, 1869, unter II.1.c; vom 18. November 2010 XI B 28/10, BFH/NV 2011, 204, Rz 8; BGH-Urteil in HFR 2011, 1156, unter II.2. a.E.; vgl. auch Martin, UR 2006, 56, unter I.3.; Klenk, DB 2006, 1180; de Weerth, Deutsches Steuerrecht – DStR – 2008, 392).

A. Beispielhafte obergerichtliche Entscheidung des Bundesfinanzhofs

cc) Was die im Vertrag bereits angelegte Entschädigungsregelung betrifft, war schließlich auch in dem vom EuGH entschiedenen Fall in der Rechtssache – Société thermale d'Eugénie-les-Bains – (Slg. 2007, I-6415, BFH/NV Beilage 2007, 424) die Möglichkeit des Rücktritts des Hotelgastes von der Reservierung und die Einbehaltung eines entsprechenden Angeldes im Vorhinein durch den Hotelbesitzer vorgesehen. Gleichwohl hat der EuGH insoweit keine eigenständige Leistung des Hotelbetreibers bejaht. Vielmehr hat der EuGH hervorgehoben, dass der Abschluss eines Vertrages und folglich das Bestehen einer rechtlichen Beziehung zwischen den Parteien normalerweise nicht von der Zahlung eines Angeldes abhängig sei. Dies stelle daher kein konstitutives Element eines Beherbergungsvertrages dar, sondern ein rein fakultatives Element, das in den Bereich der Vertragsfreiheit der Parteien falle (EuGH-Urteil – Société thermale d'Eugénie-les-Bains – in Slg. 2007, I-6415, BFH/NV Beilage 2007, 424, Rz 21).

Der Streitfall ist insoweit dem Sachverhalt des EuGH in der Rechtssache – Société thermale d'Eugénie-les-Bains – (Slg. 2007, I-6415, BFH/NV Beilage 2007, 424) vergleichbar, als hier die Durchführung des Leasingvertrages selbst – nämlich die Überlassung des Leasinggegenstandes zur vertragsgemäßen Nutzung gegen entsprechende Leasingraten – unabhängig von einem etwaigen Minderwertausgleich war, der lediglich fakultativ – wie im Streitfall geschehen – von den Parteien im Rahmen der Vertragsfreiheit vereinbart werden konnte.

Auch in der Entscheidung des BFH, wonach sog. Bereitstellungsentgelte, die ein Speditionsunternehmen bei kurzfristiger Absage einer Zwangsräumung erhält, als pauschalierte Entschädigung nicht steuerbar sind (BFH-Urteil in BFHE 231, 248, BStBl II 2010, 1084, unter I. und II.2.a), war für den Fall der Absage der Zwangsräumung eine entsprechende pauschalierte Entschädigung – vergleichbar dem Streitfall – bereits im Vorhinein im Vertrag vereinbart. Die pauschalierte Entschädigung hatte auch im dort entschiedenen Fall des BFH den wirtschaftlichen Zweck, etwaige außerhalb des Vertrages entstandene Schäden – vergleichbar dem Streitfall – auszugleichen.

Der Senat teilt deshalb nicht die in der Literatur vertretene Auffassung, wonach ein entscheidungserheblicher Unterschied des Streitfalls zum EuGH-Urteil in der Rechtssache – Société thermale d'Eugénie-les-Bains – (Slg. 2007, I-6415, BFH/NV Beilage 2007, 424) darin liege, dass hier der Leasingvertrag als Dauerschuldverhältnis grundsätzlich durchgeführt wurde, während bei den in der Rechtsprechung behandelten Fällen die Verträge letztlich nicht erfüllt wurden (so Klein, UR 2008, 133, 136, 137).

dd) Dieses Ergebnis setzt im Übrigen die Rechtsprechung des BFH fort, wonach der zu berichtigende Vorsteuerbetrag durch einen Schadensersatz, den der Leasingnehmer für die vorzeitige Beendigung des Leasingvertrages zu leisten hat, nicht gemindert wird. Der BFH hatte insoweit bereits geklärt, dass der von der Leasinggeberin geltend gemachte Schadensersatz kein Entgelt für eine umsatzsteuerpflichtige Leistung der Leasinggeberin ist (BFH-Urteil vom 24. August 1995 V R 55/94, BFHE 178, 485, BStBl II 1995, 808, unter II.3.d; vgl. auch BMF-Schreiben in BStBl I 2008, 632, unter 1.). Diese Grundsätze müssen nach Auffassung des Senats gleichermaßen für eine Entschädigung gelten, die der Leasingnehmer wegen einer nicht vertragsgemäßen Nutzung des Leasingfahrzeuges nachträglich zu leisten hat (so im Ergebnis z.B. auch Klenk, DB 2006, 1180; de Weerth, DStR 2008, 392).

d) Die hiergegen vorgebrachten weiteren Einwendungen des FA greifen nicht durch.

aa) Das Vorbringen des FA, bei einer Behandlung des Minderwertausgleichs als nicht steuerbare Entschädigung komme es zu einer verfassungswidrigen gegen Art. 3 Abs. 1 GG verstoßenden Privilegierung derjenigen, die vertragswidrig handelten, gegenüber anderen, die sich vertragstreu verhielten (vgl. Hummel, UR 2006, 614), vermag nicht zu überzeugen. Denn die umsatzsteuerrechtliche Differenzierung zwischen nicht steuerbaren Schadensersatz- bzw. Entschädigungsleistungen und steuerbaren Entgelten ist wegen des insoweit fehlenden Leistungsaustauschs i.S. von § 1 Abs. 1 Nr. 1 UStG sachlich gerechtfertigt und begegnet daher keinen verfassungsrechtlichen Bedenken. Entscheidend für die Annahme eines Leistungsaustauschs i.S. des § 1 Abs. 1 Nr. 1 UStG sind die unter II.1.a dargelegten Voraussetzungen und nicht, ob einer Geldzahlung ein „Konsumguttransfer" zugrunde liegt (so Hummel, UR 2006, 614) oder ob der Geschädigte „ein Gut opfert oder dessen Beeinträchtigung hinnehmen muss" und „der Schädiger dafür einen Wertausgleich zu zahlen hat" (so Stadie, UR 2011, 801).

bb) Soweit das FA überdies ausführt, es sei bei entsprechenden Leasingverträgen davon auszugehen, dass es wohl sehr häufig zu Fällen der übervertraglichen Abnutzung des Leasingfahrzeugs und damit zu der Zahlung eines leasingtypischen Minderwertausgleichs komme, hat dies kein anderes Ergebnis zur Folge. Etwas anderes würde nur gelten, wenn es sich bei der nicht vertragsgemäßen Nutzung des Leasingfahrzeugs um ein wirtschaftliches Vorhaben handeln würde, bei dem zwangsläufig Schäden beim Vertragspartner auftreten, wie dies z.b. beim Bau einer Überlandleitung entstehenden Flurschäden der Fall ist, so dass aus diesem Grund der „Ersatz" in die Gegenleistung einfließen müsste (vgl. BFH-Urteil in BFHE 207, 560, BStBl II 2005, 802, unter II.2.c). Wie bereits ausgeführt, kann im Streitfall indes nicht von einer derartigen „Zwangsläufigkeit" der Schäden ausgegangen werden (vgl. vorstehende Ausführungen unter II.2.c aa).

e) Das gefundene Ergebnis steht schließlich auch im Einklang mit der Rechtsprechung der Zivilgerichte, die gleichfalls unter Berücksichtigung der vom EuGH aufgestellten Rechtsgrundsätze der Auffassung sind, der Minderwertausgleich sei ohne Umsatzsteuer zu berechnen, weil eine eigenständige Leistung des Leasinggebers insoweit fehle und dieser deshalb darauf keine Umsatzsteuer zu entrichten habe (vgl. BGH-Urteil in HFR 2011, 1156 in Fortsetzung des BGH-Urteils vom 14. März 2007 VIII ZR 68/06, UR 2007, 416; Urteile des Oberlandesgerichts Stuttgart vom 8. Dezember 2009 6 U 99/09, Das Juristi-

sche Büro 2010, 209, und vom 5. Oktober 2010 6 U 115/10, Deutsches Steuerrecht/Entscheidungsdienst 2010, 1514).
Die Literatur teilt insoweit ganz überwiegend die schon vom BGH vertretene Meinung (vgl. z.b. de Weerth, DStR 2008, 392; Göckel, DStR 2011, 1305; Klenk, DB 2006, 1180; Jaster/von Loeffelholz, Der Umsatz-Steuer-Berater 2006, 135; Moseschus, Entscheidungen zum Wirtschaftsrecht 2011, 663; Müller, Lindenmaier/Möhring Kommentierte BGH-Rechtsprechung 2011, 321449; a.A. Hummel, UR 2006, 614; Klein, UR 2008, 133; Stadie, UR 2011, 801).

f) Der Senat folgt damit nicht der von der Finanzverwaltung vertretenen Rechtsauffassung im BMF-Schreiben in BStBl I 2008, 632 (s.a. Abschn. 3 Abs. 9 der Umsatzsteuer-Richtlinien 2008; Abschn. 1.3. Abs. 17 Satz 2 des Umsatzsteuer-Anwendungserlasses).

B. Beispielhafte obergerichtliche Entscheidung des Bundesgerichtshofs: BGH vom 28.5.2014, AZ: VIII ZR 241/13

Wirksamkeit einer Restwertgarantieklausel beim Finanzierungsleasing   2

Leitsätze:

1. Der vom Leasingnehmer nach Vertragsablauf zu zahlende Restwertausgleich ist ein steuerbares Entgelt des Leasingnehmers i.S. von § 10 Absatz I 2 UStG für die bereits erhaltene Gebrauchsüberlassung. (redaktioneller Leitsatz)

2. Bei einem kalkulierten Restwert des Leasingfahrzeugs handelt es sich vertragsrechtlich lediglich um einen leasingtypischen auf Kalkulation beruhenden Verrechnungsposten, dessen Höhe davon abhängt, wie die übrigen Kalkulationsfaktoren bemessen sind. Ein Leasingnehmer kann nicht erwarten, dass der kalkulierte Restwert dem voraussichtlichen Zeitwert bei Vertragsablauf oder dem vom Leasinggeber erwarteten Veräußerungserlös entspricht. (redaktioneller Leitsatz)

3. Die in einem Formularleasingvertrag vereinbarte Klausel über einen Restwertbetrag unterliegt nicht der Angemessenheitsprüfung des § 307 Absatz I 1 BGB, da Abreden über den unmittelbaren Gegenstand der Hauptleistungen der Inhaltskontrolle entzogen sind. (redaktioneller Leitsatz)

Tatbestand:

Die Klägerin, ein Leasingunternehmen, schloss mit der Beklagten am 4. Januar 2006 einen Leasingvertrag über einen Pkw Audi Q7 für eine Vertragsdauer von 48 Monaten. Als Leasingrate waren monatlich 988 € vorgesehen. Die Vorderseite des als „PrivatLeasing-Bestellung" bezeichneten Vertragsformulars enthält etwa in der Mitte eine Rubrik mit der Überschrift „Vereinbarungen (Vertragsabrechnung, Individualabreden)". Dort heißt es:

„Nach Zahlung sämtlicher Leasing-Raten und einer eventuellen Sonderzahlung verbleibt zum Vertragsende ein Betrag von (...) EUR 44.694,71 (einschl. USt), der durch die Fahrzeugverwertung zu tilgen ist (Restwert). Reicht dazu der vom Leasing-Geber beim KfZ-Handel tatsächlich erzielte Gebrauchtwagenerlös nicht aus, garantiert der Leasing-Nehmer dem Leasing-Geber den Ausgleich des Differenzbetrages (einschl. USt). Ein Mehrerlös wird dem Leasing-Nehmer zu 75% (einschl. USt) erstattet. 25% (einschl. USt) werden auf die Leasing-Raten eines bis zu 3 Monaten nach Vertragsende neu zugelassenen Fahrzeugs angerechnet. Bei Umsatzsteueränderung erfolgt eine entsprechende Anpassung des Gebrauchtwagenwertes. Die Kalkulation erfolgte auf Basis einer jährlichen Fahrleistung von 15.000 km. Die Gebrauchtwagenabrechnung erfolgt unabhängig von den gefahrenen Kilometern."

Nach Ablauf der vereinbarten Vertragslaufzeit verwertete die Klägerin das Fahrzeug für 26.210 € nebst Umsatzsteuer. Den Restbetrag von 14.660,72 € (12.319,93 € nebst Umsatzsteuer) beansprucht die Klägerin aus der genannten Restwertgarantie.

Die Klage hatte in erster Instanz mit Ausnahme der Umsatzsteuer Erfolg.

Auf die Berufung der Klägerin hat das Berufungsgericht die Beklagte auch zur Zahlung der Umsatzsteuer verurteilt. Die Berufung der Beklagten hat das Berufungsgericht zurückgewiesen.

Mit der vom Berufungsgericht zugelassenen Revision verfolgt die Beklagte ihren Klageabweisungsantrag weiter.

Entscheidungsgründe:

Die Revision hat keinen Erfolg.

I. Das Berufungsgericht (OLG Saarbrücken, Urteil vom 10. Juli 2013 – Aktenzeichen 2 U 35/13, juris) hat im Wesentlichen ausgeführt: Die Klägerin habe einen Anspruch auf Zahlung der Differenz zwischen dem im Vertrag vereinbarten Restwert und dem tatsächlich für das Fahrzeug erzielten Erlös. Dabei könne unentschieden bleiben, ob es sich bei der Restwertgarantie um eine Individualvereinbarung oder eine Allgemeine Geschäftsbedingung handele, denn die Vereinbarung halte einer Überprüfung am Maßstab der §§ 305c, 307 BGB stand. Ungeachtet der Frage, ob es sich bei der Restwertklausel um eine der Inhaltskontrolle nach § 307 Absatz 3 Satz 1 BGB entzogene Preisvereinbarung handele, sei die Vereinbarung weder überraschend noch verstoße sie gegen das Transparenzgebot oder benachteilige den Kunden in unangemessener Weise.

Es stehe außer Frage, dass die Restwertgarantie leasingtypisch und auch sonst rechtlich unbedenklich sei. Es handele sich um ein keineswegs ungewöhnliches Vertragsmodell. Die Vereinbarung genüge auch dem Transparenzgebot. Es werde unmissverständlich darauf hingewiesen, dass bei Vertragsbeendigung eine Abrechnung auf der Basis des vereinbarten Restwertes dahingehend erfolge, dass der Leasingnehmer die Differenz zu

B. Beispielhafte obergerichtliche Entscheidung des Bundesgerichtshofs

dem aus der Verwertung des Leasingobjekts erzielten etwaigen niedrigeren Gebrauchtwagenerlös auszugleichen habe. Die Klausel erläutere, dass die Aufwendungen des Leasinggebers durch die während der festgelegten Vertragsdauer gezahlten Leasingraten also nur teilweise gedeckt seien und zum Ende der Grundmietzeit eine Amortisationslücke in Höhe des kalkulierten Restwertes verbleibe, so dass die Vollamortisation erst mit der an diesem Restwert orientierten Abschlussleistung eintrete. Es werde deutlich hervorgehoben, dass die Beklagte eine etwaige Differenz zwischen dem kalkulierten Restwert und dem tatsächlich erzielten Verkaufserlös zu erstatten habe und somit den im Vertrag genannten Restwert garantiere.

Der Einwand der Beklagten, der Restwert sei jedenfalls auf der Grundlage der angegebenen Jahreslaufleistung von 15.000 km zu berechnen und anzusetzen, gehe fehl. Die angesprochene jährliche Fahrleistung von 15.000 km stelle offensichtlich, da der Vertrag ausdrücklich keine jährliche Kilometerfahrleistung enthalte und in der Vereinbarung ausdrücklich darauf hingewiesen werde, dass die Gebrauchtwagenabrechnung unabhängig von den gefahrenen Kilometern erfolge, lediglich einen Bemessungsfaktor des vereinbarten Restwertes dar, ohne dass es der Offenlegung der Kalkulation bedürfe. Dem Transparenzgebot sei genügt, wenn die Klausel in Verbindung mit dem übrigen Vertragsinhalt alle Angaben enthalte, deren es zur Berechnung des nach der Klausel geschuldeten Betrags bedürfe. Es stehe außer Frage, dass die Vereinbarung in diesem Sinne durchschaubar sei. Berechnungsfaktoren für die Ermittlung der Höhe eines etwaigen Restwertausgleichs seien einerseits der vereinbarte und vom Leasingnehmer garantierte Restwert, andererseits der bei der Verwertung des Leasingfahrzeuges erzielte Veräußerungserlös.

Der Passus, dass die Kalkulation, unabhängig von den tatsächlich gefahrenen Kilometern, auf der Basis einer jährlichen Fahrleistung von 15.000 km erfolge, habe bei der Beklagten nicht den Eindruck erwecken können, dass sie nur bei Überschreitung einer bestimmten Fahrleistung zum Restwertausgleich verpflichtet sei. Die Vertragsvariante „jährliche Fahrleistung" habe die Beklagte ausdrücklich nicht gewählt; eine „Gesamtfahrleistung" sei in der Restwertvereinbarung gerade nicht genannt. Als Durchschnittskunde könne die Beklagte in Anbetracht der klar formulierten Berechnungsgrundlagen nicht ansatzweise annehmen, dass der Restwert in Höhe eines nach Maßgabe einer bestimmten Fahrleistung, die nur einen Bemessungsfaktor unter den angegebenen Berechnungsfaktoren darstelle, zu erwartenden Fahrzeugerlöses kalkuliert sei.

Die Vereinbarung sei auch nicht deshalb wegen unangemessener Benachteiligung des Kunden unwirksam, weil der Restwertausgleich überhöht angesetzt worden wäre. Die Regelung beschränke sich grundsätzlich nicht auf realistische Restwertkalkulationen, sondern erfasse jeden kalkulierten Nettorücknahmewert, auch wenn dieser unter Umständen von vornherein nicht zu erreichen sei. Denn bei dem hier vereinbarten Restwert handele es sich um eine kalkulatorische Größe, anhand derer der Leasinggeber die von dem

Leasingnehmer bis zur Vollamortisation zu erbringende Gegenleistung bestimme. Selbst wenn es sich um einen unrealistischen Wert („Fantasiewert") handeln sollte, der auf dem Gebrauchtwagenmarkt nicht zu erzielen sei, führe dies – insbesondere wenn die Leasingraten entsprechend niedriger kalkuliert seien – nicht zu einer unbilligen Belastung des Leasingnehmers. Insoweit habe er eine sich aus der unter Umständen krass am Markt vorbei kalkulierten Höhe des Restwertes tatsächlich ergebende überteuerte Leasingleistung bis zur Wuchergrenze hinzunehmen. Dass die Grenze des Hinnehmbaren überschritten sei, habe die Beklagte weder dargelegt noch lägen hierfür hinreichende Anhaltspunkte vor.

Die Klägerin habe auch keine Hinweispflichten verletzt. Die Beklagte lasse außer Acht, dass es sich bei dem vereinbarten Restwert gerade wegen der mit der künftigen Wertentwicklung verbundenen Risiken um eine kalkulatorische Größe und nicht um eine prognostische Angabe des tatsächlichen Restwertes handele. Aufgrund der inhaltlich eindeutigen und leasingtypischen Garantie des Restwertes als Teil der Gegenleistung habe mangels Informationsgefälles keine Aufklärungspflicht der Klägerin bestanden.

Die Klägerin könne Erstattung der auf den Restwert entfallenden Umsatzsteuer verlangen. Bemessungsgrundlage sei das vereinbarte Entgelt. Entgelt sei alles, was der Leistungsempfänger aufwende, um die Leistung zu erhalten. Zwischen der Leistung und dem erhaltenen Gegenwert müsse ein unmittelbarer Zusammenhang bestehen. Auch wenn der Leasinggeber seine vertragliche Hauptleistungspflicht nach Ablauf der vereinbarten Leasingzeit erfüllt habe, überdauerten die beiderseitigen Leistungsverpflichtungen aus der Leasingfinanzierung und hier aus dem nicht abgedeckten Amortisationsaufwand das reguläre Vertragsende, so dass – anders als bei einem Minderwertausgleich – noch eine Konnexität zwischen der vom Leasingnehmer zu leistenden Ausgleichszahlung und der Finanzierung des Leasingvertrages durch den Leasinggeber bestehe.

II. Diese Beurteilung hält rechtlicher Nachprüfung stand; die Revision ist daher zurückzuweisen.

Zu Recht hat das Berufungsgericht die Formularklausel über die Restwertgarantie als wirksam angesehen und deshalb eine Verpflichtung der Beklagten zum Restwertausgleich sowie zur Entrichtung von Umsatzsteuer auf den Differenzbetrag zwischen dem kalkulierten Restwert und dem erzielten Verwertungserlös bejaht.

1. Das Berufungsgericht ist zutreffend davon ausgegangen, dass eine Verpflichtung des Leasingnehmers zum sogenannten Restwertausgleich, wie sie in dem von der Beklagten unterzeichneten Leasingformular enthalten ist, wegen des einem Finanzierungsleasingvertrag tragend zugrunde liegenden Vollamortisationsprinzips (vgl. Wolf/Eckert/Ball, Handbuch des gewerblichen Miet-, Pacht- und Leasingrechts, 10. Aufl., Rn. 1936) auch in der hier gewählten Gestaltung (Restwertgarantie) leasingtypisch und als solche

B. Beispielhafte obergerichtliche Entscheidung des Bundesgerichtshofs

rechtlich unbedenklich ist (Senatsurteil vom 9. Mai 2001 – VIII ZR 208/00, WM 2001, 2008 unter II 1 mwN). Entgegen der Auffassung der Revision stellt die zwischen den Parteien zum Restwertausgleich getroffene Formularvereinbarung weder eine nach § 305c Abs. 1 BGB überraschende Klausel dar noch ist sie gemäß § 307 Absatz 1 Satz 1 BGB auf ihre Angemessenheit zu überprüfen. Sie verstößt auch nicht gegen das Transparenzgebot (§ 307 Absatz 1 Satz 2 BGB).

a) Nach § 305c Absatz 1 BGB werden Bestimmungen in Allgemeinen Geschäftsbedingungen, die nach den Umständen, insbesondere nach dem äußeren Erscheinungsbild des Vertrages, so ungewöhnlich sind, dass der Vertragspartner des Verwenders mit ihnen nicht zu rechnen braucht, nicht Vertragsbestandteil. Diese Voraussetzungen hat das Berufungsgericht für die vereinbarte Restwertgarantie rechtsfehlerfrei verneint.

aa) Bei der Regelung zum Restwertausgleich handelt es sich ungeachtet des Umstandes, dass der betragsmäßig ausgewiesene Restwert individuell auf das an die Beklagte verleaste Fahrzeug hin kalkuliert worden ist, um eine Allgemeine Geschäftsbedingung im Sinne von § 305 Absatz 1 Satz 1 BGB. Zwar hat das Berufungsgericht diese Frage offen gelassen; der Senat kann diese Prüfung jedoch selbst vornehmen, weil insoweit keine weiteren Feststellungen zu treffen sind. Die Klägerin verwendet die Klausel bei gleichartigen Verträgen wortgleich (vgl. Senatsurteil vom heutigen Tage – BGH Aktenzeichen VIII ZR 179/13, zur Veröffentlichung in BGHZ bestimmt). Die Einfügung des individuell kalkulierten Restwerts stellt lediglich eine notwendige, gleichwohl aber unselbständige Ergänzung der Klausel dar und berührt deshalb im Übrigen nicht ihren Charakter als Allgemeine Geschäftsbedingung (vgl. BGH, Urteile vom 19. Juni 1991 – VIII ZR 244/90, WM 1991, 1499 unter II 1; vom 2. Juli 1998 – IX ZR 255/97, WM 1998, 1675 unter II 2 a; vom 27. November 2003 – VII ZR 53/03, BGHZ 157, 102, 106 f.).

bb) In Leasingverträgen ist eine solche Restwertgarantieklausel, jedenfalls wenn sie sich – wie hier – bereits unübersehbar im Bestellformular selbst findet (vgl. dazu Senatsurteil vom 9. Mai 2001 – VIII ZR 208/00, aaO unter II 2 mwN), nicht derart ungewöhnlich, dass ein Leasingnehmer mit ihr nicht zu rechnen braucht.

Eine Regelung in Allgemeinen Geschäftsbedingungen hat dann überraschenden Charakter, wenn sie von den Erwartungen des Vertragspartners deutlich abweicht und dieser mit ihr den Umständen nach vernünftigerweise nicht zu rechnen braucht. Die Erwartungen des Vertragspartners werden dabei von allgemeinen und von individuellen Begleitumständen des Vertragsschlusses bestimmt. Hierzu zählen der Grad der Abweichung vom dispositiven Gesetzesrecht und die für den Geschäftskreis übliche Gestaltung einerseits, Gang und Inhalt der Vertragsverhandlungen sowie der äußere Zuschnitt des Vertrages andererseits (BGH, Urteil vom 26. Februar 2013 – XI ZR 417/11, WM 2013, 696 Randnummer 23 mwN). Bei Anlegung dieses Maßstabs ist die im Streit stehende Restwertgarantieklausel nicht überraschend, so dass sie wirksam in den Vertrag einbezogen ist.

(1) Ein Anspruch des Leasinggebers auf Zahlung des – um den Veräußerungserlös verminderten – kalkulierten Restwerts des Leasingfahrzeuges ist bei Leasingverträgen mit Restwertausgleich auch in der vorliegenden Modellvariante der Restwertgarantie leasingtypisch (Senatsurteile vom 4. Juni 1997 – VIII ZR 312/96, WM 1997, 1904 unter II 2 a; vom 9. Mai 2001 – VIII ZR 208/00, aaO unter II 1 mwN). Denn Finanzierungsleasingverträge sind dadurch gekennzeichnet, dass Anschaffungs- und Finanzierungsaufwand des Leasinggebers einschließlich seines Gewinns durch die Zahlung der entsprechend kalkulierten Leasingraten während der Vertragsdauer, gegebenenfalls in Verbindung mit der vereinbarten Abschlusszahlung oder – wie hier – dem Erlös aus der Verwertung des zurückgegebenen Leasingguts nebst einer etwaigen Zusatzzahlung, an den Leasinggeber zurückfließen. Dieser Amortisationszweck ist, ungeachtet der Ausgestaltung des jeweiligen Geschäftsmodells, allen Finanzierungsleasingverträgen eigen (Senatsurteile vom 22. März 1989 – VIII ZR 155/88, BGHZ 107, 123, 127; vom 14. November 2012 – VIII ZR 22/12, WM 2013, 2235 Randnummer 17; jeweils mwN). Dementsprechend hat die Vereinbarung eines in Form einer Restwertgarantie ausgestalteten Restwertausgleichs eine im Vertragstyp angelegte Hauptleistungspflicht des Leasingnehmers zum Inhalt (vgl. Senatsurteil vom 10. Juli 1996 – VIII ZR 282/95, WM 1996, 1690 unter III 3 c). Entgegen der Auffassung der Revision muss ein Leasingnehmer bei seiner Entscheidung für ein Finanzierungsleasing daher auch grundsätzlich mit der Vereinbarung einer solchen vertragstypischen Zahlungspflicht rechnen.

(2) Ohne Erfolg rügt die Revision, die Klausel sei deswegen überraschend, weil sie im Fließtext des Vertrags versteckt und der Betrag des sogenannten Restwerts textlich nicht deutlich abgesetzt sei. Zwar kann eine Formularklausel auch dann überraschend sein, wenn sie an unerwarteter Stelle des Textes steht oder ihr äußerer Zuschnitt ungewöhnlich ist (BGH, Urteile vom 22. November 2005 – XI ZR 226/04, NJW-RR 2006, 490 Randnummer 14; vom 21. Juli 2010 – XII ZR 189/08, NJW 2010, 3152 Randnummer 27; vom 26. Juli 2012 – VII ZR 262/11, NJW-RR 2012, 1261 Randnummer 10; vom 16. Januar 2013 – IV ZR 94/11, NJW 2013, 1818 Randnummer 15). So verhält es sich im Streitfall indes nicht. In dem von der Beklagten unterzeichneten Bestellformular findet sich – wovon auch das Berufungsgericht zutreffend ausgegangen ist – unübersehbar die genannte Restwertklausel, nach der ein nach Zahlung sämtlicher Leasingraten und einer eventuellen Sonderzahlung zum Vertragsende durch Fahrzeugverwertung zu tilgender und als Restwert bezeichneter Betrag von 44.694,71 € verbleibt, und nach der – so die unmittelbar anschließende Bestimmung – bei Zurückbleiben des Verwertungserlöses hinter diesem Betrag der Leasingnehmer dem Leasinggeber den Ausgleich des Differenzbetrages garantiert.

B. Beispielhafte obergerichtliche Entscheidung des Bundesgerichtshofs

(3) Entgegen einer teilweise vertretenen Auffassung (OLG Karlsruhe, NJW-RR 1986, 1112, 1113 f.; Martinek/Wimmer-Leonhardt in Martinek/Stoffels/Wimmer-Leonhardt, Leasinghandbuch, 2. Aufl., § 57 Rn. 8) steht auch der von der Beklagten geltend gemachte Umstand, dass der betragsmäßig festgelegte Restwert unrealistisch hoch angesetzt worden sei, einer wirksamen Einbeziehung der Restwertgarantieklausel nicht entgegen. Die Annahme, die Klägerin habe mit der Angabe des Restwertbetrags zugleich zum Ausdruck gebracht, dass dieser bei Vertragsablauf in jedem Fall auch tatsächlich erzielt werden könne und die übernommene Restwertgarantie allenfalls noch Randkorrekturen habe ermöglichen sollen, ist – wie der Senat bereits in anderem Zusammenhang ausgesprochen hat (Senatsurteil vom 14. Juli 2004 – VIII ZR 367/03, WM 2005, 996 unter II 2 b) – sowohl nach dem Wortlaut der Klausel in seiner Gesamtheit als auch sonst nach den Umständen nicht gerechtfertigt. Denn bei einem solchen Restwert handelt es sich vertragsrechtlich lediglich um einen leasingtypisch auf Kalkulation beruhenden Verrechnungsposten (dazu nachstehend unter II 1 b), dessen Höhe davon abhängt, wie die übrigen Kalkulationsfaktoren mit Blick auf das Amortisationsziel bemessen sind. Ein Leasingnehmer kann bei diesen leasingvertragstypischen Gegebenheiten daher von vornherein nicht erwarten, dass der kalkulierte Restwert dem voraussichtlichen Zeitwert bei Vertragsablauf oder dem vom Leasinggeber erwarteten Veräußerungserlös entspricht (so zutreffend OLG Köln, Urteil vom 25. Januar 2011 – 15 U 114/10, juris Rn. 25 f.; OLG Hamm, NJW-RR 1996, 502, 503; Wolf/Eckert/Ball, aaO Rn. 1938).

Vor diesem Hintergrund kann sich die Beklagte nicht darauf berufen, von der Üblichkeit dieser Vertragsgestaltung nichts gewusst zu haben. Für § 305c Absatz 1 BGB kommt es nicht auf den Kenntnisstand des einzelnen Kunden an. Entscheidend ist vielmehr die an den typischen vertraglichen Gestaltungsformen orientierte Erkenntnismöglichkeit des für derartige Verträge zu erwartenden Kundenkreises, sofern – wie hier nicht der Fall – der Leasinggeber dem Leasinginteressenten nicht besonderen Anlass gegeben hat, mit der verwendeten Klausel nicht rechnen zu müssen (vgl. BGH, Urteile vom 24. September 1980 – VIII ZR 273/79, WM 1980, 1346 unter I 1 b cc; vom 21. Juni 2001 – IX ZR 69/00, WM 2001, 1520 unter II 1).

b) Entgegen der Ansicht der Revision kann der in der Klausel vereinbarte Restwertbetrag nicht am Maßstab des § 307 Absatz 1 Satz 1 BGB auf seine Angemessenheit überprüft werden. Denn einer Inhaltskontrolle unterliegen gemäß § 307 Abs. 1 Satz 1, Abs. 2, § 308, § 309 BGB nur solche Bestimmungen in Allgemeinen Geschäftsbedingungen, die von Rechtsvorschriften abweichen oder diese ergänzen. Hingegen sind Abreden über den unmittelbaren Gegenstand der Hauptleistungen (sog. Leistungsbeschreibungen) mit Rücksicht auf die Vertragsfreiheit ebenso wie Vereinbarungen über das vom anderen Teil zu erbringende Entgelt, insbesondere soweit sie dessen Höhe betreffen, der Inhaltskontrolle nach den genannten Bestimmungen entzogen (st. Rspr.; zuletzt Senatsurteil vom 9. April 2014 – VIII ZR 404/12, juris Rn. 43 mwN, zur Veröffentlichung in BGHZ vorgesehen). So verhält es sich auch hier.

Nach der Rechtsprechung des Senats stellen die Leistungen des Leasingnehmers, die zusammen mit der Verwertung des zurückgegebenen Fahrzeugs durch den Leasinggeber die volle Amortisation des vom Leasinggeber für die Anschaffung des Leasingfahrzeugs eingesetzten Kapitals einschließlich des kalkulierten Gewinns bezwecken, die leasingtypische vertragliche Gegenleistung (Hauptleistung) für die Überlassung des Leasingfahrzeugs durch den Leasinggeber dar (Senatsurteil vom 1. März 2000 – VIII ZR 177/99, WM 2000, 100 unter II 2 c mwN). Dementsprechend ist die Einstandspflicht des Leasingnehmers für den vollen kalkulierten Restwert von Anfang an Teil des Entgelts für die Gebrauchsüberlassung. Der später erzielte, bei Vertragsschluss noch ungewisse Verwertungserlös stellt lediglich einen Verrechnungsposten zugunsten des Leasingnehmers bei der Entgeltberechnung dar (Senatsurteile vom 10. Juli 1996 – VIII ZR 282/95, aaO unter III 2, 3 c; vom 22. Januar 1986 – VIII ZR 318/84, BGHZ 97, 65, 71, 73; Wolf/Eckert/ Ball, aaO Rn. 1988). Folglich hat auch der Zahlungsanspruch des Leasinggebers auf Ausgleich einer etwaigen Differenz zwischen kalkuliertem Restwert und Verwertungserlös Entgeltcharakter. Er ist damit vorbehaltlich einer Wahrung der Anforderungen des in § 307 Absatz 1 Satz 2 BGB geregelten Transparenzgebots einer AGB-rechtlichen Inhaltskontrolle entzogen (§ 307 Absatz 3 Satz 2 BGB).

c) Anders als die Revision meint, wird die im Streit stehende Restwertgarantieklausel den Anforderungen des Transparenzgebots gerecht. Gemäß § 307 Absatz 1 Satz 2 BGB kann sich eine unangemessene Benachteiligung im Sinne des § 307 Absatz 1 Satz 1 BGB auch daraus ergeben, dass eine Bestimmung in Allgemeinen Geschäftsbedingungen nicht klar und verständlich ist. Das legt dem Verwender Allgemeiner Geschäftsbedingungen die Verpflichtung auf, die Rechte und Pflichten seiner Vertragspartner eindeutig und durchschaubar darzustellen, damit diese sich bei Vertragsschluss hinreichend über die rechtliche Tragweite der Vertragsbedingungen, namentlich über die erlangten Rechte und die eingegangenen Verpflichtungen, klar werden können. Dazu gehört auch, dass Allgemeine Geschäftsbedingungen wirtschaftliche Nachteile und Belastungen soweit erkennen lassen, wie dies nach den Umständen gefordert werden kann (BGH, Urteile vom 23. Februar 2011 – XII ZR 101/09, NJW-RR 2011, 1144 Randnummer 10; vom 10. November 2011 – III ZR 77/11, WM 2012, 947 Randnummer 30; vom 15. Mai 2013 – IV ZR 33/11, VersR 2013, 888 Randnummer 45; vom 14. Januar 2014 – XI ZR 355/12, WM 2014, 307 Randnummer 23). Abzustellen ist hierbei auf die Erwartungen und Erkenntnismöglichkeiten des typischerweise bei Verträgen der geregelten Art zu erwartenden Durchschnittskunden (BGH, Urteile vom 26. Oktober 2005 – VIII ZR 48/05, BGHZ 165, 12, 21 f.; vom 15. April 2010 – Xa ZR 89/09, WM 2010, 1237 Randnummer 25; vom 14. März 2012 – VIII ZR 202/11, WM 2012, 2069

B. Beispielhafte obergerichtliche Entscheidung des Bundesgerichtshofs

Randnummer 24; jeweils mwN). Diesen Anforderungen wird die Klägerin mit der von ihr gestellten Restwertgarantieklausel gerecht. Entgegen der Auffassung der Revision lässt diese die mit ihr verbundenen wirtschaftlichen Nachteile und Belastungen des Leasingnehmers deutlich erkennen.

aa) Auch ein juristisch nicht vorgebildeter Durchschnittskunde kann nach dem Text der Klausel nicht davon ausgehen, dass der Aufwand der Klägerin durch die Zahlung der Leasingraten abgegolten ist. Bereits im Eingangssatz der Klausel wird vielmehr deutlich zum Ausdruck gebracht, dass der Klägerin neben der Zahlung der Leasingraten und einer etwaigen Sonderzahlung auch noch der bezifferte Restwert zusteht, der möglichst – wenn auch nicht notwendigerweise und auch nicht regelmäßig – durch die Fahrzeugverwertung gedeckt werden solle, im Übrigen aber vom Leasingkunden zu zahlen ist. Im zweiten Satz der Klausel wird herausgestellt, dass eine vollständige Abdeckung des kalkulierten Restwerts durch die vorgesehene Fahrzeugverwertung ungewiss ist. Damit wird dem Leasingnehmer (ebenfalls leasingtypisch) unmissverständlich eine garantiemäßig ausgestaltete Verpflichtung zum Ausgleich einer etwa verbleibenden Differenz auferlegt, um die dem Leasinggeber geschuldete Vollamortisation zu gewährleisten (Reinking, DAR 2012, 30).

Überdies bestimmt der letzte Satz der Klausel, dass die Gebrauchtwagenabrechnung kilometerunabhängig erfolgen werde. Damit wird verdeutlicht, dass gerade kein Leasingvertrag mit Kilometerabrechnung vorliegt, bei dem – anders als hier – der Leasinggeber das Risiko der Vollamortisation des zum Erwerb des Fahrzeugs eingesetzten Kapitals einschließlich des kalkulierten Gewinns trägt (vgl. dazu Senatsurteile vom 24. April 2013 – VIII ZR 265/12, NJW 2013, 2420 Randnummer 14; vom 14. Juli 2004 – VIII ZR 367/03, aaO unter II 2 a bb). An diesem Verständnis ändert der vorangegangene Satz, in dem darauf hingewiesen wird, dass die Kalkulation auf Basis einer jährlichen Fahrleistung von 15.000 km erfolgt sei, nichts (vgl. Senatsurteil vom 9. Mai 2001 – VIII ZR 208/00, aaO).

Einer näheren Erläuterung des eingestellten Restwertbetrags bedarf es nicht. Denn das Transparenzgebot erfordert nicht die Offenlegung der Kalkulation, die dem im Vertrag vereinbarten und von der Beklagten garantierten Restwert zugrunde liegt. Ihm ist vielmehr genügt, wenn die Klausel – wie hier mit dem vereinbarten und von der Beklagten garantierten Restwert einerseits und dem bei der Verwertung des Leasingfahrzeugs erzielten Verwertungserlös andererseits – in Verbindung mit dem übrigen Vertragsinhalt alle Angaben enthält, deren es zur Berechnung des nach der Klausel geschuldeten Betrags bedarf (Senatsurteil vom 4. Juni 1997 – VIII ZR 312/96, aaO unter II 1 a).

bb) Ohne Erfolg wendet die Revision dagegen ein, dass die Restwertgarantieklausel deshalb intransparent sei, weil der darin verwendete Begriff des Restwertes dazu diene, den Leasingnehmer zu „übertölpeln" und ihm die Höhe der von ihm zu erbringenden Gegenleistung zu „verschleiern". Der Leasingnehmer müsse den Begriff „Restwert" dahin verstehen, dass damit der tatsächliche, realistisch kalkulierte Wert des Fahrzeugs am Ende der Vertragslaufzeit gemeint gewesen sei, und nicht lediglich die von ihm bei Vertragsablauf noch zu tilgende Restschuld. Das gelte umso mehr, als der Klauseltext und die Regelung in Abschnitt IV Nr. 1 der Leasingbedingungen, wonach die Leasingraten, eine vereinbarte Sonderzahlung und eine Mehrkilometerbelastung nach Nr. 3 Gegenleistung für die Gebrauchsüberlassung des Fahrzeugs seien, den Eindruck erweckten, das Risiko des Leasingnehmers, am Vertragsende noch eine Zahlung erbringen zu müssen, werde lediglich von der Kilometerleistung, dem Erhaltungszustand und der allgemeinen Entwicklung der Preise auf dem Gebrauchtwagenmarkt bestimmt. Das trifft nicht zu.

(1) Die Revision betrachtet den ersten Satz der Restwertgarantieklausel lediglich für sich und übersieht dabei, dass zu überprüfende Klauseln oder Klauselteile nicht isoliert, sondern aus dem Zusammenhang des Gesamtklauselwerks heraus auszulegen und zu verstehen sind und nicht aus einem ihre Beurteilung mit beeinflussenden Zusammenhang gerissen werden dürfen (BGH, Urteile vom 17. Januar 1989 – XI ZR 54/88, BGHZ 106, 259, 263; vom 18. Juli 2012 – VIII ZR 337/11, BGHZ 194, 121 Randnummer 18; jeweils mwN). Sie lässt ferner unberücksichtigt, dass derjenige, der einen Vertrag schließt, sich grundsätzlich selbst über dessen rechtlichen und wirtschaftlichen Gehalt informieren muss. Auch bei einem Leasingvertrag besteht eine Pflicht des Leasinggebers, seinen Vertragspartner ungefragt über den Inhalt und die wirtschaftlichen Folgen des Leasingvertrages aufzuklären, im Allgemeinen nicht (Senatsurteil vom 11. März 1987 – VIII ZR 215/86, WM 1987, 627 unter II 2 a). Es ist vielmehr umgekehrt Sache des Leasingnehmers, soweit ihm die für die Beurteilung notwendigen Kenntnisse fehlen, sich durch Rückfragen bei dem Leasinggeber die Grundlage für eine sachgerechte Entscheidung und das dafür erforderliche Verständnis der vertragstypischen Regelungen zu verschaffen (vgl. BGH, Urteil vom 9. März 1989 – III ZR 269/87, NJW 1989, 1667 unter II 2 a).

Das gilt jedenfalls dann, wenn es sich – wie hier bei einem Restwertausgleich und einer dafür übernommenen Garantie des Leasingnehmers – um eine leasingtypische Vertragsgestaltung handelt. Denn diese ist – wie ausgeführt – dadurch gekennzeichnet, dass der Leasingnehmer das Risiko für ein Zurückbleiben des Veräußerungserlöses hinter dem vom Leasinggeber zur Erreichung seiner vollen Amortisation kalkulierten Restwert trägt. Der tatsächliche Erlös aus dem Verkauf des Leasingfahrzeugs stellt dabei von Anfang an lediglich einen Verrechnungsposten dar, dessen Höhe nicht nur vom Zustand des Fahrzeugs, sondern von der Marktlage, einem zwischenzeitlichen Modellwechsel und ähnlichen, nicht exakt vorhersehbaren und deshalb mit gewissen Einschätzungsrisiken behafteten Umständen abhängt (vgl. Senatsurteile vom 10. Juli 1996 – VIII ZR 282/95, aaO; vom 22. Januar 1986 – VIII ZR 318/84, aaO S. 71). Diese für das gewählte Leasingvertragsmodell typischen Gegebenheiten und die lediglich kalkulatorische Bedeutung des

B. Beispielhafte obergerichtliche Entscheidung des Bundesgerichtshofs

ausgewiesenen Restwerts bringt die Restwertgarantieklausel zumindest in ihrer Gesamtheit schon nach ihrem Wortlaut hinreichend deutlich zum Ausdruck.

(2) Nichts anderes ergibt sich aus Abschnitt IV der Leasingbedingungen. Der von der Revision behauptete Widerspruch zwischen der im Bestellformular enthaltenen Restwertgarantieklausel und den in den Leasingbedingungen zu den Leasingentgelten enthaltenen Regelungen besteht nicht. Unter Abschnitt IV Nr. 5 der Leasingbedingungen findet sich lediglich eine Sonderregelung, aus der sich nichts zugunsten der Beklagten herleiten lässt. Die betreffende Bestimmung kommt ausdrücklich nur bei Änderungen des Lieferumfanges nach Vertragsabschluss auf Wunsch des Leasingnehmers sowie bei Einführung objektbezogener Sondersteuern zum Tragen; unter diesen Umständen seien beide Parteien berechtigt, eine Anpassung der Leasingraten, einer etwaigen Sonderzahlung sowie des Restwertes, der als voraussichtlicher Gebrauchtwagenerlös angesetzt worden sei, zu verlangen. Aufgrund ihres engen Anwendungsbereichs, welcher im Streitfall nicht eröffnet ist, ist diese Bestimmung in einem anderen Zusammenhang zu sehen. Überdies bestimmt Abschnitt IV Nr. 6 der Leasingbedingungen, dass weitere Zahlungsverpflichtungen des Leasingnehmers nach diesem Vertrag unberührt bleiben.

2. Soweit die Revision weiter geltend macht, die Klägerin könne einen Restwertausgleich deshalb nicht verlangen, weil sie es unterlassen habe, die Beklagte, die nach ihrem Vorbringen bei Kenntnis der tatsächlichen Höhe des Entgelts den Vertrag nicht abgeschlossen hätte, auf die Bedeutung und Tragweite der mit der Restwertgarantie verbundenen Vertragsgestaltung hinzuweisen, trifft dies ebenso wenig zu wie die Auffassung, die Klägerin sei der Beklagten deswegen zum Schadensersatz (§ 241 Abs. 2, § 280 Abs. 1 Satz 1, § 311 Absatz 2 BGB) verpflichtet. Gleiches gilt für den Einwand, der Klägerin sei es zumindest nach Treu und Glauben (§ 242 BGB) verwehrt, sich gegenüber der Beklagten, die über die Zusammenhänge im Unklaren gelassen worden sei und von einem realistischen Restwertansatz habe ausgehen dürfen, auf einen Restwert zu berufen, der – wie hier – von vornherein unrealistisch weit von einem bei Vertragsablauf tatsächlich erzielbaren Verwertungserlös entfernt gewesen sei.

Eine derart umfassende Aufklärungspflicht, die es einem Leasinggeber verwehren würde, sich auf eine bestehende Restwertgarantie zu berufen, besteht nicht. Nach der Rechtsprechung des Senats ist ein Leasinggeber gerade nicht gehalten, die Kalkulation offenzulegen, die dem im Vertrag vereinbarten und vom Leasingnehmer garantierten Restwert zugrunde liegt. Ebenso wenig besteht sonst eine generelle Aufklärungspflicht des Leasinggebers, ungefragt über den Inhalt und die wirtschaftlichen Folgen eines Leasingvertrages aufzuklären. Denn wer einen Leasingvertrag schließt, muss sich grundsätzlich selbst über dessen rechtlichen und wirtschaftlichen Gehalt kundig machen (Senatsurteil vom 4. Juni 1997 – VIII ZR 312/96, aaO).

Vor diesem Hintergrund könnte eine Aufklärungspflicht allenfalls aus besonderen Umständen des Einzelfalls hergeleitet werden, etwa weil der Leasinggeber bei Vertragsschluss davon ausgehen musste, dass der Leasingnehmer sich falsche Vorstellungen über Art, Inhalt oder Bedeutung des Vertrages beziehungsweise einzelner Vertragspunkte gemacht hat und diese Vorstellungen für seine Entscheidung über den Abschluss des Vertrages maßgeblich waren (Senatsurteil vom 11. März 1987 – VIII ZR 215/86, aaO; Wolf/Eckert/Ball, aaO Rn. 1778). Anhaltspunkte hierfür sind im Streitfall weder vorgetragen noch ersichtlich. Übergangenen Sachvortrag hierzu zeigt die Revision nicht auf.

3. Zu Recht hat das Berufungsgericht angenommen, dass die Beklagte auch Umsatzsteuer auf den von der Klägerin beanspruchten Differenzbetrag zwischen dem kalkulierten Restwert und dem erzielten Verwertungserlös schuldet.

a) Nach § 1 Absatz 1 Nummer 1 UStG unterliegen der Umsatzsteuer die Lieferungen und sonstigen Leistungen, die ein Unternehmer im Inland gegen Entgelt im Rahmen seines Unternehmens ausführt. Entgelt ist gemäß § 10 Absatz 1 Satz 2 UStG grundsätzlich alles, was der Leistungsempfänger aufwendet, um die Leistung zu erhalten, jedoch abzüglich der Umsatzsteuer. Für die Beurteilung, ob eine entgeltliche Leistung vorliegt, die in Übereinstimmung mit Artikel 2 Nummer 1 der Sechsten Richtlinie 77/388/EWG des Rates vom 17. Mai 1977 zur Harmonisierung der Rechtsvorschriften der Mitgliedstaaten über die Umsatzsteuern (ABl. Nr. L 145 S. 1) nach § 1 Absatz 1 Nummer 1 UStG steuerbar ist, sind nach der Rechtsprechung des Gerichtshofs der Europäischen Union, der sich der Bundesfinanzhof (BFHE 241, 191, 195 mwN) und der Bundesgerichtshof (Senatsurteil vom 18. Mai 2011 – VIII ZR 260/10, WM 2011, 2142 Randnummer 11 mwN) angeschlossen haben, im Wesentlichen folgende unionsrechtlich geklärte Grundsätze zu berücksichtigen:

Zwischen der Leistung und dem erhaltenen Gegenwert muss ein unmittelbarer Zusammenhang bestehen, wobei die gezahlten Beträge die tatsächliche Gegenleistung für eine bestimmbare Leistung darstellen, die im Rahmen eines zwischen dem Leistenden und dem Leistungsempfänger bestehenden Rechtsverhältnisses, in dem gegenseitige Leistungen ausgetauscht werden, erbracht wurde. Dabei bestimmt sich in erster Linie nach dem der Leistung zugrunde liegenden Rechtsverhältnis, ob die Leistung des Unternehmers derart mit der Zahlung verknüpft ist, dass sie sich auf die Erlangung einer Gegenleistung (Zahlung) richtet. Echte Entschädigungs- oder Schadensersatzleistungen sind demgegenüber kein Entgelt im Sinne des Umsatzsteuerrechts, wenn die Zahlung nicht für eine Lieferung oder sonstige Leistung an den Zahlungsempfänger erfolgt, sondern weil der Zahlende nach Gesetz oder Vertrag für den Schaden und seine Folgen einzustehen hat. In diesen Fällen besteht kein unmittelbarer Zusammenhang zwischen der Zahlung und der Leistung (zum Ganzen BFHE, aaO mwN).

B. Beispielhafte obergerichtliche Entscheidung des Bundesgerichtshofs

b) Nach diesen Maßstäben stellt – wie auch in der Instanzrechtsprechung und im Schrifttum überwiegend angenommen wird (zum Meinungsstand etwa OLG Hamm, NJW-RR 2014, 55; Vogler, MwStR 2014, 54, 6, 8) – der im Streit stehende Restwertausgleich des Leasingnehmers ein steuerbares Entgelt im Sinne von § 10 Absatz 1 Satz 2 UStG dar.

aa) Es unterliegt keinem Zweifel, dass der geforderte unmittelbare Zusammenhang zwischen der Leistung und dem erhaltenen Gegenwert insofern zu bejahen ist, als der Leasingnehmer aufgrund der vom Leasinggeber erbrachten Nutzungsüberlassung des Fahrzeugs im Rahmen des vertraglich vereinbarten Verwendungszwecks die Leasingraten entrichtet hat (BFHE, aaO S. 196). Für den geschuldeten Restwertausgleich kann nichts anderes gelten. Denn auch dabei handelt es sich – wie ausgeführt – um eine in diesem Vertragstyp angelegte Hauptleistungspflicht des Leasingnehmers. Der hier in Form einer Garantie vereinbarte Restwertausgleich war deshalb von vornherein integraler Bestandteil des im Vertrag vorgesehenen Leistungsaustauschs und mit der geschuldeten Gebrauchsüberlassung des Leasingfahrzeugs als deren Gegenleistung innerlich untrennbar verknüpft (vgl. Senatsurteile vom 18. Mai 2011 – VIII ZR 260/10, aaO Rn. 12, 20; vom 14. März 2007 – VIII ZR 68/06, WM 2007, 990 Randnummer 13).

bb) Dem Entgeltcharakter einer solchen Verpflichtung zum Restwertausgleich steht entgegen der Auffassung der Revision nicht entgegen, dass die Gebrauchsüberlassung bei Anfall der Zahlungspflicht schon beendet war. Denn anders als bei dem Anspruch auf Minderwertausgleich bei einem Kilometerleasingvertrag (vgl. hierzu Senatsurteil vom 18. Mai 2011 – VIII ZR 260/10, aaO) handelt es sich bei der Restwertgarantie der vorliegenden Art nicht um einen Anspruch, der ein bei Vertragsbeendigung bestehendes Leistungsungleichgewicht ausgleichen will. Die Restwertgarantie ist vielmehr ein bereits bei Vertragsschluss vereinbarter, dem Grunde nach bestimmter Teil des Leasingentgelts; sie stellt sicher, dass der gesamte Anschaffungs- und Finanzierungsaufwand (zuzüglich des Geschäftsgewinns) des Leasinggebers amortisiert wird (vgl. dazu Senatsurteil vom 22. Januar 1986 – VIII ZR 318/84, aaO S. 71 f.). Dieser Hauptleistungspflicht des Leasingnehmers steht die Gebrauchsüberlassungspflicht des Leasinggebers, auch wenn sie bereits erfüllt ist, gegenüber. Der Restwertausgleich ist daher ein steuerbares Entgelt des Leasingnehmers im Sinne von § 10 Absatz 1 Satz 2 UStG für die bereits erhaltene Gebrauchsüberlassung.

Dementsprechend hat der Senat auch in der Vergangenheit keine Veranlassung gesehen, einen Ansatz der Umsatzsteuer auf einen zuerkannten Restwertausgleich zu beanstanden (vgl. Senatsurteil vom 4. Juni 1997 – VIII ZR 312/96, aaO unter II 2).

C. Beispielhafte obergerichtliche Entscheidung des Bundesgerichtshofs: BGH vom 9.4.2014, AZ: VIII ZR 215/13

3 Gebrauchtwagenkaufvertrag: Berechnung des Nutzungswertersatzes bei Rückabwicklung

Leitsatz:

Bei der Rückabwicklung eines Gebrauchtwagenkaufs ist der Wertersatz nach § 346 Abs. 2 Satz 1 Nr. 1 BGB für herauszugebende Nutzungen auf der Grundlage des Bruttokaufpreises zu schätzen; der so ermittelte Nutzungswertersatz ist nicht um die Mehrwertsteuer zu erhöhen (im Anschluss an Senatsurteil vom 26. Juni 1991, VIII ZR 198/90, BGHZ 115, 47).(Rn. 11)

Tatbestand:

Die Parteien streiten im Rahmen der Rückabwicklung eines Kaufvertrages über die Frage, in welcher Weise die Mehrwertsteuer bei der Ermittlung des Wertes der anzurechnenden Gebrauchsvorteile zu berücksichtigen ist.

Der Kläger kaufte von der Beklagten mit Vertrag vom 15. Juni 2010 einen Pkw VW Touareg zum Preis von 75.795 € brutto zuzüglich Überführungs- und Zulassungskosten. Unter Berufung auf diverse Mängel des Fahrzeugs verlangte er die Rückabwicklung des Vertrages, mit der sich die Beklagte schließlich einverstanden erklärte. Die Beklagte erstattete dem Kläger einen Betrag von 67.664,69 €. Dabei hatte sie für die vom Kläger mit dem Fahrzeug gefahrenen 24.356 Kilometer einen Nutzungswert von 9.230,32 € errechnet und diesen Betrag vom zu erstattenden Bruttokaufpreis abgezogen.

Mit seiner Klage hat der Kläger die Verurteilung der Beklagten zur Zahlung weiterer 3.759,47 € nebst Zinsen sowie zur Freihaltung von vorgerichtlichen Anwaltskosten in Höhe von 213,31 € begehrt. Das Amtsgericht hat die Beklagte verurteilt, an den Kläger 1.846,07 € nebst Zinsen zu zahlen und ihn von vorgerichtlichen Anwaltskosten in Höhe von 126,68 € freizuhalten; im Übrigen hat es die Klage abgewiesen. Auf die Berufung der Beklagten hat das Landgericht – unter Zurückweisung des Rechtsmittels im Übrigen – die Verurteilung der Beklagten hinsichtlich der Hauptforderung auf 1.605,07 € nebst Zinsen ermäßigt. Dagegen wendet sich die Beklagte mit ihrer vom Berufungsgericht zugelassenen Revision, mit der sie die Abweisung der Klage in Höhe weiterer 1.403,30 € begehrt.

Entscheidungsgründe:

Die Revision hat keinen Erfolg.

I. Das Berufungsgericht (LG Hamburg, DAR 2013, 652) hat, soweit für das Revisionsverfahren von Interesse, im Wesentlichen ausgeführt:

C. Beispielhafte obergerichtliche Entscheidung des Bundesgerichtshofs

Zu Recht habe das Amtsgericht dem Kläger im Rahmen des Rückabwicklungsverhältnisses einen restlichen Zahlungsanspruch in Höhe von 1.846,07 € zugesprochen. Es sei dabei für die Ermittlung der Gebrauchsvorteile so vorgegangen, dass es von dem – um die Zulassungs- und Überführungskosten bereinigten – Bruttokaufpreis in Höhe von 75.795 € ausgegangen und den Wert der Gebrauchsvorteile nach der von keiner der Parteien in Frage gestellten kilometeranteiligen Wertminderung errechnet habe. Die Differenz zwischen dem nach der üblichen Formel (Bruttokaufpreis x gefahrene Kilometer ./. erwartete Gesamtfahrleistung) errechneten Wert der Gebrauchsvorteile in Höhe von 7.384,25 € und dem von der Beklagten angerechneten Betrag von 9.230,32 € belaufe sich auf 1.846,07 €. Dieser Betrag stehe dem Kläger noch zu.

Entgegen der Auffassung der Beklagten sei zusätzlich zu dem vom Amtsgericht ermittelten Nutzungswert von 7.384,25 € nicht noch die Mehrwertsteuer aus diesem Betrag in Höhe von 1.403,30 € in Ansatz zu bringen. Allerdings sei die Frage, ob die Umsatzsteuer bei der Ermittlung der Nutzungsvergütung nur einmal – nämlich durch Zugrundelegung des Bruttokaufpreises – zu veranschlagen sei, oder ein zweites Mal durch den Aufschlag auf den auf der Basis des Bruttokaufpreises errechneten Nutzungswert, höchstrichterlich noch nicht entschieden. Die Kammer schließe sich der Auffassung des Brandenburgischen Oberlandesgerichts (Urteil vom 28. November 2007, juris) an, das einen zweimaligen Ansatz der Umsatzsteuer für falsch halte.

Die sonach vom Amtsgericht dem Kläger mit Recht zugesprochene Forderung von 1.846,07 € vermindere sich jedoch um den Betrag von 241 €, mit welchem die Beklagte in der Berufungsinstanz die Aufrechnung erklärt habe, die auch durchgreife. Die dem Kläger zustehende Hauptforderung des Klägers reduziere sich damit auf 1.605,07 €.

II. Diese Beurteilung hält rechtlicher Nachprüfung stand. Die Revision ist daher zurückzuweisen.

Im Revisionsverfahren ist nur noch im Streit, ob zu dem von den Vorinstanzen auf der Grundlage des (bereinigten) Bruttokaufpreises von 75.795 € zutreffend errechneten Nutzungswert in Höhe von 7.384,25 € die Mehrwertsteuer aus diesem Betrag in Höhe von 1.403,30 € hinzu kommt und damit von dem zu erstattenden Kaufpreis abzuziehen ist. Entgegen der Auffassung der Revision hat das Berufungsgericht dies mit Recht verneint.

1. Bei der Rückabwicklung eines Gebrauchtwagenkaufs ist der Wertersatz nach § 346 Abs. 2 Satz 1 Nr. 1 BGB für herauszugebende Nutzungen auf der Grundlage des Bruttokaufpreises zu schätzen (st. Rspr.; Senatsurteile vom 26. Juni 1991 – VIII ZR 198/90, BGHZ 115, 47, 49 ff.; vom 2. Juni 2004 – VIII ZR 329/03, NJW 2004, 2299 unter II 3, insoweit nicht abgedruckt in BGHZ 159, 215).

Zur Begründung hat der Senat ausgeführt, dass die Anknüpfung an den Bruttokaufpreis bei einer Bewertung des Gebrauchsnutzens in Abhängigkeit vom Kaufpreis und von der voraussichtlichen Gesamtnutzungsdauer dem Interesse der Vertragsbeteiligten entspricht. Denn im Verhältnis der Vertragsparteien zueinander hat der Käufer den Bruttokaufpreis zu entrichten. Dann aber kann im Verhältnis der Vertragspartner zueinander auch der als Bewertungsmaßstab heranzuziehende Kaufpreis nur der Bruttopreis sein. Andernfalls würde der Verkäufer eine verhältnismäßig geringere Nutzungsvergütung erhalten, als sie dem Wert des von ihm zurückzuerstattenden Kaufpreises entspricht. Das wird besonders deutlich, wenn der Gebrauch durch den Käufer nahezu oder vollständig die mögliche Nutzungszeit erreicht. In diesem Fall würde der Verkäufer weniger als den Kaufpreis erhalten, obwohl der Gebrauchswert völlig aufgezehrt ist und der vertragsmäßige Bruttopreis voll an den Käufer zurückgezahlt werden muss (Senatsurteil vom 26. Juni 1991 – VIII ZR 198/90, aaO S. 51 f.).

2. Aus dieser Rechtsprechung des Senats hat das Berufungsgericht mit Recht hergeleitet, dass zu dem auf der Grundlage des Bruttokaufpreises ermittelten Nutzungswertersatz nicht noch die Mehrwertsteuer hinzuzurechnen ist; diese ist vielmehr von dem auf diese Weise ermittelten Nutzungswertersatz bereits umfasst (ebenso OLG Brandenburg, Urteil vom 28. November 2007 – 4 U 68/07, juris Rn. 25 ff.; KG, DAR 2013, 514, 515 f.). Das Vorbringen der Revision rechtfertigt keine andere Beurteilung.

a) Wie die Revision selbst einräumt, hat der Senat bereits in seinem Urteil vom 26. Juni 1991 (VIII ZR 198/90, aaO S. 52) den Gebrauchswert auf der Grundlage des Bruttokaufpreises und nach dem Verhältnis der tatsächlichen Nutzungsdauer zur höchstmöglichen Nutzungsdauer errechnet, ohne den so ermittelten Gebrauchswert um die Mehrwertsteuer aus diesem Betrag zu erhöhen. Die Entscheidung des Berufungsgerichts steht mithin im Einklang mit der Rechtsprechung des Senats.

Insbesondere stehen die Ausführungen des Berufungsgerichts zur Anknüpfung der Wertminderung an den (Netto-)Sachwert entgegen der Auffassung der Revision nicht im Widerspruch zum genannten Senatsurteil. Hierbei handelt es sich nur um eine hypothetische Kontrollrechnung des Berufungsgerichts, die verdeutlicht, dass die Umsatzsteuer bei der Berechnung der Gebrauchsvorteile in verschiedener Weise – mit jeweils gleichem Ergebnis – berücksichtigt werden kann.

b) Die Auffassung der Revision, dass zu dem auf der Grundlage des Bruttokaufpreises nach der üblichen Formel errechneten Wert der erlangten Gebrauchsvorteile die Mehrwertsteuer (nochmals) hinzugeschlagen sei (Nachweise zum Streitstand bei Reinking/Eggert, Der Autokauf, 12. Aufl., Rn. 1179), trifft nicht zu. Das ergibt sich bereits aus dem Senatsurteil vom 26. Juni 1991 und dem dort gebildeten Beispiel (VIII ZR 198/90, aaO). Würde nämlich, wie die Revision meint, der nach der Formel errechnete Nutzungswert um die Mehrwertsteuer erhöht, könnte der Verkäufer vom Käufer, wenn dieser die mögliche Nutzungszeit vollständig ausgeschöpft hätte, für die erlangten Gebrauchsvorteile einen höheren Betrag beanspruchen als den Bruttokaufpreis, den der Käufer seinerzeit gezahlt und der Verkäufer dem Käufer zu erstatten hat. Der Käufer hätte in diesem Fall als

C. Beispielhafte obergerichtliche Entscheidung des Bundesgerichtshofs

Nutzungswertersatz den vollen Bruttokaufpreis zuzüglich der Mehrwertsteuer aus diesem Betrag zu erstatten. Er würde damit im Zuge der Rückabwicklung, soweit es um den Wertersatz für die Gebrauchsvorteile geht, mit der Mehrwertsteuer doppelt belastet. Dass dies nicht richtig wäre, liegt auf der Hand. Das Berufungsgericht hat einen zweimaligen Ansatz der Mehrwertsteuer deshalb mit Recht abgelehnt (ebenso KG, aaO).

c) Nicht zu beanstanden ist auch, dass das Berufungsgericht – im Wege einer Kontrollrechnung – den Nutzungswert auf der Grundlage des Nettokaufpreises berechnet und den so ermittelten Betrag um die Mehrwertsteuer erhöht hat. Denn beide Berechnungsweisen führen, wie das Berufungsgericht zutreffend ausgeführt hat, zum selben Ergebnis.

d) Aus dem Senatsurteil vom 18. Mai 2011 (VIII ZR 260/10, WM 2011, 2141 Rn. 12 f.), auf das die Revision verweist, und aus der Rechtsprechung des Bundesfinanzhofs zur (fehlenden) Umsatzsteuerpflichtigkeit des Minderwertausgleichs beim Leasingvertrag ergibt sich für den vorliegenden Fall nichts Anderes. Gegenteiliges wird auch von der Revision nicht ausgeführt. Sie räumt ein, dass die hier zu entscheidende Frage von dieser Rechtsprechung nicht beantwortet wird.

Stichwortverzeichnis

fette Zahlen = Paragrafen, magere Zahlen = Randnummern

Abrechnung
- 100%-Grenze **1** 50 ff.
- 130%-Grenze **1** 77 ff., **4** 24 ff.
- 70%-Grenze **1** 21 ff., **4** 14 ff.
- fiktive **1** 9 ff.
- Grenzen der fiktiven Abrechnung **1** 20 ff.
- konkrete **1** 6 ff., 106 ff.
- nach Gutachten **1** 9 ff., 110 ff.
- nach Kostenvoranschlag **1** 9 ff., 110 ff.
Abrechnungsmöglichkeiten **1** 5 ff., 14, **4** 1 ff.
- Naturalrestitution **1** 6 ff., 56 ff.
Abtretung der Schadensersatzansprüche **3** 119 ff., **4** 219 ff.
- Mehrwertsteuer **3** 129 ff.
Agenturgeschäft **4** 229 ff.
- Verkäufer und Käufer sind Unternehmer **4** 237
- Vermittlung differenzbesteuertes Kfz **4** 233 f.
- Vermittlung Privatmarkt-Kfz **4** 235
- Vermittlung regelbesteuertes Kfz **4** 232
AKB **1** 99 ff., **4** 200
Anschaffung von Ersatzteilen
- konkrete Abrechnung **4** 55 ff.

Bereicherungsverbot **4** 194 f.
Beweislast **1** 140 f.
- Negativtest **1** 141
Billigreparatur **1** 78 ff., **2** 29 ff., **3** 53 ff., **4** 27 ff., 53 ff.
- konkrete Abrechnung **4** 80 ff.

Differenzumsatzsteuer **3** 45 ff., 58 ff., 79 ff., 85 ff., **4** 82 f., 103 ff., 157
Dispositionsfreiheit **1** 12 ff.

Eigenreparatur
- des Geschädigten **1** 14, 16 f., **4** 55 ff.
Eigentumsvorbehalt **4** 226 ff.
Ersatz
- fiktiver Mehrwertsteuer **2** 3 ff.
Ersatzbeschaffung **4** 81 ff.
Ersetzungsbefugnis **1** 12
EU-Fahrzeuge **4** 242 ff.

Fahrtenbuch **3** 32
Fiktive Mehrwertsteuer
- Ersatz **2** 3 ff.

Gebrauchtteilreparatur
- konkrete Abrechnung **1** 94 ff., **4** 53 ff., 74 ff.

Gesamtverband der Deutschen Versicherungswirtschaft
- Allgemeine Bedingungen und Tarifbestimmungen für die Kraftfahrtversicherung (AKB) **1** 99 ff.
Gutachten **1** 9 ff., 110 ff., **4** 36 ff., 81 ff.

Haftpflichtschaden **1** 3 ff.
- Abrechnung, 100%-Grenze **1** 50 ff.
- Abrechnung, 130%-Grenze **1** 77 ff., **4** 24 ff.
- Abrechnung, 70%-Grenze **1** 21 ff., **4** 14 ff.
- fiktive Abrechnung **1** 9 ff.
- Grenzen der fiktiven Abrechnung **1** 20 ff.
- konkrete Abrechnung **1** 6 ff.
- Rechtsfolgen **1** 3 ff.
- Rechtsgrundlagen **1** 3 ff.
- Reparatur mit Gebrauchtteilen **1** 94 ff., **4** 53 ff., 74 ff.

Kaskorecht **3** 4
Kaskoschaden **1** 99 ff., **3** 4 ff., **4** 77 ff., 199 ff.
- Abrechnung nach Gutachten **1** 110 ff.
- Abrechnung nach Kostenvoranschlag **1** 110 ff.
- fiktive Abrechnung **1** 110 ff.
- konkrete Abrechnung **1** 105 ff.
- Leasingfahrzeuge **1** 117 ff.
- Mehrwertsteuerklausel **1** 111, **3** 10 ff., **4** 80, 203
- Rechtsfolgen **1** 100
- Rechtsgrundlagen **1** 99
- Sachverständigengutachten **4** 200 f.
Kaskoversicherungsvertrag **1** 99, **3** 4
Konkrete Abrechnung
- 100%-Grenze **1** 50 ff.
- 130%-Grenze **1** 77 ff., **4** 24 ff.
- 70%-Grenze **1** 21 ff., **4** 14 ff.
- Reparatur mit Gebrauchtteilen **1** 94 ff., **4** 53 ff., 74 ff.
Kostenvoranschlag **1** 9 ff., 110 ff., **4** 36 ff., 81 ff.

Leasingfahrzeuge **1** 117 ff., **4** 204 ff.
- Reparaturschaden **1** 123 ff., **4** 215 ff.
- Totalschaden **1** 127, **4** 207 ff.
Leasingvertrag
- nichtvorsteuerabzugsberechtigt **1** 123 ff.
- vorsteuerabzugsberechtigt **1** 120 ff.

Mehrwertsteuer **2** 2
- Abtretung **3** 119 ff.
- als Schadensposition **3** 1 ff.
- beim Haftpflichtschaden **3** 3

301

Stichwortverzeichnis

- beim Kaskoschaden **3** 4
- Rechtsanwaltskosten **3** 136 ff.
- unberechtigt ausgewiesene **4** 238 ff.
Mehrwertsteueranteil
- Schadensersatzposition **1** 79 ff.
Mehrwertsteuererstattung
- fiktive Abrechnung **2** 2 ff., **3** 6
Musterschreiben und -klagen **Anh 1** 37 ff.

Naturalrestitution **1** 6 ff., 56 ff.
Negativtest
- Finanzamt **1** 140
Nettoreparaturkosten **4** 8 ff., 30 ff.
Neuregelung
- Abgrenzung **2** 33 ff.
- Bedeutung **2** 14 ff.
- gesetzliche **2** 14 ff.
- Inhalt **2** 14 ff.
- Kritik **2** 24 ff.
- Privathaftpflichtfälle **3** 153
- Rechtsanwaltskosten **3** 136 ff.

Preisanpassungsklausel **2** 13
Privatanteil
- Anrechnung **1** 128 ff., 132 ff.
- Beweislastfragen **1** 140 ff.
- Privatpflichthaftfälle **3** 153

Reinvestition **4** 112 ff., 146, 162, 172
Reparaturkosten **2** 2
- gemäß Kostenvoranschlag **4** 8 ff.
- gemäß Sachverständigengutachten **4** 8 ff.
- nicht gemäß Kostenvoranschlag **4** 8 ff., 30 ff.
- nicht gemäß Sachverständigengutachten **4** 8 ff., 30 ff.
Reparaturkosten, kalkulierte
- Reparaturrechnung **4** 24 ff.
Reparaturschaden
- 100%-Grenze **1** 50 ff.
- 130%-Grenze **1** 77 ff., **4** 24 ff.
- 70%-Grenze **1** 21 ff., **4** 14 ff.

- eindeutiger **4** 10 ff.
- fiktive Abrechnung **4** 8 ff., 30 ff.
Restwert **1** 38 f.

Sachverständigenverfahren **4** 200 f.
Schadensersatzansprüche
- Abtretung **3** 119 ff.
Schadensminderungspflicht **1** 26, 40

Teilreparatur **1** 14, 50, 78 ff., **2** 29 ff., **3** 53, **4** 27 ff., 53 ff.
- konkrete Abrechnung **4** 53 ff.
Totalschaden **1** 103, 108 ff., 114 ff., 127, **2** 35 f., **4** 81 ff.
- Abrechnung nach Gutachten (fiktive Abrechnung) **4** 81 ff.
- Kaskoschaden **4** 199 ff.
- konkrete Abrechnung **4** 128 ff.
- Transparenzgebot **4** 80
- Wiederbeschaffungswert, differenzbesteuert **4** 88 ff., 103 ff., 157 ff.
- Wiederbeschaffungswert, Privatmarkt **4** 92 ff., 118 ff., 183 ff.
- Wiederbeschaffungswert, regelbesteuert **4** 84 ff., 99 ff., 131 ff.
- wirtschaftlicher **2** 35 f.

Verkehrsgerichtstag **2** 10 ff.
Vorsteuerabzugsberechtigter **1** 107, 109, 113, 116, 120 ff., 128 ff., **4** 247 ff.
Vorsteuerabzugsberechtigung **1** 107 ff., 128 ff., **3** 28 ff., **4** 247 ff.
- 50%-Regel **1** 128 ff., **3** 31 ff.
- teilweise **1** 128 ff., **3** 15 ff., 31 ff.
- vollständige **1** 128 ff., **3** 12 ff., 28 ff.

Wiederbeschaffungswert **1** 8, 20 ff., 103 ff., 108 ff., 114 ff., **2** 27 ff., 33 ff., **4** 125 ff.
- differenzbesteuert **4** 88 ff., 103 ff., 157 ff.
- Privatmarkt **4** 92 ff., 118 ff., 183 ff.
- regelbesteuert **4** 84 ff., 99 ff., 131 ff.
Wirtschaftlichkeitsgebot **1** 22